改正新民法註釋
債權編

池田虎雄
岩崎通武 校閲
川原閑舟
池田撝卿 著

明治三十一年發行

改正新民法註釋 債權編

日本立法資料全集 別巻 1154

信山社

注記

一　池田虎雄・岩﨑通武校閲＝川原閑舟・池田撝卿著『改正新民法註釋』（積善館、一八九八〔明治三一〕年）は、その紙幅が多いため、「總則編・物權編」、「債權編」、「親族編・相續編・施行法」の三つに分けて、復刻することとした。例言、目次等については、「債權編」、「親族編・相續編・施行法」においても、「總則編・物權編」所載のものをご参照いただきたい。

一　本書の校閲者及び著者の氏名については、大扉と本文・奥付の間で食い違いがある。復刻に際しては、大扉に依拠することとしたが、その異同は次のとおりである。

（大扉）池田虎雄、　（本文一頁）池田虎男、
（大扉）池田撝卿、　（奥付）　池田撝鄕、

〔信山社編集部〕

第三編

債權

〔註釋〕債權《サイケン》トハ如何ナルモノナリヤトノ定義《テイギ》ハ舊民法ニハ明瞭《メイレウ》ニ示《シメ》シタレドモ新法ハ之ヲ掲《カヽ》グルコトヲセザルガ故法文《ハフブン》ヲ求ムルモ無《ナ》ケレハ知《シ》ルコトハ出來《デキ》ヌケレドモ其ノ主義ハ舊法ト別ニ少《スコ》シモ異《カハ》リタル事ハアリマセヌ、又舊法ニ於《オイ》テハ債權トハ定マリタル人ニ對シ法律ノ認ムル原因ニ由リテ其ノ負擔スル作爲又ハ不作爲ノ義務ヲ盡サシムル爲行ハルヽモノヲ謂フト明示《メイシ》シタルガ故債權ハ人ト人トノ關係《クワンケイ》デアッテ物權ノ如ク人ト人トノ間ニ物ノ狹《ハヤ》マルベキモノデハナイ新法モ亦之《イヌコレ》ト異《コト》ナラヌモノデアルカラ債權《サイケン》ノ種類ヲ第一契約《ケイヤク》、第二事務管理《ジムクワンリ》、第三不《フ》當利得《タウリトク》、第四不《フ》法行爲《ハフカウヰ》ノ四個ニ大別シ其ノ中ノ契約ヲ

第一贈與《ゾウヨ》、第二賣買、第三交換《カウクワン》、第四消費借貸、第五使用貸借《シヨウタイシヤク》、第六賃貸借、第七雇傭、第八請負《ウケオヒ》、第九委任《ヰニン》、第十寄託《キタク》、第十一組合、第十二終身定期金《シウシンテイキキン》、第十三、和解ノ十三個ニ小別《セウベツ》シマシタ

是皆人ト人トノ關係《クワンケイ》ノモノバカリデアリマス、サレバ債權《サイケン》ト謂フ各稱ハ物權《ブツケン》ニ對シタ名

稱デアッテ物權ハ人ト人トノ間《アヒダ》ニ物ノ挾《ハサ》マリ其ノ目的《モクテキ》トスル所人《ヒト》ニアラズシテ物ノ上ニアルモノデアルカラ其ノ人ノ何人《ナニヒト》ナルヤニ關係ナキモノデアル、債權《サイケン》ハ之ニ反《ハン》シテ人ト人トニ關《クワン》スルモノデアルカラ其ノ目的《モクテキ》トスル所人ニ在《ア》ルガ故其ノ物ノ何《ナン》タルヤニ少《スコ》シモ關係ナキモノデアル、要《エウ》スルニ債權ハ貸借ノ如ク其ノ特定《トクテイ》ノ人ニ對シテ債權ヲ行《オコナ》ヒ自己ニ債務ノ辨濟《ベンサイ》ヲ爲サシムルモノデアル、故ニ物《モノ》ニ就《ツイ》テハ決シテ行フ權利《ケンリ》アルモノデハアリマセヌ

第一章　總則

〔註釋〕本章ハ債權編全体《ゼンタイ》ニ通ジテ適用《テキヨウ》スヘキ原則《ゲンソク》ヲ網羅《マウラ》シタルモノデアッテ、彼ノ一節又ハ一款《クワン》ニ通シ適用スベキ總則《ソウソク》トハ其ノ區域《クヰキ》ノ廣キモノデ一節又ハ一款ニ定《サダ》ムル總則ハ其ノ一節其一款ニノミ適用スベキ特別《トクベツ》ノ原則デアリマスカラ雙互《サウゴ》混同《コンドウ》セザラムコトニ注意セラレヨ

第一節　債權ノ目的

〔註釋〕本節ハ債權《サイケン》ノ目的トスル所ハ如何《イカ》ナルモノデアルカ又如何ナルモノヲ以テ目的ト

ルモノデアルト謂《イ》フコトヲ規定《キテイ》シタル原則ヲ網羅《マウラ》シタルモノデアリマス

第三百九十九條　債權ハ金錢《キンセン》ニ見積《ミツモ》ルコトヲ得サルモノト雖《イヘド》モ之ヲ以テ其ノ目的《モクテキ》ト爲スコトヲ得

△參看　舊民法財産編第二百九十三條、財産取得編第二百六十六條

〔註釋〕本條ハ債權ノ目的《モクテキ》ハ金錢ニ見積《ミツモ》リ得ベキモノダケニ限《カギ》ラヌト謂《イ》フコトヲ規定《キテイ》シタル條項デアッテ、其ノ意義《イギ》ハ債權ノ金錢ニ見積ルコトヲ得ザルモノ例《タトヘ》バ予ハ汝ト明日《アシタ》東京ニ同行《ドウカウ》セムト約《ヤク》スルガ如ク又予ハ汝ノ爲ニ某ヘ金《カネ》ヲ與《アタ》ヘムト約スルガ如ク皆金錢《ミナキンセン》ニ見積ルコトノ出來ナイモノデハアレドモ其ノ約束《ヤクソク》ヲ履行《リカウ》スルニ於テハ情誼《ジヤウギ》ノ上滿足《マンゾク》ヲ得ルノ利益《リエキ》アルモノデアルカラ債權ノ目的《モクテキ》トスルコトガ出來ルト謂フノデアル、而シテ舊民法ニハ是等ノ契約《ケイヤク》ハ總テ無效《ムカウ》ノモノト定メタレドモ新法ハ第九十條ノ如ク公《オホヤケ》ノ秩序《チツヂヨ》又ハ善良ノ風俗《フウゾク》ニ反《ハン》セザル限リハ有效《イウカウ》ト定メタノデアリマス、是契約者雙方《サウハウ》ガ有效ニ履行《リカウ》シヤウトノ意思《イシ》アル以上ハ曷《イヅツン》ゾ法律ヲ以テ無效《ムカウ》トシ契約當事者ノ意思ヲ制肘《セイチウ》スル理由ノ存スベキモノデハナイ、制肘《セイチウ》シテ反シテ德義《トクギ》ヲ損スル如キ結果ヲ生スル虞《オソレ》ナキニシモアラザ

レバ新法之ヲ許《ユル》シタルハ實ニ其ノ當《タウ》ヲ得《エ》タルモノデアリマス

第四百條 債權ノ目的カ特定物《トクテイブツ》ノ引渡ナルトキハ債務者ハ其《ソ》ノ引渡《ヒキワタシ》ヲ爲スマテ善良《ゼンリヤウ》ナル管理者ノ注意《チウイ》ヲ以テ其ノ物ヲ保存《ホゾン》スルコトヲ要ス

▲參看 舊民法財産編第三百三十四條、第四百六十二條

〔註釋〕本條ハ債務者《サイムシヤ》ノ保存義務ヲ規定《キテイ》シタル條項デアッテ、其ノ意義《イギ》ハ例バ賣買ノ如キ交換ノ如キ贈與《ゾウヨ》ノ如キ其ノ有償ト無償《ムシヤウ》トニ差別《サベツ》ナク債權ノ目的ガ特定物則チ契約當事者《ケイヤクタウジシヤ》ニ於テ書籍《シヨセキ》ナラバ書籍ト特ニ其ノ物ヲ指定《シテイ》シタル場合ニ於テハ債務者ハ其ノ特定物タル書籍ヲ債權者ニ引渡《ヒキワタ》スマデハ汚損《ヲソン》破滅《ハメツ》又ハ缺失《ケツシツ》スル等ノコトナキ樣善良ノ注意《チウイ》ヲ爲シテ保存シ居ラヌケレバナツヌ、故ニ若《モ》シ書籍ヲ汚損破滅又ハ缺失《ケツシツ》スル等ノコトアレバ之ガ賠償ノ責《セメ》ヲ負《オ》ハナケレバナラヌノデアル、舊法ニハ此《コ》ノ注意保存ヲ有償《イウシヤウ》ト無償トニ應《オウ》シテ差別ヲ立《タ》テタレドモ新法ニ於テハ其ノ差別《サベツ》ヲ除キマシタノハ實ニ至當《シタウ》デアル、何《ナン》トナレバ賣物デアルカラ鄭重《テイチヤウ》ニセムケレバナラヌ、人ニ遺《オク》ル物《モノ》デアルカラ捨置《ステオ》クモ宜《ヨロ》シイト謂フヤウナル道理《ダウリ》ハナイモノデ若シアリトスレバ實ニ輕薄《ケイハク》不徳義《トクギ》ノ極ト謂《イ》ハナケレバナラ

ヌ、故ニ本條《ホンデウ》ニ依レハ假令《タトヘ》有償的賣買交換ノ目的物モ無償的贈與物《ゾウヨブツ》モ等《ヒト》シク善良ナル管理者ノ注意《チユウイ》ヲ以テ其ノ物ヲ保存《ホゾン》セヌケレハナラヌト定メタノデアリマス

第四百一條　債權ノ目的物《モクテキブツ》ヲ指示スルニ種類《シユルヰ》ノミヲ以テシタル場合ニ於テ法律行爲ノ性質《セイシツ》又ハ當事者ノ意思《イシ》ニ依リテ其ノ品質《ヒンシツ》ヲ定ムルコト能ハサルトキハ債務者ハ中等《チウトウ》ノ品質ヲ有スル物《モノ》ヲ給付《キウフ》スルコトヲ要ス

前項ノ場合ニ於テ債務者カ物《モノ》ノ給付ヲ爲スニ必要《ヒツエウ》ナル行爲ヲ完了《クワンレウ》シ又ハ債權者ノ同意《ドウイ》ヲ得テ其ノ給付スヘキ物ヲ指定《シテイ》シタルトキハ爾後《ジゴ》其ノ物ヲ以テ債權ノ目的物《モクテキブツ》トス

▲參看　舊民法財產編第四百六十條第三項

〔註釋〕本條ハ債權ノ目的物ヲ種類《シユルヰ》ノミニテ定メタル場合ニ關スル規定デアツテ、其ノ意義

ハ例《タトヘ》バ債權者タル甲者ト債務者《サイムシヤ》タル乙者ノ間ニ賣買若《モシ》クハ交換《カウクワン》ノ契約ヲ爲スニ當《アタ》リ灘《ナダ》ノ釀造酒若クハ土州産鰹節《トシウサンカツヲブシ》ト謂フ如ク其ノ種類《シユルヰ》ダケヲ示シテ品質《ヒンシツ》ヲ示サナイ時ハ酒《サケ》ニモ鰹節ニモ自ラ上等トカ下等《カトウ》トカ品質ニ逕庭《チカヒ》ノアルモノデアルカラ唯種類ダケノ定《サダ》メデハ上等デアルヤ下等デアルヤヲ定《サダ》ムルコトガ出來ヌ故ニ此ノ場合《バアヒ》ニ於テハ其ノ中間《チウカン》ヲ取リ上等ニ偏《ヘン》セズ下等ニ偏セズ品質中等ノ物ヲ乙者ヨリ甲者ニ引渡《ヒキワタ》スコトヽシタノデアル（第一項）ケレドモ若シ甲者ガ乙者ニ向《ムカ》ッテ土州産鰹節トノミ記載《キサイ》シテ注文《チウモン》シタル場合ニ例バ品質ノ記載《キサイ》ナキモ乙者ノ見計《ミハカラ》ヒニテ中等ノ鰹節ヲ荷積《ニヅミ》シテ送クル時ハ乙者ハ物ノ給付ヲ爲スハ必要《ヒツエウ》ナル行爲ヲ完了《クワンレウ》シタルモノデアルカラ債權ノ目的物ハ確定《カワクテイ》シテ其ノ中等品質ノ鰹節ハ甲者ノ目的物《モクテキブツ》デアリシモノト成ルノデアル（第二項前段）而《シカ》シテ又甲者ハ初メニ品質《ヒンシツ》ヲ定メザルモ乙者ヨリ例バ注文品《チウモンヒン》ハ當時下等品バカリデアルガ差支《サシツカ》ヘヌカト謂ヒシ時甲者ニ於テ宜《ヨロ》シク構《カマ》ハヌト同意《ドウイ》シタル時ハ假令《タトヘ》品質ガ下等デアルモ其ノ下等品《カトウヒン》ヲ以テ債權ノ目的物ト確定《カワクテイ》スルノデアリマス（第二項後段）

第四百二條　債權ノ目的物《モクテキブツ》カ金錢ナルトキハ債務者ハ其ノ選擇《センタク》ニ從ヒ各種ノ通貨《ツウクワ》ヲ以テ辨濟ヲ爲スコトヲ得但特種《トクシユ》ノ通貨ノ給付ヲ以テ債

權ノ目的《モクテキ》ト爲シタルトキハ此限《コノカギリ》ニ在ラス

債權ノ目的タル特種《トクシユ》ノ通貨カ辨濟期ニ於テ強制通用《キヤウセイツウヨウ》ノ効力ヲ失ヒタルトキハ債務者ハ他《タ》ノ通貨ヲ以テ辨濟《ベンサイ》ヲ爲スコトヲ要ス

前二項ノ規定《キテイ》ハ外國ノ通貨ノ給付ヲ以テ債權《サイケン》ノ目的ト爲シタル場合ニ之ヲ準用《ジユンヨウ》ス

參看　舊民法財産編第四百六十三條

〔註釋〕本條ハ債權《サイケン》ノ目的ガ金錢ナル場合ニ關《クワン》スル規定デアッテ、其ノ意義《イギ》ハ債權ノ目的ガ金錢デアッテ契約當事者ガ別《ベツ》ニ金貨銀貨若クハ何種《ナンシユ》ノ紙幣《シヘイ》ト謂フ如ク其ノ種類《シユルヰ》ヲ定メナイ時ハ債務者ノ勝手《カツテ》ニテ債權額ニ對シ金貨《キンクワ》ナルモ銀貨《ギンクワ》ナルモ若クハ紙幣《シヘイ》ナルモ通用シテ居ル限リノ貨幣《クワヘイ》ヲ以テ辨濟スレバ宜《ヨロ》シイノデアル（第一項前段）ケレドモ契約當時《ケイヤクタウジ》ニ於テ金貨トカ銀貨トカ若クハ何程《ナニホド》ノ紙幣トカ定メタル場合《バアヒ》ニ於テハ其ノ契約ノ如ク金銀貨ノ契約《ケイヤク》ナレバ金銀貨デ紙幣ノ契約デアレバ紙幣デ辨濟シナケレバナラヌ（第一項但書）又債權ノ目的《モクテキ》デアル特種ノ通貨例バ五錢銀貨《ギンクワ》若クハ廿錢紙幣ヲ以テ辨濟《ベンサイ》スルト契約シタル塲合ニ於テ其ノ債權辨濟期日ニ於テ偶〳〵《タマ〳〵》政府《セイフ》ヨリ其ノ五錢銀貨若クハ二十錢紙幣《シヘイ》ノ通用ヲ禁止《キンシ》セラレタル時ハ債務者《サイムシヤ》ニ於テ契約ノ如ク五錢銀貨《ギンクワ》若クハ二十錢紙幣デ支拂《シハラ》フコトガ出來ズ、サレバ債務者ハ契約《ケイヤク》ノ目的物ノ消滅ニ遭《ア》ヒタルモノデアルカラ其《ソ》ノ債務《サイム》ヲ免ルヽカト謂《イ》ヘバサウデハナイ此ノ塲合《バアヒ》ニ於テハ債務者ハ他《タ》ノ通貨《ツウクワ》ヲ以テ辨濟シナケレバナラヌ（第二項）而シテ又前二項ノ規定ハ外國《グワイコク》ノ通貨ヲ目的トシタル債權《サイケン》例バ英國ノ通貨若クバ米國《ベイコク》ノ通貨ヲ以テ辨濟セヌト契約《ケイヤク》シタル塲合ニモ準用《シユンヨウ》スルコトヽ定メタノデアル（第三項）然シ玆《コヽ》ニ注意スベキハ契約當事者ガ例《タト》ヘバ金貨ヲ以テ辨濟《ベンサイ》セヌト契約シテ其ノ辨濟期ニ當《アタ》リ債務者ノ手《テ》ニ金貨乏《トボ》シク銀貨バカリナル時之ヲ態々《ワザ〳〵》金貨ニ引替《ヒキカ》ヘルモ手數デアルカラ金銀兩貨ノ間ニ生スル爲替《カハセ》差金《サシキン》ヲ爲シテ銀貨テ支《シ》拂《ハラ》フコトガ出來ルヤ否《イナヤ》ノ点《テン》デアル舊民法ニハ明文《メイブン》ヲ設ケテ之ヲ許シタルモ新法ハ此明文《コノメイブン》ヲ設ケテ居ラヌ、ケレドモ外國通貨ニ對シ爲替《カハセ》相塲《サウバ》ニ依リテ日本ノ通貨《ツウクワ》ヲ以テ辨濟スルコトヲ許《ユル》シ居ル第四百三條アルニ因テ考フレバ明文ナキモ無論《ムロン》之ヲ許シタルモノトシテ差支《サシツカ》ヘハアリマセム

第四百三條　外國《グワイコク》ノ通貨ヲ以テ債權額ヲ指定《シテイ》シタルトキハ債務者ハ履行地ニ於ケル爲替《カハセ》相塲《サウバ》ニ依リ日本ノ通貨《ツウクリ》ヲ以テ辨濟ヲ爲スコトヲ得

▲參看　舊民法財產編第四百六十五條第三項

〔註釋〕本條ハ外國貨幣《グワイコククワヘイ》ヲ目的トシタル場合ノ規定《キテイ》デアッテ、其ノ意義《イギ》ハ外國ノ貨幣ヲ以テ債權額ヲ指定《シテイ》スル場合ハ今日ノ實際《ジッサイ》ニ於テハ稀《マレ》デアルガ、貿易商人《バウエキシヤウニン》若クハ爲替商ニ在リテ時宜《ジギ》ニ依リ此ノ契約ヲ爲ス者ナシトハ限《カギ》ラム況《マ》シテ漸々貿易事業ノ旺盛《ワウセイ》ニ趨《オモム》ク將來ニ於テハ數多《アマタ》アルベキ契約デアル、ケレドモ外國ノ貨幣《クワヘイ》ハ元來强制適用ノ效力《カウリヨク》ナキ一ノ代替物ニ過《ス》ギナイモノデアルカラ例《タト》ヘバ契約當事者ガ臺灣《タイワン》ニ於テ或ル契約ヲ結《ムス》ヒ英貨百磅《ポンド》テ以テ辨濟シヤウト約《ヤク》シタルモ債務者ハ辨濟ノ期《キ》ニ臨《ノゾ》ミ大坂ニ在リテ辨濟セムトスル時英貨拂底《フッテイ》ナル場合ニ於テハ大坂ノ爲替《カハセ》相場《サウバ》英貨一磅ハ我國ノ銀貨《ギンクワ》八圓九十九錢二厘ニ當ル相場デアレバ債務履行地《サイムリカウチ》タル大坂ニ於ケル其ノ相場《サウバ》ニ依リ日本銀貨八百九十九圓三十錢ヲ辨濟スレバ其ノ義務《ギム》ヲ免カル、コトガ出來《デキ》ルト定メタノデアリマス

第四百四條　利息《リソク》ヲ生スヘキ債權ニ付キ別段《ベツダン》ノ意思《イシ》表示《ヘウジ》ナキトキハ其ノ利率《リリツ》ハ年五分トス

▲參看　舊民法財產取得編第百八十六條第二項

〔註釋〕本條ハ契約當事者間ニ利息《リソク》ヲ定メザリシ場合ニ關スル利率《リツ》ヲ規定シタノデアッテ、其ノ意義《イギ》ハ利息ヲ生ズル債權ニ就テ契約當事者雙方《サウハウ》ガ利息何程ト意思《イシ》ヲ表示シテ定メサル時ハ其ノ利息ハ一ケ年百圓ニ付五圓ト規定《キテイ》シタノデアル、故ニ當事者《タウジシヤ》ニ於テ互ヒニ意思表示ヲ爲シ定ムル利息《リソク》ハ本條規定ノ利息ヨリ上ルモ自由《ジイウ》デアル、然シ當時現《ゲン》ニ行ハルヽ利息ハ明治十年布告《フコク》第六十號利息制限法第二條ニ依《ヨ》リテ百圓マテ年二割《ワリ》千圓マデ一割五分千圓以上一年一割二分ト定《サダ》メラレテアル故ニ民法ノ實施《ジツシ》セラルヽ時此ノ利息制限法ノ存スルアラバ此ノ制限《セイゲン》ヨリ以上ニ上《ノボ》ルコトハ出來ナイノデアリマス

第四百五條　利息《リソク》カ一年分以上延滯《エンタイ》シタル場合ニ於テ債權者《サイケンシヤ》ヨリ催告ヲ爲スモ債務者カ其ノ利息《リソク》ヲ拂《ハラ》ハサルトキハ債權者ハ之ヲ元本《ゲンポン》ニ組入ルルコトヲ得

▲參看　舊民法財產編第三百九十四條第一項

〔註釋〕本條ハ利息ヲ元金《ゲンキン》ニ組入《クミイ》ルヽ場合ヲ規定シタル條項《デウコウ》デアッテ、其ノ意義《イギ》ハ債務者ガ債權者ヨリ屢々《シバ〳〵》利息金辨濟ノ催告《サイコク》ヲ受クルモ頓着《トンヂヤク》セズ一年以上ノ利息ヲ支拂《シハラ》ハナイ時ハ

債權者ハ其ノ滯《トヾコホ》リタル一年以上ノ利息金ヲ元金《ゲンキン》ニ組入ルヽコトガ出來ルト定メタノデアル、而《ソウ》シテ本條ヲ解《カイ》スルニ注意《チウイ》スベキハ滯リタル利息ハ一年以上《イジヤウ》デアルコトヽ債權者ハ一年以上利息ノ滯ル時ハ必《カナ》ラズ催告ヲセヌケレバナラヌ事《コト》トデアル、如何《イカ》トナレバ一年以下ノ利息ヲ元金ニ組入《クミイ》レラレテハ債務者ハ實ニ迷惑《メイワク》ノコトデアル故ニ一年以下ノ利息ハ元金ニ組入レルコトハ出來《デキ》ヌ、又債權者カ一年以上ノ利息《リソク》ノ滯ルモ催促《サイソク》シナイトキハ債務者ハ猶豫《ユウヨ》ヲ與ヘ呉《ク》レ居ルコトヽ思ヒ元金ニ組入《クミイ》レラレタルコトヲ知ルニ術《スベ》ナケレバ債權者ハ債務者ニ催告《サイソク》セズシテ利息金ヲ元金《ゲンキン》ヘ組入レルコトハ出來《デキ》ヌノデアリマス

第四百六條　債權ノ目的《モクテキ》カ數個ノ給附中選擇《センタク》ニ依リテ定マルヘキトキハ其ノ選擇權ハ債務者《サイムシヤ》ニ屬《ゾク》ス

◎參看　舊民法財產編第四百二十八條

〔註釋〕本條ハ債權ノ目的物ニ就《ツイ》テ債務者ノ撰擇權《センタクケン》ヲ規定シタル條項《デウコウ》デアッテ、其ノ意義《イギ》ハ例バ甲者ガ乙者ニ對シ契約《ケイヤク》ヲ爲シタル當初債權ヲ辨濟《ベンサイ》スルニハ米《コメ》カ油《アブラ》カ酒《サケ》カ何レカヲ以テスルト約《ヤク》シタル時其ノ期限《キゲン》ニ至リ辨濟スル場合ニ於テハ債務者《サイムシヤ》タル乙者ハ自已ノ都合

ニテ米デ辨濟スルトモ油《アブラ》デスルトモ勝手《カツテ》ニ撰擇シテ何レカ都合《ツガフ》ヨキ一方ノ物ヲ以テ債權者タル甲者ニ辨濟スル撰擇權《センタクケン》ヲ有スルモノデアル然《シカ》シ乙者ニ於テ甲者ニ辨濟スル時《トキ》米ト油ト酒トヲ取交《トリマ》ゼテ辨濟スルコトハ出來ヌ必《カナ》ラズ米、油、酒、ノ内何《ウチイツ》レカ一方ヲ以テシナケレバナラヌ、ケレドモ本條《ホンデウ》ハ必ラズ左樣《サウ》スルニ限ルモノデハナイ甲者ト乙者ノ間ニ合意《ガフイ》ヲ爲シテ乙者ガ米、油、酒取交《トリマ》ゼテ辨濟スルコトヲ甲者ニ於テ承諾《シヨウダク》スレバ其ノ合意ノ如クスルモ差支《サシツカ》ヘハナイト予ハ存《カンガ》ヘル、如何トナレバ是敢《アヘ》テ公益ヲ害《ガイ》スルモノデナク却テ甲乙兩者ノ便宜《ベンギ》デアルカラ法律ガ故《コトサ》ラニ其ノ害ナキ便宜ヲ防《サマタ》グル道理《ダウリ》ノアルモノデナイ故ニ予ハ斯ク斷言《ダンゲン》スル又此ノ撰擇權ハ必《カナ》ラズ債務者ニ屬《ゾク》スルニ限ラズ甲乙間《カンチツカン》ノ契約ニ依リ乙者ヨリ其ノ撰擇權テ甲者ニ屬《ゾク》セシムルモ敢テ差支《サシツカ》ヘザルモノデアリマス

第四百七條 前條ノ選擇《センタク》ハ相手方ニ對スル意思表示《イシヘウジ》ニ依リテ之ヲ行フ

前項ノ意思表示ハ相手方ノ承諾《シヤウダク》アルニ非《アラ》サレハ之ヲ取消《トリケ》ス事ヲ得ス

㊂參看　舊民法財産編第四十三條

〔註釋〕本條債務者カ撰擇權ヲ行《オコナ》フニ就テノ規定《キテイ》テアツテ、其ノ意義ハ前條《ゼンデウ》ニ示《シメ》シタル例ノ

如ク乙者カ米、油、酒ノ中何《イヅ》レカ一方ヲ撰擇スル時例《タトヘ》バ米ヲ撰擇《センタク》スル時ハ甲者ニ對《タイ》シ其ノ意義ヲ表示《ヘウジ》セヌケレバ行フコトガ出來ヌ、意思《イシ》ノ表示《ヘウジ》トハ米ヲ撰擇シタルコトヲ甲者ヘ言《イ》ヒ送《オク》ルカ又ハ其ノ米ヲ視《ミ》セムケレバナラヌ（第一項）而《ソウ》シテ其ノ米ヲ撰擇《センタク》シタルコトヲ一度甲者ヘ言《イ》ヒ送《オク》ルカ又ハ米ヲ視《ミ》セタル以上ハ甲者ノ承諾ヲ得《エ》ムケレバ之ヲ取消《トリケ》シ再ビ油ニ替《カヘ》ヌ酒ニ替ムト勝手《ガツテ》ニ撰擇ヲ仕替《シカヘ》ルコトハ出來ヌ（第二項）何《ナン》トナレバ乙者ハ未《イマ》ダ撰擇シナイ時ナラバ致《イタ》シ方《カタ》ナキモ一度《イツタン》米ト定メテ甲者ニ其旨《ムネ》テ通知《ツウチ》シタル以上ハ甲乙雙方間ニ確定《クワクテイ》シタルモノデアルカラ一方ノ意思《イシ》ノミデ取消スコトハ出來《デキ》ヌ況《マ》シテ米ナドハ時々相場《サウバ》アリテ高下《カウゲ》ノ速《スミヤ》カナルモノデアルカラ乙者ニ奸策《カンサク》アルトキハ其ノ相場ノ高下ニ依リ利益《リエキ》アリトスレバ再ヒ價額ノ低《ヒク》キ油ト取替《トリカ》ヘテ自巳ヲ利《リ》シ甲者ヲ害《ガイ》スル等ノコトヲ爲サムトモ限《カギ》ラヌ。故ニ本條ノ規定《キテイ》ヲ設ケテ此弊《コノヘイ》ヲ矯《タ》メタル所以《ワケ》デアリマス

第四百八條　債權カ辨濟《ベンサイ》期ニ在ル場合ニ於テ相手方《アヒテカタ》ヨリ相當ノ期間ヲ定メテ催告《サイコク》ヲ爲スモ選擇權ヲ有スル當事者《タウジシヤ》カ其ノ期間内ニ選擇ヲ爲サヾルトキハ其ノ選擇權ハ相手方《アヒテカタ》ニ屬ス

〔註釋〕本條ハ撰擇權ノ互《タガ》ヒニ移《ウツ》リ轉《カハ》ル塲合ヲ規定シタル條項《デウコウ》デアツテ而《ソウ》シテ本條ノ對手方ト謂フニ就テ理由《ワケ》ガアル元來撰擇權ハ第四百六條ノ規定《キテイ》ニ因リ債務者ニ屬《ゾク》スベキモノデアル、ケレドモ債務者ト債權者間ノ契約《ケイヤク》ニ依リ其ノ撰擇權ヲ債權者《サイケンシヤ》若クハ第三者ニ移《ウツ》スハ敢ヘテ差支《サシツカ》ヘナイコトデアルカラ斯《カク》ノ塲合ニ於テハ撰擇權ヲ有《イウ》スル者ハ債務者デナクシテ他《タ》ノ者《モノ》デアル故ニ塲合ニ依《ヨ》リテハ債務者デ撰擇權ヲ有《イウ》スルコトモアリ又ハ債務者ノ有スルコトモ在《ア》リ若クハ第三者ノ有スルコトモアルカラ殊更《コトサラ》ニ相手方ト記載《キサイ》シテ本條ヲ雙方ノ塲合ニ共用《キヨウヨウ》スルコト丶シタノデアル、ソコデ本條ノ意義《イギ》ハ例ハ債權カ辨濟期ニ迫《セマ》リシ時前述ベタル一方ノ相手方《アヒテカタ》カラ相當ノ餘有時日《ヨイウジヂツ》ヲ定メテ撰擇セヨト催告《サイコク》シタルニモ拘ハラズ一方ノ對手方ニ於テ打捨《ウチス》テ置クトキハ其ノ相手方ハ撰擇權《センタクケン》ヲ拋棄《ハウキ》シタルモノトシカ思ハレナイカラ此ノ塲合《バアヒ》ニ於テハ其ノ撰擇權ハ撰擇ヲ催告《サイコク》シタル一方ノ相手方《アヒテカタ》ニ於テスルコト丶定メタノデアル、今《イマ》一例《レイ》ヲ擧《ア》ケ詳《クワ》シク解《カイ》シ易《ヤス》キヤウ說《ト》ケバ例バ甲者ガ債權者デアツテ乙者ガ債務者《サイムシヤ》デアルトシタ所デ素《モ》ト撰擇權ハ乙者ニ屬《ゾク》シ居ルモノナレドモ都合ニ依リ其ノ撰擇權ヲ甲者ニ移《ウツ》シタルニ因リ乙者ハ債權ノ辨濟期《ベンサイキ》ニ迫《セマ》ル故相當ノ餘日《ヨジツ》ヲ見込《ミコ》ミテ甲者ニ撰擇セシコトヲ催告《サイコク》シタルニ甲者ハ其ノ餘日中ニ撰擇ヲシナイ時《トキ》ハ其ノ撰擇權ハ原《モト》ノ債務者タル乙者ニ逆戻《ギヤクモド》リト成ル譯《ワケ》デアリマス

第四百九條　第三者カ選擇《センタク》ヲ爲スヘキ場合ニ於テハ其ノ選擇ハ債權者《サイケンシヤ》又ハ債務者ニ對《タイ》スル意思表示ニ依《ヨ》リテ之ヲ爲ス

第三者カ選擇ヲ爲《ナ》スコト能《アタ》ハス又ハ之ヲ欲《ホツ》セサルトキハ選擇權ハ債務者ニ屬《ゾク》ス

〔註釋〕本條ハ撰擇權ヲ第三者ノ行《オコナ》フ場合ヲ規定シタル條項《デウコウ》デアツテ、第三者トハ債務債權兩者外ノ者ヲ謂《イ》フノデ其ノ第三者ガ撰擇《センタク》ヲ爲ス場合ニ於テハ其ノ旨《ムネ》ヲ債權者又ハ債務者ニ覺知《カクチ》セシメナケレバナラヌ（第一項）然シ此三者ガ若《モ》シ撰擇スルコトノ出來《デキ》ヌ時カ或ハ撰擇スルコトヲ好《コノ》マザル場合ノアツタ時ハ其ノ撰擇權《センタクケン》ハ債務者ニ戻《モド》ルモノデアル（第二項）而《ソウ》シテ此ノ第三者ガ撰擇スル場合《バアヒ》ニ於テモ一度《イツタン》撰擇ヲシテ之ヲ債務者及ビ債權者ニ覺知セシメタル以上《イジヤウ》ハ第四百六條第二項ニ因《ヨ》リ債務債權兩者ノ承諾《シヨウダク》ヲ得ナケレバ其ノ撰擇ヲ取消《トリケ》スコトハ出來《デキ》ナイノデアリマス

第四百十條　債權ノ目的《モクテキ》タルヘキ給付中始《ハジメ》ヨリ不《ト》能《ノウ》ナルモノ又ハ後《ノチ》ニ

至リテ不能《フノウ》ト爲リタルモノアルトキハ債權ハ其《ソ》ノ殘存《ザンソン》スルモノニ付キ存在ス

選擇權ヲ有セサル當事者《タウジシャ》ノ過失ニ因リテ給付《キウフ》カ不能《フノウ》ト爲リタルトキハ前項ノ規定《キテイ》ヲ適用セス

▲參看　舊民法財產編第四百二十九條乃至第四百三十四條

〔註釋〕本條ハ債權《サイケン》ノ目的物カ給付中不能ト成《ナ》リタル塲合ニ關スル規定《キテイ》デアッテ、其ノ意義ハ撰擇權ヲ有シ居《イ》ルモノガ債權ノ目的《モクテキ》トスル物ヲ給付《キウフ》セムトスル始メ又ハ後ニ天災《テンサイ》若クハ事變ノ爲滅失《メッシツ》セシメタル時ハ債權ハ單一《タンイツ》トナルモノデアル、例《タト》ヘバ債權者ト債務者ト第三者トニ拘《カヽ》ハラズ目的物ヲ撰擇スル任《ニン》ニ當《アタ》リシ者カ其ノ目的物ヲ給《キウ》フセムトスル始メカ又ハ後ニ於テ火災《クワサイ》或ハ水災《スヰサイ》等ノ如キ意外《イグワイ》ノ事變ニ依ッテ其ノ物ヲ滅失《メッシツ》シタル時ハ其ノ債權ニ對シテハ目的物ナル單一ノ義務《ギム》ダケ殘《ノコ》ルモノデアル（第一項）ケレドモ若《モシ》其ノ目的物ヲ滅失シタル者カ撰擇權《センタクケン》ヲ有セズシテ其ノ所爲《ショヰ》ノ天災又ハ事變ニアラズ其《ソ》ノ者《モノ》ノ過失《クワシツ》デアル時ハ單一ノ義務ダケ殘《ノコ》ルモノデハナイ（第二項）サレバ此《コ》ノ塲合《バアヒ》ニハ如何《イカ》ニスベキカ本條此《コ》ノ事ニ就テハ明文《クイブン》ヲ欽《カ》キタレドモ第七百九條以下《イカ》ニ規定シタル不法行爲ニ關《クワン》スル規定ニ依リテ處分《シヨブン》シナケレバナラヌノデアリマス

第四百十一條　選擇ハ債權《サイケン》發生《ハツセイ》ノ時ニ遡《サカノボ》リテ其ノ效力ヲ生ス但第三者ノ權利ヲ害《ガイ》スルコトヲ得《エ》ス

▲參看　舊民法財產編第四百三十五條

〔註釋〕本條ハ第三者ノ權利《ケンリ》ヲ害セザル以上《イジヤウ》ハ撰擇ノ效力ハ既往《キワウ》ニ遡《サカノボ》ルト謂フ原則ヲ規定シタル條項《デウコウ》デアツテ其ノ意義《イギ》ハ例バ明治廿九年六月一日ニ於テ甲者ガ乙者ニ對《タイ》シ同年《ドウネン》八月三十一日限リ米叉ハ汕ノ中何《イツ》レカ一方ヲ引渡《ヒキワタ》スト謂フ契約ヲ爲《ナ》シタル後チ乙者ハ甲者ニ對シテ米ヲ引渡《ヒキワタ》スト謂フ意思表示ヲ爲《ナ》シタル時ハ乙者ハ甲者《カフシヤ》ニ對シテ米ヲ以テ辨濟《ベンサイ》スルコトヽ確定《クワクテイ》シタノデアル、故ニ此ノ場合《バアヒ》ニ於テ其ノ撰擇ハ債權發生ノ六月一日ニ遡リ乙者カ其《ツ》ノ六月一日ニ於テ既ニ甲者ニ對《タイ》シテ債權ノ目的物《モクテキブツ》ヲ米ト確定シタリシト等《ヒト》シキ效力ヲ生ズト定《サダ》メタノデアル(本條前段)ケレドモ之レガ爲米《コメ》ノ上ニ先取特權《センシユトクケン》ナトヲ有スル第三者アルトキハ其ノ第《ダイ》三者《シヤ》ヲ害スルコトハ出來《デキ》ヌ(本條但書)ト定メタノデアリマス

第二節　債權ノ効力

〔註釋〕本條ハ債權《サイケン》ノ効力ニ就テ規定《キテイ》シタル條項ヲ網羅《マウラ》シタルモノデアリマス

第四百十二條　債務ノ履行《リカウ》ニ付キ確定期限《クワクテイキゲン》アルトキハ債務者ハ其ノ期限ノ到來《タウライ》シタル時ヨリ遲滯《チタイ》ノ責ニ任ス

債務ノ履行《リカウ》ニ付キ不確定期限アルトキハ債務者《サイムシヤ》ハ其ノ期限ノ到來《タウライ》シタルコトヲ知《シ》リタル時ヨリ遲滯《チタイ》ノ責《セキ》ニ任《ニン》ス

債務ノ履行《リカウ》ニ付キ期限ヲ定《サダ》メサリシトキハ債務者《サイムシヤ》ハ履行ノ請求《セイキウ》ヲ受ケタル時ヨリ遲滯《チタイ》ノ責ニ任ス

▲參看　舊民法財產編第三百三十六條、第三百三十三條第六項

〔註釋〕本條ハ債務履行ノ期限《キゲン》如何ニ依リ債務者《サイムシヤ》ノ遲滯責任ヲ區別《クベツ》シタル條項デアッテ、債務者ガ債務ヲ履行《リカウ》セサルニ因リ遲滯責任《チタイセキニン》ヲ負フヘキ場合ヲ左ノ三個《コ》ニ區別《クベツ》シタリ

第一項　確定期限アルトキハ其ノ期限到來ノ時例バ何年何月何日ニハ辨濟《ベンサイ》スベシト期

限ヲ確《タシカ》ニ定メタルニモ拘ハラズ債務《サイム》ヲ履行《リカウ》シナイ時ハ遲滯ノ責《セメ》ヲ負《オハ》ナケレバナラヌ

第二項　不確定期限ナル時ハ其ノ期限ノ到來シタルヲ知リタル時例バ此《コ》ノ田地《デンチ》ニ植付タル米ガ採《ト》レタラ賣《ウ》ラムト約束《ヤクソク》シタルカ如キハ期限《キゲン》ノ確《タシ》カニ定マラヌモノデアル、故ニ此ノ場合《バアヒ》ニハ其ノ米ヲ收穫《シウクワク》シタルニモ拘ハラズ賣《ウ》ラザルガ如キ債務《サイム》ノ履行シナイ時ハ遲滯《チタイ》ノ責《セメ》ヲ負《オ》ハナケレバナラヌ

第三項　期限ヲ定メサル時ハ其ノ履行ノ請求ヲ受ケタル時例バ入用《イリヨウ》ノ節《セツ》辨濟スルト謂フカ督促《トクソク》アリ次第辨濟スルト約束《ヤクソク》シタルガ如キ期限ヲ定《サダ》メザル時ハ其ノ催促《サイソク》ヲ受ケデ尚債務ノ履行《リカウ》ヲシナイ時ハ遲滯ノ責《セメ》ヲ負《オ》ハナケレバナラヌ

以上ノ三項ノ場合《バアヒ》ニ於テハ何《イツ》レモ遲滯ノ責ニ任セラルヽモノデアルカラ債務者《サイムシヤ》ハ何レモ金錢ニ對スル時ハ利息《リソク》否《シカ》ラサル時ハ損害ノ賠償《バイシヤウ》等ヲ負擔《フタン》シナケレバナラヌト定メタノデアリマス

第四百十三條　債權者カ債務《サイム》ノ履行ヲ受《ウ》クルコトヲ拒《コバ》ミ又ハ之ヲ受クルコト能ハサルトキハ其ノ債權者《サイケンシヤ》ハ履行ノ提供《テイキヨウ》アリタル時ヨリ遲滯

ノ責ニ任ス

▲參看　舊民法財產編第四百七十四條乃至第四百七十八條

〔註釋〕本條ハ前條ニ反《ハン》シ債權者ニ於テ遲滯責任《チタイセキニン》ヲ負フ塲合ヲ規定《キテイ》シタル條項《ジヤウコウ》デアツテ、其ノ意義ハ元來債權者ガ損害《ソンガイ》ヲ蒙ムルノハ債務者ニ於テ債務《サイム》ノ辨濟ヲ爲サヽルニ因《ヨ》ルモノデアル、故ニ債權者ノ唯患《タヾウレ》フル所ハ常《ツネ》ニ此点ノミデアツテ他《タ》ニ何事《ナニゴト》モナイ、サレバ債務者ガ其ノ債務《サイム》ヲ辨濟セムト債權ノ目的物《モクテキブツ》ヲ提供スレバ、債權者ハ喜《ヨロコ》ムデ之ヲ受《ウ》クルハ普通一般ノコトデアル、是債權者ガ貸付當初《タウシヨ》ノ目的《モクテキ》ヲ達シテ自已《ジコ》ニ利益《リエキ》ヲ得ルカラノコトデアル、然《シカ》ルニ債權者ガ之ヲ拒《コバ》ミ又ハ受取ルコトノ出來《デキ》ナイト謂《イ》フハ實ニ道理《ダウリ》ニ反《ハン》シタル奇怪《キクワイ》ノ所爲デアルト謂ハナケレバナラヌ、ケレドモ社會《シヤクワイ》ニハ貪婪《ドンラン》ナル債權者アリテ故ラニ債務者ノ債務履行《サイムリカウ》ヲ拒ミ前條規定ノ遲滯《チタイ》ノ責ヲ負ハセ利子《リシ》ヲ貪リ或ハ損害賠償ヲ得ムトスル不良《フリヤウ》ノ所爲ヲ爲サムトモ限《カギ》ラヌ故ニ本條ノ規定ヲ設《マウ》ケ若シ然ル不良漢アルトキハ反《カヘ》ツテ之ニ遲滯ノ責ヲ負ハセ債務者ガ債務《サイム》ヲ履行セムト債權ノ目的物《モクテキブツ》則チ目的ガ金錢ナレバ其ノ金錢ヲ債權者《サイケンシヤ》ニ提供シタル時ヨリ其《ソ》ノ金錢《キンセン》ニ對スル利息又ハ損害《ソンガイ》ノ賠償ヲ爲サシメルコトヽ定メタノデアリマス

第四百十四條　債務者カ任意《ニンイ》ニ債務ノ履行《リカウ》ヲ爲サザルトキハ債權者ハ其ノ強制履行《キヤウセイリカウ》ヲ裁判所ニ請求《セイキウ》スルコトヲ得但債務ノ性質《セイシツ》カ之ヲ許《ユル》ササルトキハ此限《コノカギリ》ニ在《ア》ラス

債務ノ性質カ強制履行ヲ許《ユル》ササル場合ニ於テ其《ソ》ノ債務《サイム》カ作爲《サヰ》ヲ目的トスルトキハ債權者《サイケンシヤ》ハ債務者ノ費用《ヒヨウ》ヲ以テ第三者ニ之ヲ爲《ナ》サシムルコトヲ裁判所ニ請求《セイキウ》スルコトヲ得但法律行爲ヲ目的《モクテキ》トスル債務ニ付テハ裁判ヲ以テ債務者《サイムシヤ》ノ意思表示ニ代《カ》フルコトヲ得《ウ》

不作爲ヲ目的《モクテキ》トスル債務ニ付テハ債務者ノ費用《ヒヨウ》ヲ以テ其《ソ》ノ爲《ナ》シタル者ヲ除却《ヂヨキヤク》シ且將來《シヤウライ》ノ爲メ適當ノ處分《シヨブン》ヲ爲スヿヲ請求スルコトヲ得

前三項ノ規定《キテイ》ハ損害賠償ノ請求《セイキウ》ヲ妨《サマタ》ケス

▲參看　舊民法財産編第三百八十二條

〔註釋〕本條ハ債務者《サイムシヤ》ノ債務不履行ノ場合ニ於テ強制《キヤウセイ》ヲ以テ其ノ債務ヲ履行《リカウ》セシムルコトヲ規定シタル條項《デウコウ》デアツテ、其ノ意義《イギ》例バ甲者乙者ニ債務ヲ負《オ》ヒ其ノ辨濟期限ニ至《イタ》ルモ債務ノ辨濟ヲ爲サザル時ハ甲者ハ其ノ強制履行《キヤウセイリカウ》ヲ裁判所ニ請求スルコトガ出來《デキ》ル、而シテ裁判所ハ甲者ヨリ此ノ請求《セイキウ》ヲ受ケタルトキ其ノ請求ニ對《タイ》シ判決《ハンケツ》ヲ與《アタ》ヘ乙者ニ債務ノ履行ヲ強《シヒ》テ爲サシムル爲執達吏《シツタツリ》ヲ派《ハ》シテ其ノ債務ヲ取立《トリタ》テシメルモノ、デアル（第一項前段）ケレトモ其ノ乙者ガ履行《リカウ》スベキ債務ガ例《タト》ヘバ予汝《ヨナンヂ》ト何月何日東京ニ同行《ドウカウ》セヌト約《ヤク》シタル債務等ノ如キ強制執行ノ出來ナイ性質《セイシツ》ノモノデアツタトキハ甲者ノ請求《セイキウ》アルモ之ニ強制執行ヲ許ス譯《ワケ》ニハ行カヌ（第一項但書）然《シカ》シナガラ性質ガ強制執行ヲ許《ユル》サヌ場合《バアヒ》デアルトモ其ノ債務ガ例バ書畫《シヨクワ》ノ揮毫《キガウ》若クハ印章彫刻《インシヤウテウコク》等ノ如ク人ノ作爲ヲ目的《モクテキ》トスルモノデアル時甲者ニ於テ乙者ノ費用《ヒヨウ》ヲ以テ丙者ニ其ノ債務ノ代理《ダイリ》ヲ爲サシメヌコトヲ請求《セイキウ》スルコトガ出來ル例バ甲者ガ畫工《グワコウ》乙者ニ畫ノ揮毫ヲ依頼《イライ》シタルニ畫工乙者ハ其ノ債務《サイム》タル畫ノ揮毫ヲ爲サザルニ付甲者ハ裁判所《サイバンシヨ》ニ乙者ノ費用ヲ以テ畫工丙者ニ代筆《ダイヒツ》サセヌコトヲ請求《セイキウ》スレバ裁判所ハ甲者ノ請求ニ基《モトツ》キ乙者ニ判決ヲ以テ自己ノ費用《ヒヨウ》デ丙者ニ代筆《ダイヒツ》サセヨト言渡《イヒワタ》スモノデアル（第二項前段）又等《ヒト》シク債務ノ性質《セイシツ》ガ強制執行ヲ許サヌ場合《バアヒ》デアルトモ其ノ債務ガ法律行爲ヲ目的《モクテキ》トスルモノ例バ甲者ガ乙者ニ對シ某ノ訴ヲ裁判所ニ提起《テイキ》スルニ調印《テウイン》スルコトヲ約《ヤク》シタル債務ノ如キ甲者ガ其ノ約《ヤク》ヲ履行《リカウ》セサル爲乙者ヨリ其ノ債務《サイム》履《リ》行ヲ裁判所ニ請求シ裁判所ガ甲者ニ對《タイ》シ調印スベシトノ裁判ヲ與《アタ》ヘ其ノ判決《ハンケツ》ノ決定シタルトキハ其ノ確定判決ヲ以テ甲者ノ意思《イシ》表示《ヘウシ》ニ代フルコトガ出來ル故ニ甲者ヲ要《エウ》セサルモ其ノ判決書ヲ添《ソ》ヘテ出訴スレバ甲者ノ調印《テウイン》シタルト等シキ効力《カウリヨク》ヲ生スルモノデアル（第二項但書）不作爲ヲ目的《モクテキ》トスルトキ例バ甲者ガ乙者ニ對《タイ》シ此ノ地上ヘハ又其ノ債務カ家屋《カオク》ノ建築ハシナイト約《ヤク》シタル場合ニ於テ甲者ガ違約《ヰヤク》シテ其ノ地上ニ家屋ノ建築《ケンチク》ヲ爲シタル如キハ甲者ノ費用《ヒヨウ》ヲ以テ其ノ家屋ヲ取拂《トリハラ》ヒ尙ホ將來再ヒ建築《ケンチク》シナイヤウノ處分《シヨブン》ヲ爲スコトヲ裁判所ニ請求《セイキウ》スルコトガ出來ル（第三項）而《ソウ》シテ此ノ第一項强制執行ノ塲合《バアヒ》第二項第三者ニ代《カハ》ラシムル塲合第三項不作爲債務ノ塲合等《バアヒトウ》ニ於テ尙ホ債權者ニ損害《ソンガイ》アルトキハ其ノ損害ヲ共ニ請求《セイキウ》スルニ差支ヘハナイ（第四項）ト定メタノデアリマス

第四百十五條　債務者カ其ノ債務《サイム》ノ本旨《ホンシ》ニ從ヒタル履行ヲ爲ササルトキハ債權者ハ其ノ損害《ソンカイ》ノ賠償ヲ請求《セイキウ》スルコトヲ得債務者ノ責《セメ》ニ歸スヘキ事由《シイウ》ニ因リテ履行《リカウ》ヲ爲スコト能ハサルニ至《イタ》リタルトキ亦同シ

◎參看　舊民法財産編第三百八十一條、第三百八十三條、第三百八十四條

〔註釋〕本條ハ債權者ノ請求《セイキウ》シ得ベキ損害賠償ノ生ズル場合《バアヒ》ヲ規定シタル條項《デウコウ》デアッテ、其ノ意義ハ例バ甲者ガ乙者ニ對シ丙者著述《チヨジユツ》ノ民法要論ヲ引渡《ヒキワタ》スベキコトヲ約《ヤク》シナガラ丁者著述ノ民法主眼《シユガン》ヲ引渡セシ如キハ甲者ノ負《オ》ヒシ債務ノ本旨《ホンシ》ニ從ヒテ履行シタルモノデナイカラ乙者ハ甲者ニ對《タイ》シ之ヨリ生ジタル損害ノ賠償《バイシヤウ》ヲ求ムルコトガ出來ル(本條前段)又此ノ場合ニ於テ假令《タトヘ》甲者ガ丙者著述ノ民法要論ヲ引渡《ヒキワタ》スコトヽ爲シ居リタルモ窃盜《セツタウ》ノ爲ニ其ノ書《シヨ》ヲ奪《ウバ》ハルヽカ又ハ紛失《フンシツ》セシムル等其ノ場合《バアヒ》ノ如何ヲ問《ト》ハズ甲者ガ責《セメ》ニ歸《キ》スベキ事由ニ因ッテ引渡《ヒキワタ》スコトノ出來ヌ場合《バアヒ》ニ至レバ乙者ハ甲者ニ對シテ損害《ソンガイ》ノ賠償ヲ請求スルコトガ出來ル(本條後段)ト定メタノデアリマス

第四百十六條　損害賠償ノ請求《セイキウ》ハ債務ノ不履行《フリカウ》ニ因リテ通常生スヘキ損害ノ賠償ヲ爲《ナ》サシムルヲ以テ其ノ目的《モクテキ》トス

特別ノ事情《ジジヤウ》ニ因リテ生シタル損害《ソンガイ》ト雖モ當事者カ其ノ事情ヲ豫見《ヨケン》シ又ハ豫見スルコトヲ得ヘカリシトキハ債權者《サイケンシヤ》ハ其ノ賠償ヲ請求《セイキウ》スル

コトヲ得

▲參看　舊民法財產編第三百八十五條

〔註釋〕本條ハ損害賠償ノ定義《テイギ》ヲ示シタル條項デアッテ、其ノ意義《イギ》ハ元來損害トハ損失《ソンシツ》ト利得トヲ謂《イ》フモノデアッテ賠償トハ此ノ損害ト利得《リトク》トヲ償還塡補《シヤウクワンテンポ》スルモノデアル、故ニ損害賠償ノ目的《モクテキ》ハ債務者ガ債務不履行ヨリ債權者《サイケンシヤ》ニ蒙ラシメタル通常生ズベキ損害《ソンガイ》ト利得トヲ償還塡補セシムルニアルモノデアル例バ甲者ガ乙者ヲ招聘《セウヘイ》シテ演說會《エンゼツクワイ》ヲ開カヌト約シタルニ乙辨士《ベンシ》ニ於テ違約《ヰヤク》シタル時ハ甲者ニ對シ損害ノ賠償ヲ爲シ甲者ノ損失《ソンシツ》ヲ償還シテ尚ホ其ノ利得ヲモ塡補《テンポ》セヌケレバナラヌ。而《ソウ》シテ其ノ損失トハ何《ナニ》ヲ謂《イ》フカ演說ノ廣告料、會場借入料等デアル、利得《リトク》トハ何ヲ謂フカ傍聽料《バウチヤウレウ》ヨリ得ル純益《ジユンエキ》デアル是レ乙者ガ出演ノ約《ヤク》ヲ履行《リカウ》セザリシヨリ通常生ズヘキ損害《ソンガイ》デアルカラ甲者ハ是等ヲ目的《モクテキ》トシテ乙者ニ對シ損害賠償ノ請求《セイキウ》ヲ爲スコトガ出來ル(第一項)ケレドモ損害賠償《ソンガイバイシヤウ》ハ通常生ズベキモノダケヲ目的《モクテキ》トスルニハ限ラヌ特別ノ事情《ジジヤウ》ニ因リテ生シタル損害デアルトモ當事者《タウジシヤ》ガ其ノ事情ヲ前以テ知ルコトノ出來《デキ》ルモノカ又ハ注意《チウイ》サヘスレバ前以テ知リ得ラレヌ事項《コトガラ》デアレバ損害賠償ノ目的トスルコトガ出來ル例バ甲者ガ乙者ニ少《スコ》シク破損《ハソン》シタル一個ノ金側時計ヲ賣渡《ウリワタ》シタルニ其ノ時計《トケイ》ハ元來甲者ノモノデナカリシ爲眞《シン》ノ所有者ニ奪取《ダツシユ》セラレタル時乙者ガ其ノ時計ヲ修繕《シウゼン》シタル費用ノ如キハ甲者ノ豫見《ヨケン》シ得ベキ事デアル又其ノ時計ヲ甲者ガ賣渡《ウリワタ》セシ後乙者ニ於テ其ノ金側《キンガハ》ノ裏面《リメン》ニ彫刻師《テウコクシ》ヲシテ美術彫刻ヲ爲サシメル時ニ於ケル費用ノ如キ是豫見《ヨケン》シ得ベカリシモノデアル、如何《イカン》トナレバ金側時計タル原《モ》ト奢《シヤ》侈品《シヒン》デアルカラ之レニ尙ホ奢侈《シヤシ》ノ裝飾ヲ爲スハ豫メ知レ得ベキ事實《ジツ》デアル故ニ是等ノモノハ總テ損害賠償ノ目的《モクテキ》トシテ其ノ請求ヲナスコトガ出來《デキ》ル（第二項）ト定メタノデアリマス

第四百十七條　損害賠償ハ別段《ベツダン》ノ意思表示ナキトキハ金錢《キンセン》ヲ以テ其ノ額ヲ定《サダ》ム

▲參看　舊民法財產編第三百八十六條第一項

〔註釋〕本條ハ契約者雙方《サウハウ》ニ於テ意思表示ヲ爲《シ》ナイ時ハ損害賠償ノ額《ガク》ハ金錢ヲ以テ定ムルコトヽ規定《キテイ》シタル條項デアッテ、其ノ意義《イギ》ハ例バ甲者ヨリ乙者ニ乳牛《ニウギウ》一頭《トウ》ノ賠償テセヌケレバナラヌ場合ニ於テ必《カナ》ラズ甲者ノ所有セシ乳牛ト等《ヒト》シキモノヲ賠償《バイシヤウ》セヌケレバナラヌ

トスレバ實ニ困難《コンナン》ナルコトデアッテ天下《テンカ》廣《ヒロ》シト雖モ恐《オソ》ラクハ求メ得ラルヽモノデハナイヽ稍々相似《アヒニ》タルモノヲ求メムトスルモ甚《ハナハ》タ六ツケ敷《シキ》コトデ假令《タトヘ》求ムレバ在リトスルモ之ヲ求ムル費用《ヒヨウ》ヲ却テ乙者ノ蒙《カウ》ムル損失ニ超《コ》ヘテ尚ホ其ノ同異《ドウイ》ニ付甲乙間ニ種々《シユジユ》ノ爭論ヲ起シ花《ハナ》ニ花ヲ咲《サ》カシムル如キコトナキニモ限《カギ》ラズ故ニ本條ハ損害ノ賠償《バイシヤウ》ノ金錢ヲ以テ其ノ額ヲ定ムルコトヽシテ斯ク無益《ムヤク》ノ爭訟ナキコトヲ期シタルモノデアル、ケレドモ甲乙間ニ必ラズ現物《ゲンブツ》ヲ以テ賠償スルトノ意義《イギ》表示《ヘウジ》ヲ爲シテ契約シタルトキハ法律ハ其ノ契約ヲ取消《トリケ》サシタテ故《コトサ》ラニ金額ト引直《ヒキナホ》サシメルト謂フノデハナイ故ニ甲乙間ニ於テ現物賠償ノ契約ヲ爲《ナ》スモ敢テ差支《サシツカ》ヘハナイノデアリマス

第四百十八條　債務ノ不履行《フリカウ》ニ關シ債權者ニ過失《クワシツ》アリタルトキハ裁判所ハ損害賠償ノ責任《セキニン》及ヒ其ノ金額ヲ定《サダ》ムルニ付キ之ヲ斟酌《シンシヤク》ス

◎參看　舊民法財産編第三百八十七條

〔註釋〕本條ハ債權者ノ過失《クワシツ》アルトキハ債務者ノ賠償責任《セキニン》ヲ斟酌《シンシヤク》スルコトヲ規定シタル條項デアッテ、其ノ意義《イギ》ハ債務者ガ其ノ債務ヲ辨濟《ベンサイ》セザレバ素《モト》ヨリ債務者ノ惡《ア》シキニ相違《サウヰ》ナ

キモ債務者バカリ惡《ア》シヽト謂フコトノ出來ヌ塲合《バアヒ》ガアル例バ債權者ガ辨濟方法又ハ引渡スベキ物品ニ就テ故《コトサ》ラニ苦情ヲ唱《トナ》ヘテ債務者ヲ困《コマ》ラセルヨリ債務者ハ立服《リツプク》シテ債務ノ履行ヲセザルノ如キコトナイトモ限《カギ》ラヌ故ニ此ノ塲合ニハ裁判所ハ損害《ソンガイ》ノ賠償ノ責任及ヒ其ノ金額ヲ定《サダ》ムルニ就キ當事者雙方ノ非理《ヒリ》ヲ斟酌《シンシヤク》シテ定メヌケレバナラヌ、故ニ此ノ規定アル所以デアリマス

第四百十九條 金錢ヲ目的《モクテキ》トスル債務ノ不履行《フリカウ》ニ付テハ其ノ損害賠償ノ額ハ法定利《リ》率《リツ》ニ依リテ之ヲ定ム但約定利率カ法定《ハフテイ》利《リ》率《リツ》ニ超《コ》ユルトキハ約定《ヤクヂヤウ》利《リ》率《リツ》ニ依ル

前項ノ損害賠償ニ付《ツイ》テハ債權者ハ損害《ソンガイ》ノ證明ヲ爲スコトヲ要《エウ》セス又債務者ハ不可抗力《フカカウリヨク》ヲ以テ抗辨ト爲《ナ》スコトヲ得《エ》ス

▲參看 舊民法財産編第三百九十一條、第三百九十二條

〔註釋〕本條ハ金錢目的《キンセンモクテキ》ノ債務ニ關スル損害賠償ノ額ハ法定《ハフテイ》ノ利率ヲ以テ定《サダ》ムルコトヲ規定

シタル條項《デウコウ》デアッテ、其ノ意義ハ例バ金錢ノ借主ガ約束期限《ヤクソクキゲン》ニ之ヲ返辨セズ又ハ金錢ノ預リ主ガ預ケ主ノ請求《セイキウ》アルニモ拘ハラズ之ヲ拂《ハラ》ヒ戻《モド》サヾル等金錢ヲ目的《モクテキ》トスル債務ノ不履行アルニ就テハ其ノ遲滯《チタイ》ノ時ヨリ損害ノ賠償トシテ債權者ニ若干《イクラ》カノ利息ヲ支拂《シハラ》ハナケレバナラヌ、而《ソレ》シテ此ノ塲合ニ損害賠償ノ利息額《リソクガク》ヲ定メテ居ラヌケレバ第四百三條ノ規定ニ基キ之ヲ五分ト定《サダ》メルノデアル(第一項)ケレドモ若シ當事者間《タウジシヤカン》ニ於テ損害賠償トシテ何程ノ利息《リソク》ヲ支拂ハント約定《ヤクヂヤウ》シテ居リテ其ノ約定ノ利息額ガ法定《ハフテイ》ノ五分ヨリ超過《テウクワ》シテ居レバ債務者ハ本條《ホンデウ》ノ規定アルニ拘ハラズ其ノ約定ノ利息額《リソクガク》ヲ以テ支拂ハンケレバナラヌ(第一項但書)而シテ茲ニ注意《テウイ》スベキハ此ノ約定利率ト謂《イ》フコトデアル、約定利率ト謂フノハ無暗《ムヤミ》ト勝手《カツテ》ニ取極《トリキ》メルモノヲ謂フノデハナイ現今ニ在《ア》ッテハ彼ノ明治十年九月十一日發布第六十六號布告《フコク》利息制限法ノ行ハレ居レバ其ノ規定《キテイ》スル利息額ヲ謂《イ》フモノデアル、此法律ニ定《サダ》ムル所ノ利息額ハ元金百圓以下《イカ》ハ一ケ年二割、十圓以下ハ一割《ワリ》五分《ブ》、千圓以上ハ一割二分ト定《サダ》メラレテアル故ニ損害賠償《ソンガイバイシヤウ》ニ關スルト否トニ拘ハラズ利息ヲ約定スルニハ此ノ制限《セイゲン》ヨリ以上ニ上《ノボ》スコトハ出來ヌノデアリマス

而シテ第二項ノ意義《イギ》ハ元來損害ノ賠償ヲ請求《セイキウ》スルモノハ必ラズ先ツ其ノ損害《ソンガイ》アリシコトヲ證明《シヨウメイ》シナケレバナラヌ是一般ノ通則《ツウソク》デアル、又債務ノ過怠《クワタイ》若クハ遲滯《チタイ》ノ責ハ債務者カ

不可抗力タル戰爭《センソウ》、洪水《コウズヰ》、火災《クワヽイ》、流行病、等ノアリシ事實ヲ證《シヨウ》スレバ之ヲ免《マヌ》カル、コトガ出來ル、是又一般ノ通則《ツウソク》デアル、然ルニ此ノ金錢ノ目的《モクテキ》トスル債務不履行ノ損害賠償ニ付テハ此ノ二個通則ヲ無效《ムカウ》ニ歸《キ》セシメタルハ如何《ドウ》イフ譯カト謂《イ》ヘバ他《ホカ》テモナイ此ノ賠償利息ハ普通ノ損害賠償デハナクシテ寧《ムシ》ロ過代《クワタイ》ノ性質アルモノデアル又債務者ハ遲滯時間中モ金錢ハ利用《リヨウ》シ居ルモノニ相違《サウヰ》ナイカラ本條ハ金錢目的ノ債務《サイム》ニ對スル賠償ニ就テハ一般ノ通則《ツウソク》ヲ用フベキモノデハナイトシテ例外法《レイグワイハフ》ヲ設ケタル所以《ワケ》デアリマス

第四百二十條　當事者ハ債務《サイム》ノ不履行ニ附損害賠償ノ額《カク》ヲ豫定《ヨテイ》スルコトヲ得此場合ニ於テハ裁判所ハ其《ソ》ノ額ヲ增減《ゾウゲン》スルコトヲ得ス

賠償額ノ豫定《ヨテイ》ハ履行又ハ解除《カイヂヨ》ノ請求ヲ妨ケス

違約金ハ之ヲ賠償額《バイシヤウガク》ノ豫定ト推定《スヰテイ》ス

(參)參看　舊民法財產編第三百八十八條、第三百八十九條、商法草案第七章第五節違約金ニ關スル規定

〔註釋〕本條ハ損害賠償額豫定ニ關《クワン》スル規定デアッテ、其ノ意義ハ例バ甲者ト乙者ノ間《アヒダ》ニ或

ル物件ヲ賣買スルノ約束《ヤクソク》ヲ結ビ若シ此ノ約束ニ違背《ヰハイ》シタルトキハ損害賠償トシテ金五十圓ヲ渡スベシト損害賠償ノ額ヲ前以《マヘモツ》テ豫定シ置クコトガ出來ル而《ソウ》シテ甲乙兩者間ニ約束シタル豫定ノ賠償金額ハ如何《イカ》ナル事情《ジヤウ》アルトモ裁判所ニ於テハ增《マ》スコトモ減《ヘ》ラスコトモ出來ナイモノデアル(第一項)ソコデ此《コ》ノ損害賠償ノ額ヲ甲乙兩者間ニ豫定《ヨテイ》シタカラト謂ツテ甲者ガ乙者ニ約束《ヤクソク》ヲ履行セヨト請求スルニ妨《サマタ》ゲトハナラヌ故ニ甲者ハ乙者ニ約束ノ履行ヲ請求《セイキウ》シテ尙ホ損害賠償ヲ求《モト》ムルコトガ出來ル又乙者ノ甲者ニ對《タイ》シ契約ノ解除《カイヂヨ》ヲ請求スルニ妨グトハナラヌ故ニ乙者ハ契約《ケイヤク》ヲ解除シテ尙ホ損害賠償ノ責《セメ》ヲ負《オ》ハナケレバナラヌノデアル、則チ損害賠償ノ額《カク》ヲ定ムルノハ損害ニダケ對《タイ》スルモノデアツテ契約《ケイヤク》ノ本体ニ關セヌモノデアルカラ斯《カ》クハ規定《キテイ》シタノデアル(第二項)而《ソウ》シテ世間又往々《ワウワウ》違約金ト稱《トナ》フルモノアルモ此ノ違約金《ヰヤクキン》ト謂フハ則チ損害賠金ノ豫定金《ヨテイキン》デアツテ唯其ノ名稱ヲ異ニスルモノダケノモノデアル如何《イカン》トナレバ損害賠償ノ豫定金ハ例バ其《ソ》ノ事《コト》ヲ約シ若シ其ノ約ニ背《ソム》ケバ何十圓ノ賠償金ヲ差出《サシダ》スト未必ヲ確《タシカ》ムル爲豫定《ヨテイ》スルモノデアツテ違約金モ之ト等シク某ノ事ヲ約《ヤク》シテ若シ其ノ約ニ背《ソム》ケバ何十圓ノ違約金ヲ差出スト未必ヲ確ムルモノデアル、故ニ唯其ノ實ヲ等《ヒト》シクシテ名《ナ》ヲ異《コト》ニスルモノデアルカラ違約金ハ之ヲ賠償者ノ豫定《ヨテイ》デアルト推定《スヰテイ》シタノデアリマス

第四百二十一條　前條ノ規定《キテイ》ハ當事者カ金錢ニ非《アラ》サルモノヲ以テ損害ノ賠償ニ充《ア》ツヘキ旨ヲ豫定《ヨテイ》シタル場合ニ之ヲ準用《ジユンヨウ》ス

〔註釋〕本條ハ第四百二十條ノ規定《キテイ》ヲ金錢外ノ物トセル債務不履行《サイムフリカウ》ノ損害賠償ニモ準用スルコトヽ規定《キテイ》シタル條項デアッテ、其ノ意義《イギ》ハ損害賠償ヲ約《ヤク》スルニ金錢ニ依《ヨ》ラズシテ其ノ約定ニ背《ソム》ク時ハ自已所持ノ書籍《シヨセキ》ヲ與ヘルト約束《ヤクソク》スルガ如キ又ハ何月何日ニ於《オイ》テ此米二俵汝ニ賣《ウ》ラン若シ違約スレバ違約料トシテ此米ニ等《ヒト》シキ米一俵ヲ渡サント約束《ヤクソク》スル如キ場合ガアル、故ニ此ノ場合ニハ矢張《ヤハ》リ前條ニ準ヒ裁判所ハ其ノ當事者《タウジヤ》ノ定メル賠償ノ豫定額ヲ増減《ゾウゲン》スルコトハ出來ヌ、又其ノ賠償ノ豫定ガ債務《サイム》ノ履行若クハ約束解除《ヤクソクカイヂヨ》ノ防ケナイモノデアルト定メタノデアリマス

第四百二十二條　債權者カ損害賠償《ソンガイバイシヤウ》トシテ其ノ債權ノ目的《モクテキ》タル物又ハ權利ノ價額ノ全部《ゼンブ》ヲ受ケタルトキハ債務者ハ其《ソ》ノ物又ハ權利ニ付キ當然債權者ニ代位《ダイヰ》ス

〔註釋〕本條ハ債務者ガ第三者ニ對《タイ》シテ賠償ヲ求《モト》ムル場合アル時ハ債務者《サイムシヤ》ハ債權者ヲ代位スルモノデアルトノ規定《キテイ》デフッテ、其ノ意義《イギ》ハ例バ甲者ガ乙者ニ對シ民法講義《コウギ》一部ヲ賣渡サムト契約《ケイヤク》シタルニ第三者タル丙者ノ來《キタ》リテ債務者タル損害ノ持《モ》テル民法講義ヲ火中《クワチウ》ニ陷落《カンラク》シテ燒毀《ヤキコボ》チタル場合ニ於テハ未タ債權者タル乙者ノ手《テ》ニ引渡《ヒキワタ》サナイ以前《イゼン》デアルカラ乙者ハ其ノ損害ノ賠償《バイシヤウ》ヲ甲者ニ請求シタカラ甲者ハ新《アタラ》シク更ニ買求《カヒモト》メテ乙者ニ賠償シタル場合ニ於テハ甲者ハ債權者《サイケンシヤ》タル乙者ノ地位《チヰ》ニ代リテ丙者ニ損害賠償ヲ請求《セイキウ》スル權利ヲ有スルモノト定ノタノデアル、然《シカ》シナガラ此ノ書籍ハ甲者ガ手《テ》ニ在《ア》ル中《ウチ》ニ丙者ガ燒毀《ヤキコボ》チタルモノデアルカラ甲者ハ別ニ乙者ノ地位《チヰ》ヲ襲《オソ》ハズトモ丙者ニ對シ賠償ヲ請求《セイキウ》スル權利アルハ當然《タウゼン》ノコトデアル然ルニ甲者ノ故《コトサ》ラニ乙者ニ代位スルハ如何《イカ》ナル理由《ワケ》デアルカト謂フニ是レ甲者ガ權利《ケンリ》ノ大小ハ其ノ當然得ル利益《リエキ》ニ又大小ノ關係ヲ及《オヨ》ホスモノデアル、如何トナレバ物價《ブツカ》ハ常ニ相場ニ因リ高低敏速《カウテイビンソク》ナルモノデアルカラ甲者ガ乙者ノ代位《ダイヰ》トスレバ毀損當時ノ價額全部ニ就《ツ》キ利益ヲ請求《セイキウ》スルコトガ出來ル、ケレドモ乙者ノ代位ニアラズトスレバ實際《ジツサイ》甲者カ乙者ニ賠償シタル額ダケヨリ請求《セイキウ》スルコトカ出來ナイカラ代位ト否《シカラ》ザルトハ大ヒニ利益ニ經底《チカヒ》ノアルモノデアル、要《エウ》スルニ本條ハ甲者ヲ乙者ニ代《カハ》ラシメ甲者ノ當然《タウゼン》得ベキ利益ヲ損セザランコトヲ保護《ホゴ》シタルモノデアリマス

第四百二十三條　債權者ハ自己《シコ》ノ債權ヲ保全《ホゼン》スル爲メ其ノ債務者ニ屬スル權利《ケンリ》ヲ行フコトヲ得但債務者ノ一身《シン》ニ專屬《センゾク》スル權利ハ此限ニ在ラス

債權者ハ其ノ債權《サイケン》ノ期限カ到來《タウライ》セサル間ハ裁判上ノ代位《ダイヰ》ニ依ルニ非サレハ前項ノ權利ヲ行《オコナ》フコトヲ得ス但保存行爲ハ此限《コノカギリ》ニ在ラス

▲參看　舊民法財產編第三百三十九條

〔註釋〕本條ハ債權者ガ債務者《サイムシヤ》ヲ代位スル場合ヲ規定《キテイ》シタル條項デアッテ、其ノ意義《イギ》ハ債權者ハ債務履行ノ期限ガ經過《ケイクワ》シタル後チ債務者ニ於テ自己ノ財產《ザイサン》ヲ管理《クワンリ》セズ全ク打チ捨《ス》ツルヤウノ事ヲ爲シタル時ハ債權者ハ自己《シコ》ノ債權ニ損害ヲ蒙《カウム》ラナイヤウ保全《ホゼン》スル爲債務者ガ假令《タトヘ》異議ヲ申出ツルモ構《カマ》ハスシテ其ノ債務者ニ屬《ゾク》スル權利ヲ代位《ダイ井》シテ行フコトガ出來ル、如何トナレバ債務者ノ所有財產ハ債權者ガ債權額ニ對《タイ》スル自ラノ擔保《メンホ》デアルト謂フ原則《ゲンソク》ニ因ルモノデアル（第一項前段）ケレドモ債權者ハ彼ノ子女《シヂヨ》ヲ監督《カントク》スベキノ權若クハ婚姻《コンイン》離婚《リコン》等苟クモ債權者カ一身ニ專屬《センゾク》スル權利ヲ行フコトハ出來《デキ》ヌ（第一項但書）而シテ債權者ハ假令《タトヘ》債務者ノ所有財産カ債權額ヲ自《オノヅカ》ラ擔保スルモノデアルカラト謂《イ》ツテ他人ノ所有權ヲ故ナク處理《シヨリ》スルコトハ出來ヌモノデアル、故ニ債權ノ辨濟《ベンサイ》期ガ來ナイ以前《マヘ》デアル時ハ裁判所ノ許可《キヨカ》ヲ受ケナケレバ債務者ニ屬スル權利《ケンリ》ヲ行フコトハ出來ヌ（第二項前段）ケレドモ債權者ガ自已《ジコ》ニ屬スル權利ヲ保存《ホゾン》スル爲行フ正當《セイタウ》ノ行爲デアレバ裁判所ノ許可ヲ得《エ》ナクトモ行フコトガ出來ル（第二項但書）ト定メタノデアリマス

第四百二十四條　債權者ハ債務者《サイムシヤ》カ其ノ債權者ヲ害《ガイ》スルコトヲ知リテ爲シタル法律行爲ノ取消《トリケシ》ヲ裁判所ニ請求《セイキウ》スルコトヲ得但其ノ行爲ニ因リテ利益《リエキ》ヲ受ケタル者又ハ轉得者《テントクシヤ》カ其ノ行爲又ハ轉得ノ當時《タウジ》債權者ヲ害《ガイ》スヘキ事實《ジジツ》ヲ知ラサリシトキハ此限《コノカギリ》ニ在ラス

前項ノ規定ハ財産權ヲ目的《モクテキ》トセサル法律行爲ニハ之ヲ適用《テキヨウ》セス

▲參看　舊民法財産編第三百四十條、第三百四十一條

〔註釋〕本條ハ債權者カ自己《ジコ》ノ債權ヲ害セラルヽコトヲ知リ其ノ債權保全《ホゼン》ノ爲債務者ト第三

者ノ契約《ケイヤク》ヲ取消サシムル場合ヲ規定《キテイ》シタル條項デアツテ、其ノ意義《イギ》ハ例バ甲者ガ乙者ニ債權ヲ有スル場合《バアヒ》ニ於テ乙者ハ其ノ甲者ニ債務《サイム》ヲ辨濟スルヲ厭《イト》ヒ乙者ガ自分所有《ジブンシヨイウ》ノ家屋ヲ丙者ト謀《ハカ》リテ一旦丙者ニ贈與《ゾウヨ》シ其ノ名義ニ切リ替《カ》ヘ而シテ後丙者ヨリ更ニ丁者ニ賣却シタル場合ニ於テハ甲者ハ其ノ乙丙丁ノ間ニ爲《ナ》シタル法律行爲則チ其ノ不動產《フドウサン》賣買ノ契約ヲ取消《トリケ》サシムルコトガ出來ル、然シ此ノ場合《バアヒ》ニ於テハ必ラズ甲者ニ於テ自己ノ債權ヲ害スル行爲ニ相違《サウヰ》ナイト謂フコトヲ證據立《シヨウコダ》テンケレバナラヌ（第一項前段）ケレドモ其ノ行爲ニ因リ利益《リエキ》ヲ受ケタルモノ例バ丙者ガ其ノ乙者ノ爲シタル家屋《カオク》ノ贈與ハ甲者ヲ害《ガイ》スルノ行爲デアルコトヲ知《シ》ラザル時及ビ家屋ノ轉得者デアル丁者ガ丙者ノ乙者ヨリ贈與《ゾウヨ》ヲ受ケタルハ詐計《サケイ》デアツテ其ノ家屋《カオク》ヲ賣却シタノモ乙丙共謀《キヨウボウ》デ甲者ヲ害セントスル所爲《シヨヰ》デアルコトヲ知ラザル時ハ丙者又《マタ》ハ丁者ノ法律行爲タル賣買ノ手續《テツヾキ》ハ正當《セイタウ》デアルカラ取消スコトハ出來《デキ》ナイノデアル（第一項但書）ソコデ又此ノ前項《ゼンコウ》ノ規定ハ家屋賣買或ハ地上權抵當ノ如キ財產權ヲ目的《モクテキ》トスルモノバカリニ適用《テキヨウ》スルモノデアツテ彼ノ書畫《シヨグワ》ノ揮毫或ハ美術彫刻等ヲ爲《ナ》スコトヲ契約《ケイヤク》スル如キ法律行爲ニハ適用《テキヨウ》シナイ（第二項）モノデアリマス

第四百二十五條　前條ノ規定《キテイ》ニ依リテ爲シタル取消《トリケシ》ハ總債權者ノ利益

ノ爲メニ其ノ効力《カウリヨク》ヲ生ス

▲參看　舊民法財産編第三百四十三條

〔註釋〕本條ハ前條規定ノ取消行爲《トリケシカウヰ》ハ他債權者ニモ其ノ効力《カウリヨク》ノ及ブベキコトヲ規定《キテイ》シタル條項デアツテ、其ノ意義《イギ》ハ債務者ノ總財産ハ各債權者ノ債權額《ガク》ニ對《タイ》シ共有擔保ノ性質《セイシツ》アルモノナルガ故債務者ノ惡意《アクイ》ヨリ債權者ヲ害《ガイ》セントキ其ノ財産ヲ脱漏《ダツロウ》シタルヲ認メ各債權者中ノ一名ガ其ノ法律行爲ノ取消《トリケ》シヲ訴フルハ其ノ者一名ノ爲《タメ》ニ行フモノデナクシテ其ノ者ハ自ラ各債權者ヲ代表《ダイヘウ》スルモノデアル故ニ其ノ取消ノ訴《ウツタ》ヘニ對シ裁判所ガ取消《トリケ》スベシト判決《ハンケツ》シタル利益《リエキ》ハ則チ各債權者ノ利益ノ爲ニ其ノ効力《カウリヨク》ノ及ブモノデアルト定ノタノデアリマス

第四百二十六條　第四百二十四條ノ取消權《トリケシケン》ハ債權者カ取消ノ原因ヲ覺知シタル時ヨリ二年《ネン》間《カン》之ヲ行ハサルトキハ時《シ》效《カウ》ニ因リテ消滅ス行爲ノ時ヨリ二十年ヲ經過《ケイクワ》シタルトキ亦同シ

▲參看　舊民法財産編第三百四十四條

〔註釋〕本條ハ第四百二十四條ノ取消權《トリケシケン》ニ對スル時效ヲ規定シタル條項《デウコウ》デアッテ、其ノ意義ハ債權者《サイケン》ガ其ノ債權ガ害セラレナガラ永《ナガ》ク之ヲ取消スコトヲ爲サズ打捨《ウチス》テ居ルト自巳ノ不利益ヲ顧《カヘリ》ミナイモノデアルカラ其ノ權利ヲ拋棄《ハウキ》シタル者ト看做《ミナ》スモ敢テ過當《クワタウ》ノコトデハナイ、故ニ自巳ヲ害《ガイ》スル者アルニ其ノ取消ヲ請求《セイキウ》シナイトキハ其ノ取消權ハ時效ニ因リテ消滅《セウメツ》スルモノデアル。而シテ其ノ消滅時效ノ年限ハ左《サ》ノ二個ニ區別《ベツ》シマシタ

第一　債權者カ取消《トリケ》スペキ原因ヲ覺知《カクチ》シタル時ハ其ノ覺知シタル時《トキ》ヨリ二年間ニ取消ノ訴ヲ起《オコ》サナケレバ時效ニ因《ヨ》リテ取消權ハ消滅《セウメツ》スルカラ、二年後ニハ取消《トリケ》シノ訴ヲ起スコトガ出來ヌ

第二　債權者ガ取消《トリケ》スベキ原因ヲ二十年間覺知《カクチ》シナイトキハ二十年後ニ至リテ覺知《カクチ》スルモ取消シノ訴ヲ起スコトガ出來《デキ》ヌ

第三節　多數當事者ノ債權

〔註釋〕本節ハ當事者ノ多數《タスウ》アル債權ニ對シテ規定《キテイ》シタル條項ヲ網羅《マウラ》シタルモノデアッテ、當事者ノ多數アル債權トハ第四百二十八條以下《イカ》ノ不可分債務第四百三十二條以下《イカ》ノ連滯

債務第四百四十六條以下ノ保證債務《ホショウサイム》ノ如キヲ謂《イ》フノデアリマス

第一欵　總則

〔註釋〕本欵ハ第三節ニ規定《キテイ》シタル第四百二十八條以下《イカ》第四百六十五條ニ至ル各條項《カクデウコウ》ニダケ通シテ適用《テキヨウ》スベキ原則ヲ規定《キテイ》シタルモノデアリマス

第四百二十七條　數人ノ債權者《サイケンシャ》又ハ債務者アル場合ニ於テ別段《ベツダン》ノ意思表示ナキトキハ各債權者又ハ各債務者ハ平等《ビヤウドウ》ノ割合ヲ以テ權利《ケンリ》ヲ有シ又ハ義務《ギム》ヲ負フ

▲參看　舊民法財產編第四百四十條、第四百四十四條、債權擔保編第五十二條、第九十一條

〔註釋〕本條ハ數人《スウニン》ノ權利又ハ數人ノ義務ガ叢合《ソウガフ》セル場合ヲ規定スル原則《ゲンソク》デアッテ、其ノ意義ハ例バ一人ノ債權者ニ對《タイ》シ十人ノ債務者ガアッテ其ノ債務額《サイムガク》ノ合計ヲ金千圓トスレバ各債務者ハ平等ノ割合《ワリアヒ》則チ一人前百圓宛ノ義務《ギム》ヲ負フモノデアル、又一人ノ債務者ニ對

シ十八ノ債權者ガアッテ其ノ債權額《サイケンカク》ノ合計ヲ金千圓トスレバ各債權者ハ平等ノ割合《ワリアヒ》則チ一人前百圓宛ノ權利《ケンリ》ヲ有スルモノデアル、然シ別ニ契約《ケイヤク》ヲ爲シテ割當額ヲ定《サダ》メタル時ハ格別《カクベツ》デアルト規定シタノデアリマス玆ニ注意《チウイ》スベキハ此ノ平等ノ割合《ワリアヒ》ト謂フコトデアル此ノ平等ノ割合《ワリアヒ》トイフノハ例バ百圓貸《カ》シタカラ百圓ノ權利《ケンリ》ヲ行フト謂《イ》フノデハナクシテ假令三百圓貸シ居ルトモ十八ノ債權者《サイケンシヤ》ガアリテ其ノ額ガ千圓デアルトキハ一人割當《ワリアテ》ノ百圓タケノ權利ヲ行《オコナ》フモノデアルカラ三百圓ノ貸主《カシヌシ》ハ殘《ノコ》ル二百圓ニ對スル權利ヲ行フコトハ出來ヌノデアリマス是レ少《スコ》シク解《カイ》シ難《ガタ》キ思ヒアランモ以下各條ノ註釋《チウシヤク》ト照合シテ熟考スレバ其ノ塲合ヲ明瞭《メイレウ》ニ知リ得ルコトガ出來ル、玆《コヽ》ニ永キ説明ヲセナイコトヽシテ省《ハブ》キマシタ故ニ一言シテ置《オ》キマス

第二欵　不可分債務

〔註釋〕本欵ハ不可分債務ニ關スル規定《キテイ》ヲ網羅シタルモノデアッテ元來《グワンライ》不可分債務トハ可分權務ノ對語《タイゴ》デアル、而シテ可分債務トハ債務ノ目的物《モクテキブツ》ガ性質上若クハ知能上《チノウジヤウ》分割シ得ラレヌモノヲ謂フノデアル、故ニ債務《サイム》ノ可分ト不可分ヲ識別《ミワケ》ヲハ先ツ其ノ目的物ヲ注意センケレバナラヌ故ニ左ニ其ノ識別《シキベツ》ノ例ヲ示《シメ》スベシ

第一　性質上ノ可分債務トハ目的物《モクテキブツ》ノ性質ガ分ツベキ物デアルヲ謂フ例《タトヘ》バ甲者ガ乙者ニ對シテ百圓ノ債務《サイム》アルトキハ其ノ百圓ト謂《イ》フ金ノ性質《セイシツ》ハ十圓宛ニモ二十圓宛ニモ分ツコトノ出來《デキ》ルモノデアルカラ此ノ債務《サイム》ヲ形体上ノ可分債務ト謂《イ》フノデアル、

第二　意思表示上ノ可分債務トハ目的物ノ性質《セイシツ》ハ分割スルコトノ出來《デキ》ナイ物《モノ》デアルガ意思表示上分割シ得《エ》ラルヽ物ヲ謂ツ例バ甲乙共有《キヨウイウ》ノ乳牛ヲ丙者ニ賣渡《ウリワタ》スガ如キ乳牛ハ元來性質上分割スルコトハ出來《デキ》ナイ、ケレドモ乳牛《コウギウ》ノ所有權ヲ移轉《イテン》スル債務ハ甲乙半額宛《ハンガクヅヽ》負擔《フタン》スルコトガ出來ルモノデアルカラ此ノ債務ヲ意思表示ノ上可分債務ト謂フノデアル

第三　性質上ノ不可分債務《フカブンサイム》トハ目的物ノ性質ガ分《ワカ》ツコトノ出來ナイ物《モノ》デアルヲ謂フ例バ甲者ガ乙者ニ通行權《ツウコウケン》ヲ約シタル塲合ノ如キ此ノ通行權ハ性質上《セイシツシヤウ》分割スルコトノ出來ナイモノデアル、何トナレバ半分通行ヲ許《ユル》シテ半分通行ヲ許サナイ時《トキ》ハ全ク通行スルコトガ出來《デキ》ナイモノデアルカラ此ノ債務《サイム》ヲ不可分債務ト謂《イ》フノデアル

第四　意思表示ノ不可分債務トハ目的物ノ性質《セイシツ》ハ分ツコトノ出來ル物《モノ》デアルガ意思表示分割スルコトノ出來《デキ》ナイ物デアルヲ謂フ例バ甲者ガ乙者ニ對《タイ》シ一ケ所ノ土地《トチ》ヲ賣渡スガ如キ土地ハ性質《セイシツ》トシテ分割スルコトノ出來ルモノデアルモ若シ契約上《ケイヤクジヤウ》若干坪

ノ家屋《カオク》ヲ建設スルニ用ユル爲之ニ適當《テキタウ》ナル同ジ面積《メンセキ》ノ土地ヲ讓渡スベシト契約《ケイヤク》シタル時ハ其ノ土地《トチ》ヲ分割セバ債務ヲ履行《リカウ》スルコトガ出來《デキ》ナイコト、ナルカラ此ノ債務ヲ意思表示上ノ不可分債務ト謂《イ》フノデアル

而シテ本節中ニ規定《キテイ》シタルモノハ此ノ四個中《コチウ》ノ第三、第四ノ不可分債務ニ關《クワン》スルモノデアリマス

第四百二十八條　債權ノ目的《モクテキ》カ其ノ性質上又ハ當事者ノ意思表示《イシヘウシ》ニ因リテ不可分《フカブン》ナル場合ニ於テ數人ノ債權者《サイケンシヤ》アルトキハ各債權者ハ總債權者ノ爲ニ履行《リカウ》ヲ請求シ又債務者ハ總債務者《ソウサイムシヤ》ノ爲各債權者ニ對シテ履行ヲ爲《ナ》スコトヲ得《ウ》

▲參看　舊民法財産編第四百四十一條、第四百四十二條

〔註釋〕本條ハ不可分債務ノ債務履行《サイムリカウ》ノ場合ヲ規定シタル條項《デウコウ》デアツテ、本條ハ不可分債務ヲ目的ニ因リテ性質上ノ不可分債務ト意思表示上ノ不可分債務ノ二個《コ》ニ別《ワカ》チマシタ、而《ソ》コデ此ノ二個ノ不可分債務ニ就《ツイ》テ數人ノ債權者《サイケンシヤ》アル時其ノ數債權者中ノ一人《ニン》ガ債務者ニ

對シ債務ノ履行ヲ請求《セイキウ》スルモ自巳一分ノ請求トハナラヌノデアル故《ユヱ》ニ其ノ請求ヲ爲《ナ》シタル一人ハ自ラ他ノ債權者ノ爲《タメ》ニモ請求シテ居ル姿《スガタ》ト成ルノデアル、又數債權者ニ對《タイ》スル一人ノ債務者ハ自巳ノ勝手《カツテ》ニテ數債權者中ノ一人ニ對《タイ》シテ債務ノ辨濟《ベンサイ》ヲナセバ自ラ他ノ債權者ニモ辨濟シタル姿トナルモノデアル甲乙丙《カウオツヘイ》三名共有ノ土地《トチ》ヲ丁者ニ借受《カリウ》ケタル場合ニ於テ甲者ガ丁者ニ借地料金《シヤクチレウキン》ヲ請求シタル時ハ甲者ハ他債權者タル乙丙《オツヘイ》ノ爲ニモ請求シテ居ル姿《スガタ》トナルモノデアル而シテ若シ此場合《バアヒ》ニ於テ丁者ガ其ノ借地料金ヲ乙者ニ支拂《シハラ》ヘバ他債權者タル甲丙兩者ニモ支拂《シハラ》ヒタル姿《スガタ》トナルモノデアルト定メタノデアリマス

第四百二十九條　不可分債權者ノ一人《ニン》ト其ノ債務者《サイムシヤ》トノ間ニ更改《カウカイ》又ハ免除アリタル場合ニ於テモ他《タ》ノ債權者ハ債務ノ全部《ゼンブ》ノ履行ヲ請求《セイキウ》スルコトヲ得但《タヾシ》其ノ一人ノ債權者カ其ノ權利《ケンリ》ヲ失ハサレハ之ニ分與《ブンヨ》スヘキ利益ヲ債務者ニ償還《シヤウクワン》スルコトヲ要ス

此ノ他不可分債權者ノ一人《ニン》ノ行爲又ハ其《ソ》ノ一人《ニン》ニ付キ生《シヤウ》シタル事項

ハ他ノ債權者ニ對《タイ》シテ其ノ効力《カウリヨク》ヲ生セス

▲參看　舊民法財產編第四百四十五條

〔註釋〕本條ハ不可分債務ノ更改《カウカイ》又ハ免除ニ關スル規定《キテイ》デアツテ、其ノ意義ハ元來《クワンライ》不可分債務ハ全部ノ義務《ギム》ヲ辨濟シナケレバナラヌモノデアルカラ數債權者中《スウサイケンシヤチウ》ノ一名ニ對シ其ノ一分ヲ辨濟シ了《オハ》ルトモ他ノ債權者ニ對《タイ》シテハ矢張《ヤハ》リ全部ノ債務ヲ辨濟センケレバナラヌモノデアル、債權者モ又自已《ジコ》一人ノ部分ダケノ辨濟ヲ受《ウ》ケルコトハ出來ヌノデアル、故《ユヱ》ニ例バ丁者ガ甲乙丙三者ノ共有金《キヨウイウキン》三百圓ヲ一年間ヲ限リテ借受《カリウ》ケ後チ三名中ノ一名タル甲者ト契約《ケイヤク》シテ其ノ金ヲ月賦《ゲツプ》辨濟ノ契約ト更改シ又ハ甲者ノ債權額《サイケンガク》百圓ノ免除ヲ受ケタル如キ場合ニハ其ノ甲者ト約束《ヤクソク》シタル月賦契約モ債權免除モ總《スベ》テ無効《ムカウ》ト成ルモノデアルカラ矢張《ヤハリ》乙丙ノ兩者ヨリ一年間ノ終《オハ》リニハ三百圓全額ノ請求《セイキウ》ヲ受クレバ其ノ全額ノ辨濟ハ爲サヌケレバナラヌ（第一項前段）ケレドモ甲者ガ債權額《サイケンガク》ヲ免除《メンヂヨ》スルモ權利ヲ失《ウシナ》ハヌ場合ニ於テハ乙丙兩者ハ丁者ヨリ辨濟《ベンサイ》ヲ受ケタル三百圓中ノ百圓ヲ免除《メンヂヨ》ヲ受ケタル丁者ニ償還シナケレバナラヌ是レ法律《ハフリツ》ハ甲丁兩者間ノ契約ヲ無効《ムカウ》トスルコトハ出來《デキ》ナイモノデアリマス（第一項但書）而シテ此ニ規定《キテイ》スル外不可分債務ニ就テハ數債權者《スウサイケンシヤ》ノ一人ガ爲シタ

ル行爲ハ總テ他《タ》債權者《サイケンシヤ》ニ對シテハ少シモ關係《クワンケイ》ナキモノデアッテ又少《スコ》シモ効力ノ生スルモノデハナイ（第二項）ト定メタノデアリマス

第四百三十條　數人カ不可分債務ヲ負擔《フタン》スル場合ニ於テハ前條《ゼンデウ》ノ規定及ヒ連帶債務《レンタイサイム》ニ關スル規定ヲ準用《ジユンヨウ》ス但第四百三十四條乃至第四百四十條ノ規定《キテイ》ハ此限ニ在ラス」

◎參看　舊民法財產編第四百四十一條、第四百四十二條、第四百四十六條、第四百四十七條、第四百四十八條

〔註譯〕本條ハ數人《スウニン》ガ不可分債務ヲ負擔《フタン》スル場合ニ關スル規定《キテイ》デアッテ、其ノ意義《イギ》ハ例バ甲者ヨリ金千圓ヲ乙丙丁戊己《ボキ》ノ五人間ヘ借入《カリイ》レタル如キ場合ニ就テハ矢張《ヤハ》リ前條ノ規定ニ因リ債務者ノ一人丙者ガ債權者《サイケンシヤ》タル甲者ト辨濟期限ヲ更改《カウカイ》シ又ハ自己一名ノ義務《ギム》ヲ免ガレ若クハ自己一名ノ義務ノミヲ辨濟《ベンサイ》スルコトアルモ所《ソ》ハ總テ無効デアル矢張リ他ノ債務者タル乙丁戊己等ノ返濟《ヘンサイ》スル時ニハ必ラズ再ビ共ニ辨濟セネバナラヌ、其ノ代《カハ》リニハ自己一分ノ辨濟金ハ總金辨濟《ソウキンベンサイ》ノ後ヲ甲者ヨリ受取《ウケト》ルモノデアル、而《ソウ》シテ此ノ場合《バアヒ》ニハ

第四百三十二條以下《イカ》ニ規定シタル連帶債務ニ關《クワン》スル規定ニモ準《シタガ》ハヌケレバナラヌ（本條前段）ケレドモ連帶債務《レンタイサイム》ニ關スル條項中第四百三十四條ヨリ第四百四十條ニ至ル七ヶ條ダケハ準用《シユンヨウ》シナイト定メタノデアリマス

第四百三十一條　不可分債務カ可分債務《カブンサイム》ニ變シタルトキハ各債權者ハ自己ノ部分《ブブン》ニ付テノミ履行ヲ請求《セイキウ》スルコトヲ得又各債務者ハ其負擔部分ニ付テノミ履行《リカウ》ノ責ニ任《ニン》ス

〔註釋〕本條ハ不可分債務ガ可分債務《カブンサイム》ト變《ヘン》スル場合ニ關スル規定デアッテ、其ノ意義《イギ》ハ例バ甲者所有ノ端艇《ボート》一艘ヲ乙丙ノ兩名ニ賃借《チンシヤク》ヲ為シ居ル中乙者ハ其ノ端艇ヲ沈沒《チンボツ》セシメタルヨリ甲者ト示談《ジダン》ノ上乙者ニ於テ代金ヲ以テ賠償《バイシヤウ》スルコト、シタル場合《バアヒ》ニ於テハ不可分デアリシ債務カ可分債務ト變《ヘン》シタノデアル、故ニ此ノ場合《バアヒ》ニハ乙者ハ甲者ニ對シ賠償金ヲ支拂ヒ、丙者ハ端艇《ボート》ノ賃借金ヲ支拂フモ差支《サシツカ》ヘハナイ、叉若シ之《コレ》ニ反《ハン》シ其ノ端艇ハ甲乙兩人共有ノ物デアッテ丙者ニ貸與《カシアタ》ヘアリシ中丙者ハ其ノ端艇ヲ沈沒《チンボツ》セシメタルヨリ示談ノ上代金ヲ以テ賠償《バイシヤウ》スルコト、定メタルニ其ノ端艇《ボート》ハ元來船體ハ甲者ノ所有《シヨイウ》ニシテ附屬品ハ乙者ノ所有《シヨイウ》デアリシヲ持寄《モチヨ》リテ共有ノ姿トナシ丙者ニ貸與《カシアタ》ヘ居リシモノ故賠償ノ約束ヲ為ス時船體《センタイ》ト付屬品ノ價格ヲ區別《クベツ》シタル場合ニ於テハ甲乙各自ニ自已《シコ》ノ部分ニ就テ丙者ニ請求《セイキウ》スルモ差支ヘナイト定《サダ》メタノデアリマス

第三款　連帶債務

〔註釋〕本款ハ連帶債務《レンタイサイム》ニ關スル規定ヲ網羅《マウラ》シタルモノデアッテ、此ノ連帶債務ト謂《イ》フハ數人ノ債權者又ハ數人《スウニン》ノ債務者ガ自已ノ名義《メイギ》ヲ以テ全部ニ就テ履行《リカウ》ヲ請求《セイキウ》シ又ハ債務ノ辨濟ヲ為スコトヲ謂《イ》フモノデアル、故ニ例バ數人《スウニン》ノ債務者ガ各自全部ノ債務《サイム》ヲ負フ時ハ債務者間ノ連帶債務デアッテ、又數人《マタスウニン》ノ債務者ガ各自全体ノ債務ヲ請求《セイキウ》スルノ權利ヲ有スル時ハ債權者間ノ連帶債權デアル、而《シカ》シテ此ノ連帶ガ債務者《サイムシヤ》ニアルト債權者ニアルトニ拘ハラズ連帶者《レンタイシヤ》ハ互ニ代理者ノ性質《セイシツ》ヲ有スルモノデアル、故ニ例《タトヘ》バ連帶ガ債務者間ニ在ル時ハ、各債權者ハ自已《ジコ》ノ名義《メイギ》ヲ以テ債務全体ノ履行《リカウ》ヲ請求スルノ權利ガアル又連帶《レンタイ》ガ債務者間ニ在ル時ハ各債務者《カクサイムシヤ》ハ自已一人ヘ債務全体ノ辨濟ヲ請求《セイキウ》セラレテ拒《コバ》ムコトノ出來ナイモノデアル然シ此ノ場合ニ於テ其《ソ》ノ辨濟ヲ終《オ》ハレバ他ノ債務者ニ對《タイ》シテ求償權ヲ有

スルモノデアルコトハ謂《イ》フマデモナイコトデアル、尚《ナ》ホ其ノ詳細《シヤウサイ》ハ以下各條ニ就テ説明スルコトヽ致シマス

第四百三十二條　數人カ連帶《レンタイ》債務ヲ負擔《フタン》スルトキハ債權者ハ其《ソ》ノ債務者ノ一人ニ對シ又ハ同時《ドウジ》若クハ順次ニ總債務者ニ對《タイ》シテ全部《ゼンブ》又ハ一部ノ履行《リカウ》ヲ請求スルコトヲ得《ウ》

參看　舊民法債權擔保編第五十四條

〔註釋〕本條ハ連帶債務ノ性質《セイシツ》ヲ明カニシタル條項《デウコウ》デアッテ、其ノ意義《イギ》ハ債權者ハ連帶債務者ニ對シ債務履行ヲ請求《セイキウ》スルニ撰擇權《センタクケン》ヲ有シ居ルガ故ニ左《サ》ノ三個ノ行爲《カウヰ》ヲ爲スコトガ出來ル

第一　例《タトヘ》バ甲乙丙ノ三名連帶ヲ以テ丁者ヨリ金千圓ヲ借受《カリウ》ケタル場合ニ於テハ債權者タル丁者ハ自己ノ都合《ツカフ》宜《ヨ》キ撰擇ヲ爲シテ甲者若クハ乙者若《モシ》クハ丙者ノ中何レカ一名ニ對シ金千圓全部ノ請求ヲ爲《ナ》スコトガ出來ル、此場合《コノバアヒ》ニ於テハ對手取《アヒテト》ラレシ一名ニ於テ其ノ請求《セイキウ》ヲ拒《コバ》ムコトハ出來ヌ、一人シテ全額《ゼンガク》ノ辨濟ヲ爲シ終ラヌケレバナラヌ

第二　例バ前例ノ塲合《バアヒ》ニ於テ丁者ハ自己ヘ都合宜《ツガフヨロ》シキニ任《マカ》セ甲乙丙ノ三名ヲ一所ニ同時ニ對手取《アヒテド》リテ金千圓全部ノ請求《セイキウ》ヲ爲スコトガ出來ル、此ノ塲合《バアヒ》ニ於テモ三名ハ無論拒《コバ》ムコトハ出來《デキ》ヌ

第三　例バ前例ノ塲合《バアヒ》ニ於テ丁者ハ自己ノ都合宜キニ任セ先《マ》ヅ甲者ニ向《ムカ》ヒテ請求シタルニ甲者ハ五百圓ノ資力《シリヨク》シカナカツタカラ丁者ハ債權半額《サイケンハンガク》ノ辨濟シカ得ルコトガ出來ヌ、故ニ其ノ不足《フソク》ヲ乙者ニ請求シタルニ乙者ハ無資力《ムシリヨク》デアツテ僅《ワヅ》カ五圓ノ資力シカナイノデ差引未《サシヒキイマ》ダ元金千圓ニ四百九十五圓ノ不足《フソク》アルガ爲再ヒ甲者ニ請求《セイキウ》シテ其ノ殘額ノ辨濟ヲ受《ウ》ケルコトガ出來ル此場合《コノバアヒ》ニ於テモ各債權者ハ其ノ不公平《フコウヘイ》ニ訴ヘルコトハ出來ヌノデアル、斯《カク》ノ如ク債權者ハ連帶債務者ノ一人ニ對シ又ハ同時《ドウジ》若クハ順次ニ總《スベ》テノ債務ニ對シテ全部又ハ一部ノ履行《リカウ》ヲ債求《セイキウ》スルコトガ出來ル是レ連帶債務者ハ自《オノヅカ》ラ互ニ代理《ダイリ》ヲ爲スノ性質《セイシツ》アルモノデアルカラノコトデアリマス

第四百三十三條　連帶債務者ノ一人《ニン》ニ付キ法律行爲《ハフリツカウヰ》ノ無効又ハ取消ノ原因ノ存《ソン》スル爲メ他ノ債務者ノ債務《サイム》ノ効力ヲ妨《サマタ》クルコトナシ

▲參看　舊民法債權擔保編第五十七條、第五十八條

〔註釋〕本條ハ連帶債務者中ノ一部ニ法律上其ノ契約《ケイヤク》ヲ無効トシ又ハ取消スベキ原因《ゲンイン》ガ存スルトモ其ノ效力ハ債權《サイケン》ヲ害スベキモノデハナイト定メタル條項《デウコウ》デアッテ、其ノ意義ハ例バ甲乙丙ノ三名連帶《レンタイ》シテ丁者ヨリ金員ヲ借入《カリイ》レタルニ其ノ中ノ一名タル乙者ハ無資力《ムシリヨク》デアッテ期限中ニ死亡《シボウ》シ相續人ナキ如キ無効《ムカウ》ノ者ガアルトモ又其ノ一名タル甲者ハ幼者《エウシヤ》デアッテ後見人《コウケンニン》ノ承諾ナクシテ調印《テウイン》シタルガ如キ取消スベキ原因《ゲンイン》ガ生ズルトモ丁者ノ債權ニハ少シモ害スル所《トコロ》ナク殘ル丙者一名ニ全額《ゼンガク》ノ債務ヲ辨濟セシムルノ効力ヲ妨《サマタ》ゲナイモノデアル故ニ丙者ハ丁者ニ對《タイ》シ甲乙ノ債務ヲ自己《ジコ》ノ債務ニ併セ全額《ゼンガク》ノ辨濟ヲ終ヘナケレバナラヌモノデアルト定メタノデアリマス

第四百三十四條　連帶債務者ノ一人《ニン》ニ對スル履行《リカウ》ノ請求ハ他ノ債務者ニ對《タイ》シテモ其ノ効力《カウリヨク》ヲ生ス

▲參看　舊民法債權擔保編第六十一條第一項、第六十二條

〔註釋〕本條ハ連帶債務《レンタイサイム》ニ對スル履行請求ノ効力ヲ規定《キテイ》シタル條項《デウコウ》デアッテ、其ノ意義《イギ》ハ例

バ甲乙丙ノ三者連帶《レンタイ》シテ丁者ニ債務ヲ負フ場合《バアヒ》ニ於テ丁者ハ債務者ニ對シ債務履行《サイムリカウ》ヲ請求セムトスル時甲乙丙三者ヲ共ニ對手取《アヒテド》ラズトモ甲者一名ニ對シ請求《セイキウ》スレバ夫レニテ乙丙ニ對シテモ共ニ請求《セイキウ》シタルト等シキ効力ヲ生《シヤウ》ズルモノテアル、故ニ此場合ニ於テハ請求ノ結果《ケツクワ》之レガ執行《シツカウ》ヲナスニモ先キニ乙丙ヲ對手取《アヒテド》リ居ラストモ甲者ニ對スルノ結果ヲ以テ乙丙ニ向ヒ執行スルコトガ出來《デキ》ルモノテアルト定《サダ》メタノテアリマス

第四百三十五條　連帶債務者ノ一人ト債權者《サイケンシヤ》トノ間ニ更改《カウカイ》アリタルトキハ債權ハ總債務者《ソウサイムシヤ》ノ利益ノ爲ニ消滅《セウメツ》ス

▲參看　舊民法財產編第五百一條

（註釋）本條ハ連帶《タイ》債務ニ對スル更改ノ效力ヲ規定シタル條項テアッテ、其ノ意義《イギ》ハ連帶債務者中ノ一人ト債權者トノ間ニ爲《ナ》シタル更改契約ハ總債務者ト利益《リエキ》ノ爲ニハ消滅スルモノテアル、如何《イカン》トナレバ契約ノ更改ハ新債務ノ起《オコ》ルガ爲ニ舊債務ハ消滅《セウメツ》スルガ故テアル因テ債權者ニ於テ連帶債務者《レンタイサイムシヤ》ノ一人ト更改シタル新債務ヲ以テ債務履行《サイムリカウ》ヲ請求スルトキハ他債務者ハ更改《カウカイ》アリタルコトヲ口實《カウジツ》トシテ抗辯《カウベン》スルコトガ出來ル

是利益ノ爲ニ消滅スルモノデアリマス

第四百三十六條　連帶債務者ノ一人カ債權者《サイケンシヤ》ニ對シテ債權ヲ有《イウ》スル場合ニ於テ其ノ債務者カ相殺ヲ援助《エンジヨ》シタルトキハ債權ハ總債務者ノ利益ノ爲ニ消滅《セウメツ》ス

右ノ債權ヲ有スル債務者カ相殺《アヒセツ》ヲ援用セサル間ハ其ノ債務者《サイムシヤ》ノ負擔部分ニ付テノミ他ノ債務者ニ於テ相殺《アヒセツ》ヲ援用《エンヨウ》スルコトヲ得

△參看　舊民法財產編第五百二十一條第二項

〔註釋〕本條ハ連帶債務ノ相殺ニ因リ消滅《セウメツ》スル場合ヲ規定《キテイ》シタル條項デアツテ、元來《グワンライ》相殺ト謂フノハ例バ甲者ガ乙者ニ債權ヲ有シ居ル場合ニ於テ乙者モ又甲者ニ物件賣渡《ブツケンウリワタシ》ノ代金ヲ貸與ヘ居レル如ク双方互《ソウハウタガヒ》ニ債權ヲ有シ居レバ双方實際《ジツサイ》ニ現金《ゲンキン》ヲ出サヽルモ差引ヲ爲シ其ノ過不足ヲ補《オギナ》ヘバ足《タ》ルモノデアル故ニ此ノ場合《バアヒ》ニ双方現金ヲ出《イダ》サズシテ差引ヲ爲ス此ノ差引ヲ相殺《アヒセツ》ト謂フノデアル、而《シカ》シテ本條第一項ノ意義ハ例《タトヘ》バ甲乙丙三名ノ連帶《レンタイ》シテ債權者タル丁者ニ金百圓ノ債務アル塲合《バアヒ》ニ債務者中ノ人タル乙者ガ別ニ丁者ニ百圓ノ債權ヲ有シテ居ルトスル、此ノ塲合ニ丁者ヨリ債務履行《サイムリカウ》ヲ請求シタルニ依リ乙者ハ之ヲ互《タガヒ》ニ相殺スムト言フ譯デ其ノ相殺《アヒセツ》ヲ爲シ終ル時ハ夫レガ爲他《タ》ノ總債務者則チ乙者ハ利益《リエキ》ヲ得テ丁者ノ債權ハ消滅《セウメツ》スルモノデアル（第一項）ケレドモ甲者ガ相殺《アヒセツ》ヲ言ヒ出デタル間ハ丁者ガ乙者兩者ニ對シテ債務履行《サイムリカウ》ヲ請求スルトキハ乙丙兩者ハ甲者ノ權利《ケンリ》ニ屬スル百圓ノ相殺ヲ言《イ》ヒ出《ダ》スコトハ出來ヌ、唯甲者ノ負擔部分《フタンブトン》三十三圓ダケノ相殺ヲ言ヒ出デ自巳等ガ負擔部分ハ兩名連帶《レンタイ》シテ辨濟セムケレバナラヌ（第二項）ト定メタノデアリマス

第四百三十七條　連帶債務者ノ一人ニ對《タシ》シテ爲シタル債務《サイム》ノ免除ハ其ノ債務者ノ負擔部分《フタンブトン》ニ付テノミ他ノ債務者ノ利益《リエキ》ノ爲ニモ其ノ効力ヲ生ス

▲參看　舊民法財産編第五百六條第二項

〔註釋〕本條ハ連帶債務者中ニ免除者《メンヂヨシヤ》ヲ生スル塲合ニ關《クワン》スル規定《キテイ》デアッテ、其ノ意義ハ例バ甲乙丙三名連帶《レンタイ》シテ丁者ヨリ金三千圓ヲ借入《カリイ》レ居ル塲合ニ於テ丁者ハ甲者ノ債務《サイム》ヲ免除

シタル時ハ其ノ免除《メンヂヨ》ノ効力ハ甲者ノ負擔部分ノ上ニ生《シヤウ》スルモノデアルカラ乙者丙者ハ甲者ノ負擔部分タル三分ノ一則《スナハ》チ一千圓ヲ減シタル殘額《ザンガク》二千圓ヲ乙丙連帶シテ辨償《ベンシヤウ》スレバヨイノデアル、ケレドモ若シ此ノ塲合ニ乙者ノ無資力《ムシリヨク》ト成ルコトノアレバ丙者ノ負擔《フタン》ハ如何ニスルカ此《コ》ノ塲合《バアヒ》ニハ丙者ハ自己一部ノ負擔額一千圓ヲ辨償《ベンシヤウ》スレバヨイノデ、乙者ノ部分ハ自ラ免《マヌカ》ルヽモノデアル、如何《イカン》トナレバ丁者ガ甲者ノ債務ヲ免除《メンヂヨ》シナイ前ニ乙者ノ無資力《ムシリヨク》ト成リタルトキハ殘《ノコ》ル甲丙兩者ハ連帶《レンタイ》シテ乙者ノ部分ヲ負擔センケレバナラヌノデアル、然ルニ甲者ニ免除《メンヂヨ》ヲ與ヘテ此ノ乙者ノ部分《ブブン》ヲ加除《カウヂヨ》シナイ時ハ甲者カ乙者ノ負擔部分ニ就テ相當《サウタウ》ニ負擔シナケレバナラヌモノ迄モ丙者ニ於テ負擔《フタン》シナケレバナラヌ結果トナルカラ債權者タル丁者ハ必ラズ債務者中《サイムシヤチウ》ノ一名ニ免除ヲ與ヘシ後他ノ債務者中ニ無資力者《ムシリヨクシヤ》ノ生スル時ハ其無資力者ノ負擔部分ヲモ扣除《カウヂヨ》シナケレバナラヌモノデアリマス

第四百三十八條　連帶債務者ノ一人ト債權者《サイケンシヤ》トノ間ニ混同《コンドウ》アリタルトキハ其ノ債務者ハ辨濟《ベンサイ》ヲ爲シタルモノト看做《ミナ》ス

△參看　舊民法財產編第五百三十五條第一項

〔註釋〕本條ハ連帶債務者中ノ一名カ債權者《サイケンシヤ》ト成リタル場合ノ規定《キテイ》デアッテ、其ノ意義《イギ》ハ例バ甲乙丙ノ三名連帶《レンタイ》シテ丁者ニ債務ヲ負《オ》フ場合ニ債務者中ノ一人《ニン》タル乙者ガ丁者ノ養子ト成リ其ノ家督《カトク》ヲ相續《サウゾク》シタルガ如キヲ連帶債務者ト債權者ノ混同《コンドウ》シタルモノト謂フノデアッテ、此ノ場合《バアヒ》ニハ法律ハ甲丙兩名ノ連帶債務ハ消滅《セウメツ》シテ自ラ辨濟《ベンサイ》ヲ終リシモノト看做スノデアル、如何トナレバ是則《コレスナハ》チ債權者ト債務者ノ混同《コンドウ》シタルモノデアッテ連帶《レンタイ》ノ責任アル債務者カ債權者ト地位《チヰ》ヲ變《ヘン》シタルモノデアル、故ニ殆《ホト》ムド自己《ジコ》ノ債務ヲ自巳ニ辨濟シタル姿《スガタ》ト成リタルモノデアルカラ其ノ乙者ガ行爲《カウヰ》ハ他債務者タル甲丙ノ利益《リエキ》ト成リシ譯デアル、故ニ乙者ガ甲丙ニ求償權《キウシヤウケン》ヲ行ハヌトスレバ自巳ノ負擔部分ヲ減却《ゲンキヤク》シナケレバナラヌノデアリマス

第四百三十九條　連帶債務者ノ一人ノ爲ニ時效《ジカウ》カ完成《クワンセイ》シタルトキハ其ノ債務者ノ負擔部分《フタンブブン》ニ付テハ他ノ債務者モ亦《マタ》其ノ義務ヲ免《マヌガ》ル

〔註釋〕本條ハ連帶債務者中ノ一人《ニン》ノ爲ニ生ズル時效ノ効力《カウリヨク》ガ他債務者ニ及《オヨ》ブベキコトヲ規定シタル條項《デウコウ》デアッテ、例バ甲乙丙ノ三名《メイ》ガ丁者ニ三百圓ノ債務《サイム》ヲ負フ場合ニ於テ其ノ

債務者中ノ一名タル乙者ガ丁者ニ對《ダイ》シ時效ノ完成《クワンセイ》シタル時ハ乙者ノ負擔部分タル一百圓ニ就テハ甲丙ノ兩者《リヤウシヤ》モ其ノ一百圓ニ對スル義務《ギム》ヲ免《マヌガ》ルヽモノデアルト定タノデアリマス

第四百四十條　前六條ニ揭《カヽ》ケタル事項ヲ除《ノゾ》ク外連帶債務者ノ一人ニ付キ生シタル事項《ジコウ》ハ他ノ債務者ニ對《タイ》シテ其ノ効力ヲ生《シヤウ》セス

◎參看　舊民法財產編第五百九條

〔註釋〕本條ハ前第四百三十四條以下《イカ》第四百三十九條ニ至ル間ニ於テ規定《キテイ》シタル効力發生ノ場合以外《イクワイ》ニ生ズル連帶債務者一人ニ付テノ事項《ジコウ》ハ總テ他ノ債務《サイム》者《シヤ》ニ對シテ効力ヲ生スルモノト定メタル規定《キテイ》デアツテ、特ニ註釋《チウシヤク》ヲ要スベキ程ノ條項《デウコウ》デハアリマセヌカラ贅文《ゼイブン》ハ省畧《セウリヤク》スルコトヽ致シマス

第四百四十一條　連帶債務者ノ全員《ゼンヰン》又ハ其ノ中ノ數人《スウニン》カ破產ノ宣告《センコク》ヲ受ケタルトキハ債權者ハ其ノ債權ノ全額《ゼンガク》ニ付キ各財團ノ配當《ハイタウ》ニ加入スルコトヲ得

▲參看　舊民法債權擔保編第六十九條

〔註釋〕本條ハ連帶債務者ガ破産《ハサン》セシ場合ニ關スル債權者《サイケンシヤ》ノ手續ヲ規定《キテイ》シタル條項デアッテ其ノ意義ハ例バ連帶債務者ガ甲乙丙ト三名アル場合《バアヒ》ニ其ノ甲乙丙ノ三名共破産《ハサン》スルカ又ハ乙丙ノ兩名ガ破産《ハサン》スルカ又ハ丙者ノミ破産スルカ其《ソ》ノ何《イヅ》レヲ問《ト》ハズ債務者ノ破産スル時ハ債權者ハ破産セシ者ノ財團《ザイダン》ノ配當ニ加入《カニフ》スルコトガ出來ルト定メタル條項《デウコウ》デアル別ニ深ク説明《セツメイ》スル必要ハアリマセヌ、然《シカ》シ此ノ財團ト謂フノハ破産者《ハサンシヤ》ノ所有財産全体ヲ總括シテ一個《コ》ノモノト見做《ミナ》シタル名稱デアリマス、而《ソウ》シテ此ノ破産及ビ財團等ノ詳細《シヤウサイ》ハ拙著日本商法問答釋義ト題《ダイ》スルモノアレバ一讀《ドク》シテ了知《レウチ》セラレヨ

第四百四十二條　連帶債務者ノ一人カ債務《サイム》ヲ辨濟シ其ノ他自己《シコ》ノ出捐ヲ以テ共同《キヨウドウ》ノ免責ヲ得タルトキハ他ノ債務者《サイムシヤ》ニ對シ其ノ自己ノ負擔部分ニ付キ求償權《キウシヤウケン》ヲ有ス

前項ノ求償ハ辨濟《ベンサイ》其ノ他免責《メンセキ》アリタル日以後ノ法定利息及ヒ避《サ》クルコトヲ得サリシ費用其《ソ》ノ他《タ》ノ損害ノ賠償《バイシヤウ》ヲ包含《ハウガン》ス

▲參看　舊民法債權擔保編第六十三條

〔註釋〕本條ハ連帶債務ヨリ生《シヤウ》ズル求償權ヲ規定《キテイ》シタル條項デアッテ、其ノ意義《イギ》ハ例バ甲乙丙ノ三名連帶ニテ丁者ヨリ金三百圓ヲ借入《カリイ》レ其ノ辨濟ニ至リ丁者ヨリ請求《セイキウ》セラレタルニ付連帶債務者中ノ一名《メイ》デアル乙者ガ其ノ全額《ゼンガク》ヲ辨濟シタル時又ハ乙者ガ其《ソ》ノ三百圓ノ代リニ或ル物ヲ出捐《シユツエン》シテ債務全額ノ責ヲ免レ得タル時等ハ乙者ガ既《スデ》ニ甲丙兩者ノ債務ヲ代《トリ》償《カヘ》タモノデアルカラ乙者ハ他ノ債務者《サイムシヤ》タル甲丙兩名ニ對《タイ》シテ其ノ各自ノ負擔部分則チ甲者ニ對シテハ百圓又丙者ニ對《タイ》シテハ百圓ノ請求《セイキウ》ヲ爲スコトガ出來《デキ》ル、ケレドモ若シ三名ノ中ニ於テ初《ハジ》メ三百圓ノ額ヲ甲者ハ五十圓乙者ハ百圓丙者ハ百五十圓ト謂《イ》フ如《コト》ク費消額ノ定ツテアルトキハ無論《ムロン》乙者ハ甲者ニ對シテハ五十圓又丙者ニ對《タイ》シテハ百五十圓ノ請求ヲセヌケレバナラヌ、而《ソロ》シテ又若シ乙者ノ丁者ヨリ義務《ギム》全体《ゼンタイ》ノ免除ヲ得シモノデアルトキハ甲丙兩者ニ對シテ求償權《キウシヤウケン》ハナイモノデアル、如何トナレバ債務者中《サイムシヤチウ》ノ一名ガ得タル債務全体ノ免除ハ他ノ債務者ニ對《タイ》シテ効力ヲ生《シヤウ》スルモノデアリマス(第一項)而シテ此ノ乙者ガ甲者及ヒ丙者ニ對シ代償《タテカヘ》タル債務額ヲ請求スルニハ其《ソ》ノ代償タル元金《モトキン》ダケトニ限ルモノデハナイ、代償タル時ヨリ其ノ元金《モトキン》ニ對スル一ケ年五歩《ブ》ノ法定ノ利息ヲ併《アハ》セテ請求スルコトガ出來《デキ》ル、又此ノ代償ヲ爲シタノカ裁判所ニ訴《ウツタ》ヘラレテ後デアレバ自然《シゼン》裁判

費用ト謂《イ》フモノガ生《シヤウ》ヅルモノデアル、故ニ乙者ハ其ノ裁判費用《ヒヨウ》ヲモ併セテ請求《セイキウ》スルコトガ出來ル(第二項)ト定メタノデアリマス

第四百四十三條　連帶債務者ノ一人カ債權者《サイケンシヤ》ヨリ請求ヲ受《ウ》ケタルコトヲ他ノ債務者ニ通知《ツウチ》セスシテ辨濟ヲ爲シ其《ソ》ノ他《タ》自己ノ出捐《シユツエン》ヲ以テ共同ノ免責《メンセキ》ヲ得タル場合ニ於テ他《タ》ノ債務者カ債權者ニ對抗《タイカウ》スルコトヲ得ヘキ事由《ジイウ》ヲ有セシトキハ其ノ負擔部分《フタンブブン》ニ付キ之ヲ以テ其ノ債務者ニ對抗《タイカウ》スルコトヲ得但相殺《アヒセツ》ヲ以テ之ニ對抗シタルトキハ過失《クワシツ》アル債務者ハ債權者ニ對シ相殺ニ因《ヨ》リテ消滅《セウメツ》スヘカリシ債務ノ履行《リカウ》ヲ請求スルコトヲ得

連帶債務者ノ一人カ辨濟《ベンサイ》其ノ他自己ノ出捐《セユツエン》ヲ以テ共同ノ免責《メンセキ》ヲ得タルコトヲ他ノ務債者ニ通知《ツウチ》スルコトヲ怠《オコタ》リタルニ因リ他ノ債務者カ

善意ニテ債務者ニ辨濟《ベンサイ》ヲ爲シ其ノ他有償ニ免責《メンセキ》ヲ得タルトキハ其ノ債務者ハ自己ノ辨濟其《ソ》ノ他《タ》免責ノ行爲ヲ有効《イウカウ》ナリシモノト看做《ミナ》スコトヲ得

▲參看　舊民法債權擔保編第六十五條

〔註釋〕本條ハ求償權《キウシヤウケン》ニ關シテ其ノ場合ヲ規定《キテイ》シタル條項《デウコウ》デアッテ、其ノ意義ハ例《タト》ヘバ甲乙兩名連帶シテ丙者ヨリ金千圓ヲ借受《カリウ》ケ居ル場合ニ於テ債權者《サイケンシヤ》タル丙者ガ連帶債務者中ノ一人タル甲者ニ對シ債務全額ノ請求《セイキウ》ヲ爲シタル時甲者ハ之ヲ乙者ニ通知《ツウチ》スレバ宜カリシモ敢テ通知《ツウチ》セザルモ求償權ヲ失《ウシナ》フモノデハナイカラ甲者ハ乙者ニ通知《ツウチ》セズシテ丙者ニ對シ金千圓ノ辨濟ヲ履行《リカウ》シタルニ曷《ナン》ゾ計《ハカ》ラム乙者ハ丙者ニ五百圓ノ賣掛代金《ウリカケダイキン》ニ對スル債權ヲ有シ既ニ丙者ト相殺《アヒセツ》ヲ爲シ終リ居ルヲ以テ先《サ》キニ之《コレ》ヲ知《シ》レバ千圓中ヨリ其《ソ》ノ五百圓ヲ扣除シ殘金《ザンキン》五百圓ダケヲ辨濟スレバ宜《ヨ》カリシモノデアル、ケレドモ之ヲ知《シ》ラザル爲《タメ》全額ノ辨償ヲ終リタルモノデアルカラ甲者ハ自分《ジブン》ノ過失《クワシツ》ヨリ爲シタル乙者負擔《フタン》ノ五百圓ヲ請求スルモ乙者ハ甲者ニ對シ既《スデ》ニ相殺シタル事實ニ以テ對抗《タイカウ》スルコトガ出來ル（第一項前段）

ナレドモ甲者ハ假令《タトヘ》自分ノ過失《クワシツ》デアルトモ又丙者ハ甲乙雙方《サウハウ》ヨリ二重ノ辨濟ヲ受《ウ》クル權利ハ少《スコ》シモナイ故ニ甲者ヨリ二重辨濟ノ五百圓取戻《トリモドシ》ノ請求ヲ受《ウ》ケタル時ハ速《スミヤ》カニ償却シナケレバナラヌノデアル(第一項但書)而《ソウ》シテ此ノ例《レイ》ニ於テ甲乙ノ辨濟シタル前後《ゼンゴ》ト通知効力ハ實ニ雙方《サウハウ》ノ利害ニ大關係《ダイクワンケイ》ヲ及ボスモノデアル、如何《イカン》トナレバ丙者ガ乙者ト既《スデ》ニ相殺ノ濟タルニモ拘《カヽ》ハラズ甲者ニ全額ノ請求《セイキウ》ヲ為スト謂フノハ實ニ惡意《アクイ》ヨリ出デタル不當ノ所為《シヨヰ》デアル、斯ル不當ノ所為ヲ為《ナ》スモノハ結果却《ケツクワカヘ》ッテ債務者ヲ害《ガイ》スルモノデアル果《ハタ》シテ丙者ガ二重取ヲ為シ五百圓ノ金額《キンガク》ヲ辨償セザル時ハ夫《ソ》レ甲乙何レノ損害《ソンガイ》トナルカ則チ甲乙ノ辨濟シタル前後ノ効力《カウリヨク》ヲ定ムル必要茲《コヽ》ニ生シルモノデアルカラ法律《ハフリツ》ハ是レガ規定ヲ本條第二項ニ設《マウ》ケタノデアル、而《ソウ》シテ此ノ規定ノ意義ハ乙者ガ賣掛代金《ウリカケダイキン》ヲ以テ丙者ト相殺シタルハ者ガ全額辨濟ノ前《マヘ》デアル故ニ乙者ガ此ノ事ヲ以テ甲者ニ先《マ》ッ通知《ツウチ》シ置キシナラバ甲者ハ必《カナ》ラズ相殺ノ事由《ジイウ》ヲ示シテ全額ノ濟辨ヲ免《マヌカ》レシモノヲ乙者ガ其ノ通知《ツウチ》ヲ怠リシガ為全額ヲ辨濟シタルモノデアルカラ甲乙丙者ノ過失《クワシツ》ヲ比較《ヒカク》セハ乙者ノ過失《アヤマチ》ハ必ラズ甲者ノ過失《クワシツ》ヲ生シタルモノト謂《イ》ハナケレバナラヌ、故ニ甲者カ善意《ゼンイ》ニテ辨濟ヲ為シタル行為ハ有効ト看做《ミナ》スコト、定メタノデアル、サレバ若《モ》シ丙者ガ無資力《ムシリヨク》デアル時ハ乙者ハ先《サ》キニ一度《イツタン》辨濟シタルニモ拘ハラズ乙者ニ對《タイ》シ自己ノ代償金五百圓ノ賠償《バイシヤウ》ヲ為サヌ

ケレバナラヌノデアル（第二項）ト定メタノデアリマス

第四百四十四條　連帶債務者中ニ償還《シヤウクワン》ヲ爲ス資力《シリヨク》ナキ者アルトキハ其償還スルコト能ハサル部分《ブブン》ハ求償者及ヒ他ノ資力《シリヨク》アル者ノ間ニ其ノ各自ノ負擔部分ニ應《オウ》シテ之ヲ分割ス但求償者ニ過失《クワシツ》アルトキハ他ノ債務者ニ對シテ分擔《ブンタン》ヲ請求スルコトヲ得《エ》ス

參看　舊民法債權擔保編第六十六條

〔註釋〕本條ハ連帶債務者中ニ無資力者《ムシリヨクシヤ》アル場合ニ關スル規定《キテイ》デアッテ、其ノ意義《イギ》ハ、例バ甲乙丙ノ三名連帶《レンタイ》ニテ丁者ヨリ金三千圓ヲ借入《カリイ》レタル場合ニ於テ債務者ノ一名《メイ》タル甲者ハ丁者ノ請求ニ應シ其ノ全額《ゼンガク》三千圓ヲ丁者ニ辨償シ終《オハ》リ後《ノ》チ甲者ハ乙丙ノ兩者ニ對シテ償却ヲ求《モト》メタルニ乙者ハ無資力《ムシリヨク》デアッテ自己ガ負擔額千圓ノ辨償ヲ終《オハ》ルコトガ出來ナイ、斯ル場合アリシ時ハ其ノ乙者ノ千圓ハ債權者《サイケンシヤ》タル丁者ノ損失デアルヤ他債務者《タサイムシヤ》タル甲丙兩者ノ損失《ソンシツ》デアルヤ何レカト謂フニ此ノ場合《バアヒ》ニ於テハ其ノ乙者ノ負擔額千圓ハ甲丙兩者ガ損失デアッテ其ノ各自《メイく》ガ負擔部分ニ應《オウ》シテ分割負擔トスルモノデアル故ニ甲者ト丙者ニ於テ各々五百圓宛《ヅヽ》ヲ負擔シナケレバナラヌ如何《イカン》トナラバ連帶債務ハ元來債務者中ニ假令無資力者アルモ債權者ノ損害《ソンガイ》トハナラナイモノデアッテ、他ノ資力《シリヨク》アル債務者ニ於テ金額ノ辨濟ヲ終《オ》ヘナケレバナラヌノガ原則《ゲンソク》デアル（本條前段）而シテ此ノ求償權《キウシヤウケン》ヲ有スル甲者ガ前條第二項ノ註釋《チウシヤク》ニ例シタルガ如キ過失《アヤマチ》アルトキハ丙者ニ對シテ五百圓ノ分擔ヲ請求スルコトハ出來《デキ》ナイ（本條但書）モノデアルト定メタノデアリマス

第四百四十五條　連帶債務者ノ一人カ連帶《レンタイ》ノ免除ヲ得タル場合《バアヒ》ニ於テ他ノ債務者中ニ辨濟《ベンサイ》ノ資力ナキ者アルトキハ債權者ハ其《ソ》ノ無資力者カ辨濟スルコト能ハサル部分《ブブン》ニ付キ連帶ノ免除《メンジヨ》ヲ得タル者カ負擔スヘキ部分ヲ負擔《フタン》ス

▲參看　舊民法債權擔保編第七十一條第二項

〔註釋〕本條ハ連帶債務者中ニ無資力者《ムシリヨクシヤ》ノ生シタル時其ノ負擔額ヲ債權者《サイケンシヤ》ニ於テ負擔スヘキ例外ノ場合ヲ規定《キテイ》シタル條項デアッテ、其ノ意義《イギ》ハ例バ甲乙丙ノ三名連帶《レンタイ》ニテ丁者ヨリ

金三千圓ヲ借入《カリイ》レ居ル塲合ニ於テ債務《サイム》者中《シヤチウ》ノ一名タル甲者ハ債權者タル丁者ヨリ債務ノ免除ヲ受ケタル時ハ殘《ノコ》ル債務者乙丙兩者ハ連帶債務額三千圓ノ中《ウチ》ニテ甲者ノ負擔額一千圓ヲ減却《ゲンキヤク》シテ殘リ二千圓ヲ辨償《ベンシヤウ》スルヲ以テ普通連帶債務ノ本則《ホンソク》トスルノデアル、然《シカ》シナガラ若シ此ノ塲合《バアヒ》ニ殘ル債務中ノ一名タル乙者ガ無資力《ムシリヨク》デアルトキハ如何《ドウ》スルカ元來連帶債務ハ假令《タトヘ》債務者中ニ無資力者アルモ債權者ニ損害《ソンガイ》ノ及バヌノガ原則《ゲンソク》デアルカラ、此ノ塲合ニハ乙者ノ分ハ丙者ニ於テ負擔辨償《フタンベンシヤウ》ノ責任アルモノデアルカ、若シ其《ソ》ノ責任ノ丙者ニアルモノトスレバ丁者ガ甲者ニ免除《メンヂヨ》ヲ與ヘタル行爲ヨリ丙者ハ其ノ負擔部分ヲ增加セラルヽ如キ不幸《フカウ》ナル結果ノ生ズルモノデアル、如何《イカン》トナレバ甲者ガ免除ヲ得《エ》ナケレバ乙者ノ負擔額一千圓ハ甲丙兩者ノ分擔《ブンタン》スベキモノデアルカラ丙者ハ五百圓ヲ負擔《フタン》スレバヨイモノデアルニ丁者ガ甲者ノ債務ヲ免除《メンヂヨ》シタルカ爲一千圓ヲ負擔《フダン》スルコトヽナレバ故ナク五百圓ノ損害《ソンガイ》ヲ蒙ムルモノデアル、自己ノ所爲《シヨヰ》ニ因リ他人ニ損害ヲ與《アタ》フコトノ出來サルハ見易《ミヤス》キ道理《ダウリ》デアルカラ斯ル塲合ニ於テハ之ヲ債權者《サイケンシヤ》ノ負擔トシテ丙者ハ自己一分ノ負擔額一千圓ノ辨償ヲ終《オ》ヘレバヨイモノデアルト定メタノデアリマス

第四款　保證債務

〔註釋〕本款ハ保證債務《ホシヨウサイム》ニ關スル規定ノ條項ヲ網羅《マウラ》シタルモノデアッテ、其ノ保證債務ノ如何ナルモノナリヤニ就テハ以下《イカ》各條《カクデウ》ノ下ニ於テ、説明《セツメイ》スルコト、シタレバ其ノ各下ニ就キ詳細ノ意義《イギ》ヲ知《シ》ラルベシ

第四百四十六條　保證人《ホシヨウニン》ハ主タル債務者カ其ノ債務《サイム》ヲ履行《リカウ》セサル場合ニ於テ其ノ履行《リカウ》ヲ爲ス責《セメ》ニ任《ニン》ス

▲參看　舊民法債權擔保編第四條前段

〔註釋〕本條ハ保證債務ノ定義《テイギ》ヲ明カニシタル條項《デウコウ》デアッテ其ノ意義《イギ》ハ保證債務トハ例《タトヘ》バ甲者ガ主タル債務者《サイムシヤ》乙者トノ間ニ金員貸借ノ契約《ケイヤク》ヲ取結《トリムス》ビタル時其ノ乙者ガ辨濟期限《ベンサイキゲン》ニ於テ辨濟スルコトガ出來《デキ》ナカッタナラ乙者ニ代《カハ》リテ其ノ債務辨濟ノ責《セメ》ニ任《ニン》スベキコトヲ保證スル債務《サイム》ヲ謂《イ》フノデアル、故ニ保證債務ハ主《シユ》タル債務者ト等《ヒト》シク辨濟ノ責《セメ》ニ任《ニン》スベキモノデハアル、ケレドモ主タル債務者《サイムシヤ》ト同等ノ地位《チヰ》ニアルモノトハ謂《イ》ヘナイ保證債務ハ第二ノ債務デアルカラ主《シユ》タル債務者カ全ク無資力《ムシリヨク》ト爲リタル場合デナケレバ債權者《サイケンシヤ》ハ保

證人ニ對シ債務履行《サイムリカウ》ノ請求ヲ爲《ナ》スベキモノデハナイ故ニ保證債務ニ就《ツイ》テハ主タル債務者ノ全ク無資力ト成リシ場合《バアヒ》ニ限ルコトヲ記憶《キチク》シ置カナケレバナラヌ、又保證人《マタホシヨウニン》ガ債務者ニ代リテ債務《サイム》ノ履行ヲ終《オ》ハレバ保證人ハ債務者ニ對《タイ》シテ其ノ代償金《ダイシヤウキン》ヲ請求スルノ權利《ケンリ》ヲ有《イウ》スルモノデアリマス

第四百四十七條　保證債務ハ主《シユ》タル債務ニ關《クワン》スル利息、違約金、損害賠償其《ソ》ノ他《タ》總テ其ノ債務ニ從《ジウ》タルモノヲ包含《ハウガン》ス

保證人ハ其ノ保證債務《ホシヨウサイム》ニ付テノミ違約金又ハ損害賠償《ソンガイバイシヤウ》ノ額ヲ約定スルコトヲ得

▲參看　舊民法債權擔保編第四條後段、第五條第二項、第八條

〔註釋〕本條ハ保證債務ハ從《ジウ》タル債務ヲモ包含《ハウガン》スルコトヲ規定《キテイ》シタル條項《デウコウ》デアッテ、其ノ意義ハ保證人ハ例《タト》ヘバ償務ノ目的物ガ金錢《キンセン》デアレハ其ノ元金《モトキン》ダケヲ辨償スルニ止《トド》マラズ其ノ利息ナモ併《アハ》セテ辨濟セヌケレバナラヌ、又債務《サイム》ノ目的ガ金錢デナク例《タト》ヘバ賣買件デアッテ

特ニ違約金《ヰヤクキン》ヲ附シタル契約デアレバ保證人ハ其ノ契約《ケイヤク》ヲ履行《リカウ》スルト共ニ違約金《ヰヤクキン》ノ辨濟ヲモ併セテ履行セヌケレバナラヌ、又債務ノ目的《モクテキ》ガ例バ建築工事ノ如キ若《モシ》クハ或作爲《サヰ》ノ如キ時ハ契約不履行ノ爲《タメ》ニ生ジタル損害《ソンガイ》ノ賠償ヲモ併《アハ》セテ辨濟シナケレベナラヌノデアルヽ是何レモ契約當時《ケイヤクタウジ》ヨリ豫知シ得ベキ從《ジウ》タル債務《サイム》デアルカラ其ノ責《セメ》ヲ免《マヌ》カルヽコトハ出來ナイ（第一項）而《ソウ》シテ保證人ハ其ノ保證《ホシヨウ》ヲ爲ス場合ニ於テ特《トク》ニ債權者ト保證債務ニ就テノミ違約金又ハ損害賠償ノ額《カク》ヲ約定《ヤクヂヤウ》スルコトガ出來ル、故ニ例バ甲者ガ乙者ノ土地《トチ》ヲ借入ルヽニ當《アタ》リ丙者ハ保證人トナリテ其《ソ》ノ土地上ヘハ甲者ニ家屋《カオク》ノ建設《ケンセツ》ハ決シテサセナイ若シ約《ヤク》ヲ背《ソム》ケバ百圓ノ違約金ヲ支拂《シハラ》フト保證シタル時甲者ガ其ノ土地上《トチジヤウ》ヘ家屋ノ建築ヲ爲シタル場合ニ於テハ債權者《サイケンシヤ》タル乙者ハ保證人タル丙者ニ對《タイ》シテ甲者ノ行爲《カウヰ》ヲ停止セヌコトヲ請求《セイキウ》スルコトガ出來ル、而《ソウ》シテ丙者ガ此ノ請求《セイキウ》ヲ受ケナガラ甲者ヲシテ停止《テイシ》セシメナカツタラ乙者ハ其ノ違約金ヲ請求《セイキウ》スルコトガ出來ル（第二項）ノデアリマス

第四百四十八條　保證人ノ負擔《フタン》ガ債務ノ目的又ハ體樣《タイヤウ》ニ付キ主タル債務ヨリ重《オモ》キトキハ之ヲ主《シユ》タル債務ノ限度《ゲンド》ニ減縮《ゲンシユク》ス

▲參看　舊民法債權擔保編第六條

〔註釋〕本條ハ保證義務ノ範圍《ハンヰ》ヲ規定シタル條項《デウコウ》デアツテ、其ノ意義《イギ》ハ保證債務ハ主《シュ》タル義務ノ目的物ト等《ヒト》シキモノヲ以テ債務ノ目的物《モクテキブツ》ト爲スモノデハアレドモ主タル債務《サイム》ヨリ重大ト成スコトハ出來《デキ》ナイ、又重大ナル體樣《タイヤウ》ニ服スルコトハ出來ナイモノデアル、如何《イカン》トナレバ保證債務ハ主《シュ》タル債務ノ不履行ノ場合《バアヒ》ニ於テ代リテ其ノ債務《サイム》ヲ履行スルダケニ止マルモノデアルカラ例バ主《シュ》タル債務者ノ債務ハ金百圓デアルニ保證債務《ホショウサイム》ハ百五十圓ヲ辨濟スルト約諾《ヤクダク》スルハ主タル債務ヨリ重《オモ》キ債務ヲ負擔《フタン》スルモノデアツテ、保證債務ノ性質ニ悖《モド》ルモノデアル又主タル債務カ有期《イウキ》ナルニ保證債務カ單一《タンイツ》ノモノデアルトセバ保證債務ハ主タル債務《サイム》ヨリ體樣ニ付キ重《オモ》キモノデアルカラ是又保證債務ノ性質《セイシツ》ニ悖《モド》ルモノデアル故ニ斯ル場合ニ於テハ其ノ重大《ヂウダイ》ナル部分ダケヲ主タル債務ノ限度《ゲンド》ニマデ減縮《ゲンシュク》シテ其ノ餘ハ皆有効トスルノデアルカラ例バ前例《ゼンレイ》ノ場合ニ於テ保證人ノ約諾《ヤクダク》シタル金百五十圓ヲ一百圓ニ減シ又單一ノ債務《サイム》ヲ主タル債務ノ如ク有期《イウキ》ト成スト定メタノデアリマス

第四百四十九條　無能力ニ因《ヨ》リテ取消スコトヲ得ヘキ債務《サイム》ヲ保證シタル者カ保證契約《ケイヤク》ノ當時其ノ取消《トリケシ》ノ原因ヲ知リタルトキハ主《シュ》タル債務

者ノ不履行《フリカウ》又ハ其ノ債務ノ取消ノ場合《バアヒ》ニ付キ同一ノ目的《モクテキ》ヲ有スル獨立ノ債務ヲ負擔《フタン》シタルモノト推定《スヰテイ》ス

▲参看　舊民法債權擔保編第九條第二項

〔註釋〕本條ハ債務ノ不完全《フクワンゼン》ナル場合ニ於ケル保證債務ノ効力《カウリヨク》ヲ規定シタル條項《デウコウ》デアッテ、其ノ意義ハ元來無能力《ムノウリヨク》例バ幼者《エウシヤ》、禁治産者《キンヂサンシヤ》、夫アル妻等ハ法定上自己《ジコ》獨立《ドクリツ》デ債務ヲ約諾スルコトハ出來《デキ》ナイモノデアル、故ニ若《モ》シ是等ノ無能力者ガ約諾《ヤクダク》シタル債務ハ債權者ニ對シテ無能力《ムノウリヨク》ヲ原因トシテ其ノ契約ヲ取消《トリケ》サシムルコトガ出來《デキ》ルモノデアル、ケレドモ此ノ契約ヲ保證シタル者ハ主《シユ》タル債權者ニ對シ其ノ保證《ホシヨウ》ヲ取消スコトハ出來ヌ、如何《イカン》トナレバ債權者ニ於テ保證ヲ爲《ナ》サシメタノハ債務者ニ於テ如何《イカ》ナル原因《ゲンイン》アリテ其ノ債務ヲ履行セサルヤモ計《ハカ》ラレスト後日ノ損害《ソンガイ》ヲ慮リテ保證セシメタノデアル又保證人《ホシヨウニン》ノ上ヨリ謂《イ》ヘバ債務者タル無能力者《ムノウイヨクシヤ》ガ其ノ債務ヲ履行《リカウ》シナイ時ハ固《モト》ヨリ自己ニ代《カハ》リテ辨濟スルコトヲ承諾《シヨウダク》シタルモノデアルカラ主タル債務者ガ無能力ヲ主張《シユチヤウ》シテ其ノ義務ヲ取消《トリケ》シタカラト謂フテ保證債務ヲ免《マヌ》カルヽコトハ出來ナイト定《サダ》メタノデアル、ケレドモ若《モ》シ保證人ガ契約ノ當時《タウジ》ニ其ノ無能力《ムノウリヨク》タルコトヲ知ラナイ時ハ固《モト》ヨリ其ノ保証ヲ取消《トリケ》スコトハ出來

ルモノデアリマス

第四百五十條　債務者カ保證人《ホシヨウニン》ヲ立ツル義務ヲ負《オ》フ場合ニ於《オイ》テハ其ノ保證人ハ左ノ條件《デウケン》ヲ具備《グビ》スル者タルコトヲ要《エウ》ス

一　能力者《ノウリヨクシヤ》タルコト

二　辨濟ノ資力《シリヨク》ヲ有スルコト

三　債務ノ履行地《リカウチ》ヲ管轄《クワンカツ》スル控訴院ノ管轄内ニ住所《ヂウシヨ》ヲ有シ又ハ假住所ヲ定《サダ》メタルコト

保證人ガ前項《ゼンコウ》第一號又ハ第二號ノ條件《デウケン》ヲ缺《カ》クニ至リタルトキハ債權者ハ前項ノ條件ヲ具備《グビ》スル者ヲ以テ之《コレ》ニ代《カ》フルヿヲ請求《セイキウ》スルヿヲ得

前二項ノ規定《キテイ》ハ債權者カ保證人ヲ指名《シメイ》シタル場合ニハ之ヲ適用《テキヨウ》セス

▲參看　舊民法債權擔保編第十五條第四十七條

〔註釋〕本條ハ後日《ゴジツ》ヲ期シタル保證人ノ資格《シカク》ヲ規定シタル條項デアッテ其ノ意義《イギ》ハ債務者ガ契約ヲ取結《トリムス》ブ際後日保證人ヲ立《タ》テルカラト約束《ヤクソク》シテ債務者ガ保證人ヲ立《タ》ツル義務ヲ負フコトガアル此ノ場合《バアヒ》ニ於テハ債務者ハ三個ノ要件《エウケン》ヲ具備《グビ》セル者ヲ撰《エラ》ンデ保證人トセンケレバナラヌ其ノ三個ノ要件《エウケン》トハ即チ

第一　能力者タルコト　例バ後見人《コウケンニン》ヲ要スベキ幼者《エウシヤ》、禁治產者、夫アル妻、白痴瘋癲《ハクチフウテン》者等ノ如キ法定上無力者《ムリヨクシヤ》ト認メタル者デナイ確乎《クワツコ》タル能力者ヲ保證人トセヌケレバナラヌ、是不能力者ハ契約ヲ實行《ジツカウ》スルコトガ出來ヌカラデアル

第二　辨濟ノ資力ヲ有スルコト　例バ甲者ガ乙者ニ對シ建築工事《ケンチクコウジ》ノ契約ヲ爲シ後日保證人ヲ立ツルコトヲ契約《ケイヤク》シタル時ハ其ノ保證人トシテハ誰《タレ》ガ見《ミ》ルモ其ノ契約ヲ履行スルニ堪《タ》ユベキ資力《シリヨク》アルモノヲ撰定《センテイ》セヌケレバナラヌ故ニ此場合ニハ甲者ト等《ヒト》シキ建築工事ニ經驗《ケイケン》スル工事請負業者ノ如キ者ヲ以テ保證人《ホシヨウニン》トセヌケレバナラヌ、是債務ノ履行ヲ安全《アンゼン》ニ實行《ジツカウ》セシンヌガ爲デアル

第三　債務ノ履行地ヲ管轄スル控訴院ノ管轄內ニ住所ヲ有シ又ハ假住所ヲ定メタルコト　例バ大阪ニテ建築工事ヲ爲スコトヲ契約《ケイヤク》シタル時ノ保證人ハ必《カナ》ラズ大阪控訴院ノ管轄內例バ大阪控訴院ガ京都、大阪、和歌山、兵庫、奈良、福井等ヲ管轄《クワンカツ》スル時

ハ此ノ區域內《クヰキナイ》ニ戸籍アリテ住居《ヂユウキヨ》スルカ又ハ寄留住居ヲ爲シ居《ヲ》ルモノデナケレバナラヌ是レ債務不履行ノ際《サイ》ニ於《オ》ケル便宜《ベンギ》ノ爲デアル（以上第一項）而シテ若シ保証人ガ辨濟《ベンサイ》ノ資力ヲ有セザルカ又ハ債務《サイム》履行地《リカウチ》近《チカ》クニ住居シナイモノテアレバ債權者ハ要件ノ具備《グビ》スル者ヲ得ルマデハ之《コレ》ヲ代《カ》ヘシメルコトガ出來《デキ》ル（第二項）ケレドモ若シ其ノ保証人ヲ債權者《サイケンシヤ》ヨリ誰ニセヨト指命《シメイ》シタル場合ニ於テハ假令《タトヘ》其ノ指命サレタ保証人ガ要件ヲ缺《カ》キ居ルモ債務者ハ條件具備《デウケングビ》ノ保証人ト取代《トリカ》ユル責ハナイモノデアルト定メタノデアリマス（第三項）要《エウ》スルニ本條ハ保証人ノ確實《クワクジツ》ヲ保チテ債權者ガ債務履行ノ請求《セイキウ》ニ便ナラヌコトヲ欲《ホツ》シタルモノデアリマス

第四百五十一條　債務者カ前條《ゼンデウ》ノ條件ヲ具備《グビ》スル保證人ヲ立《タ》ツルコト能ハサルトキハ他ノ擔保ヲ供《キヨウ》シテ之ニ代《カ》フルコトヲ得

▲參看　舊民法債權擔保編第十六條

〔註釋〕本條ハ前條ノ例外《レイグワイ》ヲ規定シタル條項デアッテ、其ノ意義《イギ》ハ債務者ガ前條ノ約諾《ヤクダク》ヲ爲ストモ規定ノ如キ保証人ヲ得ルコトノ出來ナイ場合《バアヒ》ガアル故ニ此ノ場合ニハ或《ア》ル物件ヲ擔保トシテ債權者《サイケンシヤ》ニ供シテ保証人ニ代《カ》ヘルコトガ出來ル、ケレドモ此ノ物件《ブツケン》ニ就テ如何ナル物ヲ渡《ワタ》スベシトノ規定ガナイカラ其ノ物件ノ種類《シユルヰ》ハ契約者雙方ニ於テ相談《サウダン》ノ上取極メナケレバナラヌ、若シ債務者ノ提供《テイキヨウ》スル物件ヲ債權者ニ於テ好《コノ》マヌ債權者ノ求《モト》ムル物件ハ債務者ニ於テ欲《オツ》セズ雙方ノ相談纏《サウダンマト》マラザル時ハ如何《イカ》スルカ、其ノ時ハ致《イタ》シ方《カタ》ガナイカラ裁判所ニ訴ヘテ公平認可《コウヘイニンカ》ヲ得ナケレバナラヌモノデアリマス

第四百五十二條　債權者カ保證人《ホシヨウニン》ニ債務ノ履行《リカウ》ヲ請求シタルトキハ保證人ハ先《マ》ツ主《シユ》タル債務者ニ催告《サイコク》ヲ爲スヘキ旨ヲ請求《セイキウ》スルコトヲ得但主タル債務者カ破産《ハサン》ノ宣告ヲ受ケ又ハ其ノ行方《ユクヱ》カ知レサルトキハ此限ニ在ラス

▲參看　舊民法債權擔保編第十八條

〔註釋〕本條ハ保証人カ保証債務《ホシヨウサイム》ノ履行請求ヲ拒絶《キヨゼツ》シ得ルト否トノ場合ヲ規定《キテイ》シタル條項デアッテ、其ノ意義《イギ》ハ第四百四十六條ニ於テモ既ニ詳述《シヤウジユツ》セシ如ク保証債務トハ債務者ガ其

ノ債務ヲ履行《リカウ》シナイ時之ニ代リテ其ノ債務《サイム》ヲ履行スルコトヲ約諾セル契約《ケイヤク》デアルカラ若シ債權者ガ保証人ニ債務《サイム》ノ履行ヲ請求セヌトスレバ必ラズ先ヅ債務者《サイムシヤ》ガ其ノ債務ヲ履行ズル資力ノ盡《ツ》キタルコトヲ証明セヌケレバナラヌモノデアル故ニ保証人ハ債權者《サイケンシヤ》ヨリ債務ノ履行ヲ請求《セイキウ》スルニ其ノ証明ヲ示《シメ》サヾル時ハ先ヅ債務者ニ催告《サイコク》セヨト拒絶《キヨゼツ》スルコトガ出來ル(本條前段)ケレドモ債務者ガ破産《ハサン》ノ宣告《センコク》ヲ受ケタル時ハ既ニ辨濟スルノ資力《シリヨク》ヲ失ヒタルモノデアルカラ此ノ場合《バアヒ》ニハ証明ナクトモ債權者ノ請求《セイキウ》ヲ拒絶スルコトハ出來ヌ又債務者ノ行方《ユクエ》知《シ》レザル時モ債權者ガ請求ノ途《ミチ》ヲ失《ウシナ》ヒシモノデアルカラ拒絶《キヨゼツ》スルコトハ出來ヌ(本條但書)ト定メタノデアリマス

第四百五十三條　債權者カ前條《ゼンデウ》ノ規定ニ從ヒ主《シユ》タル債務者ニ催告《サイコク》ヲ爲シタル後ト雖モ保證人カ主タル債務者《サイムシヤ》ニ辨濟ノ資力アリテ且執行《シツカウ》ノ容易ナルコトヲ證明《シヨウメイ》シタルトキハ債權者ハ先《マ》ツ主《シユ》タル債務者ノ財産ニ付キ執行《シツカウ》ヲ爲スコトヲ要ス

▲參看　舊民法債權擔保編第十九條、第二十一條

〔註釋〕本條ハ債權者《サイケンシヤ》ガ保証債務請求ノ催告《サイコク》ヲ為シタル後ニ於テ保証人ノ之ヲ拒絕《キヨゼツ》シ得ベキ場合ヲ規定シタル條項《デウコウ》デアッテ、其ノ意義《イギ》ハ第四百四十六條ニ於テ注意《チウイ》ヲ促《ウナガ》シ置キシ如ク保証債務ハ主タル債務者ノ全《マツタ》ク無資力ト成リシ結果《ケツクワ》デナケレバ其ノ債務ノ履行《リカウ》ヲ請求セラルヽ理由《リイウ》ナキモノデアル故ニ假令《タトヘ》債權者ヨリ債務履行ノ催告ヲ受《ウ》ケタル後デアッテモ保証人ニ於テ未《イマ》ダ債務者ハ辨濟スルノ資力《シリヨク》デアッテ之ヲ執行スルモ六ケ敷《シク》ナイト謂フ証明ヲスレバ債權者ヲシテ自己《ジコ》ニ對スル請求ヲ止《ヤ》メサセテ再ビ債務者ノ財產《ザイサン》ニ就テ取立テサセルコトガ出來ルト定メタノデアリマス

第四百五十四條　保證人カ主タル債務者ト連帶《レンタイ》シテ債務ヲ負擔《フタン》シタルトキハ前二條ニ定メタル權利《ケンリ》ヲ有セス

▲參看　舊民法債權擔保編第二十條第一項

〔註釋〕本條ハ保証債務ガ連帶債務《レンタイサイム》ノ性質ヲ帶《オ》ブル場合ヲ規定《キテイ》シタル條項デアッテ、其ノ意義ハ保証人ガ主タル債務者ト連帶シテ債務ヲ負擔《フタン》スル時ハ連帶ノ性質《セイシツ》ヲ帶ブルモノデアルカラ、前二條ノ如ク債權者《サイケンシヤ》ヨリ直チニ催告《サイコク》セラルヽモ之ヲ拒絕《キヨゼツ》スルコトハ出來ナイモ

ノデアル、ケレドモ茲《コヽ》ニ注意《チウイ》スベキハ主タル債務者ト連帶《レンタイ》シテ義務ヲ負擔シタル保証人ハ主タル債務者ト等シク債權者ノ請求《セイキウ》ニ應シ債務ノ全部《ゼンブ》ヲ辨濟シナケレバナラヌ義務《ギム》ハアレドモ全ク普通ノ連帶債務者ト同一《ドウイツ》ノモノトハ謂ヘナイモノデアッテ保証人ハ何處マデモ保証人デアッテ保証ノ性質《セイシツ》ヲ失フモノデハナイ故ニ主タル債務者《サイムシヤ》ニ連帶シタル保証人ニ於テ債權者《サイケンシヤ》ニ對シ義務ヲ辨濟スレバ債務者ニ係《カヽ》リテ其ノ全部ノ求償《キウシヤウ》ヲ為スコトガ出來ル、之レニ反シ普通《フツウ》ノ連帶債務者デアレバ开《ソ》ウハユカヌ必ラズ其ノ全部《ゼンブ》ヨリ自已ノ負擔部分ヲ減ジタル殘額《ザンガク》ニ就テヨリハ求償《キウシヤウ》スルコトハ出來ヌ是《コレ》主《シユ》タル債務者ニ連帶シタル保証人ト普通《フツウ》ノ連帶債務者トノ比較的《ヒカクテキ》性質ノ異《コトナ》レル点《テン》デアルカラ混同《コンドウ》セザラヌコトヲ注意ノ為一言《ゲン》シテ置《オ》キマス

第四百五十五條　第四百五十二條及ヒ第四百五十三條ノ規定ニ依リ保證人ノ請求《セイキウ》アリタルニ拘ハラス債權者カ催告《サイコク》又ハ執行ヲ為スコトヲ怠リ其ノ後主タル債務者ヨリ全部《ゼンブ》ノ辨濟ヲ得サルトキハ保證人ハ債務者カ直《タヽ》チニ催告又ハ執行ヲ為セハ辨濟《ベンサイ》ヲ得ヘカリシ限度《ゲンド》ニ於テ其

ノ義務《ギム》ヲ免《マヌガ》ル

▲參看　舊民法債權擔保編第二十二條

〔註釋〕本條ハ保証債務ニ就テ債權者ガ過怠《クワタイ》ノ責ヲ負フベキ場合ヲ規定《キテイ》シタル條項デアッテ其ノ意義ハ債權者《サイケンシヤ》ガ保証人ニ對シ債務履行ヲ請求《セイキウ》シタル場合ニ於テ保証人ハ第四百五十二條及ヒ第四百五十三條ノ規定《キテイ》ニ依リ先ヅ債務者ヨリ催告《サイコク》スベシ債務者ハ未ダ無資力《ムシリヨク》トハ成リ居ルモノデハナイ債務ヲ辨償スル資力《シリヨク》ガアッテ且執行モ容易《ヨウイ》デアルト証明シテ催告ヲ促《ウナガ》シタルニ債權者ハ怠《オコタ》リテ其ノ催告ヲモ爲サズ又執行《シツカウ》ヲモシナカッタニ因ッテ債務者ハ竟《ツヒ》ニ全クノ無資力ト成リ了リ爲ニ債權者ハ主《シユ》タル債務者ヨリ債權全部ノ辨濟《ベンサイ》ヲ受ケルコトガ出來ナカッタ場合《バアヒ》ニ於テ債權者ガ保証人ニ向ッテ請求《セイキウ》スル時ハ保証人ハ曩《サキ》ニ催告セヨト謂ヒシ時債權者ニ於テ其ノ言《ゲン》ノ如ク直ニ催告又ハ執行ヲ爲《ナ》シ居レバ例バ千圓ノ債權額中ヘ五百圓ハ得《ウ》ベカリシモノデアッタ、然ルニ債權者ガ怠慢《タイマン》ヨリ其ノ五百圓ヲ得ナカッタハ債權者ノ過失《クワシツ》デアルト申立テ而シテ保証人ニ於テ其ノ五百圓ヲ得《ウ》ベカリシ證明ヲ爲セバ債權全額千圓ノ辨償《ベンシヤウ》ヲセズトモ其ノ得ベカリシ限度《ゲンド》タル五百圓ヲ減ジテ殘《ノコリ》五百圓タケノ辨償ヲ爲《ナ》セバヨイト定メタノデアリマス

第四百五十六條　數人《スウニン》ノ保證人アル場合ニ於テハ其ノ保證人《ホショウニン》カ各別ノ行爲ヲ以テ債務ヲ負擔《フタン》シタルトキト雖モ第四百二十六條ノ規定《キテイ》ヲ適用ス

▲參看　舊民法債權擔保編第二十三條

〔註釋〕本條ハ多數保証人ノ負擔義務《フタンギム》ハ均一デアルコトヲ規定シタル條項《デウコウ》デアッテ、其ノ意義ハ例バ或ル一事件《ジケン》ニ就キ甲者ハ甲者、乙者ハ乙者ト謂《イ》フ如《ゴト》ク甲者ト乙者ノ兩保証人ガ丙者ト丁者間ノ契約《ケイヤク》ニ就キ丁者ノ爲ニ甲者ハ甲ノ証書《シヤウシヨ》ニ乙者ハ乙ノ証書ニ格別《カクベツ》ニ保證スル如キコトアルモ其ノ保證人タルノ責任及ヒ負擔額ハ甲乙丙保證人平等ノ割合《ワリアヒ》ヲ以テ保證義務ニ就テノ權利《ケンリ》ヲ有シ又ハ義務ヲ負フモノデアル、故《ユヱ》ニ茲ニ二千圓ノ保證債務ヲ甲乙格別ニ保證スルモ互《タガヒ》ニ二千圓ノ辨濟ヲ爲《ナ》スモノデハナイ矢張《ヤハ》リ平等ニ千圓宛負擔《フタン》スレバヨイト定メタノデアル、是《コ》レ本條ハ我國舊來ノ慣習《クワンシフ》ヲ一變シタノデアッテ一ノ債務《サイム》ニ付二人以上ノ保證人アルトキハ保證人ガ其ノ義務《ギム》ノ全額ヲ平等均一ニ分擔《ブンタン》シテ其ノ一部宛ヲ負擔《フタン》スルダケテ其ノ他ノ部分ハ負擔《フタン》セザルコトヽ爲サシメタノデアリマス

第四百五十七條　主タル債務者ニ對スル履行ノ請求其ノ他時效ノ中斷ハ保證人ニ對シテモ其ノ效力ヲ生ス

保證人ハ主タル債務者ノ債權《サイケン》ニ依リ相殺ヲ以テ債權者ニ對抗《タイカウ》スルコトヲ得

▲參看　舊民法債權擔保編第二十七條第一項、財產編第五百二十一條第一項

〔註釋〕本條ハ主タル債務《サイム》ノ利害ハ保證義務ノ上ニ影響《エイケン》スルコトヲ規定シタル條項デアッテ其ノ意義ハ元來保證義務ハ主《シユ》タル債務者ガ債務ニ付從《ジユ》シ居ルニ過ギナイモノデアルカラ主タル債務利害ハ從タル保證義務利害《リガイ》デアルコトハ深ク說明《セツメイ》セザルモ自ラ明瞭デアル、故ニ本條モ主タル債務者ニ對《タイ》スル履行ノ請求又ハ時效ノ中斷等債務ニ取《ト》リテノ障害タル影響ハ從タル保證義務《ギム》ノ上ニ效力ヲ生スルモノデアル（第一項）其ノ代《カハ》リニハ主タル債務者ガ其ノ債權者ニ有スル債權ニ依《ヨ》リ債權者ノ債權ト相殺スベキ利益《リエキ》ノ影響モ從タル保證義務ノ上ニ效力ヲ生ズルモノデアルカラ保證人ハ此ノ相殺ヲ申立テヽ債權者ニ對抗スルコトガ出來ル（第二項）ノデアリマス

第四百五十八條　主タル債務者《サイムシヤ》カ保證人ト連帶シテ債務ヲ負擔《フタン》スル場合ニ於テハ第四百三十四條乃至《ナイシ》第四百四十條ノ規定ヲ適用《テキヤウ》ス

▲參看　舊民法債權擔保編第二十七條第二項、第二十八條

〔註釋〕本條ハ保證債務カ連帶債務ノ性質《セイシツ》ヲ帶フル場合ニ關《クワン》スル規定デアッテ其ノ意義《イギ》ハ主タル債務者カ保證人ト連帶《レンタイ》シテ債務ヲ負擔スル場合ニ於《オイ》テハ第四百三十四條ヨリ以下第四百四十條ノ間ニ規定《キテイ》シタル連帶債務ニ關スル効力發生《ハツセイ》ニ就テノ七ケ條ヲ適用《テキヨウ》セヌケレバナラヌト定メタノデアリマス

第四百五十九條　保證人カ主タル債務者ノ委託《井タク》ヲ受ケテ保證ヲ爲シタル場合ニ於テ過失《クワシツ》ナクシテ債權者ニ辨濟スヘキ裁判言渡《サイバンイヒワタシ》ヲ受ケ又ハ主タル債務者ニ代《カ》ハリテ辨濟ヲ爲シ其ノ他自己《ジコ》ノ出捐ヲ以テ債務ヲ消滅セシムヘキ行爲《カウ井》ヲ爲シタルトキハ其ノ保證人ハ主タル債務者ニ對シテ求償權《キウシヤウケン》ヲ有ス

第四百四十二條第二項ノ規定《キテイ》ハ前項ノ場合ニ之ヲ準用ス

參看　舊民法債權擔保編第三十條第一項第一號

〔註釋〕本條ハ保證人ニ關《クワン》スル求償權ニ就キ規定《キテイ》シタル條項デアッテ、其ノ意義《イギ》ハ元來他人ト共ニ又ハ他人ノ爲ニ債務ヲ負擔《フタン》スル者ハ他人ノ債務《サイム》免除《メンヂヨ》ノ爲爲《ナ》シタル辨濟ニ就テハ當然求償權ヲ有スルモノデアル、故ニ保證人《ホシヨウニン》ハ左ノ三個ノ場合ニ於テハ債務者《サイムシヤ》ニ對シテ求償權ヲ有スルモノデアル

第一　保證人カ主《シユ》タル債務者ノ委託《ヰタク》ヲ受ケテ保證ヲ爲シタル場合ニ於テ過失《クワシツ》ナクシテ債權者ニ辨濟スヘキ裁判言渡《サイバンイヒワタシ》ヲ受ケタル場合

第二　保證人カ主タル債務者ノ委託ヲ受ケテ保證ヲ爲シタル場合ニ於テ過失ナクシテ主タル債務者《サイムシヤ》ニ代ハリテ辨濟ヲ爲《ナ》シタル場合《バアヒ》

第三　保證人カ主タル債務者ノ委託《ヰタク》ヲ受ケテ保證ヲ爲シタル場合ニ於テ過失《クワシツ》ナクシテ自己ノ出捐《シユツエン》ヲ以テ債務ヲ消滅《セウメツ》セシムヘキ行爲ヲ爲シタル場合《バアロ》

故ニ最モ保證人ニ於テ主タル債務者ノ委託《ヰタク》ヲ受ケナイ時又ハ過失デアル時ハ以上《イジヤウ》三個ノ所爲アリトモ求償權ハ無論《ムロン》成立《ナリタ》ヌモノデアル（第一項）而《ソウ》シテ以上ノ場合《バアヒ》ニ於テハ第四百

四十二條第二項ニ規定シタルト等《ヒト》シク保證人カ主タル債務者ニ代《カ》ハリテ辨濟シタル日ヨリ以後ノ法定利息及ヒ避《サ》クルコトヲ得サリシ費用其他《ソノタ》ノ損害チモ賠償金ニ併《アハ》セテ請求スルコトカ出來ル(第二項)ト定メタノデアリマス

第四百六十條　保證人カ主《シユ》タル債務者ノ委托《イタク》ヲ受ケテ保證ヲ爲《ナ》シタルトキハ其ノ保證人ハ左ノ場合《バアヒ》ニ於テ主タル債務者ニ對《タイ》シテ豫メ求償權ヲ行フコトヲ得

一　主タル債務者カ破産《ハサン》ノ宣告ヲ受ケ且債權者カ其ノ財團《ザイダン》ノ配當ニ加入《カニフ》セサルトキ

二　債務カ辨濟期《ベンサイキ》ニ在ルトキ但保証契約ノ後債權者《サイケンシヤ》カ主タル債務者ニ許與《キヨヽ》シタル期限ハ之ヲ以テ保証人ニ對抗《タイカウ》スルコトヲ得ス

三　債務ノ辨濟期カ不確定《フクワクテイ》ニシテ且其最モ長期《チヤウキ》ヲモ確定スルコト

能ハサル場合ニ於テ保証契約《ホショウケイヤク》ノ後十年ヲ經過《ケイクワ》シタルトキ

参看　舊民法債權擔保編第三十四條

〔註釋〕本條ハ保證人ガ主タル債務者《サイムシヤ》ニ對シテ豫メ求償權ヲ行ヒ得ル場合《バアヒ》ヲ規定《キテイ》シタル條項デアッテ、其ノ意義ハ主タル債務者ノ委託《ヰタク》ヲ受ケテ保證ヲ爲《ナ》シタル者ハ未タ主タル債務ノ辨濟期限ノ來《キタ》ラザル前デモ債務者ニ對シ豫メ賠償《バイシヤウ》ヲ受クル爲又ハ未定ノ損失《ソンシツ》ヲ擔保セシムル爲、求償權ヲ行フコトガ出來《デキ》ル、ケレドモ其ノ求償權《キウシヤウケン》ヲ行ヒ得ラルヽハ左ノ三個ノ場合ニ限《カギ》ルモノデアル

第一　主タル債務者ガ破產《ハサン》ノ宣告ヲ受ケタルニ債權者ガ其ノ財團ノ配當《ハイタウ》ニ加入セザル時ハ乍《タチマ》チ將來保證人ニ損害ノ及ビ來ルヤ明瞭《メイレウ》デアルカラ保證人ハ此ノ場合《バアヒ》ニ於テ主タル債務者ニ係《カヽ》リテ求債權ヲ行ヒ得ラルヽモノデアル

第二　債務《サイム》ノ辨濟期日ガ目前《モクゼン》ニ迫《セマ》リ來ル時ハ假令債權者カ請求《セイキウ》セズトモ保證人自ラ進ンデ債務者ニ係リ求償權ヲ行《オコナ》フコトガ出來ル、是レ時日遷引《シツセイイン》ノ爲ニ保證人ハ無益ノ利息金等ヲ支拂《シハラ》ヒ又ハ債權者ノ荏苒中《ジンセンチウ》ニ債務者ノ無資力ト成ル場合《バアヒ》ナシトモ限ラヌカラ豫メ此ノ權利《ケンリ》ヲ實行シテ自已ノ損害ヲ豫防《ヨバウ》スルコトガ出來ル、故ニ若《モ》シ此ノ場

合ニ於テ債權者ガ主《シユ》タル債務者ニ對シ辨濟期限ノ延期《エンキ》ヲ與ヘタカラト謂フテ其《ソ》ノ効力ヲ保證人ノ爲シ居ル求償權ヲ停止《テイシ》セシメルコトハ出來ヌ如何《イカン》トナレバ其ノ期限《キゲン》ハ主タル債務者ト債權者《サイケンシヤ》ノ間ニハ有効デアルモ保證人《ホシヨウニン》ト債權者ノ間ニハ無効《ムカウ》デアルカラ何《イヅ》レニモ用《ヨウ》ニハ立《タ》タナイノデアル

第三　債務ガ無期《ムキ》デアル時則チ辨濟スル期限《キゲン》モ定ラズ尙ホ最長期《サイチヤウキ》ヲモ定ノヌモノデアル時ハ保證契約ヲ爲《ナ》シタル時ヨリ十年目ニ於テ之ガ求償權《キウシヤウケン》ヲ行フコトガ出來ルモノデアル、如何《イカン》トナレバ保證人ヲシテ無限《ムゲン》ニ義務ヲ負ハシメ置クコトハ到底《タウテイ》出來ナイ道理《ダウリ》ニ因《ヨ》ルモノデアル

第四百六十一條　前二條ノ規定《キテイ》ニ依リ主タル債務者カ保證人ニ對《タイ》シテ賠償ヲ爲ス場合ニ於テ債權者《サイケンシヤ》カ全部ノ辨濟ヲ受ケサル間《アヒダ》ハ主タル債務者ハ保證人ヲシテ擔保ヲ供《キヨウ》セシメ又ハ之ニ對シテ自己ニ免責《メンセキ》ヲ得セシムヘキ旨ヲ請求《セイキウ》スルコトヲ得

右ノ場《バ》合《アヒ》ニ於テ主タル債務者ハ供託《キヨウタク》ヲ爲シ、擔保ヲ供シ又ハ保證人

ニ免責《メンセキ》ヲ得セシメテ其ノ賠償《バイシヤウ》ノ義務ヲ免ルルコトヲ得

参看　舊民法擔保編第三十四條、第三十五條

〔註釋〕本條ハ前條ノ例外法《レイグワイハフ》デアッテ債務者ガ保證人ニ對シテノ塲合《バアヒ》ヲ規定シタル條項デアル、而《ソウ》シテ其ノ意義ハ保證人ガ債務者ニ對《タイ》シ前二條ノ如ク自己ノ利益《リエキ》ヲ保護《ホゴ》スル爲、債務者ヨリ債權者ニ辨濟《ベンサイ》スベキ債權額ノ全部ヲ請求《セイキウ》シタル際債務者ニ於テ、保証人《ホシヨウニン》ノ請求ニ應シテ其ノ全部ヲ賠償シタル時《トキ》ハ其ノ金ハ必ラズ債權者ニ引渡《ヒキワタ》スニ相違《サウ井》ナイト謂フコトヲ保證サセル爲保証人ガ其ノ金額《キンガク》ヲ債權者ニ引渡サヽル間擔保ヲ出《イダ》セヨト請求スルコトガ出來ル、又債務者ハ保証人ニ向ッテ債權額《サイケンガク》ノ全部ヲ支拂ッタノデアルカラ債務《サイム》ノ責ノ免ガルヽヤウニセヨト請求《セイキウ》スルコトガ出來ルノデアル如何《イカン》トナレバ是債務者ハ債權額ノ全部ヲ未ダ辨濟期限前ニ保証人ヘ賠償《バイシヤウ》シ了リタルモノデアルカラ保証人ニ於テ果《ハタ》シテ債權者ニ辨償スヘキヤ否《イナ》ヤノ疑《ウタガ》ヒアレバ自已ノ利益ヲ保護《ホゴ》スル爲此ノ請求ヲ爲スハ殆《ホト》ンド保證人ガ債務辨濟ノ期限前《キゲンゼン》ニ前二條ノ請求ヲ爲スト相等《アヒヽト》シキモノデアル（第一項）ケレドモ債務者ハ保證人ヨリ前二條ノ請求《セイキウ》ヲ受ケタル時ハ前項《ゼンコウ》ノ如ク現金ヲ以テ直ニ保證人ニ賠償シ置クニハ及バヌ保證人ガ安心《アンシン》スル爲債權額ヲ辨濟スルニ足《タ》ルダケノ現金又ハ公

債證書若クハ有價證券供託所ニ供託《キヨウタク》シ或ハ擔保物件ヲ引渡《ヒキワタ》スモ差支ヘハナイ又保證人タルノ資格《シカク》ヲ除キヤレバ債務者カ保證人ガ請求《セイキウ》スル賠償ノ義務ヲ免《マヌガ》ルヽコトガ出來ル（第二項）ト定メタノデアリマス

第四百六十二條　主《シユ》タル債務者ノ委《ヰ》託《タク》ヲ受ケスシテ保證《ホシヨウ》ヲ爲シタル者カ債務ヲ辨濟シ其《ソ》ノ他《タ》自己ノ出捐ヲ以テ主タル債務者《サイムシヤ》ニ其ノ債務ヲ免レシメタルトキハ主タル債務者《サイムシヤ》ハ其ノ當時利益《リエキ》ヲ取ケタル限度《ゲンド》ニ於テ賠償《バイシヤウ》ヲ爲スコトヲ要ス

主タル債務者ノ意思《イシ》ニ反シテ保證ヲ爲シタル者ハ主タル債務者カ現ニ利益ヲ受クル限度ニ於《オイ》テノミ求償權《キウシヤウケン》ヲ有ス但主タル債務者カ求償ノ日以前《イゼン》ニ相殺ノ原因《ゲンイン》ヲ有セシコトヲ主張《シユチヤウ》スルトキハ保證人ハ債權者ニ對シ其ノ相殺《アヒセツ》ニ因リテ消滅《セウメツ》スヘカリシ債務ノ履行《リカウ》ヲ請求スルコトヲ得

△參看・舊民法債權擔保編第三十條

〔註釋〕本條ハ第四百五十九條ト表裏《ヘウリ》スル規定デアッテ第四百五十九條ハ主《シユ》タル債務者ノ委託ヲ受ケタル保證人ニ就《ツイ》テノ規定《キテイ》デアッテ本條ハ主タル債務者《サイムシヤ》ノ委託ヲ受ケナイ保證人ニ就テノ場合ヲ規定《キテイ》シタル條項デアル、而シテ其ノ意義ハ本條ハ委託《井タク》ヲ受ケヌ保證人ヲ意思ニ反《ハン》セヌ者ト意思ニ反スル者トニ區別《クベツ》シテ其ノ間ニ經底《チガヒ》ヲ設《マウ》ケマシタガ然シ其ノ兩者何レヲ問《ト》ハズ元來債務者ノ委託《井タク》ヲ受ケズ又其ノ意思ニ反《ハン》シテ保證ヲ爲ス者ハ自己《ジコ》一己ノ考《カンガ》ヘヨリスルモノデアルカラ素《モト》ヨリ過分《クワブン》ノ利益ヲ得ヤウトテ爲ス者ハアルマイ幾分《イクブン》カ義俠心《ギヤウケウシン》ヨリ起リシモノデアルカラ自已ノ過失《アヤマチ》デ債務者ニ負《オ》ハセル譯《ワケ》ニハ行カヌ然《シカ》シナガラ債務者ニ取リテハ例令《タトヘ》保證人ガ嗜好《スキコノ》ンデ爲シタルコトデアッテモ自己ニ利益《リエキ》ヲ得シ以上ハ之ガ償《ツグナ》ヒヲ爲サズ故ナク利益ヲ得ルノ道理《ダウリ》ハナイモノデアル、故ニ例令《タトヘ》委託シナイ保證人デモ自已ノ意思《イシ》ニ反シタル保證人デモ債權者ニ負《オ》ラ債務ヲ辨濟《ベンサイ》スル時ハ賠償セヌケレバナラヌ債務者カ委託《井タク》ヲシナイ保證人ガ債務者ノ爲メニ債權者《サイケンシヤ》ニ對シ債務ヲ辨濟シタルトキハ債務者ハ左《サ》ノ如ク心得《コヽロエ》テ賠償スルモノデアル

第一　債務者ガ債權者ニ元金《モトキン》百圓ト利息金十圓ノ債務《サイム》アリタル時保證人ガ債權者ニ示談ノ上利息金十圓ノ免除《メンヂヨ》ヲ得元金百圓ヲ辨濟シテ債務《サイム》ヲ免カレシメタル時ハ債務者ハ

利益ヲ受ケタル限度《ゲンド》則チ元金百圓ヲ賠償スレバヨイノデアル

第二　例《タトヘ》バ第一ノ塲合ニ於テ保證人ガ百十圓ヲ現金ニテ支拂《シハラ》ハズ物件ヲ出捐シテ債務ヲ免レシメタル時ハ例令《タトヘ》其ノ物件ガ百十圓以上ノ價格《カカク》アリトモ其ノ當時ハ利益ヲ得シ限度《ゲンド》デアル百十圓ヲ賠償スレバヨイ、若《モ》シ又之ニ反《ハン》シ其ノ物件ガ二十圓ノ價額ノ物テアレバ百十圓ノ賠償ヲスルニハ及バヌ其ノ二十圓ガ利益ヲ得タル限度テアルカラ二十圓ヲ賠償スレバヨイノテアル

第三　例バ第一ノ塲合ニ於《オイ》テ保證人ガ債權者ヨリ債務ノ免除《メンジヨ》ヲ受ケタル時ハ無論《ムロン》賠償スルニハ及ハヌ又第一第二ノ塲合ニ於ケルモ第四百五十八條第二項及ビ第四百四十二條第二項ノ如キ利息及ビ費用ヲ賠償スルニモ及バヌノデアル(以上第一項)

而シテ又債務者ガ保證人ニ對《タイ》シテ其保證スルコトヲ斷《コト》ハリシニモ拘《カヽ》ハラズ債務者ノ意思ニ反シ賴《タノ》マナイニ保證ヲ爲シタル保證人ガ債務者《サイムシヤ》ノ負フ債務ヲ辨濟シテ其ノ債務ヲ免《マヌ》ガレシメタル時ハ左ノ如キ割合デナケレバ債務者ニ對シ求償權ハナイモノデアル

第一　例バ債權額ガ百圓デアツテ十圓ノ利息金アル時債務者自ラガ辨濟スル時ハ元金百圓ヲ辨濟スレバ利息金《リソクキン》ノ免除ヲ得ラルヽモノデアリシニ保證人ガ債權者ニ百十圓ノ辨濟ヲ爲シタルトキハ是レ保證人ガ越權ノ行爲ト謂ハナケレバナラヌ故ニ保證人

ハ債務者ガ現ニ利益《リエキ》ヲ受クルハ百圓デアルカラ其ノ百圓ノ限度《ゲンド》以外《イグワイ》タル利息金十圓ニ就テハ求償權《キウシヤウケン》ノナイモノデアル

第二　例バ保證人ガ債權者ニ債務者《サイムシヤ》ノ債權額百圓ヲ支拂ヒタルニ債務者ハ保證人《ホシヨウニン》ガ百圓ノ支拂《シハラ》ヒヲ爲ス以前ニ債權者ニ百圓ノ取引《トリヒキ》ガアッテ互ニ相殺《アヒセツ》スレバ辨濟スルニ及バナイコトヽ成《ナ》ッテ居《ヲ》リシ場合ニ於テハ保證人ハ爲《シ》ナクトモ宜イコトヲ勝手《カッテ》ニ爲タル者デアルカラ債務者ニ對《タイ》シテ代償金返却ヲ求《モト》ムルコトハ出來ヌ此《コ》ノ時《トキ》ハ致シ方ガナイ自己ノ失策《シッサク》デアルカラ債權者ニ係《カヽ》ッテ取戻《トリモド》サナケレバナラヌ、故ニ若《モ》シ債權者ガ無資力ト成《ナ》レバ保證人ハ骨折損《ホネヲリゾン》ト成ッテ自己ノ損失《ソンシツ》ニ歸《キ》スルモノデアル

第四百六十三條　第四百四十三條ノ規定《キテイ》ハ保證人ニ之ヲ準用《ジュンヨウ》ス

保證人カ主タル債務者《サイムシヤ》ノ委託ヲ受ケテ保證ヲ爲《ナ》シタル場合《バアヒ》ニ於テ善意ニテ辨濟其ノ他免責《メンセキ》ノ爲ニスル出損ヲ爲《ナ》シタルトキハ第四百四十三條ノ規定《キテイ》ハ主タル債務者ニモ亦之《マタコレ》ヲ準用《シュンヨウ》ス

▲參看　舊民法債權擔保編第三十二條、第三十三條

〔註釋〕本條ハ連帶債務《レンタイサイム》ニ關スル規定中ノ一條項《デウコウ》ヲ保證債務ニ準用《ジュンヨウ》スベキコトヲ規定《キテイ》シタル條項デアッテ、其ノ意義《イギ》ハ連帶債務ニ關シ連帶債務者間ニ生《シャウ》スル求償權ニ關スル場合ヲ規定シタル第四百四十三條ノ規定《キテイ》ハ保證人全体ノ上ト一部ノ場合《バアヒ》ニ於ケル債務者ノ上《ウヘ》ニ準用スベキコトヲ定《サダ》メタモノデアッテ、其ノ説明《セツメイ》ハ第四百四十三條第一項及第二項ハ保證人ト主タル債務者トノ關係《クワンケイ》ヲ規定シタルモノデアルトノ意思《イシ》ヲ以テ第四百四十三條ノ釋義ヲ引用《インヨウ》セバ自《オノヅカ》ラ明瞭デアルカラ再《フタヽ》ビスルノ贅《ゼイ》ヲ省《ハブ》キマス

第四百六十四條　連帶債務者《レンタイサイムシャ》又ハ不可分債務者ノ一人《ニン》ノ爲メニ保證ヲ爲シタル者ハ他《タ》ノ債務者ニ對シテ其ノ負擔部分《フタンブブン》ノミニ付キ求償權ヲ有ス

▲參看　舊民法債權擔保編第三十七條

〔註釋〕本條ハ連帶《レンタイ》若クハ不可分債務ニ就《ツイ》テノ保證人カ有《イウ》スル求償權ニ關スル規定《キテイ》デアッテ其ノ意義ハ例《タトヘ》バ連帶若クハ不可分債務ヲ負《オ》フ債務者中ノ一名ノ債務《サイム》ヲ保證シタル者ガ債

務ヲ辨償《ベンシヤウ》シタル時ハ其ノ保證人ハ自ラ債權者ノ權利ヲ代位《ダイヰ》スルモノデアル、故ニ其ノ保證人ハ例令《タトヘ》一名ノ爲ニ保證シタル者《モノ》デアルトモ代位訴權《ダイヰソケン》ガアルカラ各債務者ニ對《タイ》シテ求償スル權利アルハ明瞭《メイレウ》デアル然《シカ》シナガラ原ト連帶《レンタイ》若クハ不可分債務者中ノ一名ノ爲ニ保證シタル者デアレバ其ノ性質ハ何處《ドコ》マデモ他債務者ト共連《キヨウレン》シタ者ノ保證人デアルカラ純然タル代位訴權《ダイヰソケン》ヲ行フコトハ出來ヌ、故ニ他ノ債務者《サイムシヤ》ニ對シテハ其ノ各負擔部分ダケ宛ヲ分別シテ各自《カクジ》請求《セイキウ》シナケレバナラヌモノデアルト定メタノデアリマス

第四百六十五條　數人ノ保證人《ホシヨウニン》アル場合ニ於テ主《シユ》タル債務カ不可分ナル爲又ハ各保證人カ全額《ゼンガク》ヲ辨濟スヘキ特約《トクヤク》アル爲メ一人ノ保證人カ全額其ノ他自己ノ負擔部分ヲ超《コ》ユル額ヲ辨濟シタルトキハ第四百四十二條乃至第四百四十四條ノ規定《キテイ》ヲ準用《ジユンヨウ》ス

前項ノ場合ニ非《アラ》スシテ互ニ連帶《レンタイ》セサル保證人ノ一人カ全額《ゼンガク》其ノ他自己ノ負擔部分ヲ超《コ》ユル額ヲ辨濟シタルトキハ第四百六十二條ノ規定

ヲ準用《シユンヨウ》ス

▲參看　舊民法債權擔保編第三十八條、第三十九條、第四十條

〔註釋〕本條ハ數人《スウコン》ノ保證人アル時其ノ中ノ一保證人ガ求償權《キウシヤウケン》ヲ行フ場合ヲ規定《キテイ》シタル條項デアツテ、其ノ意義《イギ》ハ例バ債務ノ目的ガ可分《カブン》ノモノデアツテ保證人ガ數人《スウコン》アル時ハ百圓ノ債務ニ對シ二人ナレバ互《タガヒ》ニ五十圓宛《ヅヽ》五人ナレバ二十圓宛ヲ負擔《フタン》セハヨイモノデアルガ若シ其ノ債務ノ目的《モクテキ》ガ不可分デアルカ若クハ各保證人カ金額《キンガク》ノ辨濟ヲ特約《トクヤク》シタル場合カデアレバ可分債務《カブンサイム》ノヤウナ鹽梅《アンバイ》ニハ行カヌモノデアルカラ此《コ》ノ場合《バアヒ》ニハ其ノ保證人ハ一人ニテ百圓全額ノ辨濟《ベンサイ》ヲシナケレバナラヌ又場合ニ依《ヨ》ツテハ百圓ノ債務《サイム》ヲ甲者ガ七十圓乙者ガ三十圓ト謂フヤウナ割合《ワリアヒ》ヲ辨濟スルコトガアル、故ニ若《モ》シ斯ノ如キ場合ガアツタナラバ如何《ドウ》スルカ第四百四十二條乃至《ナイシ》第四百四十四條ニ定メテアル規定ニ準《シタガ》ヒテ債務者ニ求償スレバヨイノデアル（第一項）又場合ニ依《ヨ》リテハ債務ノ目的《モクテキ》ガ不可分デモナシ又特約ヲモシナイ時ニ各保證人中《カクホシヨウニンチウ》ノ一保證人ガ債務ノ全額例《タトヘ》バ百圓ヲ辨濟スルヤウノコトガアル、斯ノ如キ場合ハ殆ド委託《井タク》ヲ受ケナイデ辨濟スルト等シキモノデアルカラ其《ソ》ノ場合ニハ第四百六十二條ニ準《ジユン》シテ債務者ニ求償《キウシヤウ》シナケレバナラヌ（第二項）ト定メタノデアリ

マス、而《ソウ》シテ本條ニ準用スベキ第四百四十二條乃至《ナイシ》第四百四十四條及ヒ第四百六十二條ノ註釋《チウシヤク》ハ既ニ詳説シタレバ各條下ニ就《ツ》キ知得《チトク》シ得ラルヽガ故茲ニ重複《ヂユウフク》ノ解説ヲ省クコトヽシマシタカラ一言《ゲン》シテヲキマス

第四節　債權ノ讓渡

〔註釋〕本節ハ債權《サイケン》ノ讓渡ニ就テノ規定條項ヲ網羅《マウラ》シタルモノデアツテ、債權《サイケン》ノ讓渡トハ則チ人ノ作爲《サヰ》又ハ不作爲ヲ目的トシテ契約《ケイヤク》シタル權利ヲ他人ヘ讓渡《ユヅリワタ》スコトヲ謂フモノデアツテ其ノ詳細《シヤウサイ》ハ各條下ニ說明《セツメイ》スレバ就テ了得《レウトク》セラレヨ

第四百六十六條　債權ハ之ヲ讓渡《ユヅリワタ》スコトヲ得但其ノ性質《セイシツ》カ之ヲ許《ユル》サザルトキハ此《コ》ノ限《カギリ》ニ在《ア》ラス

前項ノ規定ハ當事者《タウジシヤ》カ反對ノ意思《イシ》ヲ表示シタル場合《バアヒ》ニハ之ヲ適用セス但其ノ意思表示《イシヘウジ》ハ之ヲ以テ善意《ゼンイ》ノ第三者ニ對抗《タイカウ》スルコトヲ得ス

〔註釋〕本條ハ債權《サイケン》ノ讓渡シニ關スル規定《シ》タル條項デアツテ其ノ意義《イギ》ハ例バ甲者ガ乙者ニ貸

金ヲ爲シタル時ハ則《スナハ》チ甲者ハ乙者ニ對シ貸金債權ヲ有《イウ》スルモノデアル、故ニ甲者ハ其ノ乙者ニ對シ有スル貸金債權ヲ他人《タニン》ニ讓渡スコトガ出來ル、ケレドモ債權ノ性質《セイシツ》ガ技術ニ關スル如キモノデアレバ讓渡スコトハ出來《デキ》ナイ例バ丙者ハ丁者ノ依賴《イライ》デアルカラ彫刻《テウコク》スルコトヲ承諾《ショウダク》シタルモ若シ人カ替《カハ》レバ丙者ノ意《イ》ニ悖《モド》ルカラ彫刻シナイカモ判《ワカ》ラヌモノデアル故ニ斯ル結果ノ確定《クワクテイ》セザル債權ハ性質上讓渡スコトハ出來《デキ》ナイモノデアル(第一項)然シナガラ若シ後例《コウレイ》ノ彫刻師丙者ガ丁者ノ其ノ權利《ケンリ》ヲ他ニ讓渡スコトヲ承知《ショウチ》シタル場合ニハ讓渡スコトハ出來《デキ》ル又前例ノ場合ニ於テモ借主《カリヌシ》乙者ガ貸主甲者ノ其ノ債權《サイケン》ヲ他ニ讓渡スコトヲ承諾シナイ時ハ讓渡スコトハ出來《デキ》ナイ、故ニ其ノ場合ニハ第一項ノ規定《キテイ》ハ適用シナイノデアル(第二項)ケレドモ此ノ彫刻師《テウコクシ》丙者若クハ借主タル乙者ガ承知《シャウチ》シナイニモ拘ハラズ丁者若《モシ》クハ甲者ガ其ノ債權ノ讓渡シタル時其《ソ》ノ讓受《ユヅリウ》ケタル者ガ惡意《アクイ》ナク讓受ノ當時不承諾ノモノデアリシコトヲ知《シ》ラナイ場合ニ於テハ此ノ讓渡シハ讓受ケタル第三者ノ爲ニ有効《イウカウ》トナルカラ彫刻師丙者若クハ借主ハ第三者ニ對《タイ》シテ彫刻シナイ若《モシ》クハ借金ノ辨濟ヲ履行《リカウ》シナイト謂《イ》ツテ拒ムコトハ出來《デキ》ナイト定メタノデアリマス

第四百六十七條　指名債權ノ讓渡《ユヅリワタシ》ハ讓渡人カ之ヲ債務者ニ通知《ツウチ》シ又ハ

債務者カ之ヲ承諾《シヨウダク》スルニ非サレハ之ヲ以債務者《サイムシヤ》其ノ他ノ第三者ニ對抗スルコトヲ得ス

前項ノ通知又ハ承諾《シヨウダク》ハ確定日附アル證書ヲ以《モツ》テスルニ非サレハ之ヲ以テ債務者以外《イグワイ》ノ第三者ニ對抗《タイカウ》スルコトヲ得ス

▲參看　舊民法財產編第三百四十七條第一項

〔註釋〕本條ハ指名債權ノ讓渡《ユヅリワタ》シニ關シテ公示方法ヲ規定《キテイ》シタル條項デアツテ、其ノ意義ハ例《タトヘ》ハ乙者ガ甲者ヨリ金員《キンヰン》ヲ借受クルニ就キ甲者名宛《ナアテ》ノ証書ヲ差入レ甲者ガ自己《ジコ》指名《シメイ》ノ乙者ヨリ差入《サシイ》レタル証書ヲ丙者ニ讓渡サントスル時ハ讓渡人《ユヅリワタシニン》タル甲者ハ豫メ丙者ニ讓渡スベキコトヲ乙者ニ通知《ツウチ》スルカ又ハ乙者ノ承諾ヲ受《ウ》ケナケレバ讓渡スコトハ出來ヌ、若シ甲者ニ於テ通知モセズ承諾ヲモ受《ウ》ケズシテ讓渡ス時ハ其ノ讓渡ハ無効《ムカウ》デアル故ニ其ノ証書ヲ讓リ受ケタル丙者ハ乙者ニ對《タイ》シ其ノ指名証書ヲ以テ貸金《カシキン》ノ取立ヲ為スコトハ出來ヌ又其ノ証書ヲ第三者タル保証人《ホシヨウニン》アリトモ之ニ取掛《トリカヽ》ルコトモ出來ナイノデアル(第一項)而シテ前例《ゼンレイ》ノ場合ニ於テ甲者ノ為ス通知《ツウチ》ト乙者ノ為ス承諾ハ必ラズ裁判所ノ手《テ》ヲ經《ヘ》ルカ又ハ公正證書ヲ以テスルカノ如ク私ニ改作《リイサク》ノ出來ナイ確定日付ノ證書《シヨウシヨ》ヲ以テセナケレバ無效デアル故ニ郵便《ユウビン》ヲ以テ通知シ又ハ私証書ヲ以テスル時ハ後日爭論《ジヤウロン》ノ際ニ當リテハ債務者又ハ保證人ニ對シ承諾シタルモノデアルトノ立證《リツシヨウ》トハナラヌ（第二項）ト定《サダ》メタノデアル尙ホ茲ニ注意《チユイ》ノ爲一言シ置クハ指命債權《シメイサイケン》ト謂フコトデアル彼ノ記名公債證書、爲替手形、約束手形、等ハ皆指名債權デアル、ケレドモ本條《ホンデウ》ニ謂フ指命債權ハ斯《カ》ルモノヲ謂フノデナクシテ何某何誰ト名宛《ナアテ》ヲ定メタル普通ノ借用證書或ハ契約證書《ケイヤクシヤウシヨ》等ノ如キモノ、上ヨリ生ズル債權ヲ謂《イ》フノデアリマス

第四百六十八條　債務者カ異議《イギ》ヲ留《ト》メスシテ前條ノ承諾ヲ爲《ナ》シタルトキハ讓渡人ニ對抗《タイカウ》スルコトヲ得ヘカリシ事由《ジイウ》アルモ之ヲ以テ讓受人ニ對抗スルコトヲ得ス但債務者《サイムシヤ》カ其ノ債務ヲ消滅《セウメツ》セシムル爲讓渡人ニ拂渡《ハラヒワタ》シタルモノアルトキハ之ヲ取返《トリカヘ》シ又讓渡人ニ對シテ負擔《フタン》シタル債務アルトキハ之ヲ成立《セイリツ》セサルモノト看做《ミナ》スコトヲ妨ケス

讓渡人カ讓渡シノ通知《ツウチ》ヲ爲シタルニ止《トヾ》マルトキハ債務者ハ其《ソ》ノ通知

ヲ受クルマテニ讓渡人ニ對《タイ》シテ生シタル事由《ジイウ》ヲ以テ讓受人ニ對抗スルコトヲ得

▲參看　舊民法財產編第三百四十七條第二項、第五百二十七條

〔註釋〕本條ハ前條ノ讓渡人ノ爲《ナ》ス通知ノ効力ト債務者ガ承諾ノ効力《カウリヨク》ニ關シ規定シタル條項デアッテ、其ノ意義《イギ》ハ例バ債務者タル乙者カ債權者《ザイケンシヤ》タル甲者ヲ指名《シメイ》シテ差入《サツイ》レタル貸証書ノ債權ヲ甲者ガ丙者ニ讓渡スベキ通知《ツウチ》ヲ爲シタル時乙者ニ於テ異議《イギ》ヲ唱《トナ》ヘズ承諾シタル時ハ假令《タトヘ》乙者ガ甲者ニ差引スベキ事由《ジイウ》アリトモ夫レヲ言《イ》ヒ置《オ》カナカッタノガ乙者ノ失策《オチド》テアルカラ之ヲ木楯《コダテ》ニ取リ讓受人タル丙者ガ債務履行ヲ請求《セイキウ》スル場合ニ丙者ニ向ッテ履行ヲ拒《コバ》ムコトハ出來ナイ（第一項前段）ケレドモ乙者ガ甲者ニ既《ステ》ニ拂渡シタル金額ガアレバ乙者ハ甲者ヨリ取戻《トリモド》スコトガ出來ル（第一項後段）又例《タトヘ》バ乙者ガ甲者ニ第一番ニ千圓ト第二番ニ二百圓ト二個ノ債務《サイム》ヲ負擔シ居レル場合《バアヒ》ニ其ノ第一番ノ千圓口ヘ二百圓ノ入金ヲ爲シ置キタルニ甲者ハ其《ソ》ノ千圓ノ債權ヲ丙者ニ讓渡スニ付キ通知《ツウチ》爲シ來リシモ其ノ時此ノ二百圓入金《ニフキン》アルコトヲ言《イ》ヒ置《オ》カズシテ其ノ讓渡シヲ承諾シタルニ因リ爾後《ジゴ》丙者ヨリ千圓ノ請求ニ遣《ア》ヒシモ丙者ニ對シテハ其ノ入金ヲ以テ對抗《タイカウ》スルコトガ出來ナイカラ

乙者ハ其ノ二百圓ノ取戻《トリモド》シヲ甲者ニ請求シタルモ甲者ハ之ヲ拒《コバ》ミテ拂《ハラ》ヒ戻《モド》サナイ時ハ乙者ハ如何《イカ》スベキカ斯ル場合ニ於テハ乙者ハ第二番ノ債務《サイム》タル二百圓ノ支拂《シハラヒ》ヲ止メテ成立セサル者ト看做《ミナ》シテ差支ヘナイノデアル（第一項但書後段）ケレドモ若《モ》シ甲者ガ丙者ニ讓渡スノ通知《ツウチ》ヲナシ來ルモ乙者ニ於テ承諾ヲ與《アタ》ヘナイ中《ナツ》デアレバ千圓ノ入金トシテ二百圓渡シテアルカラハ百圓シカ支拂《シハラ》ヘナイト謂ッテ丙者ガ千圓ノ請求《セイキウ》ヲ拒《コバ》ムコトガ出來ル（第二項）ト定メタノデアリマス

第四百六十九條　指圖債權《サシヅサイケン》ノ讓渡ハ其ノ證書ニ讓渡ノ裏書《ウラガキ》ヲ爲シテ之ヲ讓受人ニ交付《カウフ》スルニ非サレハ之ヲ以テ債務者其《ソ》ノ他《タ》ノ第三者ニ對抗スルコトヲ得ス

▲參看　既成商法第三百九十四條

〔註釋〕本條ハ爲替手形《カハセテガタ》、約束手形、等ノ如キ指圖債權《サシヅサイケン》ノ讓渡ヲ規定シタル條項《デウコウ》デアッテ、其ノ意義ハ元來手形ノ類《ルヰ》ハ支拂ヒヲ受クベキ債權者ト而《ソウ》シテ若シ其ノ債權者ガ他人《タニン》ヘ支拂フベキ指圖《サシヅ》ヲ爲タルトキハ其ノ人ニ支拂《シハラ》フベキ事ヲ約束《ヤクソク》スルモノデアルカラ、其ノ証書ヲ譲渡サントスル時ハ其ノ証書ノ裏面《リメン》ヘ譲渡人ノ記名調印《キメイテウイン》ヲ爲シテ譲受人ニ引受《ヒキウケ》サナケレバ債務者又ハ第三者ニ其ノ債權ノ取立《トリタテ》ヲ爲スコトハ出來ナイモノデアルト定メタノデアリマス

第四百七十條　指圖債權ノ債務者《サイムシヤ》ハ其ノ證書ノ所持人及《オヨ》ヒ其ノ署名、捺印ノ眞僞《シンギ》ヲ調査スル權利ヲ有《イウ》スルモ其ノ義務ヲ負《オ》フコトナシ但債務者ニ惡意《アクイ》又ハ重大《ヂユウダイ》ナル過失アルトキハ其ノ辨濟ハ無效《ムカウ》トス

▲參看　既成商法第四百條

〔註釋〕本條ハ指圖債權ニ對《タイ》スル債務者ガ有スル權利ヲ規定《キテイ》シタル條項デアッテ、其ノ意義ハ指圖債權ノ債務者ハ現ニ其ノ証書ヲ所持《シヨヂ》スル者及ヒ其ノ署名捺印ノ眞僞《シンギ》ヲ調査スルノ權利ヲ有《イウ》スルモノデアルカラ其ノ証書ヲ所持スル者及ヒ署名捺印《シヨメイナツイン》ニ怪《アヤ》シムベキ廉《カド》アリトスレバ其ノ眞僞ヲ取調《トリシラ》ベテ指圖証書ノ信用《シンヨウ》ヲ保持《ホヂ》スルコトガ出來ル、ケレドモ必ラズ之ヲ取調ベナケレバナラヌト謂フ義務《ギム》ノアルモノデハナイ、故ニ例《タト》ヘバ證書ヲ盜《ヌス》ミタル者僞署僞印ノ裏書《ウラガキ》ヲ爲シテ債務ノ履行《リカウ》ヲ請求シ來ルモ支拂ヒヲ拒《コバ》ムコトハ出來ヌカラ其ノ盜

取ノ事實《ジヾツ》ヲ知ラズ又疑点《ギテン》ヲ抱《イダ》クベキ廉《カド》ナカリシ時之ニ支拂ヒヲ爲スモ債務者ノ損失《ソンシツ》トハナラヌモノデアル、ケレドモ債務者ガ惡意《アクイ》アルカ又ハ盜取物タル事《コト》ヲ知《シ》リナガラ支拂ヒヲ爲シタル如キ重大《ヂユウダイ》ナル過失アル時ハ債務者ハ重複《ニヂウ》ニ支拂ヲセナケレバナラヌト定メタノデアリマス

第四百七十一條　前條ノ規定《キテイ》ハ證書ニ債權者ヲ指名《シメイ》シタルモ其ノ證書ノ所持人ニ辨濟《ベンサイ》スヘキ旨ヲ附記《フキ》シタル場合ニ之ヲ準用《ジユンヨウ》ス

〔註釋〕本條ハ特別付記《トクベツフキ》ノ場合ヲ規定シタル條項《デウコウ》デアッテ、其ノ意義ハ指圖債權ヲ所持人ニ支拂ヒ呉《ク》レヨト附記シタルトキハ債務者ハ之《コレ》ニ支拂フモヨシ此ノ場合《バアヒ》ニ於テ債者務ノ責任ハ第四百十七條規定《キテイ》ノ責任《セキニン》シカナイモノデアルト定メタノデアリマス

第四百七十二條　指圖債權ノ債務者ハ其《ソ》ノ證書ニ記載《キサイ》シタル事項《シコウ》及ヒ其ノ證書ノ性質《セイシツ》ヨリ當然生スル結果《ケツクワ》ヲ除ク外原債權者ニ對抗《タイカウ》スルコトヲ得ヘカリシ事由《ジイウ》ヲ以テ善意ノ讓受人ニ對抗《タイカウ》スルコトヲ得ズ

▲參看　旣成商法第三百九十九條、第四百一條

〔註釋〕本條ハ指圖《サシヅ》債權《サイケン》ニ對スル債務者ノ責任《セキニン》ヲ規定シタル條項デアッテ、其《ソ》ノ意義《イギ》ハ指圖債權ニ對スル債務者ハ指圖債權ニ就キ當然異議《タウゼンイギ》ヲ申立ツルコトノ出來ベキ規定《キテイ》アルモノヽ外例バ原債權者ト債務者《サイム》ノ間ニ相殺スベキ事由アルトモ正當《セイタウ》ノ手續ヲ履《フ》ミテ讓渡シテ受ケタル惡意《アクイ》ナキ讓受人ニ其ノ相殺ノ事由《ジイウ》ヲ申立テヽ支拂ヲ差拒《サシコバ》ムコトハ出來ヌト定メタノデアリマス

第四百七十三條　前條ノ規定《キテイ》ハ無記名債權ニ之ヲ準用《ジユンヨウ》ス

▲參看　旣成商法第四百四條

〔註釋〕本條ハ無記名債權ニ對《タイ》スル債務者モ前第四百七十二條ノ規定《キテイ》ニ從フベキコトヲ規定シタル條項デアッテ、其ノ意義《イギ》ハ彼ノ爲替手形又ハ無記名《ムキメイ》公債証書ノ如キモノハ其ノ性質貨幣《クワヘイ》ト等シキモノデアルカラ、何人《ナニビト》ト雖モ一旦之レヲ世ニ公《オホヤケ》ニ流用《リウヨウ》セシメタル以上ハ甲乙間ニ假令《タトヘ》相殺等ノ事由アルトモ、其ノ所持人《シヨヂニン》ノ支拂請求アルヲ拒《コバ》ムコトハ出來ヌモノデアルト定メタノデアリマス

第五節　債權ノ消滅

〔註釋〕本節ハ債權ノ消滅《セツメツ》スル原因ニ就テ規定《キテイ》シタル條項ヲ網羅《マウラ》シタルモノデアツテ、之レガ原因ヲ五個ニ區別シマシタ、則《スナハ》チ辨濟、相殺、更改、免除、混同《コンドウ》デアリマス其ノ各個ノ詳説ハ以下條《イカデウ》ヲ追《オ》ツテ説明《セツメイ》スルコトヽイタシマス

第一款　辨濟

〔註釋〕本款ハ債權ノ消滅スル一原因《ゲンイン》タル辨濟ニ關シテ規定《キテイ》シタル條項ヲ一團ニ列擧《レツキヨ》シタルモノデアリマス而《ソウ》シテ此ノ辨濟ト謂フ語《ゴ》ハ彼ノ普通語《フツウゴ》ノ意義ノ如ク金錢ヲ償還《シヤウクワン》スルダケヲ謂フ語《ゴ》デハアリマセヌ、法律上ノ辨濟トハ契約ニ遵依《ジユンイ》シテ義務ヲ盡《ツク》スト謂フ意義《イギ》デアリマス、故ニ例バ或事《アルコト》ヲ爲スベキ契約ヲシテ之ヲ爲《ナ》セバ或事ヲ爲スベキ債務《サイム》ヲ辨濟シタノデアル、又或物ヲ與《アタ》ヘント契約シテ之ヲ與《アタ》フレバ或物ヲ與フベキ債務ヲ辨濟《ベンサイ》シタノデアリマスカラ普通語ト混同《コンドウ》セヌヤウ解得《カイトク》シテ置カナケレバナリマセヌ

第四百七十四條　債務ノ辨濟《ベンサイ》ハ第三者之ヲ爲《ナ》スコトヲ得但其ノ債務ノ性

質カ之ヲ許サヽルトキ又ハ當事者カ反對ノ意思ヲ表示シタルトキハ此限ニ在ラス

利害ノ關係《クワンケイ》ヲ有セサル第三者ハ債務者ノ意思《イシ》ニ反シテ辨濟ヲ爲スコトヲ得ス

▲參看　舊民法財産編第四百五十二條、第四百五十三條

（註釋）本條ハ債務者外ノ第三者ガ債務者《サイムシヤ》ニ代リテ辨濟シ得ベキ場合ト否《シカ》ラザル場合ノアルコトヲ規定《キテイ》シタル條項デアツテ、其ノ意義ハ債務ヲ辨濟スルハ必ラズ債務者本人《ホンニン》ニバカリ限ラヌ他人ガ本人ニ成リ代《カハ》リテ辨濟スルモ差支《サシツカ》ヘハナイ例バ甲者ガ乙者ニ金員《キンヰン》ヲ借リテ居ル時甲者ノ朋友《ホフイウ》丙者ガ甲者ニ代リテ其ノ借金ヲ乙者ニ辨濟《ベンサイ》シテモ構ハヌ（第一項前段）ケレドモ債務ノ性質《セイシツ》ガ他人ノ辨濟ヲ許《ユル》サヌ場合ガアル例バ甲者ハ有名《イウメイ》畫工デアツテ乙者ノ依賴《イライ》ニ因ツテ畫《エ》ヲ書《カ》カナケレバナラヌ約束ヲ爲シタル場合ニ於テ第三者タル他ノ畫工丙者ガ甲者ニ代リテ其ノ畫ヲ書イテ甲者ノ債務ヲ乙者ニ辨濟スルコトハ出來ヌ、何ントナレバ乙者ハ甲者ノ技術《ギジユツ》ヲ目的トシテ約束《ヤクソク》シタノデアルカラ、性質上丙者ノ代《カハ》リ得

ベキモノデハナイ、故ニ此ノ塲合ニハ丙者ガ甲者ニ代ツテ債務ノ辨濟ヲ爲スコトハ出來ヌ（第一項但書前段）又當事者ガ反對《ハンタイ》ノ意思ヲ表示シタル時例《タトヘ》バ甲者ト乙者ガ約束ヲスル際必ラズ此ノ事ハ自己ガ爲ル決シテ他人ヲ代ラセルヤウナコトハセヌト取極メタ時ハ其ノ約束ノ如ク他人《タニン》ニ代ラセルコトハ出來ヌ（第一項但書）後段又約束《ヤクソク》ノ利害ニ關係ノナイ者ハ債務者ノ意思ニ反《ハン》シテ辨濟スルコトハ出來ヌ例《タトヘ》バ債務者ノ連帶者デモナク保證人デモナイ者ガ債務者ニ成リ代リテ辨濟スル時ハ債務者ノ利益テハアル、ケレドモ債務者ノ考ヘニ依リ何カ不利益《フリエキ》ノコトアリテ斷ル塲合ガアル其ノ時ハ決シテ斷《コトハ》ワラレルモ搆《カマ》ハヌ辨濟スルト謂フコトハ出來ヌ（第二項）ト定メタノテアル

第四百七十五條　辨濟者カ他人ノ物ヲ引渡シタルトキハ更ニ有効ナル辨濟ヲ爲スニ非サレハ其ノ物ヲ取戻スコトヲ得ス

▲參看　舊民法財産編第四百五十五條第二項、第四項

〔註釋〕本條ハ債務《サ井ム》辨濟ノ爲他人ノ物ヲ引渡《ヒキワタ》セシ塲合ニ關スル規定テアツテ、其ノ意義ハ例バ甲者ガ乙者ニ民法講義一冊ヲ借リタル後チ甲者ハ其ノ民法講義一冊ヲ乙者ニ辨濟シマ

シタ處ガ其ノ書籍ハ同シ書籍テハアルガ乙者カラ借リタル書籍テハナクシテ全ク丙者ノ
ト取違《トリチガ》ヘタノデアル時ハ假令《タトヘ》間違ッタカラトテ甲者ハ先ッ乙者ヨリ借《カ》リタル民法講義ヲ
返還《ヘンクワン》シテカラデナケレバ丙者ノヲ取戻《トリモド》スコトハ出來ヌ故ニ乙者ハ又甲者ガ曩《サ》キニ貸與ヘ
タ書籍ヲ返還スマデハ假令丙者ノ書籍デアルトモ返戻スコトハ出來ヌト差拒ムコトガ出
來ル權利ガアルト定メタノデアリマス

第四百七十六條　讓渡ノ能力ナキ所有者カ辨濟トシテ物ノ引渡ヲ爲シタル場合ニ於テ其ノ辨濟ヲ取消《トリケ》シタルトキハ其ノ所有者ハ更ニ有效ナル辨濟ヲ爲スニ非サレハ其ノ物《モノ》ヲ取戻《トリモド》スコトヲ得ス

▲參看　舊民法財産編第四百五十五條第三項、第四項

(註釋)本條ハ無能力者ガ債務ノ辨濟ヲ爲シタル場合ニ關スル規定テアッテ、其ノ意義ハ後見人若クハ管理人ノ承諾ヲ得ナケレバ獨立《ドクリツ》シテ自己ノ財産ヲ處分《ショブン》シ又ハ萬般ノ契約ヲ取結ブコトノ出來ナイ未丁年者、禁治産者、瘋癲者、白痴者等ガ契約ヲ爲シテ物件ノ讓リ渡又ハ債務ノ辨濟等ヲ爲レバ法律上無效トシテ取消シ得ベキモノデアル、ケレドモ例バ

未丁年ノ甲幼者ガ乙者ニ債務ヲ負《オ》ヒタル場合ニ於テ後見人ノ承諾《シヤウダク》ヲ得ス其ノ債務ノ辨濟トシテ或物件ヲ乙者ニ引渡《ヒキワタ》シタノヲ後見人ガ知ッテ直ニ甲幼者ノ爲シタル辨濟《ベンサイ》ヲ取消シ乙者ニ對シテ引渡シタル物件ノ取戻《トリモド》シヲ請求スル時ハ債權者タル乙者ハ後見人ガ更《サラ》ニ其ノ物件ニ見代《ミカハ》ルヘキ物件ヲ持來リテ全ク債務ノ辨濟ヲ終《ヲハ》ルマテハ曩《サ》キニ甲幼者ヨリ受取リタル物件ノ返戻ヲ差拒ム權利ガアルト定メタノデアリマス

第四百七十七條　前二條ノ場合ニ於テ債權者カ辨濟トシテ受ケタル物ヲ善意ニテ消費シ又《マタ》ハ讓渡シタルトキハ其ノ辨濟ハ有效トス但《タヾシ》債權者カ第三者ヨリ賠償ノ請求ヲ受ケタルトキハ辨濟者ニ對シテ求償ヲ爲スコトヲ妨ケス

▲參看　舊民法財產編第四百五十五條第五項

〔註釋〕本條ハ債權者ガ前二條ニ規定《キテ井》シタルガ如キ手續ニテ辨濟ヲ受《ウ》ケタル後チ其ノ辨濟ヲ受ケタル物ヲ費ヒ無クセシ場合ニ關スル規定デアッテ、其意義ハ例バ債權者タル債者ガ債務者タル乙者ニ米《コメ》一俵《ベウ》ヲ貸與ヘテ置《オ》キタルニ依リ乙者ハ其ノ米一俵ヲ辨濟シマシタ所ガ其ノ米ハ兩者ノ米デアツテ乙者ガ自己《シコ》ノ米ト取違《トリチガ》ヘタノデアルガ又ハ乙者ガ幼者《エウシヤ》デアツテ後見人ニ相談《サウダン》セスシテ辨濟シタノデアルカラ知《シ》ツテ其ノ取違ヘタル乙者カ又ハ幼者ノ後見人ガ早速《サツソク》其ノ米ヲ取戻シニ來《キ》マシタガ甲者ハ既《スデ》ニ其ノ米ヲ食《クツ》テシマフカ又ハ他ヘ賣渡シテ居ルトキハ甲者モ歸《カ》ヘスコトガ出來ズ取違ヘタ乙者又ハ後見人《コウケンニン》モ取戻スコトガ出來ヌ、故ニ此ノ場合《バアヒ》ニハ甲者ノ得タル辨濟ハ有效《イウカウ》ト成ルカラ甲者ニ於テハ歸《キ》スヘキ義務ハナイ、ケレドモ第三者タル其ノ米ノ持主《モチヌシ》カラ賠償ヲ請求セラレタ時ハ甲者ハ之ヲ拒ム譯ニハ行《ユ》カヌカラ其ノ者ニ對《タイ》シテ其ノ米一俵ノ代金《ダイキン》ヲ支拂ハンケレバナラヌ、其《ソ》ノ代リニ甲者ハ持主ニ賠償《バイシヤウ》シタ米代金ハ辨濟者タル乙者ニ對シテ求償《キウシヤウ》スルノ權利ガアルト定メタノデアリマス

第四百七十八條　債權ノ準占有者《シユンセンイウシヤ》ニ爲シタル辨濟ハ辨濟者ノ善意《センイ》ナリシトキニ限《カギ》リ其ノ效力《カウリヨク》ヲ有ス

▲參看　舊民法財産編第四百五十七條第一項

〔註釋〕本條ハ眞《シン》ノ債權者ニアラザル者ニ辨濟《ベンサイ》シタル場合ノ效力ヲ規定《キテイ》シタル條項デアッテ其ノ意義ハ債權《サイケン》ノ準占有者ハ眞《シン》ノ債權者デハナイガ然シ世間《セケン》ノ人ガ皆目《モク》シテ債權ノ所有者デアルト信《シン》ジタル者例バ債權者ノ死去後《シキヨゴ》ニ長男ガ他國ニアルコトヲ世間ノ人々《ヒトビト》ガ知ラズシテ次男ガ全ク相續人《サウゾクニン》デアルト信ジタルニ因リ債務者《サイムシヤ》モ共ニ之ヲ信《シン》ジテ其ノ次男ニ債務ノ辨濟ヲ爲シタル時ハ其ノ辨濟ハ有效《イウカウ》デアル故ニ其ノ後偶然《ヒヨツト》長男ガ顯《アハ》ハレテ自己ガ正當ノ相續人ジヤト謂《イ》ッテ再ビ債務ノ辨濟ヲ請求《セイキウ》シ來ルモ債務者ハ之ヲ拒《コバ》ムコトガ出來ル、ケレトモ債務者ガ債權者ノ死跡《シセキ》ヲ正當ニ相續スル權利《ケンリ》ヲ有スル眞《シン》ノ占有者《センイウシヤ》タル長男ガ他ニ在《ア》ルコトヲ知《シ》リナガラ故《コトサ》ラニ次男ニ辨濟スル如キ善意《センイ》ノ辨濟デナイ時ハ長男ヨリ再ビ請求セラルヽモ差拒《サシコバ》ムコトハ出來ナイヽ如何《ナン》トナレバ準占有者ニ爲シタル辨濟《ベンサイ》ヲ有效ナラシムルニ必要《ヒツエウ》ナル條件ハ善意辨濟デアルカラ不善意《フゼンイ》ノ辨濟ハ無論《ムロン》無效《ムカウ》デアリマス

第四百七十九條　前條ノ場合《バアヒ》ヲ除ク外辨濟受領ノ權限《ケンゲン》ヲ有セサル者ニ爲シタル辨濟ハ債權者《サイケンシヤ》カ之ニ因リテ利益《リエキ》ヲ受ケタル限度ニ於テノミ其ノ効力ヲ有《イウ》ス

▲參看　舊民法財產編第四百五十六條後段

〔註釋〕本條ハ債務《サイム》ノ辨濟ヲ受クベキ權利《ケンリ》ノナイ者ニ對シテ辨濟シタル場合《バアヒ》ノ效力ヲ規定シタル條項デアッテ、其ノ意義《イギ》ハ例バ債權者タル甲者ヨリ金ヲ借入《カリイ》レ居ル乙者ガ債權者ノ子弟《シテイ》若《モシ》クハ雇人等デアル丙者ニ其ノ借金《シヤクキン》ヲ辨濟シタルニ丙者ハ之ヲ甲者ニ手渡《テワタ》シセズ濫費《ムダヅカイ》ニ消耗《ナク》シタル時ハ乙者ノ辨濟ハ無效デアル、故《ユエ》ニ再ビ甲者ニ辨濟ヲシナケレバナラヌ是乙者ガ失策《シクジリ》デアルカラ致《イタ》シ方《カタ》ガナイ、ケレドモ丙者ガ例《タト》ヘバ乙者ヨリ百圓ヲ受取《ウケト》リ其ノ內五十圓ヲ甲者ニ渡《ワタ》シ殘《ノコ》ル五十圓ヲ濫費シタル場合ニ於テハ乙者ハ甲者ノ利益《リエキ》ヲ受ケタル五十圓ニ對シデ辨濟ノ效力《カウリヨク》ヲ有スルモノデアルカラ乙者ハ丙者ノ濫費額《ラウヒガク》五十圓ダケノ辨濟ヲ再ビスレバ宜《ヨ》イノデ甲者ノ受取タル分《ブン》ニ對《タイ》シテハ再ビ辨濟スルノ義務《ギム》ハナイモノデアリマス、最モ丙者カ甲者ノ請取証書《ウケトリシヤウシヨ》ヲ持參シタル場合ニ乙者ガ之ニ爲《ナ》シタル辨濟ハ第四百八十條ノ規定《キテイ》ガアリマスカラ、無效《ムカウ》トナル筈ハナイノデアリマス

第四百八十條　受取證書ノ持參人《ヂサンニン》ハ辨濟受領ノ權限《ケンゲン》アルモノト看做《ミナ》ス但辨濟者カ其ノ權限《ケンゲン》ナキコトヲ知リタルトキ又ハ過失《クワシツ》ニ因リテ之ヲ

知ラザリシトキハ此限《コノカギ》リニ在《ア》ラズ

〔註釋〕本條ハ債權者《サイケンシヤ》ノ請取証書ヲ所持《シヨヂ》スル者ニ對シテ爲シタル債務《サイム》辨濟《ベンサイ》ノ效力ヲ規定シタル條項デアッテ、其ノ意義《イギ》ハ元來請取証書ナルモノハ債權者《サイケンシヤ》ガ自已自ラ辨濟ヲ受《ウ》クルト等シキコトヲ証《シヤウ》スル爲ニ作ルモノデアルカラ之ヲ所持《シヨヂ》シテ債務ノ履行《リカウ》ヲ請求スル者ハ無論辨濟受領ノ權限ヲ有《イウ》スル者デアル、故ニ債務者《サイムシヤ》ニ於テ之ニ對シ爲シタル辨濟ハ素《モト》ヨリ有效デアル（第一項前段）ケレドモ世《ヨ》ニハ請求証書ヲ僞造《ギザウ》シ若クハ拾得《ヒロヒエ》テ辨濟ヲ促《ウナガ》ス惡漢ガナイニモ限《カギ》ラヌカラ若シ債務者ガ是等ノ不正《フセイ》ヲ知リ居ルカ或ハ別ニ注意《チウイ》セズトモ僞造証デアルト知ルコトガ出來《デキ》ルニモ拘ハラズ迂濶《ウクワツ》ニ辨濟ヲ爲シタル時ハ債務者ノ過失《アヤマチ》デアルカラ是等ノ場合ニハ債務者ハ更《サラ》ニ再ビ辨濟シナケレバナラヌノデアリマス

第四百八十一條　支拂《シハラヒ》ノ差止ヲ受ケタル第三債務者カ自己《ジコ》ノ債權者ニ辨濟ヲ爲シタルトキハ差押債權者《サシオサヘサイケンシヤ》ハ其ノ受ケタル損害《ソンガイ》ノ限度ニ於テ更ニ辨濟ヲ爲スヘキ旨《ムネ》ヲ第三債務者ニ請求《セイキウ》スルコトヲ得

前項ノ規定《キテイ》ハ第三債務者ヨリ其ノ債權者ニ對《タイ》スル求償權ノ行使《カウシ》ヲ妨ケス

▲參看　舊民法財產編第四百五十九條

〔註釋〕本條ハ債權ノ差押《サシオサ》ヘアリタル塲合ニ關スル辨償《ベンシヤウ》ノ效力ヲ規定シタル條項《デウコウ》デアッテ、其ノ意義ハ例バ甲者ガ乙者ヨリ金千圓ヲ借受《カリウ》ケ居ル時乙者ノ債權者《サイケンシヤ》タル丙者ガ乙者ノ財產ヲ差押《サシオサ》ヘタルニ就キ丙者ハ第三債務者タル甲者ニ向ッテ債務《サイム》ノ辨濟ヲ差止タルニモ拘ハラズ甲者ヘハ乙者ニ對《タイ》シ差止後《サシトメゴ》ニ債權額千圓ノ中ヘ金五百圓ヲ辨濟《ベンサイ》シタル時ハ差押債權者タル丙者ハ五百圓ノ損害《ソンガイ》ヲ受クル道理ナレバ甲者ニ對シ其ノ損害限度《ソンガイゲンド》タル五百圓ヲ更ニ辨濟セヨト請求《セイキウ》スルコトガ出來ル、故ニ甲者ハ支拂差止《シハラヒサシト》メ後ニ乙者ニ爲シタル辨濟ハ丙者ニ對シ無效《ムカウ》ト成リ再ヒ辨濟シナケレバナラヌコトヽ成《ナ》ルノデアル(第一項)ケレドモ此ノ甲者ガ爲シタル辨濟ハ丙者ニ對《タイ》シテノ無效デアッテ乙者ニ對《タイ》シテハ決シテ無效《ムカウ》トハナラヌ、故ニ二重《フタヘ》ニ辨濟シタル分ハ乙者ニ對シ求償《キウシヤウ》トシテ取戻シヲ請求《セイキウ》スルコトガ出來ルト(第二項)定メタノデアリマス

第四百八十二條　債務者カ債權者《サイケンシヤ》ノ承諾ヲ以テ其ノ負擔《フタン》シタル給付ニ代ヘ他ノ給付《キフ》ヲ爲シタルトキハ其ノ給付ハ辨濟《ベンサイ》ト同一ノ效力《カウリヨク》ヲ有ス

▲參看　舊民法財産編第四百六十一條

〔註釋〕本條ハ債務《サイム》ヲ辨濟スルノ方法ニ關スル規定《キテイ》デアッテ、其ノ意義ハ例バ甲者ガ乙者ヨリ米一俵ヲ借受ケ後《ノ》チ甲者ハ乙者ニ向《ムカ》ッテ米一俵ノ代リニ金五圓ヲ辨濟《ベンサイ》セント申出テタル時乙者ノ之ヲ承諾シテ米《コメ》一俵《ベウ》ノ代リトシテ甲者ヨリ金五圓ヲ受取《ウケト》リタル時ハ甲者ガ乙者ニ對シ米一俵ノ辨償《ベンシヤウ》ヲ終ヘタルト同シ效力《カウリヨク》ガアルト定メタノデアリマス

第四百八十三條　債權ノ目的《モクテキ》カ特定物ノ引渡シナルトキハ辨濟者《ベンサイシヤ》ハ其ノ引渡ヲナスヘキ時ノ現狀《ゲンジヤウ》ニテ其ノ物ヲ引渡《ヒキワタ》スコトヲ要ス

▲參看　舊民法財産編第四百六十二條第一項

〔註釋〕本條ハ債務ノ目的《モクテキ》ガ特定物デアルトキハ如何《イカ》ナル狀況ヲ以テ辨濟《ベンサイ》スルモノナルヤヲ規定シタル條項《デウコウ》デアッテ、其ノ意義《イギ》ハ債務者ガ此ノ家屋《カオク》又ハ此ノ書籍《シヨセキ》ヲ以テ辨濟シヤウ

ト約束《ヤクソク》シタル時ハ其ノ家屋其ノ書籍ノ狀況ハ約束シタ當時《タウジ》ノ景況《ケイキヤウ》デナク引渡ス時ノ景狀ニ依ッテ引渡《ヒキワタ》セバヨイノデアル、然レバ約束ノ當時《タウジ》ハ其ノ家屋ハ千圓ノ價額《カヽク》ガ有テモ其ノ書籍ハ眞新《マッサラ》デアッテモ債務者ノ過失《クワシツ》又ハ解怠デナクシテ家ガ傾偏《カタム》キタル爲メ五百圓ノ價格ニ減《ゲン》シ又書籍ガ古ク手垢《テアカ》ガ着《ツ》キテ損シテアルトモ債務者ハ其ノ家屋《カオク》ノ傾偏キ書籍ノ垢損《クソン》シタル現狀ノ儘《マヽ》デ引渡セーハ別ニ現品ノ價額等ヲ償《ツクナ》フニハ及バヌト定タノデアリマス

第四百八十四條　辨濟ヲ爲《ナ》スヘキ場所ニ付キ別段《ベツダン》ノ意思表示ナキトキハ特定物ノ引渡ハ債權發生《サイケンハッセイ》ノ當時其ノ物ノ存在《ソンザイ》セシ場所ニ於テ之ヲ爲シ其ノ他《タ》ノ辨濟ハ債權者ノ現時ノ住所《ヂユウシヨ》ニ於テ之ヲ爲スコトヲ要ス

▲參看　舊民法財産編第三百三十三條第七項、第四百六十八條第一項

〔註釋〕本條ハ債務《サイム》ヲ辨濟スル場合ニ就テ規定《キテイ》シタル條項デアッテ、其ノ意義《イギ》ハ債權者ト債務者ノ間ニ別ニ約束《ヤクソク》ヲ爲シタル時ハ雙方共《サウハウトモ》其ノ約束ノ如クセナケレバナラヌ、ケレドモ別ニ約束ノナイ時ハ例バ家屋《カオク》ノ賣買デアレバ其ノ家屋ノ在ル場所《バシヨ》テ家屋ヲ引渡《ヒキワタ》サナケレバナラヌ又金錢ノ貸借《カシカリ》デアレバ債權者ノ辨濟當時ニ當《アタ》リ住居スル家屋內《カオクナイ》デ辨濟セネケレ

バナラヌト定メタノデアリマス

第四百八十五條　辨濟ノ費用《ヒヨウ》ニ付別段ノ意思表示ナキトキハ其《ソ》ノ費用ハ債務者之ヲ負擔《フタン》ス但債權者カ住所ノ移轉《イテン》其ノ他ノ行爲ニ因《ヨ》リテ辨濟ノ費用《ヒヨウ》ヲ增加シタルトキハ其ノ增加額《ゾウカガク》ハ債權者之ヲ負擔ス

▲參看　舊民法財產編第四百六十八條第二項、第三項

〔註釋〕本條ハ債務辨濟ニ就テ伴《トモナ》ヒ起ル費用ノ負擔方法ヲ規定《キテイ》シタル條項《ヂヤウコウ》デアツテ、其ノ意義ハ例バ甲者ガ乙者ヨリ蒸氣機鑵《ジヤウキクワン》ヲ借入レタル場合ニ於テ之レヲ辨濟《ベンサイ》スルニハ必ラズ機械ノ解放《トキハナ》シ或ハ運搬等ノ費用ガ伴ヒ起ルモノデアル、故ニ其ノ費用負擔《ヒヨウフタン》ニ付債務者ト債權者ノ間ニ別ニ約束《ヤクソク》アレバ其ノ約束ノ如クセナケレバナラヌ、ケレドモ別《ベツ》ニ之ガ約束ヲ爲シ居ラヌ時ハ其ノ費用《ヒヨウ》ハ債務者タル甲者ニ於テ負擔《フタン》シテ支拂ハナケレバナラヌ（本條前段）ケレドモ若シ債權者タル乙者ガ借入《カリイ》レ當時ニ住居シタル處《トコロ》ヨリ遠方ヘ轉宅《テンタク》ナドシタル時例バ乙者ガ轉宅《テンタク》シナカツタナラ十圓デ濟《ス》ミシモ轉宅セシニ十五圓費用《ヒヨウ》要シタル場合アレバ其ノ增加額五圓ハ乙者ノ負擔《フタン》デアルト定メタノデアリマス

第四百八十六條　辨濟者ハ辨濟受領者《ベンサイシユリヤウシヤ》ニ對シテ受取證書ノ交付《カツフ》ヲ請求スルコトヲ得

〔註釋〕本條ハ辨濟者《ベンサイシヤ》ガ有スル一ノ權利ヲ規定《キテイ》シタル條項デアツテ、其ノ意義《イギ》ハ受取証書ハ債務辨濟ヲ後日ニ證スル必要書《ヒツエウシヨ》デアルカラ債務ノ辨濟《ベンサイ》ヲ爲シタル者ハ辨濟受領者ニ對シテ受取證書ヲ請求《セイキウ》スルノ權利ヲ有《イウ》スルモノデアルト定メタノデアリマス

第四百八十七條　債權ノ證書《シヨウシヨ》アル場合ニ於テ辨濟者カ全部《ゼンブ》ノ辨濟ヲ爲シタルトキハ其ノ證書ノ返還《ヘンクワン》ヲ請求スルコトヲ得

〔註釋〕本條モ又前條ト等《ヒト》シク辨濟者ガ有スル一ノ權利《ケンリ》ヲ規定シタル條項《ヂウコウ》デアツテ、其ノ意義ハ債務者ガ債務《サイム》アルコトヲ證スル爲債權者ニ證書ヲ渡《ワタ》シ置《オ》キシ時其ノ債務ノ全額ヲ辨濟シ終レバ債務者ハ債權者《サイケンシヤ》ニ向ツテ其ノ證書ノ返戻《ヘンレイ》ヲ請求スル權利ヲ有《イウ》スルモノデアルト定メタノデアリマス

第四百八十八條　債務者カ同一《ドウイツ》ノ債權者ニ對シテ同種ノ目的《モクテキ》ヲ有スル

數個ノ債務ヲ負擔《フタン》スル場合ニ於テ辨濟トシテ提供《テイキヨウ》シタル給付カ總債務ヲ消滅《セウメツ》セシムルニ足ラサルトキハ辨濟者ハ給付《キフ》ノ時ニ於テ其ノ辨濟ヲ充當《ジユウタウ》スヘキ債務ヲ指定《シテイ》スルコトヲ得

辨濟者カ前項《ゼンコウ》ノ指定ヲ爲サヾルトキハ辨濟受領者ハ其ノ受領《ジユリヤウ》ノ時ニ於テ其ノ辨濟ノ充當ヲ爲《ナ》スコトヲ得但辨濟者カ其ノ充當《ジユウタウ》ニ對シテ直ナニ異議《イギ》ヲ述ヘタルトキハ此限ニ在ラス

前二項ノ場合ニ於テ辨濟《ベンサイ》ノ充當ハ相手方ニ對スル意思表示《イシヘウシ》ニ依リテ之ヲ爲ス

▲參看　舊民法財產編第四百七十條、第四百七十一條

〔註釋〕本條ハ債務辨濟ノ際《サイ》ニ於ケル充當方法ヲ規定《キテイ》シタル條項デアツテ、其ノ意義《イギ》ハ例バ甲者ガ乙者ニ對シ五十圓ノ貸金《カシキン》ト三十圓賣掛代金ト百圓ノ代價金《ダイカキン》ト三個ノ債權ヲ有スル處ヘ乙者ガ債務《サイム》辨濟《ベンサイ》トシテ四十圓ヲ辨濟スル場合ニ於テ其ノ金ハ總債務額《ソウサイムガク》百八十圓ヲ辨

濟シ終ルニ足《タ》ラヌ金テアルカラ、此《コ》ノ塲《バ》合《アヒ》ニハ其ノ四十圓ヲ貸金五十圓ノ中ヘ入金《ニフキン》スルカ又ハ賣掛代金三十圓ヲ濟《スマ》シテ殘金《ザンキン》ヲ百圓ノ代償金ノ中ヘ入金スルカ如何スルカト謂フ充當方法ヲ乙者ニ於テ指定《シテイ》スルコトガ出來ル（第一項）若シ債務者《サイムシヤ》タル乙者ガ其ノ充當ヲ指定シナイ時ハ債權者タル甲者ニ於テ四十圓ヲ受領《ウケトリ》タル時直ニ何《ド》ノ分ヘ入金シテ置《オ》クト乙者ニ謂フテ定《サダ》メルコトガ出來ル（第二項前段）ケレドモ此時《コノトキ》乙者ガ其ノ塲テ不承知《フシヨウチ》ヲ言フ時ハ甲者ガ勝手《カツテ》ニ定メルコトハ出來ヌ（第二項後段）而《ソウ》シテ以上ノ充當《ジウタウ》ヲ定ムルニハ何レモ甲者カ乙者ノ何《イツ》レカ一方ヨリ此ノ分ヘ入金スルカラト言ツテ意思《イシ》ノ表示《ヘウジ》ヲセナケレバナラヌノテアリマス（第三項）

第四百八十九條　當事者カ辨濟《ベンサイ》ノ充當ヲ爲サヽルトキハ左ノ規定《キテイ》ニ從ヒ其ノ辨濟ヲ充當《ジユウタウ》ス

一　總債務中辨濟期ニ在ルモノト辨濟期《ベンサイキ》ニ在ラサルモノトアルトキハ辨濟期ニ在ルモノヲ先《サキ》ニス

二　總債務カ辨濟期ニ在ルトキ又ハ辨濟期ニ在ラサルトキハ債務

者ノ爲メニ辨濟ノ利《リ》益《エキ》多《オホ》キモノヲ先ニス

三　債務者ノ爲メニ辨濟ノ利《リ》益《エキ》相《アヒ》同《オナ》シキトキハ辨濟期ノ先《マ》ツ至《イタ》リタルモノ又ハ先ツ至ルヘキモノヲ先ニス

四　前二號ニ掲《カヽ》ケタル事項ニ付キ相《アヒ》同《オナ》シキ債務ノ辨濟ハ各債務ノ額ニ應《オウ》シテ之ヲ充當《ジユウタウ》ス

▲參看　舊民法財産編第四百七十二條

〔註釋〕本條ハ前條ノ場合《バアヒ》ニ於テ双方《サウハウ》何レモ入金ノ何レヘト言《イ》フ充當方法ヲ指定《シテイ》シナイ場合ニ於ケル充當方法ヲ定メタル條項《デウコウ》デアツテ、而シテ其ノ充當方法ヲ場合《バアヒ》ニ因テ左ノ四個ニ區別《クベツ》シマシタ

第一　例バ貸金《カシキン》ト賣掛代金トアツテ貸金ノ辨濟期《ベンサイキ》カ六月三十日デ賣掛代金ノ辨濟期ガ七月十五日デアル時債務者《サイムシヤ》ノ辨償金ガ双方ノ債務總額ニ不足《フソク》スルトキハ其ノ金ヲ辨濟期ノ早《ハヤ》キ貸金ノ方ヘ入金《ニフキン》スルモノト定メルノデアリマス

第二　例バ貸金モ賣掛代金モ雙方共《サウハウトモ》辨濟スベキ場合《バアヒ》デアルカ又ハ雙方トモ辨濟期デナ

イ時債務者ノ利益《リエキ》多キ貸金ノ方ヘ入金《ニフキン》スルモノト定メルノデアル如何《イカン》トナレバ賣掛代金ハ利息《リソク》ガナイカラ利息ノ生ジル貸金ヘ入金スルハ債務者《サイムシヤ》ノ利益ガ多イカラ斯ウ謂フ如クスルノデアリマス

第三　例バ無利息貸金ト賣掛代金《ウリカケダイキン》トノ如ク雙方共債務者ノ利益等《リエキヒト》シクシテ又雙方共辨濟期デアルカ又ハ辨濟期《ベンサイキ》デナクシテ先後ヲ付ケ難《カタ》イ時《トキ》ハ先キニ辨濟ノ來《キタ》ル方ヘ入金スルモノト定メルノデアリマス

第四　以上第一、第二、第三、ノ場合《バアヒ》ニ於テ利益モ辨濟期モ等《ヒト》シクシテ何《イヅ》レトモ區別スルコトガ出來ヌ時ハ債務額ニ割當《ワリアテ》テヽ入金スル者ノト定メタノデアリマス

第四百九十條　一個ノ債務ノ辨務《ベンム》トシテ數個ノ給付《キフ》、ヲ爲スヘキ場合ニ於テ辨濟者カ其ノ債務《サイム》ノ全部ヲ消滅《セウメツ》セシムルニ足《タ》ラサル給付ヲ爲シタルトキハ前二條ノ規定《キテイ》ヲ準用ス

「註釋」本條ハ一個ノ債務《サイム》ニ對シテ數個ノ給付ヲ爲《ナ》シタル場合ノ充當方法ヲ規定《キテイ》シタル條項デアッテ、其ノ意義《イギ》ハ例バ債權額カ千圓デアル場合《バアヒ》ニ於テ現金ト道具《ダウグ》ト衣類《イルヰ》ト家屋ノ如

ク數個ノモノヲ以テ辨濟ニ當《ア》ツル時ハ矢張《ヤハ》リ前第四百八十八條及ビ第四百八十九條ノ規定ニ依テ夫々斟酌《シンシヤク》シテ充當ノ標準《ヘウジユン》ヲ定ムヘキモノデアルト定メタノデアリマス

第四百九十一條　債務者カ一個《コ》又ハ數個ノ債務ニ付《ツ》キ元本ノ外利息《リソク》及ヒ費用ヲ拂フヘキ場合《バアヒ》ニ於テ辨濟者カ其ノ債務ノ全部《ゼンブ》ヲ消滅セシムルニ足ラサル給付ヲ爲《ナ》シタルトキハ之ヲ以テ順次《ジユンジ》ニ費用、利息及ヒ元本ニ充當《ジウタウ》スルコトヲ要ス

第四百八十九條ノ規定《キテイ》ハ前項ノ場合ニ之ヲ準用《ジユンヨウ》ス

▲參看　舊民法財産編第四百七十二條第二號

〔註釋〕本條ハ元金、利息、費用等ノアル場合《バアヒ》ニ於ケル充當ノ順序ヲ規定《キテイ》シタル條項《デウコウ》デアッテ、其ノ意義《イギ》ハ例バ甲者ガ乙者ニ金百圓ノ貸金《カシキン》アリテ督促《トクソク》ヲ爲シタル後乙者ヨリ四十圓ノ辨濟ヲナシタルモ、甲者ニ於《オイ》テハ元金百圓ト利息《リソク》金十圓ト督促費用金三圓ト合計《ガフケイ》百十三圓ノ債權額ガアルカラ到底《タウテイ》其ノ辨濟金ハ債權額全部ノ消滅《セウメツ》ニハ不足《フソク》スル場合ノ充當方

法ハ如何《イカ》ニスルカト謂ヘバ其ノ四十圓ノ内《ウチ》ヨリ第一番ニ費用金ヲ引去《ヒキサ》リ第二番ニ利息金ヲ引去リ而《ソウ》シテ第三番ニ其ノ殘金《ザンキン》二十七圓ヲ元金百圓ノ入金《ニフキン》ト定メルノデアル（第一項）然シ斯《コ》ノ第一項ノ場合ニモ種々ノ事項《ジコウ》ヲ生スルコトガアルカラソウ謂《イ》フ時ハ前第四百八十九條ノ規定ニ準《シタガ》ヒテ充當法ヲ定《サダ》メルコト丶スル（第二項）ト定メタノデアリマス

第四百九十二條　⊕辨濟ノ提供《テイキヨウ》ハ其ノ提供ノ時ヨリ不履行《フリカウ》ニ因リテ生スヘキ一切ノ責任《セキニン》ヲ免《マヌガ》レシム

◎參看　舊民法財產編第四百七十六條、第四百七十八條第一項

〔註釋〕本條ハ債務不履行ノ責任《セキニン》ヲ免ルベキ原因《ゲンイン》ヲ規定シタル條項デアッテ、其ノ意義《イギ》ハ例バ甲者ガ乙者ニ金千圓ノ債務《サイム》アリテ其ノ辨濟期ニ至《イタ》ラヌ前ト辨濟期ニ際《サイ》スルトヲ問ハズ期限ノ經過前《ケイクワゼン》ニ甲者ガ金千圓ヲ乙者ニ對シテ差出《サシダ》セバ其ノ時ヨリ第四百十二條以下《イカ》ニ定メタル不履行ニ因《ヨ》ッテ生ズル遲滯《チタイ》ノ責等一切ノ責任《セキニン》ヲ免ルヽモノデアルト定メタノデアリマス

第四百九十三條　辨濟ノ提供《テイキヨウ》ハ債務ノ本旨《ホンシ》ニ從ヒテ現實ニ之ヲ爲《ナ》スコ

トヲ要ス但債權者カ豫《アラカジ》メ其ノ受領ヲ拒《コバ》ミ又ハ債務ノ履《リ》行《カウ》ニ付キ債權者ノ行爲ヲ要《エウ》スルトキハ辨濟ノ準《ジユン》備《ビ》ヲ爲シタルコトヲ通《ツウ》知《チ》シテ其ノ受領ヲ催《サイ》告《コク》スルヲ以テ足《タ》ル」

▲參看　舊民法財產編第四百七十四條

〔註釋〕本條ハ前條ニ謂《イ》ヘル辨濟ノ提供法ヲ規《キ》定《テイ》シタル條項デアッテ、其ノ意《イ》義《ギ》ハ債務ノ辨濟ヲ提《テイ》供《キヨウ》スルニハ金錢ヲ借《カ》リタレバ金錢デ又肖《セウ》像《ザウ》ノ彫《テウ》刻《コク》ヲ依賴セラレタル時ハ其ノ彫刻ヲ爲ス如ク債務ノ本《ホン》旨《シ》ニ從ヒテ債權者ノ目《モク》前《ゼン》ヘ現實ニ差出シ又彫《テウ》刻《コク》スルト謂フコトヲ見セナケレバナラヌ（本條前段）ケレドモ若シ債權者《サイケンシヤ》ガ其ノ金錢ヲ受《ウケ》取《ト》ルコトヲ拒《コバ》ミ又ハ彫刻スルニハ債權者ノ寫《シヤ》眞《シン》ヲ受取ラナケレバナラヌト謂《イ》フ如キ債權者ノ行《カウ》爲《ヰ》ヲ要スル時ハ債務者ハ債權者ニ對シ金錢ナレバ既ニ調《テウ》達《タツ》シテアルカラ何《イツ》時デモ取リ來《コ》ヨ、又ハ彫刻ナレバ寫眞ヲ送《オク》レバ何時デモ彫《テウ》刻《コク》スベシト通知シテ其ノ金錢受《ジユ》領《リヤウ》若クハ寫眞送附ヲ催《サイ》告《コク》スレバソレデ提供ノ方《ハウ》法《ハフ》ハ足《タ》ルモノデアル（本條但書）ト定メタノデアリマス

第四百九十四條　債權者カ辨《ベン》濟《サイ》ノ受領ヲ拒ミ又ハ之ヲ受《ジユ》領《リヤウ》スルコト能

ハサルトキハ辨濟者ハ債權者《サイケンシヤ》ノ爲メニ辨濟ノ目的物《モクテキブツ》ヲ供託シテ其ノ債務ヲ免ルルコトヲ得辨濟者ノ過失《クワシツ》ナクシテ債權者ヲ確知《クワクチ》スルコト能ハサルトキ亦同シ

▲參看　舊民法財產編第四百七十四條、[illegible]文第四百七十七條、第四百七十八條第一項

〔註釋〕本條ハ債務辨濟ノ目的《モクテキ》ヲ達スルコトノ出來ナイ場合《バアヒ》ニ關スル規定《キテイ》デアッテ、其ノ意義ハ債務者ガ其ノ債務《サイム》ヲ辨濟シヤウト謂フノヲ債權者ガ拒《コバ》ンデ受取《ウケト》ヲナイ場合ガアル、又債權者ガ轉宅《テンタク》等ヲシテ債務者ニ其ノ轉宅住所《テンタクヂウシヨ》ヲ知ラセナイカラ債務者ハ過失《クワシツ》ナクシテ其ノ住所ヲ知ラナイカラ辨濟《ベンサイ》スルコトノ出來ナイ場合《バアヒ》ガアル、斯ク謂フ場合ニハ辨濟者ハ債務ノ目的物ヲ供託所ニ供託《キヨウタク》スレバ現實ニ提供シタルト等《ヒト》シキ效力《カウリヨク》ガアルカラ第四百十二條ノ責《セメ》ヲ免《マヌ》ガルヽモノデアルト定《サダ》メタノデアリマス

第四百九十五條　供託ハ債務履行地《サイムリカウチ》ノ供託所ニ之ヲ爲《ナ》スコトヲ要ス

供託所ニ付キ法令《ハフレイ》ニ別段ノ定ナキ場合《バアヒ》ニ於テハ裁判所ハ辨濟者《ベンサイシヤ》ノ請

求ニ因リ供託所ノ指定《シテイ》及ヒ供託物保管者ノ選任《センニン》ヲ爲スコトヲ要ス
供託者ハ遲滯《チタイ》ナク債權者ニ供託《キヨウタク》ノ通知ヲ爲スコトヲ要ス

▲參看　舊民法財産編第四百七十七條第二項

〔註釋〕本條ハ供託辨濟ノ場所ヲ規定《キテイ》シタル條項デアッテ、其ノ意義《イギ》ハ債務者ガ債務ヲ供託シテ辨濟セントスル場合ニハ其ノ債務《サイム》ヲ履行《リカウ》スベキ地ノ供託所ニ供託《キヨウタク》スベキモノトス（第一項）若シ債務ノ目的物《モクテキブツ》ニ依リ或ハ供託規則ニ規定《キテイ》ナキコトモアレバ其ノ時ハ辨濟者ガ裁判所又ハ供託物ヲ保管《ホクワン》スベキ者ヲ撰任《センニン》シ又ハ指定スルモノデアル（第二項）而シテ債務者ガ辨濟物ヲ供託シタル時ハ之《コ》レヲ債權者ニ知《シ》ラシメナケレバナラヌ故ニ必ラズ其ノ事ヲ債權者ニ通知《ツウチ》セナケレバナラヌト定メタノデアリマス

第四百九十六條　債權者《サイケンシヤ》カ供託ヲ受諾セス又ハ供託《キヨウタク》ヲ有効ト宣告《センコク》シタル判決カ確定《クワクテイ》セサル間ハ辨濟者ハ供託物ヲ取戻《トリモド》スコトヲ得此場合ニ於テ供託ヲ爲《ナ》サヽリシモノト看做《ミナ》ス

前項ノ規定ハ供託ニ因リテ質權《シツケン》又ハ抵當權カ消滅《セウメツ》シタル場合ニハ之ヲ適用《テキヨウ》セス

▲参看 舊民法財産編第四百七十八條第二項

〔註釋〕本條ハ辨濟者ガ一度《イツタン》供託シタル辨濟物ヲ取戻《トリモド》スニ就テノ規定《キテイ》デアッテ、其ノ意義《イギ》ハ辨濟者ガ丁度供託所ニ辨濟物ヲ供託シタル時ハ債權者《サイケンシヤ》ガ其ノ供託ヲ受諾《ジユダク》シナイカ又ハ供託ニ就キ爭《アラソ》ヒガ起《オコ》リテ其ノ供託ガ第一審《シン》又ハ第二審裁判所デ有效《イウカウ》デアルトノ判決ヲ受ケ其ノ判決ガ確定シナイ間《アヒダ》デナケレバ一度供託シタル辨濟物ハ取戻《トリモド》スコトハ出來ヌ而《ソウ》シテ若シ此二個ノ場合《バアヒ》ガアッテ供託物ヲ取戻《トリモド》シタル時ハ初メヨリ供託シナカッタモノト看做スノデアル(第一項)ケレドモ此ノ規定ハ質權《シツケン》又ハ抵當權カ供託アリタルニ因《ヨ》ッテ消滅《セウメツ》シタル場合ニハ適用《テキヨウ》シナイ、如何トナレバ此ノ規定《キテイ》ヲ適用スルコトヽスレバ一度消滅シタル質權ヤ抵當權カ活《イ》キ復《カヘ》ラナイカラ至漸《シゼン》第三者等ヲ害スル虞《オソレ》ガ生シテ來ルカラ適用《テキヨウ》シナイコトヽ定メタノデアリマス

第四百九十七條 辨濟ノ目的物《モクテキブツ》カ供託ニ適セス又ハ其ノ物《モノ》ニ付キ滅失

若クハ毀損《キソン》ノ虞《オソレ》アルトキハ辨濟者ハ裁判所ノ許可《キヨカ》ヲ得テ之ヲ競賣シ其ノ代價ヲ供託スルコトヲ得其《ソ》ノ物ノ保存《ホゾン》ニ付キ過分《クワブン》ノ費用ヲ要スルトキ亦同シ

〔註釋〕本條ハ供託物ヲ供託シ能《アタ》ハザル場合ニ關スル規定《テイ》デアッテ、其ノ意義ハ例《タトヘ》バ供託スベキ物件ガ腐敗《フハイ》シ易キ生魚《ナマウヲ》ノ如キ物カ或ハ滅失《メッシツ》シ易キ凍氷ノ如キ物デアルカ、或ハ硝子若クハ陶器《タウキ》ノ如キ毀損シ易キ虞《オソレ》アル物デアルカ或ハ其ノ物ヲ保存《ホゾン》スルニ摸大《モダイ》ノ費用ヲ要スル物デアル時ハ辨濟者ハ裁判所ニ請求《セイキウ》シテ其ノ許可ヲ受ケ、而《ソウ》シテ其ノ物件ヲ競賣《キヤウバイ》ニ附シテ金《カネ》ニ代《カ》ヘ其ノ金ヲ供託所ニ供託スルコトガ出來《デキ》ルト定メタノデアリマス

第四百九十八條　債務者カ債權者《サイケンシヤ》ノ給付ニ對シテ辨濟ヲ爲《ナ》スヘキ場合ニ於テハ債權者ハ其ノ給付《キフ》ヲ爲スニ非サレハ供託物ヲ受取《ウケト》ルコトヲ得ス

〔註釋〕本條ハ供託物ヲ受取《ウケト》ルコトノ出來ナイ場合ヲ規定《キテイ》シタル條項デアッテ、其ノ意義ハ

例バ債務者タル甲者ガ債權者《サイケンシヤ》タル乙者ニ於テ物件ヲ引渡《ヒキワタ》セバ其ノ際代金ヲ辨濟セント約束シタル場合《バアヒ》ニ於テハ甲者ガ假令《タトヘ》其ノ代金ヲ供託所ニ供託スルモ債權者《サイケンシヤ》タル乙者ハ其ノ物件ヲ甲者ノ手《テ》ニ引渡サナイ以前《イゼン》ニ供託金ヲ受取コトハ出來《デキ》ヌト定メタノデアリマス

第四百九十九條　債務者ノ爲ニ辨濟《ベンサイ》ヲ爲シタル者ハ其ノ辨濟ト同時《ドウジ》ニ債權者ノ承諾ヲ得《エ》テ之ニ代位《ダイヰ》スルコトヲ得

第四百六十七條ノ規定《キテイ》ハ前項ノ場合ニ之ヲ準用《ジユンヨウ》ス

【參看】舊民法財産編第四百八十條

〔註釋〕本條ハ代位《ダイヰ》辨濟ノ場合ニ關スル規定《キテイ》デアッテ、其ノ意義《イギ》ハ例甲者ガ乙者ニ貸金アル場合ニ於テ丙ナル者アリテ債務者《サイムシヤ》タル乙者ノ爲ニ債務ノ辨濟ヲ爲《ナ》シ代位ノ權利《ケンリ》ヲ得ヤウトスレバ乙者カ債務額ヲ債權者タル甲者ニ手渡《テワタシ》スル時ニ代位スルコトノ承諾《シヨウダク》ヲ甲者ニ得ナケレバナラヌ、如何《イカン》トナレバ代位ハ殆《テウ》ド甲者ガ乙者ニ對スル債權ヲ丙者ニ讓渡スト等シキモノデアルカラ必ラズ甲者ノ承諾ヲ得《エ》ナケレバナラヌノデアル（第一項）故《ユヱ》ニ第四百六十四條ニ規定《キテイ》シタル保証人ガ債務者ノ債務《サイム》ヲ代償シタル場合ニ有《イウ》スルト等シキ求償權

ヲ前項ノ代位者《ダイヰシヤ》ニ與ヘル(第二項)所以《ワケ》デアリマス

第五百條　辨濟ヲ爲スニ付キ正當《セイタウ》ノ利益ヲ有スル者ハ辨濟《ベンサイ》ニ因リテ當然債權者ニ代位《ダイヰ》ス

參看　舊民法財產編第四百八十二條

(註釋)本條ハ當然《タウゼン》ニ得ル代位權ヲ規定《キテイ》シタル條項デアツテ、其ノ意義《イギ》ハ彼ノ連帶債務者若クハ不可分債務者、若《モシ》クハ保證債務者ノ如キ性質上《セイシツシヤウ》ヨリノ責任アリテ自己《ジコ》ガ他人ノ債務ヲ辨濟シタルカ爲メ自己ニ正當《セイタウ》ノ利益ヲ有スルモノハ其ノ辨濟《ベンサイ》ニ因リテ當然債權者ニ代位スルモノデアルカラ敢《アヘ》テ是等ノ者ハ前條ノ如ク債權者《サイケンシヤ》ノ承諾ヲ得ル必要《ヒツエウ》ハナイノデアルト定メタノデアリマス

第五百一條　前二條ノ規定《キテイ》ニ依リテ債權者ニ代位《ダイヰ》シタル者ハ自己ノ權利ニ基《モトヅ》キ求償ヲ爲スコトヲ得ヘキ範圍內《ハンヰナイ》ニ於テ債權ノ効力《カウリヨク》及ヒ擔保トシテ其ノ債權者《サイケンシヤ》ガ有セシ一切ノ權利《ケンリ》ヲ行フコトヲ得但左ノ規定ニ

従フコトヲ要ス

一　保證人《ホシヨウニン》ハ豫メ先取特權、不動産質權又ハ抵當權《テイタウケン》ノ登記ニ其代位ヲ附記《フキ》シタルニ非サレハ其ノ先取特權《センシユトクケン》、不動産質權又《マタ》ハ抵當權ノ目的タル不動産《フドウサン》ノ第三取得者ニ對シテ債權者《サイケンシヤ》ニ代位セス

二　第三取得者《シユトクシヤ》ハ保證人ニ對シテ債權者《サイケンシヤ》ニ代位セス

三　第三取得者ノ一人ハ各《カク》不動産《フドウサン》ノ價格ニ應《オウ》スルニ非サレハ他ノ第三取得者ニ對《タイ》シテ債權者ニ代位《ダイヰ》セス

四　前號ノ規定《キテイ》ハ自己ノ財産ヲ以テ他人《タニン》ノ債務ノ擔保ニ供《キヤウ》シタルモノヽ間ニ之ヲ準用ス

五　保證人ト自己ノ財産《ザイサン》ヲ以テ他人ノ債務《サイム》ノ擔保ニ供シタル者トノ間ニ於テハ其ノ頭數《トウスウ》ニ應スルニ非サレハ債權者《サイケンシヤ》ニ代位セス但

自己ノ財産ヲ以テ他人《タニン》ノ債務ノ擔保ニ供シタル者數人《スウニン》アルトキハ保證人ノ負擔部分《フタンブブン》ヲ除キ其ノ殘額《ザンガク》ニ附キ各財産ノ價格ニ應《オウ》スルニ非《アラ》サレハ之ニ對シテ代位《ダイヰ》ヲ爲スコトヲ得ス

右ノ場合《バアヒ》ニ於テ其ノ財産カ不動産《フドウサン》ナルトキハ第一號ノ規定ヲ準用ス

▲參看　舊民法財産編第四百八十三條第一項、第四百八十四條、第四百八十三條第二號、第三號、第四

〔註釋〕本條ハ代位權ノ範圍《ハンヰ》ヲ規定シタル條項デアッテ、其ノ意義《イギ》ハ前二條ノ規定ニ因ッテ債權者ノ地位《チヰ》ニ代リタル者ハ自己ノ得タル權利《ケンリ》ニ基キテ償《ツグナ》ヒヲ求メ得ラルヽダケノ範圍内例ハ契約上ニ制限《セイゲン》アル時ハ其ノ制限内ニ於テ若シ制限《セイゲン》ナキ時ハ本條各號相定ノ範圍内ニ於テ債權者ノ有《イウ》セシ一切ノ權利ヲ行《オコナ》フコトガ出來ル、而《ソウ》シテ其ノ債權者ノ有《イウ》セシ一切ノ權利トハ債權ノ效力ト債權《サイケン》ノ擔保トシテ行フベキ權利《ケンリ》トデアル、此ノ債權《サイケン》ノ效力ト債權ノ擔保トシテ行フ權利ニハ物權《ブッケン》ト債權トノ區別《クベツ》ガアル、故ニ若シ物權デアルトキハ先

取特權、質權、抵當權ナトヲ行ヒ、債權《サイケン》ナルトキハ損害賠償契約履行、保證人ニ對スル權利等ヲ行ヒ得《ウ》ベキモノデアル(第一項別段)而《シカ》シテ此ノ權利ヲ行ハフニハ別段《ベツダン》ノ契約ガナケレバ必《カナラ》ラズ左ニ規定シタル各號《カクガウ》ニ準ハナケレバナラヌノデアル(第一項但書)ソコデ各號ノ意義《イギ》ヲ左ニ解說《カイセツ》シマス

第一號ノ意義《イギ》ハ保證人ガ不動產ニ就キ債務者《サイムシヤ》ノ債務ヲ辨濟シテ債權者ニ代位《ダイヰ》スレバ其ノ旨《ムネ》ヲ登記簿ニ付記《フキ》シテ其ノ代位シタルコトヲ公示《コウジ》センケレバ其ノ不動產ノ上《ウヘ》ニ有スル先取特權、不動產質權抵當權《テイタウケン》等ヲ其ノ不動產ノ第三取得者《シユトクシヤ》ニ對シテ行フコトハ出來ヌノデアル

第二號ノ意義《イギ》ハ第三取得者ハ前第二條ニ於テ解說《カイセツ》シタル如ク保證人ト等《ヒト》シク債務者ノ爲ニ辨濟ヲ爲シタル時ハ債權者《サイケンシヤ》ニ代位シ得ラルヽ者デアルカラ第三取得者《シユトクシヤ》ハ假令債權者ニ代位《ダイヰ》スルモ保證人ニ對シテハ代位ノ權利《ケンリ》ヲ行フコトガ出來ナイノデアル、如何トナレバ第三取得者《シユトクシヤ》ヲシテ保證人ニ對シテモ代位ノ權利《ケンリ》ヲ行フコトヲ許《ユル》ストキハ保證人ト第三取得者トノ間ニ求償權ノ走馬燈《マハリドウロウ》ヲ始メテ互ニ求償權ガ循環《マハリユキ》テ結局《ツドマ》ル時ガアリマセヌ故ニ第三取得者《シユトクシヤ》ヲ制限シタノデアル畢竟《ツマリ》第三取得者ハ第三百七十八條ニ準ハバ立派《リツパ》ニ滌除《デキヂヨ》シ得ラルヽノ良策《リヤウサク》ガアルニ之ニ因ラナイノハ自ラガ失策《シクジリ》デアル

第三號ノ意義ハ例バ一萬圓ノ債權《サイケン》一個ニ對シテ家屋《カオク》、土地、山林、鑛山《クワウザン》ト謂フ如ク數個ノ不動產ヲ差入《サシイ》レ居リテ其ノ結果《ケツクワ》竟《ツヒ》ニ此ノ數個ノ不動產ガ數人ノ手《テ》ニ格別《カクベツ》ニ取得サレタル塲合ニ於テ其《ソ》ノ內《ウチ》ノ一人ガ他ノ取得者ノ部分《ブブン》ヲモ併シテ債務ヲ全償《ゼンシヤウ》シタル時ハ此ノ第三取得者間ニハ代位《ダイヰ》スルコトガ出來ル、ケレドモ元來《グワンライ》分割シ得ラルヽ性質スルモノデアルカラ各自《カクジ》ガ取得シタ不動產ノ價額《カガク》ニ應ジタヽケテ就《ツイ》テヾナケレバ他ノ第三取得者ニ對《タイ》シテ代位スルコトハ出來ヌノデアル

第四號ノ意義ハ自已ノ財產《ザイサン》ヲ以テ他人ノ債務ノ擔保トシテ差出《サシダ》シタル者ガ數人《スウニン》アル時其ノ中ノ一人カ債務《サイム》ヲ辨償シタル塲合ニ於テハ各自《カクジ》ガ擔保トシテ差出シタル不動產ノ價額ニ應《オウ》シテ代位スルコト前第三號ノ塲合《バヽアヒ》ト相等シキモノデアル

第五號ノ意義ハ例バ保証人ト自己《ジコ》ノ財產ヲ以テ他人ノ債務ノ擔保トシテ差出《サシダ》ス者ト在ツテ、此ノ二人中何レカヾ債務《サイム》ヲ辨濟シタル時ハ先ツ其ノ頭數《アタマカヅ》ニ割當テヌケレバ代位ハセヌモノデアル、故ニ例バ保証人ハ一人《ニン》デアツテ財產ヲ差出《サシダ》シタ者ガ二人デ其ノ辨濟額合計ガ六百圓デ在《ア》ルトキハ二百圓宛《ヅヽ》ニ就テ代位《ダイヰ》スルモノデアル、是レ他ニ割當テル正當ノ標準《ヘウジユン》ガナイカラデアル(本號前段)ケレトモ財產《ザイサン》ヲ差出シタ者ノ間ニ在ツテハ前號《ゼンガウ》ノ制限ガアルカラ此ノ制限《セイゲン》ニハ成ルベケ從ハサナケレバナラヌ故ニ保

証人ノ部分ヲ控除《サシヒイ》タ殘額《ノコリ》ハ各自ノ財産價額ニ依ルモノデアル故ニ前例《ゼンレイ》ノ場合ニ於テハ先ツ二百圓ヲ保証人分ニ控除シ其ノ殘額《ノコリ》四百圓ヲ價額ニ應シテ割當《ワリア》ツルモノデアル(本號但書)而《ソウ》シテ此ノ五號ノ場合ノ財産カ不動産《フドウサン》デアル時ハ本號ニ依ラズシテ第一號ノ規定《キテイ》ニ準フノデアリマス

第五百二條　債權ノ一部《ブ》ニ付キ代位辨濟アリタルトキハ代位者《ダイヰシヤ》ハ其ノ辨濟シタル價額《カヾク》ニ應シテ債權者ト共《トモ》ニ其ノ權利《ケンリ》ヲ行フ

前項ノ場合《バアヒ》ニ於テ債務ノ不履行《フリカウ》ニ因ル契約ノ解除ハ債權者《サイケンシヤ》ノミ之ヲ請求スルコトヲ得但代位者《ダイヰシヤ》ニ其ノ辨濟シタル價額《カヾク》及ヒ其ノ利息ヲ償還スルコトヲ要ス

●參看　舊民法財産編第四百八十六條

(註釋)本條ハ債務《サイム》ノ一部分ヲ辨濟シタル代位者ノ權限《ケンゲン》ヲ規定《キテイ》シタル條項デアツテ、其ノ意義ハ例ハ債辨額ガ一千圓デアツテ其《ソ》ノ中二百圓ヲ辨濟シテ債權者ノ承諾《シヨウダク》ヲ得其ノ一部ノ代位ヲ為シタル者ハ其ノ價額二百圓ヲ割合《ワリアヒ》ニ應シタル權利ヲ債權者ト一所《シヨ》ニ行《オコナ》フコトガ出來ル（第一項）ケレドモ債務《サイム》ノ不履行ニ因ル契約《ケイヤク》ノ解除ハ債權者ダケデハナケレバ請求スルコトハ出來ヌ。如何《イカン》トナレバ一部ノ代位者ニ之ヲ諾《ダク》ストセバ若シ不動産ガ目的《モクテキ》デアル時ハ共有者ノ如キ結果《ケツクワ》ヲ生ジルカラデアル（第二項前段）然《シカ》シ以上ノ場合ニ於テハ債權者ハ代位者ガ為《ナ》シタル辨濟額ト其ノ利息《リソク》ヲ併《アハ》セテ返還シナケレバナラヌ（第二項但書）ノデアリマス

第五百三條　代位辨濟ニ因《ヨ》リテ全部ノ辨濟受《ヲ》ケタル債權者ハ債權《サイケン》ニ關スル證書及ヒ其ノ占有《センイウ》ニ在ル擔保物ヲ代位者《ダイヰシヤ》ニ交付スルコトヲ要ス

債權ノ一部ニ付キ代位辨濟アリタル場合《バアヒ》ニ於テハ債權者ハ債權證書ニ其ノ代位ヲ記入《キラ》シ且代位者ヲシテ其ノ占有《センイウ》ニ在ル擔保物ノ保存ヲ監督《カントク》セシムルコトヲ要ス

▲參看　舊民法財産編第四百八十七條第一項

〔註釋〕本條ハ代位辨濟ノ效力《カウリヨク》ニ關スル規定デアツテ、其ノ意義《イギ》ハ債權者ガ債權額全部ノ辨

濟ヲ受ケタル時ハ曩キニ債務者ヨリ債權者ノ手ニ受取《ウケトリ》アル證書ハ勿論擔保物件アレバ是ヲモ併セテ辨濟者ニ引渡《ヒキワタ》サヌケレバナラヌ（第一項）若シ一部ノ辨濟者《ベンサイシヤ》デアレバ證書ヲ引渡スニハ及バヌ其ノ證書ヘ代位在アルコトヲ記入《キニフ》スレバヨイ然シ擔保ノ物件《ブツケン》ガアレバ必ラズ其ノ擔保物ノ保存《ホゾン》ヲ監督《カントク》サセナケレバナラヌト定メタノデアリマス

第五百四條　第五百條ノ規定《キテイ》ニ依リテ代位ヲ爲《ナ》スヘキ者アル場合《バアヒ》ニ於テ債權者カ故意《コイ》又ハ懈怠《ケタイ》ニ因リテ其ノ擔保ヲ喪失《ソウシツ》又ハ減少《ゲンセウ》シタルトキハ代位《ダイヰ》ヲ爲スヘキ者ハ其ノ喪失《ソウシツ》又ハ減少ニ因リ償還《シヤウクワン》ヲ受クルコト能ハサルニ至リタル限度《ゲンド》ニ於テ其ノ責《セメ》ヲ免ル

▲參看　舊民法財產編第五百十二條、債權擔保編第三十六條、第四十五條、第七十二條、第九十一條

〔註釋〕本條ハ代位者ガ或部分《アルブドン》ノ責ヲ免ルヽヘキ場合ヲ規定《キテイ》シタル條項デアッテ、其ノ意義ハ第五百條ノ原則《ゲンソク》ニ依ッテ債權者ニ代位シタル辨濟者ガ其ノ債權《サイケン》ノ擔保トシテ債務者ヨリ差入《サシイ》レタル物件ヲ受取ラントスル際債權者カ故意《コイ》デアルカ又ハ懈怠《ケタイ》デアルカノ二原因何

レカ一方ニ依ッテ其ノ擔保品ヲ無《ナ》クナシテ居ルカ又ハ少額《セウガク》ニ減《ヘ》ラシテ居ルカノ場合ニ於テハ辨濟者ハ止《ヤム》ヲ得《エ》ズ其ノ現狀ノ儘ヲ受取《ウケト》ラナケレバナラヌ、斯ル場合《バアヒ》ニハ元來故意懈怠ハ債權者ニアルノデ代位《ダイヰ》者《シヤ》ニハ無イノデアル、故ニ代位者ガ他《タ》ノ者《モノ》ニ代位權ヲ行モ其ノ限度ニ因《ヨ》ラナケレバナラヌ故ニ代位者自《シ》身《シン》ガ其ノ限度以上ノ責《セメ》ヲ免《マヌカ》ル丶ニ依リ其ノ代位者ニ代位權ヲ行ハレタル他《タ》ノ債務者モ代位者ガ責ヲ免レタル分《ブン》ニ對《タイ》シテハ代位ト等シク責任ヲ免カル丶モノデアルト定メタノデアリマス

第二欵　相殺

〔註釋〕本欵ハ債務《サイム》消滅《セウメツ》ノ一方法タル相殺ニ關スル規定ヲ網羅《マウラ》シタルモノデアッテ、而シテ相殺トハ通俗《ツウゾク》謂フトコロノ差引勘定《サシヒキカンヂヤウ》ヲスルコト丶解セバ當《アタ》ラヌト雖モ遠《トホ》カラズデ則チ二人ノ者ガ相互《サウゴ》ニ債權者タリ又債務者タル時ニ起《オコ》ルベキ省畧《セウリヤク》辨濟ヲ謂フノデアル如何トナレバ相互ノ債務ヲ相殺《アヒセツ》スル時ハ與《アタ》ヘルコトナク求ムルコトナク相殺《アヒセツ》ノ對當額ニ就テハ互ニ負擔スル所ノモノヲ自己ニ得《ウ》可《ベ》キ辨濟ト爲シ各自之ヲ保持《ホヂ》スルモノデアルカラ授受《ジユ〱》ノ煩《ワヅラ》ヒヲ省《ハブ》クモノデアル其ノ詳細《シヤウサイ》ハ以下各條ニ於テ説《トク》クコト丶致シマス

第五百五條　二人互《タガヒ》ニ同種ノ目的ヲ有スル債務《サイム》ヲ負擔スル場合ニ於テ雙方ノ債務カ辨濟期ニ在《ア》ルトキハ各債務者ハ其ノ對當額《タイヘウガク》ニ付キ相殺ニ因リテ其ノ債務《サイム》ヲ免ルルコトヲ得但債務ノ性質《セイシツ》カ之ヲ許サヽルトキハ此限《コノカギリ》ニ在ラス

前項ノ規定ハ當事者《タウジシヤ》カ反對ノ意思ヲ表示シタル場合《バアヒ》ニハ之レヲ適用セス但其ノ意思表示《イシヘウジ》ハ之ヲ以テ善意《ゼンイ》ノ第三者ニ對抗《タイカウ》スルコトヲ得ス

▲參看　舊民法財産編第五百十九條、第五百二十條

〔註釋〕本條ハ相殺《アヒセツ》ノ性質ト方法トヲ規定《キテイ》シタル條項デアッテ、其ノ意義《イギ》ハ例バ甲乙丙者ガ互ニ金錢ト金錢或ハ同種《ドウシユ》ノ物件ト物件ヲ目的トスル債務ヲ負擔《フタン》シテ居ル場合ニ於テ雙方共辨濟期ニ在ル時ハ甲者ノ乙者ニ貸《カ》シタル百圓ト乙者ノ甲者ニ貸《カ》シタ百圓ト或ハ甲者ノ乙者ニ貸《カ》シタル米ト乙者ノ甲者ニ貸シタル米《コメ》トヲ差引勘定テスレバ甲乙兩者《リヤウシヤ》ノ間ニアッタ互《タガ》ヒノ債務ハ免カルヽコトガ出來《デキ》ル、故ニ相殺ニ必要《ヒツエウ》ナル條件ハ第一二個ノ債務《サイム》アルコト第二債務ノ目的物《モクテキブツ》ガ同種デアルコト、第三雙方《サウハウ》ノ債務ガ辨濟期デアルコト此《コ》ノ三要

件ガ揃《ソロ》ハナケレバ相殺ハ行ハレヌノデアル、例《タトヘ》バ甲者ガ乙者ニ金二百圓ヲ明治廿九年六月三十日ヲ辨濟期《ベンサイキ》トシテ貸與ヘ居リシニ乙者モ又甲者ニ或物《アルモノ》ヲ百圓ニテ賣却《バイキヤク》シ其ノ代金ヲ明治二十九年六月三十日ニ受取ル約束《ヤクソク》デアレバ雙方ガ相殺ノ要件《エウケン》ヲ備ヘテ居ルカラ其ノ對當額百圓ニ就キ速《スミヤ》カニ相殺ハ行ハルヽモノデアル、若シ之レガ甲者ハ乙者ニ馬《ムマ》ヲ貸シ乙者ハ甲者ニ金《カネ》ヲ貸シタル時ハ其ノ目的物《モクテキブツ》ガ違フカラ相殺ハ成立《ナリタ》ズ雙方共目的ハ同種ノモノデアッテモ一方ハ明治二十九年六月三十日ガ辨濟期限《ベンサイキゲン》デ一方ハ明治二十九年八月三十日ト謂フヤウニ辨濟期《ベンサイキ》ガ同時デナケレバ相殺ハ相立《アヒタタ》ノデアル(第一項前段)ケレドモ若シ甲者ガ乙者ニ有スル債務《サイム》ハ美術彫刻《テウコク》デアッテ乙者ノ甲者ニ有《イウ》スル債務ハ家屋《カオク》ヲ貸與ヘセントト約束《ヤクソク》シタル債務ノ如キモノデアッタナラ其ノ性質上相殺《アヒセツ》スルコトハ出來ヌノデアル(第一項但書)然《シカ》シ當事者タル甲者ト乙者ノ間ニ第一項ノ如ク相殺ヲ行《オユナ》フコトノ出來ルモノデモ相殺ヲシナイト意思《イシ》ノ表示ヲ以テ約束《ヤクソク》スルコトモ出來ル(第二項前段)ケレドモ甲乙兩者ガ相殺《アヒセツ》スベキモノナルモ意思表示ヲ以テ相殺《アヒセツ》セザルコトヲ約束《ヤクソク》シタル效力ハ善意ノ第三者ニ對抗《タイカウ》スルコトハ出來ヌ(第二項但書)ト定メタノデアリマス

第五百六條　相殺ハ當事者《タウジシヤ》ノ一方ヨリ其ノ相手方ニ對《タイ》スル意思表示ニ

依リテ之ヲ爲ス但其ノ意思《イシ》表示《ヘウジ》ニハ條件又ハ期限《キゲン》ヲ付スルヿヲ得ス
前項ノ意思表示ハ雙方《サウハウ》ノ債務カ互ニ相殺《アヒセツ》ヲ爲スニ適《テキ》シタル始ニ遡《サカノホ》リテ其ノ効力《カウリヨク》ヲ生ス

▲參看　舊民法財產編第五百二十條

〔註釋〕本條ハ相殺《アヒセツ》ヲ爲スニハ意思表示ヲ以《モツ》テスベキコトノ規定《キテイ》シタル條項《デウコウ》デアッテ、其ノ意義ハ相殺ヲスルニハ相殺《アヒセツ》スベキ當事者タル甲者ガ一方ノ相手方《アヒテカタ》ナル乙者ニ對シテ相殺スベキノ意思《イシ》ヲ表示シテ爲スモノデアル、卉《ソ》フデナケレバ假令《タトヘ》前條規定ノ三要件ガ揃《ソロ》ッテ居ルトモ相殺シタル効力《カウリヨク》ノナイモノデアル（第一項前段）假令又其《ソ》ノ相殺《アヒセツ》スヘキ意思ヲ表示スルトモ當事者間ニ汝《ナンヂ》ガ此ノ事ヲ爲セバ、予ハ汝ニ對《タイ》シテ相殺スヘシ等ト條件《デウケン》ヲ附シ又何年何月ニ於テ相殺スベシ等ト期限《キゲン》ヲ付シテ相殺《アヒセツ》スルコトハ出來ヌ是《コレ》甲乙兩者ガ相殺ノ爲他《タ》ヲ害《ガイ》スルノ虞《オソレ》ガアルカラ差止《サシト》メタノデアル（第一項但書）而《ソウ》シテ此ノ相殺ニ對《タイ》スル意思表示ノ効力ハ其ノ相殺ヲ爲《ナ》ザント意思ヲ表示《ヘウジ》シタル時ヨリ効力ヲ生《シヤウ》スルモノデハナイ相殺ヲ爲スニ適《テキ》シタル始ニ遡《サカノボ》リテ其ノ効力ヲ生スルモノデアル、故《ユエ》ニ例《タトヘ》バ甲乙雙方ノ債務ガ明治二十九年三月三十日ガ辨濟期《ベンサイキ》デアッテ雙方ノ目的物ガ同種《ドウシユ》デアル時バ相殺ヲ為スニ適《テキ》シタルモノデアルカラ雙方《サウハウ》ガ明治二十九年七月一日ニ其ノ相殺《アヒセツ》ヲ為スベキ意思表示ヲ為シタル時ハ其ノ意思表示《イシヘウジ》ノ効力ハ明治二十九年三月三十日ニ遡リテ生《シヤウ》スルモノデアル（第二項）ト定メタノデアリマス

第五百七條　相殺ハ雙方《サウハウ》ノ債務ノ履行地《リカウチ》カ異ナルトキト雖モ之ヲ為スコトヲ得但相殺ヲ為ス當事者《タウジシヤ》ハ其ノ相手方ニ對《タイ》シ之ニ因リテ生シタル損害ヲ賠償《バイシヤウ》スルコトヲ要ス

▲參看　舊民法財産編第五百二十七條

〔註釋〕本條ハ相殺ノ履行地《リカウチ》ニ關スル規定デアッテ、其ノ意義《イギ》ハ例バ甲者ハ大坂《オホサカ》ニ住シ乙者ハ東京ニ住居《ヂウキヨ》スルモ其ノ甲乙兩者間ニ於テ相殺《アヒセツ》ヲ行フコトハ出來ル（本條前段）ケレドモ若シ其ノ相殺ヲ申込ミタル者ガ甲者ナル時ハ相殺ヨリ生《シヤウ》スル一切ノ費用《ヒヨウ》ヲ甲者ヨリ乙者ニ賠償セナケレバナラヌ、又申込者ガ乙者ナル時《トキ》ハ其ノ費用《ヒヨウ》ヲ乙者ヨリ甲者ニ賠償セネケレバナラヌ（本條但書）ト定メタノデアリマス

第五百八條　時效《ジカウ》ニ因リテ消滅シタル債權《サイケン》カ其ノ消滅以前ニ相殺ニ適シタル場合ニ於テハ其ノ債權者《サイケンシヤ》ハ相殺ヲ爲《ナ》スコトヲ得

〔註釋〕本條ハ時效《ジカウ》ニ因リ消滅スベキ債權ニ對スル相殺ノ効力ヲ規定《キテイ》シタルモノデアツテ、其ノ意義ハ例バ甲者ガ乙者ニ有《イウ》スル債權ハ明治二十九年三月一日ヲ以テ法定上《ハフテイジヤウ》ノ時效ニ因リ其ノ權利ガ消滅《セウメツ》シテシマヒシ場合デモ甲者ガ乙者ニ負《オ》フ債務ガ同種《ドウシユ》ノ目的物デアツテ明治二十九年二月二十九日ノ辨濟期《ベンサイキ》デアル時ハ權利消滅後タル明治二十九年三月以後ニ於テモ甲者ハ乙者ニ對シテ相殺《アヒセツ》スルコトガ出來《デキ》ルト定メタノデアリマス

第五百九條　債務《サイム》カ不法行爲ニ因《ヨ》リテ生シタルトキハ其債務者ハ相殺ヲ以テ債權者ニ對抗《タイカウ》スルコトヲ得ス

▲參看　舊民法財產編第五百二十六條第一號

〔註釋〕本條ハ相殺シ能《アタ》ハザル場合ヲ規定《キテイ》シタル條項デアツテ、其ノ意義《イギ》ハ例バ甲者ガ乙者ニ貸金アル場合《バアヒ》ニ於テ甲者ハ詐欺若クハ恐喝《キヤウカツ》等ノ不法手段ヲ以テ乙者ノ金員《キンヰン》ヲ奪ヒタル

ニ依リ乙者ハ甲者ニ向《ムカ》ヒ之レカ取戻《トリモド》シヲ請求シタル場合ニ於テハ甲者ハ乙者ニ向《ムカ》ヒ自已ノ債權ト相殺《アヒヒツ》セント對抗スルコトハ出來ヌ、如何《イカン》トナレバ不法ノ行爲《カウヰ》ヲ以テ己《オノ》レヲ正當ナラシムル權利ハ決《ケツ》シテナイモノデアル、故ニ其ノ不法行爲《フハフカウヰ》ニ得タル金員ハ甲者ヨリ乙者ニ適當《テキタウ》ニ返還シナケレバナラヌモノデ決《ケツ》シテ相殺スヘキ道理《ダウリ》ノ　モノデアリマス

第五百十條　債權カ差押《サシオサヘ》ヲ禁シタルモノナルトキハ其債務者《ソノサイムシヤ》ハ相殺ヲ以テ債權者ニ對抗《タイカウ》スルコトヲ得ス

▲參看　舊民法財產編第五百二十六條第三號

〔註釋〕本條ハ前條ト等《ヒト》シク相殺シ得《アタ》ハザル場合ヲ規定《キテイ》シタル條項デアッテ、其ノ意義《イギ》ハ各人ガ所有スル物件中《ブツケンチウ》ニハ生活上ニ必要《ヒツエウ》デアッテ一日モ離《ハナ》スコトノ出來《デキ》ヌモノガアル、是等ノ物件ハ民事訴訟法第六百十八條ニ列記《レツキ》シテ債務ノ辨濟ヲ爲サシムル場合《バアヒ》ニ於ケルモ其ノ差押ヲ禁《キン》シタルガ故是等ノ物件《ブツケン》ヲ以テ相殺スルコトハ出來《デキ》ヌモノデアル如何トナレバ是レ公益上ヨリ禁止《キンシ》シタルモノデアルカラ至漸《シゼン》相殺ヲモ禁《キン》シナケレバ法律ノ精神《セイシン》ヲ貫徹シテ全然《マルキリ》ノ公益ヲ保護スルコトガ出來ヌカラ斯《カ》クハ規定シタル所以《ワケ》デアリマス

第五百十一條　支拂ノ差止《サシトメ》ヲ受ケタル第三債務者ハ其《ソ》ノ後《ゴ》ニ取得シタル債權ニ依リ相殺《アヒシツ》ヲ以テ差押債權者ニ對抗《タイカウ》スルコトヲ得ス

参看　舊民法財産編第五百二十八條第一項

〔註釋〕本條ハ差押ヲ禁《キン》シタル時ノ相殺ニ關《クワン》シテ規定シタル條項デアッテ、其ノ意義《イギ》ハ例バ甲者ノ債權者乙者ガ民事訴訟法第五百九十四條以下《イカ》ノ規定ニ從ヒテ其ノ債務《サイム》ノ辨濟ヲ得ルノ目的ヲ以テ甲者ノ債務者《サイムシヤ》タル丙者ニ對シテ丙者ヨリ甲者ニ仕拂《シハラ》フ債務ノ差押ヘヲ爲シタル時ハ其ノ以後《イゴ》ニ於テ丙者ハ甲者ニ對シテ仕拂《シハラ》フコトノ出來ヌモノデアル、故《ユヱ》ニ丙者カ差押ヘ以後ニ甲者ニ對スル債權《サイケン》ヲ得テ相殺シタカラト謂《イ》ッテ乙者ニ對抗《タイカウ》スルコトハ出來ヌ、サレバ此ノ場合《バアヒ》ニ於テハ丙者ハ第四百八十一條ノ如《ゴト》ク再ビ辨濟《ベンサイ》セネケレバナラヌノデアリマス

第五百十二條　第四百八十八條乃至《ナイシ》第四百九十一條ノ規定《キテイ》ハ相殺ニ之ヲ準用《ジユンヨウ》ス

▲參看　舊民法財産編第五百五十三條

〔註釋〕本條ハ相殺ノ場合《バアヒ》ニハ辨濟充當ニ關スル條項ヲ準用《ジユンヨウ》スルコトヲ規定《キテイ》シタル條項デアツテ、其ノ意義《イギ》ハ相殺ハ省畧辨濟ノ法《ハフ》デアルカラ總債務ヲ消滅《セウメツ》スルコトノ出來ナイ不足ノ場合ガアル此ノ場合ニハ必《カナ》ラズ充當セネケレバナラヌ、故《ユエ》ニ第四百八十八條ヨリ以下第四百九十一條ニ至《イタ》ル充當方法ヲ準用スルノ必要《ヒツエウ》ガアルカラ斯ク規定《キテイ》シタル所以デアリマス

第三欵　更改

〔註釋〕本欵《ホンクワン》ハ債務更改ニ關シテ規定《キテイ》シタル條項ヲ網羅《マウラ》シタルモノデアツテ、而《ソウ》シテ更改ト謂フコトハ新債務《シンサイム》ヲ以テ舊債務ニ變更《ヘンカウ》スルヲ謂フモノデアル、故ニ例バ爰《コヽ》ニ物品ヲ買入レタル者ガアリシニ卽時《ソクジ》ニ代金ノ支拂ヒヲ爲《ナ》スコトガ出來ヌノデ賣主《ウリヌシ》ト商議シテ物品代金テ借用金ノ名義《メイギ》ト爲シタル時ハ舊債務タル賣買代金ニ對《タイ》スル債務ハ消滅シテ借用金タル新債務ガ之《コ》レニ更《カハ》リタルモノデアル斯ノ如キ場合《バアヒ》ヲ指《サ》シテ債務ノ更改《カウカイ》ト謂フノデアルケレドモ是《コ》レハ大体《ダイタイ》ヲ示シタルダケデアツテ其ノ詳《シヤウ》シキ場合ハ以下各條ニ就《ツイ》テ說明スルコト、致シマス

第五百十三條　當事者カ債務《サイム》ノ要素ヲ變更スル契約《ケイヤク》ヲ爲シタルトキハ其ノ債務ハ更改《カウカイ》ニ因リテ消滅《セウメツ》ス

條件付債務ヲ無條件《ムデウケン》債務《サイム》トシ、無條件債務ニ條件ヲ附《フ》シ又ハ條件ヲ變更スルハ債務ノ要素《エウソ》ヲ變更スルモノト看做《ミナ》ス債務ノ履行ニ代《カ》ヘテ爲替手形ヲ發行《ハツカウ》スルモ亦同シ

▲參看　舊民法財産編第四百八十九條、第四百九十條

〔註釋〕本條ハ債務《サイム》更改《カウカイ》ノ場合ヲ規定シタル條項《デウコウ》デアッテ、其ノ意義ハ債務《サイム》ノ更改ハ當事者ガ債務ノ要素ヲ變更スルモノデアルカラ、左ノ場合《バアヒ》ニ於テハ舊債務ガ新債務《シンサイム》ト更改シテ舊債務ハ消滅《セウメツ》スルモノデアル

第一　要素目的《エウソモクテキ》ノ變更　例バ賣掛代金ヲ借用金ト變更《ヘンカウ》シ或ハ物件ヲ金錢ト變更《ヘンカウ》シ或ハ米麥《ベイバク》ナドヲ物件ト變更スル等ハ目的物《モクテキブツ》ノ變更ニ因リ舊債務ハ消滅《セウメツ》スルモノデアル

第二　要素原因ノ變更　例バ物《モノ》ヲ買《カ》ヒタル者カ卽時《ソクジ》ニ代金ヲ支拂《シハラ》フコトガ出來ヌ爲《タメ》賣主ニ商議《シヤウギ》シテ債務ノ性質《セイシツ》ヲ變シテ貸借ニ代《カ》ヘ期日ニ至リテ借主ノ名義《メイギ》ニテ辨濟スル

コトヲ約束《ヤクソク》シタルガ如キハ債務ノ原因タル賣買契約ガ變《ヘン》シテ貸借《カシカリ》ニ變更シタルモノデアルカラ原因《ゲンイン》ノ變更ニ因リ舊債務ハ消滅《セウメツ》スルモノデアル

第三　要素債權者ノ變更　例バ乙者ニ債權ヲ有《イウ》スル甲者ガ其ノ債權ヲ丙者ニ讓渡《ユヅリワタ》スニ就キ乙者ニ通告《ツウコク》シタル時債務者タル乙者ニ於テ之ヲ承諾《シヨウダク》シタル場合ニ於テハ甲者ニ對スル舊債務ハ消滅《セウメツ》シテ丙者ニ對スル新債務《シンサイム》之ニ代ルモノデアル是債權者ノ變更《ヘンカウ》アリタルニ因リ舊債務ハ消滅《セウメツ》スルモノデアル

第四　要素債務者ノ變更　例バ債務者タル乙者ノ朋友《ホウイウ》丙者ナル者ガ債權者《サイケンシヤ》タル甲者ニ對シ乙者ノ債務《サイム》ハ自已ニ於テ辨濟スヘケレバ乙者ニ對《タイ》スル債權ヲ抛棄《キ》セムコトヲ求メタル時甲者ガ之ヲ承諾《シヨウダク》スレバ舊債務者タル乙者ハ新債務者《シンサイムシヤ》タル丙者ト代ハルモノデアルカラ債務者ノ變更アリタルニ因リ舊債務《キウサイム》ハ消滅スルモノデアル（以上第一項）

而シテ又債務ノ更改《カウカイ》ハ以上ノ要素《エウソ》ガ變更シナケレバ決シテ債務更改《サイムカウカイ》アリタルモノトハ謂ヘナイモノデアル、ケレドモ當事者ノ意思《イシ》ヲ以テ債務ノ本體ニ附着《フチヤク》シタル期限ヲ無期限ト爲シ若シ無期限ヲ有期限《イウキゲン》ト爲シ或ハ利息附ヲ無利息《ムリソク》ト爲シ若クハ無利息ヲ利息付ト爲ス如ク又ハ履行《リカウ》ノ場所ヲ變更シ若クハ賣買代金ノ支拂《シハラヒ》ニ代ヘテ爲替手形ヲ以テ支拂《シハラ》フ場合ナトハ總テ前項《ゼンコウ》ト等シク債務ノ要素《エウソ》ヲ變更シタルト同等ニ看做《ミナ》スモノデアル（第二項）

ト定メタノデアリマス

第五百十四條　債務者ノ交替《カウタイ》ニ因ル更改ハ債權者ト新債務者《シンサイムシヤ》トノ契約ヲ以テ之ヲ爲スコトヲ得但舊債務者ノ意思《イシ》ニ反《ハン》シテ之ヲ爲《ナ》スコトヲ得ス

⦿參看　舊民法財產編第四百九十六條第一項

〔註釋〕本條ハ債務者ノ交替《カウタイ》ニ因レル更改ノ塲合ヲ規定《キテイ》シタル條項デアッテ、其ノ意義《イギ》ハ例ハ債權者タル甲者ニ債務ヲ負《オ》フ乙者ガ丙者ニ債權ヲ有《イウ》シ居レル塲合ニ於テ其ノ乙者ノ債務者タル丙者ガ乙者ノ甲者ニ負フ債務《サイム》ヲ自己ニ辨濟セントスル時ハ甲者ト契約《ケイヤク》スレバタレニテ交替シ得《エ》ラルヽモノデアル故ニ別《ベツ》ニ乙者ノ承諾ヲ要《エウ》スルモノデハナイ（本條前段）ケレドモ乙者ニ於テ其ノ更改《カウカイ》ヲ好マズ辞退《コトワツ》タ時ハ丙者ハ乙者ノ意《イ》ニ反シテ强《シヒ》テ之ヲ爲スコトハ出來ヌ（本條但書）ノデアリマス

第五百十五條　債權者ノ交替《カウタイ》ニ因ル更改ハ確定日附《クワクテイヒヅケ》アル證書ヲ以テスルニ非《アラ》サレハ之ヲ以テ第三者ニ對抗《タイカウ》スルコトヲ得ス

參看　舊民法財産編第五百條

〔註釋〕本條　債權者ノ交替ニ關《クワン》スル規定デアッテ、其ノ意義ハ債權者《サイケンシャ》ノ交替ハ債務者ノ上ヨリ謂フトキハ寛嚴《クワンゲン》ニ對シテ利不利ノ影響《エイキャウ》ヲ及ホスヘキモノデアルカラ新債權者《シンサイケンシャ》ハ公正證書ノ如キ確定日附アル證書《シヨウシヨ》ヲ以テセナケレバ第三者ニ對抗《タイカウ》スルコトハ出來ヌト定メタノデアリマス

第五百十六條　第四百六十八條第一項ノ規定《キテイ》ハ債權者ノ交替《カウタイ》ニ因ル更改ニ之ヲ準用ス

參看　舊民法財産編第四百九十五條

〔註釋〕本條ハ債權者ノ交替《カウタイ》ニ因ル更改ノ場合ニハ債權ノ讓渡シニ就テ規定《キテイ》シタノ第四百六十八條第一項ニ準《シタガ》フベキコトヲ定メタル條項《デウコウ》デアッテ其ノ意義ハ同條《ドウデウ》ノ下ニ就テ知ラルベシ

第五百十七條　更改ニ因《ヨ》リテ生シタル債務カ不法《フハウ》ノ原因ノ爲又ハ當事

者ノ知《シ》ラサル事由ニ因《ヨ》リテ成立セス又ハ取消《トリケ》サレタルトキハ舊債務ハ消滅セス

▲參看　舊民法財產編第四百九十四條第二項

〔註釋〕本條ハ更改ノ無效《ムカウ》ナル塲合ヲ規定シタル條項《デウコウ》デアツテ、其ノ意義ハ債務《サイム》ノ更改アリタル時ハ舊債務ハ消滅《セウメツ》スルノ原則《ゲンソク》デアル、ケレドモ其ノ舊債務ガ詐欺《サギ》若クハ其ノ他ノ不法行爲又ハ當事者ノ知ラザル事由《ジイウ》等ノ爲ニ成立タザルカ又ハ取消《トリケ》サレタル時ハ舊債務ハ消滅スルモノデハナイト定メタノデアリマス

第五百十八條　更改ノ當事者《タウジシヤ》ハ舊債務ノ目的ノ限度《ゲンド》ニ於テ其ノ債務ノ擔保ニ供シタル質權《シツケン》又ハ抵當權ヲ新債務ニ移《ウツ》スコトヲ得但第三者カ之ヲ供シタル塲合ニ於テハ其ノ承諾《シヨウダク》ヲ得ルコトヲ要ス

▲參看　舊民法財產編第五百三條第一項、第三項

〔註釋〕本條ハ債務《サイム》ノ更改アリタルニ就キ其ノ擔保品ヲ移轉《イテン》スル塲合ヲ規定シタル條項《デウコウ》デア

ツテ、其ノ意義ハ元來債務ノ更改《カウカイ》ハ舊債務ノ消滅スルモノデアルカラ、例《タトヘ》バ甲者ガ金千圓ヲ乙者ヨリ借入《カリイ》レシ債務ノ擔保トシテ家屋《カオク》ヲ供シタル質權又ハ抵當權アル塲合《バアヒ》ニ債務者ノ變更アリテ新債務者丙者ノ債務《サイム》ト更改スル時ハ其ノ質權《シツケン》又ハ抵當權ハ債務者タル甲者ノ債務ガ消滅《セウメツ》スルト共ニ消滅スルモノナレドモ更改《カウカイ》ノ當事者ハ則チ甲者乙者及ヒ丙者等ガ是ヲ其ノ儘ニ新債務《シンサイム》ノ擔保ニ移《ウツ》スコトガ出來ル(本條前段)ケレドモ若《モ》シ其ノ抵當物ガ第三者タル丁者ヨリ貸與《カシアタ》ヘタルモノデアル時ハ其ノ丁者ノ承諾《シヨウダク》ヲ得ナケレバ新債務ニ其ノ儘移轉《イテン》スルコトハ出來ヌ(本條但書)ト定メタノデアリマス、

第四欵　免除

〔註釋〕本欵ハ債權者ガ自己《ジコ》ノ有スル債權ヲ債務者ノ爲ニ抛棄《ハウキ》シテ其ノ債務ヲ免カレシムルコトヲ規定シタルモノデアリマス

第五百十九條　債權者カ債務者《サイムシヤ》ニ對シテ債務ヲ免除《メンジヨ》スル意思ヲ表示シタルトキハ其ノ債權ハ消滅《セウメツ》ス

〔註釋〕本條ハ免除ニ因リテ債權《サイケン》ノ消滅スルコトヲ規定《キテイ》シタル條項デアッテ、其ノ意義《イギ》ハ例

バ甲者ガ乙者ニ對シテ貸金《カシキン》ヲ爲シタルニ甲者ガ乙者ニ何《ナニ》カ報《ムク》ユベキ事情《ジヤウ》ガアッテ其ノ債權ノ辨濟ヲ許《ユル》スベキ意思ヲ表示《ヘウジ》シテ其ノ權利ヲ拋棄《ハウキ》シタル時ハ其ノ債權ハ消滅《セウメツ》スルニ因リ乙者ハ之ガ辨濟《ベンサイ》ノ義務ヲ免《マヌ》カルヽモノデアルト定メタノデアリマス

第五欵　混同

〔註釋〕本欵ハ債權ト債務《サイム》トカ一人ニ混同《コンドウ》スル塲合ヲ規定シタル條項《デウコウ》デアッテ、混同トハ例バ甲者ガ乙者ニ債權ヲ有シ居ル塲合《バアヒ》ニ於テ乙者ガ甲者ノ相續人《サウゾクニン》ト成リ又ハ甲者ガ乙者ノ相續人ト成リタル如キ塲合《バアヒ》ヲ指《サ》シテ謂フノデアリマス

第五百二十條　債權及ヒ債務《サイム》カ同一人ニ歸《キ》シタルトキハ其ノ債權《サイケン》ハ消滅ス但其ノ債權カ第三者ノ權利《ケンリ》ノ目的タルトキハ此限《コノカギリ》ニ在ラス

〔註釋〕本條ハ混同《コンドウ》ニ因リテ債務ノ消滅スル場合ヲ規定《キテイ》シタル條項デアッテ、其ノ意義《イギ》ハ前述ベタル如ク債權者カ債務者ノ資格《シカク》ヲ承繼《ウケツ》キ又ハ債務者ガ債權者ノ資格《シカク》ヲ承繼キ相續シタル場合ノ如キ時ハ互《タガ》ヒニ自己固有ノ資格ハ債權者タリ債務者《サイムシヤ》タルニハ相違ナキモノデアルカラ請求シヤウト思ヘバ自己ニ請求《セイキウ》スレバヨイ、ケレドモ此《コン》樣ナコトハ實際《シッサイ》出來《テキ》ナ

イコトデアル、故ニ此ノ場合《バアヒ》ニハ何レモ債務《サイム》ハ消滅スルモノト定《サダ》メタノデアル（本條前段）ケレドモ其ノ債權《サイケン》ガ第三者ノ權利ノ目的デアル時ハ假令《タトヘ》混同アルトモ消滅スルモノデハナイト定メタノデアリマス

第二章　契約

（註釋）本章ハ契約《ケイヤク》ニ關スル規定ヲ一團《ダン》トシテ蒐集《シウシフ》シタルモノデアッテ、元來契約《グワンライケイヤク》トハ二人以上ノ者ガ法律上ノ効力《カウリヨク》ヲ生セシムル目的ヲ以テ爲ス合意《ガフイ》ヲ謂フモノデアル。例《タト》ヘバ甲者ガ乙者ト或物ヲ賣買シ若クハ貸借《タイシヤク》スルコトヲ互ニ承諾シタル如キ皆是《ミナコ》レ契約ト稱スルモノデアル、其ノ詳細《シヤウサイ》ハ以下各條ニ於テ説明《セツメイ》スルコトヽ致《イタ》シマス

第一節　總則

（註釋）本節ハ契約ニ關《クワン》スル第五百四十九條以下《イカ》第六百九十六條マデノ規定條項《キテイデウコウ》ニ限リテ通シテ用《モチ》フベキ規定條項ヲ網羅《マウラ》シタルモノデアリマス

第一款　契約ノ成立

〔註釋〕本款ハ契約ノ成立《セイリツ》ニ關スル條項ヲノミ網羅《マウラ》シタルモノデアリマス

第五百二十一條　承諾ノ期間《キカン》ヲ定メテ爲シタル契約《ケイヤク》ノ申込ハ之ヲ取消スコトヲ得ス

申込者カ前項《ゼンコウ》ノ期間內ニ承諾ノ通知《ツウチ》ヲ受ケサルトキハ申込《マウシコミ》ハ其ノ効力ヲ失フ

▲參看　舊民法財產編第三百八條第二項、第三項、既成商法第二百九十三條、第二百九十七條

〔註釋〕本條ハ契約《ケイヤク》ノ申込ニ就テノ規定《キテイ》デアッテ、其ノ意義ハ例バ甲地ニ住居《ヂウキヨ》スル者ガ乙地ニ住居スル者ニ對シ何品ヲ何程《ナニホド》買入度カラ十日間ニ賣渡《ウリワタ》スヤ否《イナヤ》ヤノ返事ヲセヨト申込ミタル時ハ甲地ニ住居スル者ハ乙地者ヨリ返事《ヘンジ》ノアルマデハ甲地者ニ於テ其ノ申込《マウシコミ》ヲ取消スコトハ出來ス（第一項）ケレドモ乙地者ヨリ十日間ニ承諾《シヨウダク》シタト謂フ返事ガナケレバ甲地者ニ於テ取消《トリケ》スマデモナク甲地者ノ申込ハ無效《ムカウ》ト成ル（第二項）ノデアルト定メタノデアリマス

第五百二十二條　承諾ノ通知《ツウチ》カ前條ノ期間後ニ到達《タウタツ》シタルモ通常ノ場合ニ於テハ其ノ期間《キカン》内ニ到達《タウタツ》スヘカリシ時ニ發達《ハツタツ》シタルモノナルコトヲ知リ得ヘキトキハ申込者ハ遲滯《チタイ》ナク相手方ニ對シテ其ノ延著《エンチヤク》ノ通知ヲ發スルコトヲ要ス但其ノ到達前《タウタツゼン》ニ遲延ノ通知ヲ發《ハツ》シタルトキハ此限ニ在ラス

申込者カ前項《ゼンコウ》ノ通知ヲ怠リタルトキハ承諾《シヨウダク》ノ通知ハ延著《エンチヤク》セサリシモノト看做《ミナ》ス

〔註釋〕本條ハ期間後《キカンゴ》ニ承諾ノ通知ガ着シタル場合ノ規定《キテイ》デアッテ、其ノ意義《イギ》ハ前條ノ場合ニ於テ乙地者ノ發《ハツ》シタル承諾ノ返事ガ普通《フツウ》ノ時デアレバ必ラズ申込期間ノ十日中ニハ着スベキモノデアル、ケレドモ途中《トチウ》デ滊船《キセン》ガ沈沒《チンボツ》セシカ或ハ滊車ニ故障《コシヤウ》在リシカ若クハ陸地ニ洪水地震《コウズヰヂシン》ナドノ事變ガ生シ爲ニ郵送《ユウソウ》ヲ妨ゲラレ竟《ツヒ》ニ十日ノ期間後ニ着シタル事實《ジジツ》ヲ甲地者ニ於テ知リ得ヘキ時遲滯ナク直ニ相手方タル乙地者ニ對《タイ》シテ延着シタルコトヲ通知セナケレバナラヌ（第一項前段）尤《モツト》モ甲地者ガ乙地者ノ返事《ヘンジ》ガ着カナイ前ニ十日ノ期間《キガン》ノ切レタルコトヲ既ニ通知《ツウチ》シ遣リタル後ヘ着タ時ハ前段《ゼンダン》ノ手續ヲ爲サストモヨロシイ（第一項但書）ケレドモ若《モ》シ甲地者ニ於テ乙地者ヘノ通知《ツウチ》ヲ怠リテシナカッタ時ハ乙地者ノ返事ガ假令《タトヘ》延着シタルモ之ヲ延着シナイモノト看做《ミナ》スノデアル、是甲地者ノ過失《クワシツ》デアルカラ其ノ過失ヲ乙地者ニ蒙《カフム》ラセル道理《ワケ》ハナイカラ斯クハ定メル所以デアリマス

第五百二十三條　遲延《チエン》シタル承諾ハ申込者ニ於テ之ヲ新《アラタ》ナル申込ト看做スコトヲ得

〔註釋〕本條ハ遲延《チエン》ノ承諾ニ就テ規定シタル條項《デウコウ》デアッテ、其ノ意義《イギ》ハ前二條ニ規定シタル如ク例バ甲地ニ住居スル者ヨリ乙地ニ住居スル者ニ對《タイ》シテ何品何程ヲ買入《カヒイ》レ度カラ十日間賣渡シテ承諾スルヤ否《イナ》ヤノ返事ヲセヨト申込ミタル時乙地者ヨリ十日後ニ承諾ノコトヲ返事シ來ル時ハ第五百二十一條第二項ニ依《ヨ》リテ無效《ムカウ》デアルケレドモ申込者《マチシコミシヤ》タル甲地者ニ於テ遲延《チエン》ノ承諾ヲ無效《ムカウ》トセズシテ契約スル場合《バアヒ》ガアル、故ニ左樣《サウ》イフ時ハ乙地者ガ遲延ノ承諾ハ甲地者ニ於テ新《アラタ》ナル申込ト看做スコトガ出來《デキ》ル、ソコデ甲地者ニ對シ遲延ノ

承諾ヲ有效トスルノ通知《ツウチ》ヲナセバ茲ニ初メテ契約《ケイヤク》ハ成立ツモノデアリマス

第五百二十四條　承諾ノ期間《キカン》ヲ定メスシテ隔地者《カクチシヤ》ニ爲シタル申込ハ申込者カ承諾ノ通知ヲ受クルニ相當《サウタウ》ナル期間之ヲ取消《トリケ》スコトヲ得ス

〔註釋〕本條ハ期間《キカン》ヲ定メザル申込ニ對《タイ》スル效力ヲ規定《キテイ》シタル條項デアッテ、其ノ意義《イギ》ハ例バ甲地ニ住居スル者ガ隔《ヘダ》リタル乙地ニ住居スル者ニ對《タイ》シテ何品何程ヲ買入度《カヒイレタヒ》カラ賣渡スヤ否ヤノ返事《ヘンジ》ヲセヨト別ニ何日間ト謂《イ》フテ返事スルノ日限ヲ定《サダ》メズシテ申込ミタル時ハ甲地者ハ乙地者ヨリ返事《ヘンジ》ヲ受クルニ相當スル日限内《ニチゲンナイ》ニ其ノ申込ヲ取消《トリケ》スコトハ出來ヌト定タノデアル、然シ茲ニ注意《チウイ》スベキハ承諾ノ通知ヲ受《ウ》クルニ相當《サウタウ》ナル期間トハ何日間ナルヤト謂《イ》フコトデアル、此ノ日數ニ就《ツイ》テハ別ニ明文《メイブン》カナイカラ事實裁判官ノ判定《ハンテイ》ニ任スモノデアル然シ大概《タイガイ》ヲ知ルニハ敢《ア》ヘテ六ケ敷《シキ》コトデハナイ、例バ大坂ト東京デアレバ二日カ三日デ郵便ハ到着《タウチヤク》スル又高知ト大坂ナレバ海路《カイロ》デアルカラ道程《ミチ》ハ近イカ東京ト大坂程ノ日取《ヒドリ》ガナケレバ到達セヌト通常ノ例《レイ》ヲ引クコトガ出來ルカラ別《ベツ》ニ其ノ規定カナクトモ不自由《フジイウ》ナコトハアリマセヌ

第五百二十五條　第九十七條第二項ノ規定《キテイ》ハ申込者カ反對《ハンタイ》ノ意思ヲ表示シ又ハ其ノ相手方《アイテカタ》カ死亡若クハ能力喪失《ノウリヨクソウシツ》ノ事實ヲ知リタル場合ニハ之ヲ適用《テキヨウ》セス

〔註釋〕本條ハ契約《ケイヤク》ノ申込ニ付テ第九十七條第二項ニ對スル例外《レイグワイ》ヲ規定シタル條項デアッテ、其ノ意義《イギ》ハ第九十七條第二項ノ規定ハ意者《イシヤ》ガ通知ヲ發《ハツ》シタル後ニ死亡《シバウ》シ又ハ能力ヲ失フトモ意思ノ表示《ヘウジ》ハ之レカ爲ニ其ノ效力ヲ妨《サマタ》ケラルヽコトハナイト定《サダ》メタル條項デアル而シテ本條ノ意義ハ申込者ガ申込ヲ爲シタル後反對ノ意思ヲ表示《ヘウジ》シタル場合ト相手方《アヒテカタ》ガ死亡シタル場合ト相手方《アヒテカタ》ガ能力ヲ喪失《ソウシツ》シタル場合等ノ事實アルヲ双方ニ知《シ》リタル時ハ申込ハ互ニ無效《ムカウ》トスルモノデアルカラ第九十七條第二項ノ規定《キテイ》ニ矛盾《ムジユン》スルモノデアル、故ニ以上ノ場合ニ限リテハ該規定《ガイキテイ》ハ適用シナイト特ニ定メタノデアル、如何《ドウ》シテ特ニ此ノ明文ヲ置《オイ》タカト謂ヘバ該條《ガイデウ》ハ民法全体ニ適用スル總則《ソウソク》デアルカラ斯クハ特條《トクデウ》ヲ設ケタ所以デアリマス

第五百二十六條　隔地者間ノ契約《ケイヤク》ハ承諾ノ通知《ツウチ》ヲ發シタル時ニ成立ス

申込者ノ意思表示又ハ取引上《トリヒキジヤウ》ノ慣習ニ依リ承諾ノ通知《ツウチ》ヲ必要トセサル場合ニ於テハ契約《ケイヤク》ハ承諾ノ意思表示ト認《ミト》ムヘキ事實アリタル時ニ成立ス

参看　舊民法財産編第三百八條第五項

〔註釋〕本條ハ隔地者《カクチシヤ》ノ間ニ契約ノ成立《セイリツ》スヘキ場合ヲ規定《キテイ》シタル條項デアッテ、其ノ意義《イギ》ハ例バ甲者ハ東京ニ住居《ヂウキヨ》シ乙者ハ隔リタル大坂ニ住居スル時互ニ契約《ケイヤク》ヲ爲スニハ先ツ甲乙何レカノ一方ヨリ申込《マウシコミ》ヲ爲シ其ノ申込ニ對シ一方者ヨリ承諾ノ通知《ツウチ》ヲ發シタル時ニ契約ハ成立ツモノデアル(第一項)ケレドモ其《ソ》ノ一方者ヨリ例バ清酒《セイシユ》百樽《タル》ヲ買入レ度ニ付賣渡スヤ否《イナ》ヤ承諾ノ返事《ヘンジ》ヲセヨト申込ミシ時清酒取引上《トリヒキジヤウ》ニハ昔カラ賣渡スコトヲ承諾スルノ通知ヲセズトモ申込サヘアレバ直《タヾチ》ニ清酒ノ樽ヘ其行又ハ賣約濟《バイヤクズミ》ノ印等ヲ付シテ承諾ヲ意思ヲ表示《ヘウジ》スル習慣アレバ第一項ノ手續《テツヾキ》ヲ經《ヘ》ズトモ此ノ場合ニハ契約《ケイヤク》ハ成立ツ(第二項)モノデアルト定メタノデアリマス

第五百二十七條　申込《マウシコミ》ノ取消ノ通知カ承諾ノ通知ヲ發《ハツ》シタル後ニ到達

シタルモ通常ノ場合《バアヒ》ニ於テハ其ノ前ニ到達《タウタツ》スヘカリシ時ニ發送シタルモノナルコトヲ知《シ》リ得ヘキトキハ承諾者ハ遲滯《チエン》ナク申込者ニ對《タイ》シテ其ノ延著《エンチヤク》ノ通知ヲ發《ハツ》スルコトヲ要ス

承諾者カ前項ノ通知《ツウチ》ヲ怠リタルトキハ契約《ケイヤク》ハ成立セサリシモノト看做ス

△參看　舊民法財産第三百八條第六項

〔註釋〕本條ハ申込取消ノ效力《カウリヨク》ヲ規定シタル條項デアツテ、其ノ意義《イギ》ハ例バ東京ノ商人甲者ガ大坂ノ商人乙者ニ向ケテ清酒《セイシユ》百樽ヲ買入度カラ賣渡《ウリワタ》スヤ否ヤノ返事ヲ十日間内ニセヨト申込タル時其ノ十日間ヲ過《ス》グルモ乙者ヨリ返事《ヘンジ》ガナイカラ十二日目ニ甲者ヨリ申込取消シノ通知《ツウチ》ヲ爲シタルニ乙者ハ既《ステ》ニ十日ノ期間中ナル八日目ニ承諾《シヨウダク》ノ返事ヲ爲シタルモ途中ニ事變《ジヘン》ガアリテ爲ニ未ダ其ノ返知《ツウチ》ガ甲者ノ手ニ落《チ》チナイモノデアルコトテ乙者ニ於テ知リ得ベキ時ハ遲滯《チタイ》ナク直ニ乙者ヨリ甲者ニ向ヒ承諾《シヨウダク》ノ返事ハ既ニ八日目ニ差出シテアルカラ申込取消ノ通知ハ延着《エンチヤク》テアルト謂フ通知ヲ必ラズセナケレバナラヌ（第一項）若シ乙者ニ於テ此《コ》ノ通知ヲ怠《オコタ》リテ爲サズ時ハ甲者ヨリ發《ハツ》シタル取消ノ通知《ツウチ》ガ有效トナルカラ其ノ契約《ケイヤク》ハ成立タヌモノト看做《ミナ》スノデアル(第二項)ト定メタノデアリマス

第五百二十八條　承諾者カ申込《マヲシコミ》ニ條件ヲ附シ其ノ他變更《ヘンカウ》ヲ加ヘテ之ヲ承諾シタルトキハ其ノ申込ノ拒絶《キヨゼツ》ト共ニ新《アラタ》ナル申込ヲ爲シタルモノト看做ス

▲參看　既成商法第二百九十六條

〔註釋〕本條ハ申込拒絶ノ塲合《バアヒ》ニ關スル規定デアツテ、例《タトヘ》バ東京ナル甲者ヨリ大坂ナル乙者ニ對シテ七月一日出ノ書信《シヨシン》ヲ以テ一樽八圓ノ割合《ワリアヒ》ニテ正宗印淸酒百樽ヲ買入度《カヒタヒ》カラ來ル十日マデニ否《イナ》ヤノ返事ヲセヨト申込ミタル時乙者ヨリ八圓替《ガヘ》ノ正宗《マサムネ》ハ五十樽ヨリ揃《ソロ》ハズト甲者ノ申込ヲ變更《ヘンカウ》スルカ或ハ一樽八圓五十錢替ニテ前金《ゼンキン》ヲ送付《ソウフ》セバ申込ノ如ク正宗印酒百樽ヲ賣渡《ウリワタ》ソウト條件ヲ付シテ承諾《シヨウダク》シタル時ハ乙者ハ殆ド甲者ノ申込ヲ丁度拒絶《チヤウドキヨゼツ》シタ姿ト成ルカラ其ノ返事《ヘンジ》ハ新ニ自巳ガ申込者ノ位地《井チ》ニ立ツテ申込ミヲ爲シタル者ト看做《ミナ》スト定メタノデアル故ニ此ノ塲合《バアヒ》ニハ甲者ハ乙者ノ申込ヲ受クル位地《井チ》デアルカラ甲者ハ乙

者ノ申込ニ對シテ拒絶《コトワ》ルカ又ハ承諾ヲ爲スカノ返事《ヘンジ》ヲ更ニ爲サヽレバ其ノ契約《ケイヤク》ハ成立タヌモノデアルト定メタノデアリマス

第五百二十九條　或《イ》行爲ヲ爲《ナ》シタル者ニ一定ノ報酬《ハウシウ》ヲ與フヘキ旨ヲ廣告シタル者ハ其ノ行爲《カウヰ》ヲ爲シタル者ニ對シテ其ノ報酬《ハウシウ》ヲ與《アタ》フル義務ヲ負《オ》フ

〔註釋〕本條ハ廣告《クワウコク》ヲ以テ爲シタル申込ノ效力ヲ規定《キテイ》シタル條項デアツテ、例バ甲者ガ新聞紙上ヘ愛犬紛失《アイケンフンシツ》御見當リノ上御連《オツ》レ下サレ候時ハ拾圓ノ謝金《シヤキン》ヲ致スベシト廣告シタル時乙者ガ其ノ愛犬《アイケン》ヲ捜《サガ》シ當テヽ甲者ノ許入連《ツ》レ行《ユ》キタル時ハ甲者ハ乙者ニ對シテ十圓ノ謝金ヲ支拂《シハラ》フベキ義務アルモノト定《サダ》メタノデアリマス

第五百三十條　前條ノ場合《バアヒ》ニ於テ廣告者ハ其ノ指定《シテイ》シタル行爲《カウヰ》ヲ完了スル者ナキ間ハ前ノ廣告《クワウコク》ト同一ノ方法ニ依《ヨ》リテ其ノ廣告ヲ取消スコトヲ得但其ノ廣告中ニ取消《トリケシ》ヲ爲サヽル旨ヲ表示《ヘウジ》シタルトキハ此限ニ

在ラス

前項ニ定メタル方法《ハウハフ》ニ依リテ取消ヲ為スコト能《アタ》ハサル場合《バアヒ》ニ於テハ他ノ方法ニ依《ヨ》リテ之ヲ為スコトヲ得但其ノ取消《トリケシ》ハ之ヲ知《シ》リタル者ニ對シテノミ其ノ効力《カウリヨク》ヲ有ス

廣告者カ其ノ指定《シテイ》シタル行為ヲ為スヘキ期間《キカン》ヲ定メタルトキハ其ノ取消權ヲ拋棄《ハウキ》シタルモノト推定《スヰテイ》ス

〔註釋〕本條ハ前條ノ廣告《クワウコク》ヲ取消スニ就テノ方法ヲ規定《キテイ》シタル條項デアッテ、例バ前條《ゼンデウ》ノ如ク甲者ガ愛犬紛失《アイケンフンシツ》ノ廣告ヲ為シタル時誰《タ》レモ其ノ愛犬ヲ連《ツ》レ來《キタ》ラザル間デアレバ前ニ廣告ヲ為シタル新聞紙ト同一ノ新聞紙《シンブンシ》ヘ其ノ取消シノ廣告ヲ為《ナ》スコトガ出來《デキ》ル（第一項前段）ケレドモ廣告《クワウコク》ヲ為シタル時此ノ廣告ハ愛犬戻《アイケンモド》ラザル間ハ取消サヌト附記《フキ》シタル場合ニ於テハ取消《トリケ》スコトハ出來ヌ（第一項但書）然《シカ》シ甲者ガ取消シヲ為《ナ》サントスル時最初ニ廣告シタル新聞紙ガ廢刊《ハイカン》若クハ休刊シテ當時發行《タウジハツカウ》シテ居ラヌ時ハ其ノ新聞紙ニ取消《トリケシ》ノ廣告ヲスルコトガ出來ヌ斯ル場合《バアヒ》ニハ他ノ新聞紙ガアレバ其ノ新聞紙《シンブンシ》ヘ取得シノ廣告ヲスル

（モヨシ又他ノ新聞紙カナケレバ張札《ハリフダ》若クハ東西屋ヲ以テ取消シノ廣告《クワウコク》ヲ爲スモ差支ヘハナイ（第二項前段）ケレドモ此《コ》ノ場合ニハ其ノ取消シヲ知《シ》リタル者バカリニ對《タイ》シテデナケレバ取消シノ效力ハナイ、故《ユエ》ニ例バ他ノ新聞紙ヲ讀《ヨ》マヌ者カ若クハ張札《ハリフダ》アリシコトモ東西屋ノ取消ヲ觸《フ》レタノモ知ラズシテ甲者ガ取消《トリケ》シタル後ニ其ノ愛犬《アイケン》ヲ連《ツ》レ來ル者アレバ甲者ハ假令《タトヘ》取消後デアッテモ謝金《シヤキン》ヲ拒《コバ》ムコトハ出來ヌ（第二項但書）而《ソウ》シテ若シ甲者ガ廣告ヲ爲ス時例バ何日間《イクガヽン》ニ連レ來レ若クハ來ル何日迄ニ連來《ツレキタ》レト日限ヲ定メタル時ハ其ノ日附中ハ取消權ヲ抛棄《ハウキ》シタルモノト推定《スヰテイ》スルカラ假令甲者ガ其ノ日限内《ニチゲンチウ》ニ取消シヲ爲スモ其ノ取消シハ何人《ナニビト》ニ對シテモ無效《ムカウ》デアルト（第三項）定メタノデアリマス

第五百三十一條　廣告ニ定《サダ》メタル行爲ヲ爲《ナ》シタル者數人《スウニン》アルトキハ最初ニ其ノ行爲《カウヰ》ヲ爲シタル者ノミ報酬《ハウシウ》ヲ受クル權利ヲ有ス

數人カ同時ニ右ノ行爲《カウヰ》ヲ爲シタル場合ニ於テハ各平等《カクビヤウドウ》ノ割合ヲ以テ報酬ヲ受クル權利《ケンリ》ヲ有ス但報酬カ其ノ性質上分割《セイシツジヤウブンカツ》ニ不便ナルトキ又ハ廣告ニ於テ一人ノミ之《コレ》ヲ受クヘキモノトシタルトキハ抽籤《チウセン》ヲ以テ

之ヲ受《ウ》クヘキ者ヲ定《サダ》ム

前二項ノ規定《キテイ》ハ廣告中ニ之ニ異《コト》ナリタル意思ヲ表示《ヘウシ》シタルトキハ之ヲ適用《テキヨウ》セス

〔註釋〕本條ハ一ツ申込《マヲシコミ》ニ對シ數多ノ行爲者アル塲合《バアヒ》ヲ規定シタル條項《デウコウ》デアツテ、其ノ意義ハ例バ甲者ガ第一新聞紙上ヘ戰勝祝賀《センシヤウシユクガ》ノ歌ヲ懸賞シテ募集《ボシフ》スル廣告ヲ爲シタル時其ノ歌題ニ對シテ作歌《サクカ》シタル者カ數人アル時第一番ニ甲者ノ手許《テモト》ヘ受取リシ作歌ヲ爲シタル者ハ其ノ懸賞《ケンシヤウ》ヲ受クル權利ヲ有スルノデアル(第一項)若《モ》シ乙丙丁戊ト數人《スウニン》ガ甲者ノ手許ヘ同時ニ受取リテ其ノ前後《ゼンゴ》ヲ定メルコトガ出來ヌ塲合《バアヒ》ニハ某ノ懸賞ヲ乙丙丁戊ノ四人ヘ平等ニ例バ百圓ノ懸賞《ケンシヨウ》ナレバ二十五圓宛受クル權利ヲ有《イウ》スルノデアル(第二項前段)ケレドモ其ノ懸賞ガ金錢デアルカ米《コメ》、酒《サケ》、等ノ如ク割渡《ワリワタ》スコトノ出來ルモノデアレバ議論《ギロン》モナイカ若シ時計《トケイ》一個書籍《シヨセキ》一部等ト謂フ如ク性質上割渡スコトノ出來《デキ》ナイ物デアル時カ若クハ廣告シタル當時《タウジ》懸賞ハ一人ノミニ渡《ワタ》スモノデアルト定メタル時《トキ》カテアレバ乙丙丁戊ノ四人ガ抽籤《チウセン》ヲ爲シテ其ノ抽籤ニ當《アタ》リシ一人ガ其ノ懸賞ヲ受《ウ》クル權利《ケンリ》ヲ有スルノデアル（

第二項但書）然《シカ》シ斯ノ如ク定メハスルモノヽ若シ此ノ規則《キソク》ト趣向《シユカウ》ノ異リタルコト例バ募集ノ歌ハ宗匠《ソウセウ》ノ撰ニ依リ秀逸《シウイツ》ノ者ニ賞ヲ與ヘルト謂フ如キ意思ヲ表示《ヘウジ》シテ廣告ヲ爲シタル場合デアレバ前二項ノ規定ハ適用《テキヨウ》セヌモノデアル（第三項）ト定メタノデアリマス

第五百三十二條　廣告ニ定メタル行爲《カウヰ》ヲ爲シタル者數人《スウニン》アル場合ニ於テ其ノ優等者《イウトウシヤ》ノミニ報酬ヲ與フヘキトキハ其ノ廣告《クワウコク》ハ應募ノ期間ヲ定メタルトキニ限《カギ》リ其ノ效力《カウリヨク》ヲ有ス

前項ノ場合ニ於テ應募者《オウボシヤ》中何人ノ行爲カ優等《イウトウ》ナルカハ廣告中ニ定メタル者之ヲ判定《ハンテイ》ス若シ廣告中ニ判定者《ハンテイシヤ》ヲ定メサリシトキハ廣告者之ヲ判定ス

應募者ハ前項《ゼンコウ》ノ判定ニ對シテ異議《イギ》ヲ述フルコトヲ得ス

數人ノ行爲カ同等《ドウトウ》ト判定セラレタルトキハ前條第二項ノ規定《キテイ》ヲ準用ス

〔註釋〕本條ハ優等者《イウトウシヤ》ノミニ與フベキ場合ヲ規定《キテイ》シタル條項デアッテ、其ノ意義《イギ》ハ例バ甲者ガ七月一日ニ於テ夏季《カキ》詠句《エイク》ヲ懸賞シテ募集スルニ來《キタ》ル八月一日迄ニ出詠《シユツエイ》シ乙宗匠ノ判定ニ優等ヲ得タル者ニ限リ報酬《ハウシウ》トシテ金時計一個ヲ與《アタ》ヘント廣告シタル時數人《スウニン》ノ出詠者アル場合ニ於テハ甲者ノ爲《ナ》シタル優等者ニ限リテ報酬《ハウシウ》ヲ與ヘルト謂フ廣告ハ效力《カウリヨク》ヲ生スルモ若シ優等者ニ限リ報酬ヲスルト廣告《クワウコク》スルモ其ノ期限《キゲン》ヲ定メザル時ハ應募ノ何時《イツ》纏《マト》ルヤハ判然《ワカラ》ヌカラ至漸《シゼン》優等者ヲ出スベキ時期《ジキ》ガナイ故ニ此ノ廣告ハ效力《カウリヨク》ノナイモノデアル故ニ此ノ場合ニハ甲者ハ前條《ゼンデウ》ノ規定ニ依ラナケレバナラヌ（第一項）而《ソウ》シテ數人中ノ詠句《エイク》ヨリ優等ヲ判定《ハンテイ》スルノハ廣告中ニ定メタル乙宗匠《オツソウセウ》デアル、ケレドモ若シ廣告中ニ判定《ハンテイ》スベキ人ヲ定メヌ時ハ廣告《クワウコク》ヲ爲シタル甲者ガ判定スル權利《ケンリ》ヲ有ス（第二項）故ニ出詠者《シユツエイシヤ》ハ其ノ判定ガ假令《タトヘ》自己ノ意《イ》ニ悖《モド》ルトモ苦情《クジヤウ》ヲ言ヒ出スルコトハ出來ヌ（第三項）若《モ》シ前項ノ乙宗匠又ハ甲者ガ判定ヲ爲シテ優劣《ユウレツ》ナキ詠句ガ數句《スウク》アッテ何レモ優等《ユウトウ》トセナケレバナラヌ場合ノ生シタ時ハ前條《ゼンデウ》第二項ノ規定ニ準ヒ懸賞ガ金錢《キンセン》ノ如キ割渡シ得《エ》ラルヽモノデアレバ數人平等ニ割渡《ワリワタ》サナケレバナラヌ若シ金時計《キンドケイ》ノ如キ性質上割渡コトノ出來《デキ》ヌ物デアレバ抽籤シテ當籤《タウセン》ノ者一人ニ與《アタ》ヘル（第四項）ト定メタノデアリマス

第二款　契約ノ効力

〔註釋〕本款ハ契約《ケイヤク》ノ效力ヲ規定シタル條項ヲ網羅《マウラ》シ其ノ第五百三十三條以下ハ契約者雙方ノ間ニ於ケル効力ヲ規定《キテイ》シ第五百三十七條以下《イカ》ハ第三者ノ間ニ於ケル効力《カウリヨク》ヲ規定シタルモノデアリマス

第五百三十三條　雙務契約當事者ノ一方ハ相手方《アヒテカタ》カ其ノ債務ノ履行《リカウ》ヲ提供スルマデハ自己ノ債務《サイム》ノ履行ヲ拒《コバ》ムコトヲ得但相手方ノ債務カ辨濟期ニ在《ア》ラサルトキハ此限《コノカギリ》ニ在ラス

〔註釋〕本條ハ雙務契約履行《ケイヤクリカウ》ノ効力ヲ規定シタル條項《デウコウ》デアッテ、雙務契約トハ例《タトヘ》バ甲者ガ米ヲ乙者ニ賣渡《ウリワタ》シ乙者ハ其ノ代金《ダイキン》ヲ甲者ニ支拂フ時ハ甲者ハ乙者ニ對《タイ》シ賣渡シタル米ヲ引渡スノ義務ヲ生シ乙者ハ又甲者ニ代金ヲ支拂《シハラ》フノ義務ヲ生スルト謂《イ》フ如《ゴト》ク雙方相互ニ義務ヲ負擔スル契約《ケイヤク》ヲ謂フノデアル、故ニ本條ノ意義《イギ》ハ例バ前例ノ甲者ガ米《コメ》ノ代金ヲ請求スルトモ乙者ハ其ノ米ヲ自己《ジコ》ノ手ニ受取《ウケト》ルマデハ其ノ代金ノ支拂ヲ拒《コバ》ムコトガ出來ル（へ本條前段）又甲者ガ乙者ニ米ヲ賣渡《ウリワタ》スニ當リ其ノ代金ヲ月末拂《ゲツマツバラヒ》トシテ受取約定デアル時ハ甲者ガ十五日ニ米ヲ乙者ニ引渡《ヒキワタ》シ代金ノ請求ヲ爲ストキ乙者ハ債務ガ辨濟《ベンサイ》ノ期ニ在ラザルヲ以テ之ヲ拒《コバ》ムコトガ出來ル（本條但書）ト定《サダ》メタノデアリマス

第五百三十四條　特定物ニ關《クワン》スル物權ノ設定《セツテイ》又ハ移轉ヲ以テ雙務契約ノ目的ト爲シタル場合《バアヒ》ニ於テ其ノ物カ債務者《サイムシヤ》ノ責ニ歸《キ》スヘカラサル事由ニ因リテ滅失《メツシツ》又ハ毀損シタルトキハ其ノ滅失《メツシツ》又ハ毀損《キソン》ハ債權者ノ負擔《フタン》ニ歸ス

不特定物ニ關スル契約《ケイヤク》ニ付テハ第四百一條第二項ノ規定《キテイ》ニ依リテ其物カ確定《クワクテイ》シタル時ヨリ前項ノ規定《キテイ》ヲ適用ス

▲參看　舊民法財産編第三百三十五條

〔註釋〕本條ハ契約者雙方《サウハウ》ノ損害負擔ニ就テノ規定《キテイ》デアッテ、其ノ意義《イギ》ハ例バ家屋《カオク》若クハ土地又ハ肥後《ヒゴ》上等米若クハ正宗印清酒《マサムネジルシ》等ノ如キ種類ノ確《タシカ》ニ定《サダ》マリタル特定物ヲ契約《ケイヤク》ノ目的ト爲シタル場合ニ其ノ家屋《カオク》カ火災ノ爲ノニ類燒《ルヰシヤウ》スルカ若クハ其ノ土地カ供水海嘯《オホミヅツナミ》等ノ天災ノ爲ニ流失《リウシツ》スルカ又ハ肥後米、正宗印清酒等カ運搬船カ沈没《チンボツ》スルカノ如キ債務者ノ責ヲ負フベキ原因《ゲンイン》デナクシテ其ノ物カ滅失《メツシツ》又ハ毀損シタル時ハ其ノ損害《ソンガイ》ハ債務者ノ損失トシテ負擔セナケレバナラヌ（第一項）若シ其ノ目的物《モクテキブツ》カ例バ米、酒、ト謂フダケアツテ何米、何印清酒ト契約者《ケイヤクシヤ》ノ間ニ未ダ確定シナイ不特定物《フトクテイブツ》カ契約設定中若クハ移轉中《ヰテンチウ》ニ滅失又ハ毀損シタル時ハ債務者ノ損失《ソンシツ》デアル、ケレトモ其ノ不特定物カ第四百一條第二項ノ規定ニ依リテ肥後上等米、正宗印清酒《マサムネジルシ》ト確定シタル後ニ前項《ゼンコウ》ノ如キ場合カ生《シヤウ》ジタナラバ其ノ損失ハ債權者《サイケンシヤ》ノ負擔トナルノデアル（第二項）ト定メタノデアリマス

第五百三十五條　前條ノ規定《キテイ》ハ停止條件附雙務契約ノ目的物《モクテキブツ》カ條件ノ成否未定《ミテイ》ノ間ニ於テ滅失《メツシツ》シタル場合ニハ之ヲ適用《テキヨウ》セス

物カ債務者ノ責《セメ》ニ歸《キ》スヘカラサル事由ニ因リテ毀損《キソン》シタルトキハ其ノ毀損ハ債權者《サイケンシヤ》ノ負擔ニ歸《キ》ス

物カ債務者ノ責ニ歸スヘキ事由《ジイウ》ニ因リテ毀損《キソン》シタルトキハ債權者ハ

條件成就《シヤウジユ》ノ場合ニ於テ其ノ選擇《センタク》ニ從ヒ　契約ノ履行《リカウ》又ハ其ノ解除ヲ請求スルコトヲ得但損害賠償《ソンガイバイシヤウ》ノ請求ヲ妨《サマタ》ケス

參看　舊民法財產編第三百三十五條、第四百十九條

〔註釋〕本條ハ停止條件附雙務契約ニ關スル損害負擔《ソンガイフタン》ノ場合ヲ規定シタル條件《デウケン》デアッテ、其ノ意義ハ例《タトヘ》バ甲者ガ乙者ニ對シ目下製造中《セイザウチウ》ノ紙ガ出來上レバ賣渡《ウリワタ》スベシト契約シタル時ハ是ヲ停止條件附雙務契約ト謂《イ》フノデアル、故ニ其ノ紙《カミ》カ首尾《シユビ》能《ヨ》ク出來上ルカ又ハ首尾ガ惡シク出來上《デキアガ》ラナイカ判然《ワカ》ラヌ間ニ其ノ紙カ滅失シタル場合《バアヒ》ニ於ケル甲乙ノ損害負擔ハ本條第二項以下《イカ》ニ定メタレバ此ノ場合ニハ前條ノ規定《キテイ》ハ適用シナイ（第一項）故ニ以上ノ例ニ於テ紙カ甲者ノ責《セメ》ニ歸《キ》スル過失デナク例バ地震《ヂシン》ニテ其ノ紙工場《カミコウヂヤウ》ガ破壞スルカ或ハ火災ノ爲類燒《ルヰシヤウ》スルカノ如キ事故ニ因リテ毀損《キソン》シタル時ハ其ノ損失ハ債權者《サイケンシヤ》タル乙者ノ負擔デアル（第二項）ケレドモ其ノ紙《カミ》カ債務者タル甲者カ火《ヒ》ヲ失《シツ》シタル過失《クワシツ》ニ依リタル火災等ノ爲ニ毀損《キソン》シタル時ハ其ノ紙ヲ甲者ガ再ヒ繕《ツクロ》ヒ製シテ全ク出來上《デキアガ》リタル場合ニ於テ乙者ハ甲者ニ對シ契約《ケイヤク》ノ履行ヲサセルカ又ハ契約ヲ解除《カイヂヨ》スルカ二個ノ中一個ヲ撰《エラ》ミテ請求

スルコトガ出來《デキ》ル（第三項前段）尤《モット》モ乙者カ甲者ニ對シ契約《ケイヤク》ノ履行ヲ請求《セイキウ》スルモ又解除ヲ請求スルモ別ニ蒙《カフム》リシ損害アレハ其ノ賠償ヲ請求《セイキウ》スルノ妨ゲトハナラヌ、故ニ雙方《サウハウ》ヲ併セテ請求スルコトガ出來ル（第三項但書）ト定メタノデアリマス

第五百三十六條　前二條ニ揭《カヽ》ケタル場合ヲ除ク外當事者《タウジシヤ》雙方《サウハウ》ノ責ニ歸スヘカラサル事由ニ因リテ債務《サイム》ヲ履行スルコト能ハサルニ至《イタ》リタルトキハ債務者ハ反對《ハンタイ》給付《キウフ》ヲ受クル權利《ケンリ》ヲ有セス

債權者ノ責《セメ》ニ歸スヘキ事由ニ因《ヨ》リテ履行ヲ爲スコト能《アタ》ハサルニ至リタルトキハ債務者ハ反對給付ヲ受《ウ》クル權利ヲ失《ウシナ》ハス但自己ノ債務ヲ免レタルニ因リテ利益《リエキ》ヲ得タルトキハ之ヲ債權者ニ償還《シヤウクワン》スルコトヲ要ス

▲參看　舊民法財產編第五百四十二條

（註釋）本條ハ反對給付ニ就テノ規定《キテイ》デアッテ其ノ意義ハ前二條ニ揭《カヽ》ケタル特定物ニ關スル

場合ト停止條件附ノ場合《バアヒ》ヲ除ク外ノ雙務契約ノ場合例《タトヘ》バ甲者ガ石炭《セキタン》ヲ乙者ニ賣買スル契約ヲ爲シタル時其ノ石炭運搬シ來ル途中《トチウ》ニ於テ運搬船ガ沈沒《チンボツ》シタルガ如キハ是甲者ノ過失デモナク又乙者ノ過失《アヤマチ》デモナクシテ債務《サイム》ノ履行《リカウ》ヲ爲スコトノ出來ヌモノデアルカラ此ノ場合ニ於テハ甲者ハ乙者ニ對《タイ》シテ代金ヲ請求《セイキウ》スルコトハ出來ヌ又乙者モ甲者ニ對《タイ》シテ石炭ノ引渡シヲ請求《セイキウ》スルコトハ出來ヌ(第一項)ケレドモ例《タトヘ》バ甲者ニ於テ其石炭ガ荷着《ニチヤク》ノ上蓄積所《チクセキシヨ》ニ納《イ》レナカツタ爲盜《ヌス》ミ取《ト》ラレルカ又ハ海岸ニ積捨《ツミステ》タル爲波浪《ハラウ》ニ取去ラレタルカノ如キ甲者ノ責《セメ》ニ歸《キ》スベキ事由ニ因リテ引渡《ヒキワタ》シヲ履行セナカツタ場合《バアヒ》ニ於テハ乙者ハ甲者ニ對シ反對給付トシテ以前《イゼン》ノ通リノ石炭ヲ引渡セヨト請求《セイキウ》スルノ權利ヲ有スルモノデアル(第二項前段)然《シカ》シ此ノ場合ニ於テ甲者ハ乙者ニ以前《イゼン》ノ如キ石炭ヲ引渡スコトガ出來ヌカラ示談《ジダン》ノ上少シ下等ノ品ヲ引渡シタル時ハ以前《モト》ノ石炭ト以後ニ引渡《ヒキワタ》ス下等ノ石炭トノ價額ノ相違《サウヰ》ニテ生スル利益金ハ之ヲ債權者《サイケンシヤ》タル乙者ニ償還セナケレバナラヌ(第二項但書)ト定メタノデアリマス

第五百三十七條 契約ニ依リ當事者《タウジシヤ》ノ一方カ第三者ニ對《タイ》シテ或給付ヲ爲スヘキコトヲ約《ヤク》シタルトキハ其ノ第三者ハ債務者《サイムシヤ》ニ對シテ直接ニ

其ノ給付ヲ請求《セイキウ》スル權利ヲ有ス
前項ノ場合ニ於テ第三者ノ權利《ケンリ》ハ其ノ第三者カ債務者ニ對《タイ》シテ契約ノ利益ヲ享受《ケウジユ》スル意思ヲ表示《ヘウジ》シタル時ニ發生《ハツセイ》ス

▲參看　舊民法財産編第三百二十三條

〔註釋〕本條ハ第三者ニ於ケル契約《ケイヤク》ノ効力ヲ規定シタル條項《デウコウ》デアッテ、其ノ意義《イギ》ハ例バ甲者ガ乙者ニ米ヲ賣渡シ其ノ代金ヲ丙者ニ渡《ワタ》シ呉《ク》レヨトノ契約ヲ爲《ナ》シタル時ハ甲者ハ債權者デアッテ乙者ハ債務者丙者ハ第三者デアル故《ユエ》ニ此ノ場合《バアヒ》ニハ第三者タル丙者ハ債務者タル乙者ニ對シテ直接《チヨクセツ》ニ米代金ノ請求ヲ爲ス權利《ケンリ》ヲ有スルモノデアル（第一項）然《シカ》シナガラ此ノ第三者タル丙者ガ乙者ニ對《タイ》シテ請求スル權利ノ發生《ハツセイ》スルハ甲乙兩者間ニ賣買ノ契約ガ成立ツタ時デアルカ又ハ丙者カ甲乙間ニ賣買契約《バイバイケイヤク》ガアリタルヲ知《シ》リシ時デアルカ何《イヅ》レナリヤヲ謂《イ》ヘバソウデハナイ丙者ガ甲者ヨリ米代金《コメダイキン》ヲ乙者ヨリ受取《ウケト》レヨト謂フタカラ自己ニ渡《ワタ》シ呉《ク》レヨト乙者ニ之レガ請求ノ意思《イシ》ヲ表示シタル時ヨリ發生《ハツセイ》スルモノデアル（第二項）ト定メタノデアリマス

第五百三十八條　前條ノ規定《キテイ》ニ依リテ第三者ノ權利《ケンリ》カ發生シタル後ハ當事者ハ之ヲ變更《ヘンカウ》シ又ハ之ヲ消滅《セウメツ》セシムルコトヲ得ス

△參看　舊民法財産編第三百二十五條

〔註釋〕本條ハ權利《ケンリ》發生《ハッセイ》後ノ效力ヲ規定シタル條項《デウコウ》デアッテ、例バ前條ニ揭《カ》ケタル例ニ於ケル丙者ガ前條ノ規定ニ依《ヨ》ッテ甲者ヨリ米代金ヲ乙者ニ請取《ウケト》レヨト許サレタルニ因リ丙者ハ直ニ乙者ニ其ノ事ヲ通告《ツウコク》シテ意思ノ表示ヲ爲シタル後ハ甲者ガ乙者ヨリ米代金《コメダイキン》ヲ請取リ若クハ乙者ヨリ甲者ニ支拂《シハラ》ヒ又ハ甲者ガ丙者ニ對シテ前約《ゼンヤク》ヲ變《ヘン》シ若クハ甲者ガ乙者ニ對シ代金請求ノ權利《ケンリ》ヲ抛棄シテ乙者ノ債務ヲ消滅《セウメツ》スル等ノ事ハ出來ナイ、故ニ是等ノ事ヲ爲ストモ丙者ハ位然《井ゼン》ト乙者ニ對シ請求スルノ債權《サイケン》ヲ有スルモノデアルト定メタノデアリマス

第五百三十九條　第五百三十七條ニ揭《カ》ケタル契約ニ基因《キイン》スル抗辨ハ債務者之ヲ以テ其ノ契約《ケイヤク》ノ利益ヲ受クヘキ第三者ニ對抗《タイカウ》スルコトヲ得

〔註釋〕本條ハ債務者ノ抗辨《カウベン》ハ第三者ニ對抗シ得《ウ》ベキモノデアルコトヲ規定《キテイ》シタル條項デアッテ其ノ意義ハ例バ甲者カ乙者ニ米《コメ》五俵《ヘウ》ヲ賣渡シ其ノ代金ヲ丙者ニ渡《ワタ》シ呉《ク》レヨトノ契約ヲ爲シタル後チ丙者ヨリ其《ソ》ノ代金ヲ乙者ニ請求《セイキウ》シタルニ乙者ニ於テハ其ノ米《コメ》ノ内《ウチ》壹俵ハ蟲蝕《キウシヨク》ノ甚ダシキモノデアルカラ其ノ分《ブン》ニ對スル代價ハ半額《ハンガク》ナラデハ支拂フコト出來ヌト丙者ニ向ッテ抗辨《ガウベン》スルコトガ出來ルト定メタノデアリマス

第三欵　契約ノ解除

〔註釋〕本欵ハ契約ノ解除《カイヂヨ》ニ關スル規定ヲ網羅《マウラ》シタルモノデアッテ、而《ソウ》シテ此ノ契約ノ契約解除ト謂フノハ一度取結《トリムス》ビタル契約ヲ解《ト》キ除キテ契約セザリシ以前《イゼン》ニ立戻《タチモド》ルコトヲ謂フノデアル、其ノ詳細ハ以下《イカ》各條項ノ下ニ於テ解説《リイセツ》スルコトヽ致シマス〕

第五百四十條　契約又《マタ》ハ法律《ハフリツ》ノ規定ニ依リ當事者ノ一方カ解除權《カイヂヨケン》ヲ有スルトキハ其ノ解除ハ相手方《アヒテカタ》ニ對スル意思表示ニ依リテ之ヲ爲ス

前項ノ意思表示ハ之ヲ取消《トリケ》スコトヲ得ス

▲參看　舊民法財産編第四百二十一條第二項、第四百二十二條

〔註釋〕本條ハ解除權《カイヂヨケン》ヲ行フベキ手續ヲ規定《キテイ》シタル條項デアッテ、其ノ意義《イギ》ハ例バ甲者ガ乙者ニ對シ熊野炭百俵ヲ賣渡《ウリワタ》ス契約ヲ爲スニ當リ若シ引渡《ヒキワタ》シタル炭ガ熊野炭デナケレバ此ノ契約ヲ無效《ムカウ》トスルコトヲ契約シタルカ又近《チカ》キ條項ヲ例《レイ》ニ引ケバ第五百三十五條第三項ノ如ク法律ノ規定ニ依リテ當事者《タウジシヤ》タル甲乙兩者ノ中、何レカ一方者ニ一度取結《ヒトタビトリムス》ビシ契約ヲ解除スルノ權利《ケンリ》ヲ有スル時ハ其ノ一方者ハ解除權《カイヂヨケン》ヲ行フト謂フ意思ヲ相手方ニ表示スレバソレデヨイノデ別ニ相手方《アヒテガタ》ノ承諾ヲ得ルニ及バヌモノデアル（第一項）最《モツト》モ一度解除權ヲ行フ意思《イシ》ヲ相手方ニ表示シタル時ハ理由《リイウ》ナクシテ徒ラニ取消《トリケ》スコトハ出來ヌ（第二項）ト定メタノデアリマス

第五百四十一條　當事者ノ一方カ其ノ債務《サイム》ヲ履行《リカウ》セサルトキハ相手方ハ相當ノ期間ヲ定《サダ》メテ其ノ履行ヲ催告《サイコク》シ若シ其ノ期間內ニ履行《リカウ》ナキトキハ契約《ケイヤク》ノ解除ヲ爲《ナ》スコトヲ得

▲參看　舊民法財産編第四百二十一條第一項、第二項後段

〔註釋〕本條ハ債務ノ不履行《フリカウ》ニ對スル解除ノ手續ヲ規定《キテイ》シタル條項デアッテ、其ノ意義《イギ》ハ例バ甲者ガ乙者ニ生糸《キイト》ヲ賣買スルノ契約《ケイヤク》ヲ爲シタル場合ニ於テ甲者ハ其ノ引渡《ヒキワタ》シ期日ヲ經過スルモ生糸ノ引渡シヲ履行《リカウ》セザル時ハ乙者ハ何月何日迄ニ引渡《ヒキワタ》スベシト催告シテ後《ノ》チ尙ホ其ノ期間內《キカンナイ》ニ引渡シヲ履行シナケレバ其ノ時《トキ》ヨリ契約解除ノ訴權《ザケン》ヲ行フコトガ出來ルト定メタノデアリマス

第五百四十二條　契約ノ性質《セイシツ》又ハ當事者ノ意思表示《イシヘウジ》ニ依リ一定ノ日時又ハ一定ノ期間內ニ履行《リカウ》ヲ爲スニ非サレハ契約ヲ爲シタル目的《モクテキ》ヲ達スルコト能ハサル場合《バアヒ》ニ於テ當事者ノ一方カ履行《リカウ》ヲ爲サスシテ其ノ時期ヲ經過《ケイクワ》シタルトキハ相手方ハ前條《ゼンデウ》ノ催告ヲ爲サスシテ直ニ其ノ契約ノ解除ヲ爲《ナ》スコトヲ得《ウ》

〔註釋〕本條ハ催告《サイコク》ヲ省畧シ得ベキ解除ノ手續ヲ規定《キテイ》シタル條項デアッテ、其ノ意義《イギ》ハ例バ一月一日ニ用《モチ》フベキ七五三飾《シメカザ》リヲ花屋ニ注文《チウモン》シタル如キ又ハ十一月三日ノ天長節《テンチヤウセツ》ニ用フ

ヘキ國旗《コクキ》ヲ呉服屋《ゴフクヤ》ニ注文シタルガ如キ場合ニ於テハ性質上《セイシツジヤウ》又ハ注文主ノ意思表示ニ依リ十二月三十一日若クハ十一月二日ニ花屋《ハナヤ》若クハ呉服屋ガ其ノ注文品《チウモンヒン》ヲ持參シテ契約ヲ履行シナケレバ注文主ハ契約《ケイヤク》ヲ爲シタル目的ヲ達《タツ》スルコトガ出來ヌ故ニ若シ其ノ期日《キジツ》ニ於テ花屋若クハ呉服屋ガ其ノ注文品ヲ持參《ヂサン》シテ契約ヲ履行《リカウ》シナケレバ注文主ハ前文《ゼンブン》ノ如ク豫メ期間ヲ定メテ催告《サイコク》スルニハ及バヌ、直チニ契約ノ解除《カイヂヨ》ヲ爲スコトガ出來ルト定メタノデアリマス

第五百四十三條　履行ノ全部《ゼンブ》又ハ一部カ債務者ノ責《セメ》ニ歸《キ》スヘキ事由ニ因リテ不能ト爲リタルトキハ債權者《サイケンシヤ》ハ契約ノ解除ヲ爲《ナ》スコトヲ得

▲參看　舊民法財産編第四百二十條

〔註釋〕本條ハ債務者ノ責《セメ》ニ歸《キ》スヘキ不能ノ場合ニ於《オ》ケル解除權ヲ規定《キテイ》シタル條項デアッテ其ノ意義ハ例バ甲者ガ乙者ニ對シ清酒《セイシユ》十樽ヲ賣渡サムト契約《ケイヤク》シタル後甲者ガ其ノ清酒ヲ暑熱《シヨネツ》強《ツヨ》キ場所ヨリ乍《タチマ》チ寒冷《カンレイ》ノ場所ニ移《ウツ》シタル過失ニ依ッテ其ノ清酒《セイシユ》ノ全部又ハ一部ヲ腐敗セシメタル爲之ヲ契約《ケイヤク》ノ如ク乙者ニ引渡スコトノ出來ヌ場合《バアヒ》ニ債務者タル甲者ハ債權

者タル乙者ニ對シテ契約《ケイヤク》ノ解除ヲ請求《セイキウ》スルコトガ出來ルト定メタノデアリマス

第五百四十四條　當事者ノ一方カ數人《スウニン》アル場合ニ於テハ契約ノ解除《カイヂヨ》ハ其ノ全員ヨリ又ハ其ノ全員《ゼンヰン》ニ對シテノミ之ヲ爲《ナ》スコトヲ得

前項ノ場合ニ於テ解除權カ當事者中《タウジシヤチウ》ノ一人ニ付キ消滅《セウメツ》シタルトキハ他ノ者ニ付テモ亦《マタ》消滅《セウメツ》ス

〔註釋〕本條ハ解除權ノ連帶《レンタイ》ナル場合ヲ規定《キテイ》シタル條項デアッテ、其ノ意義《イギ》ハ例バ甲者ガ乙丙丁戊己ノ五人ニ對シテ賣買《バイバイ》ノ契約ヲ爲シ其ノ契約ヲ甲者ニ於テ履行《リカウ》セザル時ハ之カ解除ヲ請求《セイキウ》スルニハ乙丙丁戊己五人連帶《レンテイ》シテ甲者ヲ相手取《アヒテド》リ請求スルコトカ出來ル故ニ之ニ反シタル場合則チ甲者ガ乙丙丁戊己《ボキ》ノ五人ニ對シ解除ヲ請求《セイキウ》スルニハ、乙丙丁戊己ノ五人ヲ相手取リテ請求《セイキウ》スルコトガ出來ル（第一項）以上《イジヤウ》ノ如ク相手方ノ一方ガ數人《スウニン》ナル時ハ連帶《レンタイ》ノ性質ヲ帶《オ》ブルモノデアルカラ其ノ乙丙丁戊己ノ中ニ於テ一人ノ解除權ガ消滅《セウメツ》スル時ハ其ノ利害《リガイ》共ニ他ノ者ニ波及《ハキフ》シテ他ノ者ノ解除權モ自ラ消滅《セウメツ》スルモノデアル（第二

項）ト定メタノデアリマス

第五百四十五條　當事者ノ一方カ其ノ解除權《カイヂヨケン》ヲ行使シタルトキハ各當事者ハ其ノ相手方ヲ原狀《ゲンジヤウ》ニ復セシムル義務《ギム》ヲ負フ但第三者ノ權利ヲ害スルコトヲ得ス

前項ノ場合ニ於テ返還《ヘンクワン》スヘキ金錢ニハ其ノ受領《シユリヤウ》ノ時ヨリ利息ヲ附スルコトヲ要ス

解除權ノ行使《カウシ》ハ損害賠償ノ請求《セイキウ》ヲ妨ケス

▲參看　舊民法財產編第四百九條第二項、第四百十條

〔註釋〕本條ハ解除權ノ効果《カウクワ》ニ就テ規定シタル條項デアッテ、其ノ意義《イギ》ハ例バ甲者カ乙者ニ乳牛《ニウギウ》壹頭ヲ賣渡スノ契約ヲ爲シ之ヲ乙者ニ引渡《ヒキワタ》セシ後乙者ハ其ノ代金《ダイキン》ノ支拂ヲ爲サヽルニ依リ甲者ハ乙者ニ對シ其ノ契約《ケイヤク》ノ解除權ヲ行ヒシ時ハ乙者ハ其ノ乳牛《ニウギウ》ヲ原狀ニ復スルノ義務ヲ負《オ》フモノデアル、故ニ此ノ場合《バアヒ》ニハ乙者ハ乳牛ハ勿論《モチロン》牛乳ヲ賣却シタル代金若

シ其ノ乳牛ガ犢《ドク》ヲ産《ウ》ミタル時ハ其ノ産ミタル犢《コウシ》ヲ併セテ返還《ヘンクワン》シナケレバナラヌ（第一項前段）ケレドモ若シ其ノ乳牛《ニウギウ》ヲ乙者カ第三者タル丙者ニ賣渡《ウリワタ》セシカ又ハ丙者ニ於テ牛乳搾取《サクシユ》ノ為メ其ノ乳牛ヲ貸借等ヲ為シ居《ヲ》ル時ハ第三者タル丙者ノ權利《ケンリ》ヲ害スルコトハ出來ヌ（第一項但書）若シ之レガ乳牛等《ニウギウトウ》ノ如キモノデナク金錢デアル時ハ乙者ハ甲者ニ對《タイ》シテ受領《ウケトリ》タル時ヨリノ利息ヲ支拂ハナケレバナラヌ（第二項）而《ソウ》シテ此ノ甲者ノ解除權ハ別ニ請求スベキ賠償金アル時ノ妨《サマタ》ゲトハナラヌモノデアル（第三項）故ニ甲者ハ解除權《カイヂヨケン》ヲ行《ヲ》フト共ニ損害賠償ノ請求《セイキウ》ヲ併セ為スモ差支《サシツカ》ヘハナイノデアリマス

第五百四十六條　第五百三十三條ノ規定ハ前條ノ場合ニ之ヲ準用ス

（註釋）本條ハ第五百三十三條ノ規定《キテイ》ヲ前條ノ場合ニ準用《シユンヨウ》スヘキコトヲ規定《キテイ》シタル條項デアツテ、其ノ意義《イギ》ハ例バ前條ニ掲ケタル例《レイ》ノ場合ニ於テ乙者ガ甲者ヨリ乳牛《ニウギウ》ヲ買入レル當時乳牛代金ヲ支拂《シハラ》フ迄ノ擔保トシテ或物件ヲ甲者ニ渡《ワタ》シ置《オ》キタル時甲者ヨリ契約解除ヲ求ムレバ乙者ハ其ノ物件ヲ甲者ヨリ返還《ヘンクワン》スルマデ乳牛ノ引渡《ヒキワタシ》ヲ拒ムコトガ出來ルト定メタノデアリマス

第五百四十七條　解除權ノ行使《カウシ》ニ付キ期間ノ定《サダ》メナキトキハ相手方ハ解除權ヲ有スル者ニ對シ相當《サウタウ》ノ期間ヲ定メ其ノ期間內ニ解除《カイヂヨ》ヲ爲スヤ否ヤヲ確答《クワクタフ》スヘキ旨ヲ催告《サイコク》スルコトヲ得若シ其ノ期間內《キカンナイ》ニ解除ノ通知ヲ受ケサルトキハ解除權ハ消滅《セウメツ》ス

▲參看　舊民法財產取得編第八十三條

〔註釋〕本條ハ解除權消滅ノ場合《バアヒ》ヲ規定シタル條項デアッテ、其ノ意義《イギ》ハ例バ甲者ガ乙者ニ對シ契約ヲ爲スニ當リ雙方《サウハウ》ニ於テ契約後何日間ニ其ノ契約《ケイヤク》ヲ履行《リカウ》セザレバ解除スルト謂フ如ク解除スベキ期間《キカン》ヲ定メサル時ハ乙者ハ甲者ニ對シテ相當ノ解除期間《カイヂヨキカン》ヲ定メ其ノ期間內ニ解除權ヲ行フヤ否ヤ確答《クワクタフ》セヨト催告スルコトガ出來ル（本條前段）若《モ》シ乙者ガ甲者ニ其ノ催告《サイコク》ヲ爲シタルニ甲者ニ於テ何ノ回答《クワイタフ》ヲモ爲サヾル時ハ其ノ解除權ハ消滅《セウメツ》シテ行フコトハ出來ヌ（本條後段）ト定メタノデアリマス

第五百四十八條　解除權ヲ有《イウ》スル者カ自己ノ行爲《カウヰ》又ハ過失ニ因リテ著シク契約《ケイヤク》ノ目的物ヲ毀損シ若クハ之ヲ返還《ヘンクワン》スルコト能ハサルニ至リ

タルトキ又ハ加工《カコウ》若クハ改造ニ因リテ之ヲ他ノ種類ノ物ニ變シタルトキハ解除權ハ消滅《セウメツ》ス

契約ノ目的物カ解除權《カイヂヨケン》ヲ有スル者ノ行爲又ハ過失《クワシツ》ニ因ラスシテ滅失又ハ毀損シタルトキハ解除權ハ消滅《セウメツ》セス

▲參看　舊民法財產編第四百十九條、第四百二十條

〔註釋〕本條ハ目的物ノ滅失《メツシツ》又ハ毀損《キソン》スル場合ニ置ケル解除權ニ關《クワン》スル規定《キテイ》デアッテ、其ノ意義ハ例バ甲者ガ乙者ヨリ上等ノ薩摩絣《サツマガスリ》一反ヲ買求メ之ヲ衣服《イフク》ニ裁縫《サイホウ》シタル後其ノ下等品ナルコトヲ知リ又ハ甲者ガ乙者ヨリ上等ノ銅地金《ドウヂガネ》ヲ買求メ之ニ金銀《キンギン》ヲ限合《ゲンガフ》シテ一個ノ買物ヲ作リタル後チ其ノ銅《アカヽ子》ノ下等品ナルコトヲ知リタル場合ニ於テハ反物《タンモノ》ハ著シク毀損シタレバ返還《ヘンクワン》スルコトハ出來ヌ又銅ハ其ノ種類《シユルヰ》ヲ變シタレバ是亦返還スルコトカ出來《デキ》ヌカラ此ノ場合ニハ甲者ノ有《イウ》スル解除權ハ消滅《セウメツ》スルモノデアル、如何《イカン》トナレバ解除權ヲ行ヘバ其ノ目的物ハ必ラズ原狀《ゲンジヤウ》ニ復《フク》サヽルベカラザルガ原則《ゲンソク》デアルカラ斯《カ》クノ如キ場合ニハ決シテ原狀ニ復《フク》スルコトノ出來ヌモノデアル故ニ解除權ハ消滅《セウメツ》シテ行ハレザル所以《ワケ》デ

アル（第一項）ケレドモ其ノ反物《タンモノ》ヲ甲者ニアラザル者ガ破毀《ハキ》スルカ又ハ日光ノ爲ニ紺色《コンイロ》ノ變スルカノ如ク甲者ノ行爲《カウヰ》又ハ過失《クワシツ》デナクシテ滅失又ハ毀損《キソン》シタル場合デアレバ解除權ハ決シテ消滅スルモノデハナイ（第二項）ト定メタノデアリマス

第二節　贈與

〔註釋〕本節ハ贈與ニ關スル規定《キテイ》ヲ網羅シタルモノデアツテ、而《シカ》シテ此ノ贈與ト謂《イ》フハ償ヒヲ求メズシテ或物《アルモノ》ヲ他人ニ與ヘ他人承諾シテ之《コレ》ヲ受《ウ》クル一種ノ契約《ケイヤク》デアル其ノ詳細ハ以下各條ニ就テ解説《カイセツ》スルコト、致シマス

第五百四十九條　贈與ハ當事者ノ一方カ自己《ジコ》ノ財產ヲ無償《ムシヤウ》ニテ相手方ニ與フル意思ヲ表示シ相手方カ受諾《ウケガヒ》ヲ爲スニ因リテ其ノ效力ヲ生ス

參看　舊民法財產取得編第三百四十九條

〔註釋〕本條ハ贈與ノ定義《テイギ》ト效力トヲ規定シタル條項デアツテ、其ノ意義ハ例ハ甲者カ乙者ニ對シテ自己ノ所有スル動產《ドウサン》若クハ不動產ノ代價ヲ得ズ又ハ其ノ代《カハ》リトシテ何物ヲモ得

ス全ク無償《ムシヤウ》ニテ與ヘルモノデアル、而《ソウ》シテ之ヲ與《アタ》ヘルニハ唯與ヘルト謂フ意思ヲ表示スレバヨイ、然《シカ》シナガラ乙者ノ承諾ガナケレバ其ノ效力《カウリヨク》ハ生シナイモノデアル故ニ贈與《ソウヨ》ノ效力ヲ全ク生セシムルニハ左ノ三要件ガ備ハラナケレバナラヌ

第一　自已ノ所有デアル財産ヲ與フルコト

第二　無償デアルコト

第三　相手方《アヒテガタ》ノ受諾ヲ爲スコト

故ニ他人ノ財産《ザイサン》デアルカ有償デアルカ相手方ノ承諾《シヨウダク》シナイカノ中假令一要件《エウケン》デモ欠クルアレバ贈與ノ效力ハ生シナイモノデアリマス

第五百五十條

書面ニ依ラサル贈與《ソウヨ》ハ各當事者之ヲ取消スコトヲ得但履行ノ終《オ》ハリタル部分ニ付テハ此限《コノカギリ》ニ在ラス

▲參看　舊民法財產取得編第三百五十八條

〔註釋〕本條ハ贈與ヲ取消《トリケ》シ得ベキ場合ヲ規定《キテイ》シタル條項デアッテ、其ノ意義《イギ》ハ元來贈與ハ一ノ契約デアルカラ書面《シヨメン》ヲ以テ爲スト書面ヲ用《モチ》ヒスシテ爲ストハ其ノ當事者《タウジシヤ》ノ自由デア

ル、故ニ若シ書面《シヨメン》ヲ以テ爲サヾル贈與デアレバ各當事者《カクタウジシヤ》ハ其ノ贈與契約ヲ取消スコトガ出來ル（本條前段）然《シカ》シ履行ノ終リタル部分《ブン》例バ田地ニ町ヲ贈與《ゾウヨ》セムト契約シテ其ノ中ノ一町ハ既ニ其ノ名義ヲ切替《キリカ》ヘ全ク受贈者ノ所有ニ歸《キ》シタル時ハ未タ引渡《ヒキワタ》サヌ一町ニ就テハ取消スコトハ出來ルモ既《スデ》ニ名義ヲ切替ヘタル一町ニ就テハ取消《トリケ》スコトハ出來ヌ（本條但書）ト定《サダ》メタノデアル、サレバ若《モ》シ之ニ反シテ贈與契約《ゾウヨケイヤク》ガ公正証書ト成リ居レバ如何此ノ塲合ニ於テハ贈與者ハ其ノ契約《ケイヤク》ハ取消スコトハ出來ナイモノデアリマス

第五百五十一條　贈與者ハ贈與《ゾウヨ》ノ目的タル物又ハ權利《ケンリ》ノ瑕疵又ハ欠缺ニ付キ其ノ責《セメ》ニ任《コン》セス但贈與者カ其ノ瑕疵《カシ》又ハ欠缺ヲ知リテ之ヲ受贈者ニ告ケサリシトキハ此限《コノカギリ》ニ在《ア》ラス

負擔附贈與ニ付テハ贈與者ハ其《ソ》ノ負擔《フタン》ノ限度ニ於テ賣主《ウリヌシ》ト同シク擔保ノ責《セメ》ニ任《コン》ス

〔註釋〕本條ハ贈與《ゾウヨ》ニ關スル瑕疵《カシ》欠缺《ケツケツ》ノ責任ヲ規定シタル條項デアッテ、其ノ意義《イギ》ハ元來贈

與ハ恩惠契約《オンケイくヤク》デアルカラ假令其ノ贈與物ガ惡《アシ》クトモ或ハ破損《ハソン》シ居ラウトモ贈與者ガ之ヲ知ラズ又ハ惡意《アクイ》ナキ時ハ其ノ責ヲ負《オ》フベキモノデハナイ又受贈者モ無償《ムシヤウ》デ貰《モラ》ヒシモノデアルカラ理由《ワケ》ナクシテ苦情《クジヤウ》ヲ謂フベキモノデハナイ(第一項前段)ケレドモ贈與者《ゾウヨシヤ》ガ贈與スベキ時ニ瑕疵又ハ欠缺ノアルノヲ知《シ》リナガラ之ヲ告《ツ》ゲスシテ贈與シタル時ハ何《ナニ》カ贈與者ニ疵シキ意思《イシ》ノアルニ相違《サウ井》ナキモノデアルカラ此ノ場合《バアヒ》ニ於テハ贈與者ハ其ノ責ニ任セサルベカラザルモノデアル(第一項但書)ケレドモ例《タトヘ》バ甲者ガ乙者ニ家屋《カオク》一個《セ》所《シヨ》ヲ贈與スル代リニ家屋裏ノ地面ヲ無月給《ムゲツキフ》ニテ監督《カントク》セヨト謂フ如キ負擔附ノ贈與物《ゾウヨブツ》デアレバ是レ純然《ジユンゼン》タル無償ト謂フモノデハナイ有償契約《イウシヤウケイヤク》デアッテ殆ド賣買ト等シキ姿《スガタ》デアルカラ此ノ場合ニハ贈與者ハ賣主《ウリヌシ》ト等シク擔保ノ責ガアル故ニ其ノ家屋《カオク》ヲ第三者ヨリ回收《クワイシウ》セラレタ時ナドハ爲ニ受贈者《ゾウヨウシヤ》ハ贈與者ニ對シテ損害ノ賠償ヲ求ムル權利《ケンリ》ヲ生スルモノデアル贈與者ノ請求《セイキウ》スルコトアレバ其ノ負度ニ於テ損害賠償ノ責《セメ》ヲ負《オ》ハナケレバナラヌ(第二項)ト定メタノデアマリス

第五百五十二條 定期ノ給付《キウフ》ヲ目的トスル贈與《ゾウヨ》ハ贈與者又ハ受贈者ノ死亡ニ因《ヨ》リテ其ノ效力《カウリヨク》ヲ失フ

〔註釋〕本條ハ定期《テイキ》給付ノ贈與ニ關シテ規定《キテイ》シタル條項デアッテ、其ノ意義《イギ》ハ例バ甲者カ乙者ニ對シ年々《ネン〱》百圓宛ノ金額ヲ贈與スベシト契約《ケイヤク》シタルカ如キ場合ニ於テハ甲者ガ死亡スルカ又ハ乙者ガ死亡スルカ何レカ一方ガ死亡スレバ其ノ契約《ケイヤク》ハ無效ニ歸《キ》スルモノデアル故ニ雙方《サウハウ》ノ相續人ヘハ其ノ效力《カウリヨク》ノ及ブモノデハアリマセヌ

第五百五十三條　負擔附贈與ニ附テハ本節《ホンセツ》ノ規定ノ外雙務《サウム》契約《ケイヤク》ニ關スル規定ヲ適用《テキヨウ》ス

▲參看　舊民法財產取得編第三百六十三條

〔註釋〕本條ハ負擔附贈與ノ場合《バアヒ》ニハ雙務契約ニ關スル規定ヲ準用《ジユンヨウ》スルコトヲ規定《キテイ》シタル條項デアッテ、其ノ意義《イギ》ハ例バ甲者ガ乙者ニ家屋《カオク》一個所ヲ贈與スル代《カハ》リニ家屋裏ノ地面《ヂメン》ヲ無月給ニテ監督《カントク》セヨト謂フ如キ場合デアレバ是レ甲者ハ乙者ニ家屋《カオク》ヲ贈與スル債務アリテ乙者ハ又甲者ニ家屋裏《カオクウラ》ノ地面ヲ無月給ニテ監督《カントク》スルノ債務《サイム》アルモノデアルカラ純然タル雙務契約デアル、故ニ此ノ場合《バアヒ》ニ於テハ本節規定ノ各條ヲ適用《テキヨウ》スルノ外雙務契約ニ關スル規定ヲモ適用《テキヨウ》スルモノト定メタル所以《ワケ》デアリマス

第五百五十四條　贈與者ノ死亡《シバフ》ニ因リテ効力ヲ生スヘキ贈與《ゾウヨ》ハ遺贈ニ關スル規定《キテイ》ニ從フ

▲參看　舊民法財產取得編第三百五十二條

〔註釋〕本條ハ贈與者《ゾウヨシヤ》ノ爲シタル贈與契約ノ效力《カウリヨク》ガ贈與者ノ死亡後ニ生《シヤウ》スルモノデアレバ遺贈ニ關スル規定ニ從ヒ本節《ホンセツ》ノ規定ニ從フモノデハナイト規定《キテイ》シタル條項デアツテ而《ソウ》シテ其ノ遺贈ニ關スル規定《キテイ》ハ此ノ民法中ニハアリマセヌ此ノ規定ハ將來制定《シヤウライセイテイ》セラルベキ相續編ニ屬《ゾク》スベキモノデアルカラ之レガ解說《カイセツ》ハ敢テ致《イタ》シマセヌ

第三節　賣買

〔註釋〕本節ハ賣買《バイバイ》ニ關スル規定ヲ網羅《マウラ》シタルモノデアツテ而シテ賣買トハ交換《カウクワン》ノ一種デアル交換ハ物《モノ》ト物トヲ換《カ》ヘルモノデアツテ賣買ハ物ト金錢《キンセン》トヲ換《カユ》ルモノデアル故ニ賣買ハ所有權ヲ移轉《イテン》スルト代金ヲ辨濟スルトノ二個原素《ゲンソ》ヲ以テ成立《セイリツ》スルモノデアル例ハ清酒一樽ノ所有權ヲ他人《タニン》ニ移轉シ其ノ代リトシテ他人ヨリ清酒一樽《タル》ノ代金十圓ノ辨濟《ベンサイ》ヲ受クル如キヲ賣買《バイバイ》ト謂フ故ニ此ノ賣買ハ各人ガ日常最モ多ク用《モチ》ユルモノデアルカラ民法中ニ於

テモ重要部分ノ一ニ居ルモノデアル、而《ソウ》シテ商業上ニ關《クワン》スル賣買ノ規定ハ商法中《シヤウハフチウ》ニ特載スベキモノデアル、ケレドモ商法ハ民法ノ特別法《トクベツハフ》デアルカラ商法ニ規定《キテイ》ナキモノハ本法ニ依ラナケレバナラヌノデアリマス

第一款　總則

〔註釋〕本款ハ賣買ニ關《クワン》シテ規定シタル第五百六十條ヨリ以下第五百八十五條マデノ各條項ニ限リテ通《ツウ》ジ用ユベキ規定《キテイ》ノ條項ヲ網羅《マウラ》シタルモノデアリマス

第五百五十五條　賣買ハ當事者《タウジシヤ》ノ一方カ或ル財產權ヲ相手方《アヒテカタ》ニ移轉スルコトヲ約シ相手方カ之《コレ》ニ其ノ代金ヲ拂《ハラ》フコトヲ約《ヤク》スルニ因リテ其ノ效力ヲ生ス

◎參看　舊民法財產取得編第二十四條

〔註釋〕本條ハ賣買ノ何《ナン》タルコトヲ明《アキラ》カニシタル條項デアツテ其ノ意義《イギ》ハ賣買ト謂フコトハ例バ甲者ハ乙者ニ對シ動產不動產若《モシ》クハ債權ノ上ニ有《イウ》シテ居ル所有權ヲ移轉《ヰテン》スルコトヲ

約束シ乙者ハ又甲者ニ對シテ其ノ動產不動產若《モシ》クハ債權ニ據《ヨ》ルベキ代金ヲ拂《ハラ》フコトヲ約束スレバソレデ賣買《バイバイ》契約《ケイヤク》ハ成立ツテ其ノ効力ヲ生《シヤウ》ズルモノデアル故ニ最《モ》一ツ之ヲ解《ワカ》リ易キヨ言《ウ》ヘバ甲者ガ乘馬《ジヨウバ》一頭ヲ乙者ニ賣《ウ》ラウト謂ヒタル時乙者ガ之《コレ》ヲ買《カ》ヒテ其ノ代金ヲ支拂フコトヲ承諾スレバソレデ乘馬ニ對《タイ》スル賣買契約ノ効力《カウリヨク》ヲ生スルモノデアルサレバ賣買契約ノ効力ヲ生《シヤウ》スルニ必要ナル條件ハ第一財產上《ザイサンジヤウ》ノ權利ヲ移轉《イテン》スルコト第二財產上ノ權利ニ替《カ》ハルベキ代金ヲ拂《ハラ》フコト第三雙方ガ第一第二ノ要件《エウケン》ヲ約諾《ヤクダク》スルノ三個要件ハ缺クコトノ出來《デキ》ナイモノデアル若シ此ノ三個《コ》要件《エウケン》ノ中何レニテモ一個ヲ缺《カ》ケバ賣買契約ハ無効デアツテ成立《ナリタ》タヌモノデアリマス

第五百五十六條　賣買ノ一方ノ豫約《ヨヤク》ハ相手方カ賣買ヲ完結《クワンケツ》スル意思ヲ表示シタル時ヨリ賣買《バイバイ》ノ効力ヲ生《シヤウ》ス

前項ノ意思表示ニ付キ期間《キカン》ヲ定メサリシトキハ豫約者《ヨヤクシヤ》ハ相當ノ期間ヲ定メ其ノ期間內ニ賣買ヲ完結《クワンケツ》スルヤ否ヤヲ確答《クワクタフ》スヘキ旨ヲ相手方ニ催告スルコトヲ得若シ相手方カ其ノ期間內《キカンナイ》ニ確答ヲ爲《ナ》サヾルトキ

ハ豫約《ヨヤク》ハ其効力ヲ失《ウシナ》フ

參看　舊民法財産取得編第二十六條乃至第二十八條、第三十一條、第三十二條財産編第四百十五條

〔註釋〕本條ハ豫約《ヨヤク》ニ關シテノ規定デアツテ、其ノ意義《イギ》ハ例バ甲者ガ乙者ニ對シ家屋《カオク》ヲ金千圓ニテ賣渡サムト言《イ》ヒタル時乙者ニ於テ宜《ヨロ》シイ家屋ヲ賣《ウ》ルト謂フコトハ承諾シタガ愈々買ヒ取ルト謂フニ就テハ尙《ナ》ホ熟考《ジユクカウ》セムト言フ時ハ豫約デアルカラ此《コ》ノ塲合《バアヒ》ニハ賣買トシテノ効力ハ未ダ成立《ナリタ》チ居ラヌ故ニ之ヲ賣買トシテ効力《カウリヨク》ヲ生セシメムトスレバ更《サ》ラニ乙者ヨリ如何《イカ》ニモ其ノ家屋ヲ千圓ニテ買入《カヒイ》ルベシトノ意思ヲ表示《ヘウジ》スベキ返事《ヘンジ》ヲ甲者ガ手ニ得ナケレバナラヌ甲者ニ於テ果《ハタ》シテ乙者ヨリ此ノ意思ヲ表示シタル返事ヲ得《ウ》レバ此ノ豫約ハ初メテ賣買契約ヲ完結《クワンケツ》シテ其ノ効力ヲ生《シヤウ》スルモノデアル（第一項）故《ユヱ》ニ甲者ガ乙者ト豫約ヲ爲ス際何日間《イクカカン》ノ中ニ熟考シテ返事ヲシヤウト意思《イシ》表示《ヘウジ》ニ付キ期間ヲ定メテ置《オ》カナカツタナラバ甲者ハ自己デ相當《サウタウ》ノ期日ヲ定メ乙者ニ對シテ此ノ期日中《キジツチウ》ニ愈々買フカ買ハザルノ返事《ヘンジ》ヲセヨト催告スルコトガ出來ル、而シテ甲者ガ乙者ニ對シテ此ノ催告《サイコク》ヲ爲シタルニ乙者ヨリ何ノ返事《ヘンジ》モ爲サヽル時ハ其ノ豫約ハ無效《ムカウ》デアル（第二項）ト定《サダ》メタノデアリ

マス然《シカ》シ茲ニ注意《チウイ》スベキハ申込ト豫約《ヨヤク》ト賣買トノ經底《チガヒ》デアル、則チ申込ミトハ甲者ヨリ家屋ヲ賣《ウラ》ウト提供シテ未ダ乙者ヨリ承諾ノ返事《ヘンジ》ナキモノヲ謂フノデアルカラ申込ト謂《イ》フノハ只賣ウトイフ意思《イシ》ヲ甲者ダケガ表示シタルバカリデ乙者ニ於《オイ》テハ毫《スコシ》モ承諾シテ居ラナイモノデアルカラ甲乙互《タガ》ヒノ意思ノ合致《ガフチ》シテ居ルモノデハナイ、ケレドモ豫約《ヤク》ハ甲者ガ家屋ヲ賣《ウラ》ウト提供シタノハ甲者ニ於テ承諾シタノデアッテ只愈々《イヨイヨ》買受《カヒウ》ケルト言フコトダケヲ熟考《ジユクカウ》シテ返事ヲシヤウト謂フノデアルカラ互《タガ》ヒノ意思ノ合致ハ完結《クワンケツ》シタルモノデアル然シナガラ豫約《ヨヤク》ハ買フト謂フ意思ダケデモ完結《クワンケツ》シテ居ラヌ故ニ賣買アリタルモノトハ謂ヘナイノデアル斯《カ》クノ如ク申込ト豫約ト賣買ノ經底《チガヒ》ガ間《カン》一髮《パツ》デアッテ實ニ混同《コンドウ》シ易キモノデアルカラ茲《コヽ》ニ一言シテ混同セサラムコトヲ注意《チウイ》シテ置キマス

第五百五十七條　買主カ賣主《ウリヌシ》ニ手附ヲ交附シタルトキハ當事者《タウジシヤ》ノ一方カ契約ノ履行ニ著手《チヤクシユ》スルマテハ買主ハ其ノ手附《テツケ》ヲ抛棄シ賣主ハ其ノ倍額ヲ償還《シヤウクワン》シテ契約ノ解除《カイヂヨ》ヲ為スコトヲ得

第五百四十五條第三項ノ規定ハ前項ノ場合ニハ之ヲ適用セス

▲參看　舊民法財產取得編第二十九條、第三十條

〔註釋〕本條ハ賣買契約ノ解除ニ就テ規定《キテイ》シタル條項デアツテ、其ノ意義《イギ》ハ例バ甲者ガ米《コメ》百石ヲ乙者ヨリ買取《カヒト》ルベキ契約ヲ爲シ其ノ手附金《テツケキン》トシテ金百圓ヲ乙者ヘ渡《ワタ》シタル時乙者ガ未ダ其ノ米ヲ引渡サヌ前デアレハ甲者ハ曩《サ》キニ乙者ヘ渡シ置《オ》キタル手付金《テツケキン》百圓ヲ手付流トシテ拋《ホツ》棄テシマヘバ此ノ賣買契約ハ解除《カイヂヨ》スルコトガ出來ル、又乙者ニ於《オイ》テモ甲者ヘ米ノ引渡シヲセヌ以前《マヘ》テアレバ曩キニ受取アル手付金《テツケキン》百圓ヲ賠償《バイマシ》則チ手付金培增シ金二百圓トシテ甲者ヘ償還《カヘ》セバ此ノ賣買契約ハ解除スルコトガ出來ル（第一項）故ニ此ノ場合ニハ第五百四十五條第三項規定《キテイ》ノ如ク甲者共互ニ損害賠償ヲ請求《セイキウ》スルコトガ出來ヌ、如何トナレバ手附金流《テツケキンナガ》シ手附培增シハ則チ損害《ソンガイ》ヲ賠償スル爲ニ支拂《シハラ》フモノデアルカラ該條ノ規定ハ第一項場合ニ適用《テキヨウ》シナイ（第二項）ト定メタノデアリマス

第五百五十八條　賣買契約ニ關《クワン》スル費用ハ當事者雙方《サウハウ》平分《ヘイブン》シテ之ヲ負擔ス

▲參看　舊民法財產取得編第三十四條

〔註釋〕本條ハ費用ノ負擔《フタン》ニ就テ規定シタル條項デアッテ、其ノ意義《イギ》ハ賣買ノ契約《ケイヤク》ヲ爲スニ當リテ生ズベキ証券印紙《ショウケンインシ》、公正証書手數料或ハ步《ア》一稅《ゼイ》等ノ如キ一切ノ費用ハ賣買ヲ爲《ナ》ス者ガ雙方平等ニ負擔《フタン》シナケレバナラヌ、故ニ拾圓ノ費用《ヒヨウ》アル時二八ナレバ五圓宛分擔《ヅヽブンタン》スルモノデアル、ケレドモ契約者双方《サウハウ》ニテ其ノ費用ノ分擔方法ヲ約定《トクヂヤウ》シタルトキハ敢《アヘ》テ此ノ規定ニ因《ヨ》ラザルモ其ノ約定ノ方法ニ從フモ差支《サシツカ》ヘノナイモノデアリマス

第五百五十九條　本節ノ規定《キテイ》ハ賣買以外ノ有償契約ニ之ヲ準用《ジユンヨウ》ス但其ノ契約ノ性質《セイシツ》カ之ヲ許サヾルトキハ此限《コノカギリ》ニ在ラス

〔註釋〕本條ハ賣買契約ニ關スル規定デ有償契約《イウシヤウケイヤク》ニ準用スルコトヲ規定《キテイ》シタル條項デアッテ其ノ意義ハ元來《グワンライ》賣買契約ニ就キ規定シタルガ如キ事項《ジコウ》ハ他ノ有償契約ノ場合ニモ日常實地ニ適用スル際會極メテ頻繁ナルモノデアル、故ニ彼《カ》ノ交換契約《カウクワンケイヤク》ノ場合或ハ第五百五十三條ノ負擔附贈與契約ノ如キ場合《バアヒ》ニハ必ラズ準用《ジユンヨウ》スベキモノデアル（本條前段）ケレドモ假令有償契約デアルトモ彼《カ》ノ賃借契約等ノ如キ性質上《セイシツジヤウ》準用シ得ラレヌモノニハ無論《ムロン》適用スルノデハナイ（本條但書）ト定メタノデアリマス

第二欵　賣買ノ効力

〔註釋〕本條ハ賣買ノ效力《カウリヨク》ニ關スル規定ヲ網羅《マウラ》シタルモノデアッテ、其ノ規定《キテイ》スル所ハ權利移轉、解除、引渡、危險《キケン》ノ四個原因デアル、之《コレ》ニ對《タイ》スル註釋ハ以下各本條ノ下ニ於テ詳述スルコトヽ致シマス

第五百六十條　他人ノ權利《ケンリ》ヲ以テ賣買ノ目的《モクテキ》ト爲シタルトキハ賣主ハ其ノ權利ヲ取得《シユトク》シテ之ヲ買主ニ移轉《イテン》スル義務《ギム》ヲ負フ

參看　舊民法財産取得編第四十二條、第五十六條、第六十條、第六十二條、第六十三條、既成商法第五百二十五條、第五百二十六條

〔註釋〕本條ハ權利《ケンリ》ノ賣買ニ關スル規定《キテイ》デアッテ、其ノ意義ハ元來《クワンライ》賣買契約ノ目的《モクテキ》ト成ルベキ賣主ガ所有《シヨイウ》スル財産權利ヲ主眼《シユガン》トスルモノデアル、ケレドモ又本條ニ依レバ他人ノ權利ヲモ賣買契約ノ目的《モクテキ》トスルコトガ出來ル、ケレドモ他人《タニン》ノ權利ヲ賣買ノ目的《モクテキ》ト爲シタルトキハ賣主《ウリヌシ》ハ其ノ權利ヲ必ラズ他人《タニン》ヨリ取リ得テ之ヲ買主ニ引渡《ヒキワタ》サナケレバナラヌ義

務ヲ負《オ》フモノデアル、故ニ一度他人ノ權利《ケンリ》ヲ目的トシテ賣買契約ヲ取結《トリムス》ヒナガラ之ヲ引渡スコトノ出來《デキ》ヌヤウノ場合アレバ第五百六十一條ニ因《ヨ》リテ契約解除若クハ損害賠償ノ責ヲ負ワヌケレバナラヌノデアリマス

第五百六十一條　前條ノ場合《バアヒ》ニ於テ賣主カ其ノ賣却《バイキヤク》シタル權利ヲ取得シテ之ヲ買主ニ移轉《イテン》スルコト能ハサルトキハ買主ハ契約《ケイヤク》ノ解除ヲ為スコトヲ得但契約ノ當時《タウジ》其ノ權利ノ賣主《ウリヌシ》ニ屬セサルコトヲ知《シ》リタルトキハ損害賠償ノ請求《セイキウ》ヲ為スコトヲ得ス

▲參看　舊民法財產取得編第五十六條乃至第五十八條、財產編第三百九十五條

〔註釋〕本條ハ他人《ダン》ノ權利ヲ契約スルコトヲ契約《ケイヤク》シテ引渡シ能ハザル場合《バアヒ》ニ關スル規定デアツテ、其ノ意義ハ例《タトヘ》バ甲者ガ乙者ニ對シ丙者所有ノ家屋《カオク》ヲ賣渡サムト契約シタル後《ノチ》甲者ニ於テ其ノ家屋ヲ乙者ニ引渡《ヒキワタ》スコトノ出來ナイ場合《バアヒ》ニ於テハ乙者ハ甲者ニ對《タイ》シテ其ノ賣買契約ヲ解除スルコトガ出來ル（本條前段）而《ソウ》シテ又甲者ガ乙者ニ對シ賣渡《ウリワタ》サムト契約

シタル時ニハ未ダ其ノ家屋《カオク》ヲ他人ニ賣渡スベキ權利《ケンリ》ガ甲者ニナイ事ヲ乙者ニ於テ知《シ》ルトキハ乙者ハ甲者ニ對シテ損害賠償ヲ請求《セイキウ》スルコトガ出來ル（本條但書）ト定メタノデアリマス

第五百六十二條　賣主カ契約《ケイヤク》ノ當時其ノ賣却シタル權利《ケンリ》ノ自己ニ屬セサルコトヲ知《シ》ラサリシ場合ニ於テ其ノ權利《ケンリ》ヲ取得シテ之ヲ買主《カヒヌシ》ニ移轉スルコト能ハサルトキハ賣主《ウリヌシ》ハ損害ヲ賠償シテ契約ノ解除ヲ爲スコトヲ得

前項ノ場合ニ於テ買主《カヒヌシ》カ契約ノ當時其ノ買受ケタル權利《ケンリ》ノ賣主ニ屬セサルコトヲ知リタルトキハ賣主ハ買主《カヒヌシ》ニ對シ單ニ其ノ賣却《バイキヤク》シタル權利ヲ移轉スルコト能《アタ》ハサル旨ヲ通知シテ契約《ケイヤク》ノ解除ヲ爲スヿヲ得

▲參看　舊民法財産取得編第六十條、第六十一條

〔註釋〕本條ハ他人《タニン》ノ權利ヲ賣渡シタル場合《バアヒ》ニ於ケル賣主ノ解除方法ニ關シ規定《キテイ》シタル條項

デアッテ其ノ意義《イギ》ハ例ハ前條ノ場合ニ於テ賣主《ウリヌシ》タル甲者カ乙者ニ家屋賣渡《カオクウリワタシ》ノ契約ニ為シタルニ其ノ當時《タウジ》ハ既ニ自己ニ其ノ家屋ノ所有權ハ移轉《ウツ》ルモノト信ジ居リシニ或ル事故ノ為メ全ク所有權ノ移《ウツ》リ難キヲ知リ尚ホ之ヲ取得《シユトク》シテ乙者ニ引渡サヌトスルモ種々ノ故障アリテ其ノ運《ハコ》ビノ付カザル為メ乙者ニ引渡《ヒキワタ》スコトノ出來ナイ場合《バアヒ》ニハ甲者ハ乙者ノ損害ヲ賠償スレバ其ノ賣買契約ヲ解除《カイヂヨ》スルコトガ出來ル（第一項）ケレドモ若《モ》シ買主《カヒヌシ》タル乙者ニ於テ甲者ガ賣渡《ウリワタ》シノ契約ヲ為シタル當時其ノ家屋《カオク》ノ所置權ガ甲者ニ移《ウツ》リ居ラザルコトヲ知ッテ居ッタ時ハ甲者ハ乙者ノ損害《ソンガイ》ヲ賠償セズシテ只賣却ジタルモ其ノ引渡《ヒキワタ》シヲ為スコトカ出來ナイト謂フコトヲ通知《ツウチ》シテ契約ノ解除ヲ為スコトガ出來ル（第二項）如何《イカン》トナレバ是甲乙雙方《サウハウ》ガ契約當初ヨリ互ヒニ權利《ケンリ》ノ移ラナイコトヲ豫知《ヨチ》シ居リタルモノデアルカラ假令損害アルトモ甲者ハ之ヲ賠償《バイシヤウ》スルノ責ナク又乙者モ之ヲ請求《セイキウ》スルノ權利ナキヤ明瞭《メイレウ》ナル譯《ワケ》デアリマス

第五百六十三條　賣買ノ目的《モクテキ》タル權利ノ一部カ他人《タニン》ニ屬スルニ因リ賣主カ之ヲ買主ニ移轉《井テン》スルコト能ハサルトキハ買主ハ其ノ足《タ》ラサル部

分ノ割合ニ應《オウ》シテ代金ノ減額ヲ請求《セイキウ》スルコトヲ得
前項ノ場合ニ於テ殘存《ザンソン》スル部分ノミナレハ買主《カヒヌシ》カ之ヲ買受ケサルヘカリシトキハ善意《ゼンイ》ノ買主ハ契約ノ解除《カイヂヨ》ヲ爲スコトヲ得
代金減額ノ請求《セイキウ》又ハ契約ノ解除ハ善意《ゼンイ》ノ買主カ損害賠償ノ請求《セイキウ》ヲ爲スコトヲ妨《サマタ》ケス

▲參看　舊民法財産取得編第六十三條、第六十四條

〔註釋〕本條ハ賣買セシ目的物《モクテキブツ》ノ一部ダケガ引渡スコトノ出來ナイ場合《バアヒ》ニ關スル規定デアッテ、其ノ意義ハ例《タトヘ》バ甲者ガ乙者ニ對シ家屋《カオク》ヲ賣渡スノ契約ヲ爲シタルニ其ノ家屋《カオク》ノ一部デアル離《ハナ》レ坐敷《ザシキ》ガ丙者ノ所有デアッテ甲者ト丙者ノ間ニ示談《ジダン》行達《ユキトド》カス甲者ニ於テ之ヲ共ニ乙者ニ引渡スコトノ出來《デキ》ナイ時ハ乙者ハ其ノ離坐敷《ハナレザシキ》ニ對スル割合ノ代金ヲ減額《ゲンガク》セヨト請求スルコトガ出來ル（第一項）又買主《カヒヌシ》タル乙者ハ離坐敷ガアルカラ其ノ家屋《カオク》ヲ買入ヤウトシタルモ離坐敷カ丙者ノ所有ト初《ハジ》メニ知《シ》ッタナラ買入レノ契約《ケイヤク》ヲシナカッタノデアル時ハ乙者ハ甲者ニ對《タイ》シテ此ノ契約ノ解除《カイヂヨ》ヲ爲スコトガ出來ルケレドモ若シ乙者ガ惡意《アクイ》デ

故《ワザ》トズルコトナレバ解除ヲスルコトハ出來《デキ》ヌ(第二項)然シ乙者ニ於テ惡意《アクイ》ガナカツタナラ以上ノ代金減額ト契約解除《ケイヤクカイヂヨ》ヲ爲スモ蒙《カウム》リタル損害ノ賠償ヲ請求《セイキウ》スルノ妨ケトハナラヌノデアル故ニ其ノ代金減額ト損害賠償ト若《モシ》クハ契約解除ト損害賠償トヲ併セ請求《セイキウ》スルモ差支ヘルコトハナイカラ兩方《リヤウハウ》トモ爲スコトガ出來ル(第三項)ト定メタノデアリマス

第五百六十四條 前條ニ定《サダ》メタル權利ハ買主《カヒヌシ》カ善意ナリシトキハ事實ヲ知リタル時ヨリ惡意《アクイ》ナリシトキハ契約ノ時《トキ》ヨリ一年內ニ之ヲ行使スルコトヲ要ス

▲參看 舊民法財產取得編第四十三條、第五十四條、第九十九條

〔註釋〕本條ハ買主ガ權利《ケンリ》行使《カウシ》ノ期間ヲ規定シタル條項《デウコウ》デアツテ、其ノ意義ハ第五百六十三條ニ規定《キテイ》シタル契約解除損害賠償、代金減額等ヲ請求スル權利《ケンリ》ヲ行フニハ買主《カヒヌシ》ニ惡意ナキ時ハ賣主ガ引渡《ヒキワタ》シノ出來ナイトイフ事實《コトガラ》ヲ知リタル時ヨリ一ケ年內ニ行使《カウシ》シナケレバナラヌ、若シ惡意アル買主《カヒヌシ》デアル時ハ契約《ケイヤク》ヲ爲シタル時ヨリ一年內ニ行使《カウシ》シナケレバナラヌ故ニ一年ノ期間《キカン》ヲ經過《ケイクワ》シタル以後ニ於テハ權利ヲ行《オコナ》フコハ出來ヌノデアリマス

第五百六十五條　數量《スウリヤウ》ヲ指示シテ賣買シタル物カ不足《フソク》ナル場合及ヒ物ノ一部カ契約《ケイヤク》ノ當時既ニ滅失《メツシツ》シタル場合ニ於テ買主カ其ノ不足《フソク》又ハ滅失ヲ知《シ》ラサリシトキハ前二條ノ規定《キテイ》ヲ準用ス

參看　舊民法財産取得編第四十三條、第四十八條乃至第五十四條、第六十三條、第六十四條、既成商法第五百三十四條、第五百四十四條

〔註釋〕本條ハ賣渡《ウリワタ》サムト契約シタル目的物ノ不足《フソク》スル場合若クハ一部滅失ノ場合《バアヒ》ニ於ケル解除若クハ損害賠償及ヒ權利《ケンリ》行使《ガウシ》ノ期間等ヲ規定シタル條項デアツテ、其ノ意義《イギ》ハ例バ肥後上等米百石ヲ賣渡サムト契約シテ六十石《コク》ヨリ揃ハナイ場合カ或ハ九谷燒《タニヤキ》ノ花瓶一對ヲ賣渡サムト契約シテ其ノ當時《タウシ》ニ一個破壞《ハクワイ》シタル場合カノ時ニ於テ買主《カヒヌシ》カ其ノ不足若クハ破壞シタル事實《シヽツ》ヲ知ラザル時ハ買主ニ對シ第五百六十三條及《オヨ》ビ第五百六十四條ニ準ヒ代金ノ滅額、契約解除、損害賠償等ノ權利《ケンリ》ヲ善意ナル時ハ事實ヲ知《シ》リタル時ヨリ惡意《アクイ》ナリシ時ハ契約ノ日《ヒ》ヨリ一年内ニ行使《カウシ》スルコトガ出來ルト定《サダ》メタノデアリマス

第五百六十六條　賣買ノ目的物《モクテキブツ》カ地上權、永小作權、地役權、留置權

又ハ質權《シツケン》ノ目的タル場合ニ於テ買主《カヒヌシ》カ之ヲ知《シ》ラサリシトキハ之カ爲メニ契約ヲ爲シタル目的ヲ達《タツ》スルコト能ハサル場合《バアヒ》ニ限リ買主ハ契約ノ解除ヲ爲スコトヲ得其《ソ》ノ他《タ》ノ場合ニ於テハ損害賠償ノ請求《セイキウ》ノミヲ爲スコトヲ得

前項ノ規定ハ賣買ノ目的《モクテキ》タル不動産ノ爲メニ存《ソン》セリト稱セシ地役權カ存セサリシトキ及ヒ其ノ不動産《フドウサン》ニ付キ登記《トウキ》シタル賃貸借アリタル場合ニ之ヲ準用《ジユンヨウ》ス

前二項ノ場合ニ於テ契約《ケイヤク》ノ解除又ハ損害賠償ノ請求《セイキウ》ハ買主カ事實ヲ知リタル時ヨリ一年内《ネンナイ》ニ之ヲ爲スコトヲ要ス

▲參看　舊民法財産編第三百九十五條、財産取得編第六十五條

〔註釋〕本條ハ物上權ニ就《ツイ》テノ契約解除ノ場合ヲ規定《キテイ》シタル條項デアッテ、其ノ意義《イギ》ハ例バ甲者ガ製造場建設ノ目的《モクテキ》ヲ以テ乙者ヨリ地所ヲ買入《カヒイ》レタルニ其ノ地所ハ既《スデ》ニ丙者ニ於テ

永小作權ヲ有《イウ》シ居ルコトヲ發見《ハツケン》シタルモ甲者ニ於テハ契約當時《ケイヤクタウジ》ニハ乙者ノ秘密《ヒミツ》ニ爲シ居リシガ爲之レヲ知《シ》ルコトハ出來ナカツタ然《シカ》シナガラ甲者ハ其《ソ》ノ地所《チシヨ》ニ永小作權ノ付着シ居ル以上ハ製造場建設《ケンセツ》ノ目的ヲ達スルコトガ出來ヌ斯《カ》ウイフ場合ニ限リ甲者ハ乙者ニ對シ其ノ契約ヲ解除スルコトガ出來《デキ》ル、ケレドモ別ニ製造場ノ建設《ケンセツ》ヲ爲スニアラズ永小作權ガ付着《フチヤク》シアルモ重大ナル障害《サヽワリ》トナラザル時ハ解除スルコトハ出來ヌ唯損害賠償ヲ請求スルニ止ルモノデアル(第一項)ケレドモ又例《タトヘ》バ甲者ガ製造ノ事業ハ清水《セイスヰ》ヲ要スルモノデアルカラ清水《セイスヰ》ノ在ル地所ヲ需《モト》メ居リシニ乙者ヨリ隣地《リンチ》ニ清良《セイリヤウ》ナル泉源《センゲン》ガアツテ其ノ泉源ニ用水權ヲ有スル地所ヲ賣渡《ウリワタ》サムト言フニ付キ乙者ハ之ヲ信《シン》シテ買入レタルニ曷《ナン》ゾ計ラシ其ノ地所ニ用水權ヲ有シ居ラナイ場合《バアヒ》又ハ其ノ地所ハ既ニ丙者ニ於テ登記《トウキ》ヲ爲シタル賃貸借ノ契約《ケイヤク》アル如キ場合ニハ矢張《ヤハ》リ甲者ハ乙者ニ對シ前項《ゼンコウ》ノ如ク場合ニ因リ其ノ契約ヲ解除シ或ハ損害賠償ヲ請求《セイキウ》スルコトガ出來ル(第二項)而《ソウ》シテ此ノ損害賠償若クハ契約ノ解除ヲ甲者ヨリ乙者ニ請求スルノ期間《キカン》ハ甲者ノ其ノ事實ヲ知《シ》リタル時ヨリ向《ムカ》フ一ケ年間ニシナケレバナラヌ、若シ一ケ年經過《ケイクワ》ノ後ハ無效デアルカラ請求《セイキウ》スルコトハ出來《デキ》ナイ(第三項)ト定《サダ》メタノデアル、ソコデ終《オハ》リニ望《ノゾ》ンデ一言シ置クハ以上《イジヤウ》何《イツ》レノ場合ニ於テモ買主タル甲者ハ必ラズ自己《ジコ》ノ言フ所ヲ自己ニ於テ証據立《シヨウコダテ》ナケレバナラヌコトデアリマス

第五百六十七條　賣買ノ目的タル不動産《フドウサン》ノ上ニ存《ソン》シタル先取特權又ハ抵當權ノ行使《カウシ》ニ因リ買主カ其ノ所有權《シヨイウケン》ヲ失ヒタルトキハ其ノ買主ハ契約ノ解除《カイヂヨ》ヲ爲スコトヲ得

買主カ出捐《シユツエン》ヲ爲シテ其ノ所有權ヲ保存《ホゾン》シタルトキハ賣主《ウリヌシ》ニ對シテ其ノ出捐ノ償還ヲ請求《セイキウ》スルコトヲ得

右孰レノ場合ニ於《オ》テモ買主カ損害《ソンガイ》ヲ受ケタルトキハ其ノ賠償《バイシヤウ》ヲ請求スルコトヲ得

▲參看　舊民法財産取得編第六十六條、債權擔保編第二百六十九條、第二百八十八條

〔註釋〕本條ハ買得シタル不動産ノ所有權《シヨイウケン》ヲ失フ場合ニ關スル規定《キテイ》デアツテ其ノ意義《イギ》ハ例バ甲者ガ乙者ヨリ地所《ヂシヨ》ヲ買入レタルニ其ノ地所ニハ既ニ抵當債權者《テイタウサイケンシヤ》又質取債權者等ノアリテ其ノ權利ヲ行使《カウシ》セルガ爲甲者ハ其ノ所有權ヲ失《ウシナ》フタル時ハ甲者ハ此ノ地所《ヂシヨ》ノ賣買契約ヲ解除スルコトガ出來《デキ》ル（第一項）又此ノ場合《バアヒ》ニ於テ甲者ガ其ノ地所ニ對《タイ》スル抵當權者又

ハ質取債權者ニ向ッテ曩キ《サ》ニ乙者ノ借入レシ債務ノ辨償《ベンシヤウ》ヲ爲シタル時ハ甲者ハ乙者ニ對シ其ノ辨償金額ノ償還ヲ請求《セイキウ》スルコトガ出來ル（第二項）尚《ナ》ホ甲者ニ於テ前二項ノ行爲《カウヰ》ヨリ損害《ソンガイ》ヲ蒙リタル乙者ニ向ッテ其ノ賠償《バイシヤウ》ヲモ請求スルヿガ出來ルト定メタノデアリマス

第五百六十八條　强制競賣ノ場合《バアヒ》ニ於テハ競落人《キヤウラクニン》ハ前七條ノ規定ニ依リ債務者ニ對シテ契約《ケイヤク》ノ解除ヲ爲シ又ハ代金ノ減額《ゲンガク》ヲ請求スルコトヲ得

前項ノ場合ニ於テ債務者カ無資力《ムシリヨク》ナルトキハ競落人ハ代金《ダイキン》ノ配當ヲ受ケタル債權者ニ對《タイ》シテ其ノ代金ノ全部《ゼンブ》又ハ一部ノ返還ヲ請求《セイキウ》スルコトヲ得

前二項ノ場合ニ於テ債務者《サイムシヤ》カ物又ハ權利ノ欠《ケツ》缺ヲ知リテ之ヲ申出テス又ハ債權者カ之ヲ知リテ競賣《キヤウバイ》ヲ請求シタルトキハ競落人《キヤウラクニン》ハ其ノ過失者ニ對シテ損害賠償ノ請求《セイキウ》ヲ爲スコトヲ得

▲參看　舊民法財產取得編第六十七條

（註釋）本條ハ强制執行《キヤウセイシツカウ》ノ塲合ニ於ケル規定ノ條項《デウカウ》デアツテ、其ノ意義ハ債權《サイケン》ヲ有スル者ガ其ノ債權ノ辨濟ヲ得ル爲裁判所ニ强制執行ヲ請求《セイキウ》シ裁判所ハ之ヲ許可《キヨカ》シテ債務者ノ財產ヲ差押ヘ之ヲ强制的《キヤウセイテキ》ニ競賣シタル時裁判所ノ命令《メイレイ》ヲ受ケテ入札《ニフサツ》ヲ爲シ其ノ競賣財產ヲ買取リシニ其ノ買取リタル物ノ上ニ第五百六十一條ヨリ第五百六十七條ノ間《アヒダ》ニ規定《キテイ》スル如キコトノ生シタル時ハ其ノ買取《カヒト》リシ者ハ債務者ニ對シ前《ゼン》七ケ條《デウ》ノ規定ニ依リ契約ノ解除ト代金ノ減額《ゲンガク》ヲ請求スルコトガ出來ル（第一項）然シ債務者ハ自巳ガ所有ノ財產《ザイサン》ヲ競賣セラルヽガ如キ者デアルカラ大概《タイガイ》ハ無資力《ムシリヨク》デアルガ多イ其ノ塲合ニ於テハ代金《ダイキン》ノ減額ヲ請求スルモ其ノ減額代金ヲ請取ルコトノ出來ナイ塲合《バアヒ》ガアル左樣《サウ》イフ時ハ買取人ハ競賣代金ノ配當《ハイタウ》ヲ受ケタル債權者ニ對《タイ》シテ其ノ代金ノ一部若クハ全部返還ヲ請求《セイキウ》スルコトガ出來ル（第二項）又買取人《カヒト》カ買取リシ財產ハ最初ヨリ言《イ》ヒ分《ワケ》ノ在ルコトヲ債務者ナリ債權者ナリニ於テ知リナガラ故《コトサ》ラニ競賣シタル物デアレバ買取人ハ債務者デアレバ債務者《サイムシヤ》ニ又債權者デアレバ債權者ニ其過失《クワシツ》アリシ者ニ取掛《トリカヽ》リテ損害ノ賠償ヲ請求《セイキウ》スルコトガ出來ル

第五百六十九條　債權ノ賣主《ウリヌシ》カ債務者ノ資力ヲ擔保シタルトキハ契約

ノ當時ニ於ケル資力《シリヨク》ヲ擔保シタルモノト推定《スヰテイ》ス

辨濟期ニ至ラサル債權ノ賣主《ウリヌシ》カ債務者ノ將來ノ資力《シリヨク》ヲ擔保シタルトキハ辨濟ノ期日《キジツ》ニ於ケル資力ヲ擔保シタルモノト推定《スヰテイ》ス

▲參看　舊民法財產取得編第六十八條

（註釋）本條ハ債權賣渡シニ關スル規定《キテイ》デアツテ、其ノ意義ハ例《タトヘ》バ甲者ガ乙者ニ對シ金千圓ノ貸金ヲ有シ居レル其ノ債權《サイケン》ヲ丙者ニ賣渡シタル時ニ甲者ハ乙者ニ對《タイ》シ丙者ガ千圓ノ辨濟ヲ爲スニ相違《サウヰ》ナキ資力アルコトヲ請合《ウケア》ハナケレバナラヌ是レ第四百六十六條以下ニ規定シタルト等シク總《スベ》テ物ヲ賣リシ者ハ其ノ物ノ性質《セイシツ》ヲ請合フノ義務《ギム》アルモノデアル、故ニ丙者ガ若シ期日《キジツ》ニ辨濟スル資力《シリヨク》ガナクナレバ甲者ハ乙者ニ對《タイ》シテ賠償ノ責ハ免レナイモノデアルカラ甲者ハ乙者ニ對シテ千圓ノ債權《サイケン》ヲ賣渡ス時ハ契約當時ノ資力《シリヨク》ヲ擔保スルモノデアル例バ甲者ガ丙者ニ有スル債權ヲ乙者ニ賣渡セシハ明治廿九年七月一日デアレバ甲者ガ丙者ノ資力ヲ請合《ウケア》フハ七月一日ノ資力デアル故ニ若シ甲者ガ請合ヒシ七月一日ニ丙者ニ於テ千圓辨濟ノ資力《シリヨク》ナカリシ爲メ乙者ガ損害ヲ蒙《カウム》リシ時ハ甲者ハ之ガ賠償ノ責ハ免レザルモ若シ七月一日以後《イゴ》ニ於テ丙者ガ無資力ト成《ナ》リ乙者ノ損害《ソンガイ》ヲ蒙リシ時ハ开ハ乙者ノ失策《シツサク》ニシテ甲者ノ擔保以外ナレバ賠償ノ責《セメ》ナキモノデアル、茲ニ注意《チウイ》ズベキハ本條第一項ハ辨濟期ヲ經過《ケイクワ》シタルモノニ就テノ塲合ニ關《クワン》スル債權ノ賣買デアルカラ實際ニ於テハ千圓ノ債權《サイケン》ヲ千圓ニ買取ルモノハ先ツ無《ナ》キモノデアル大概《タイガイ》ハ債權額以下デ賣買《バイバイ》セラルヽカ普通《フツウ》デアルカラ一ハ買取主タル乙者ノ運命《ウンメイ》ヲ賭《ト》スルガ如キ觀《クワン》アルモノデ賣主ニ於テ全然無期ニ擔保スル道理《ダウリ》モナク又無期ニ擔保スルヤウナレバ債權《サイケン》ヲ賣渡スノ必要《ヒツエウ》モナキヤウデアル故ニ本條第一項ハ辨濟期限經過《ケイクワ》後ノ債權賣買ハ賣主ニ於テ契約當時《ケイヤクタウジ》ニ於ケル債務者ノ資力ヲ擔保スルダケデ將來《シヤウライ》ニ於テノ擔保ノ責任《セキニン》ハナイモノデアルト定メタノデアル(第一項)若《モ》シ未《イマ》ダ辨濟期ノ來ラナイ債權《サイケン》デアツテ賣主ガ債務者債資力《シリヨク》ヲ將來ニ請合フタ時ハ債務者ガ辨濟ヲ爲ス時ノ資力《シリヨク》ヲ請合タモノト推定《スヰテイ》モルモノデアル、故ニノ務者ガ辨濟期ニ當《アタ》リテ無資力ト成リ買主ガ損害ヲ蒙《カ》ムレバ其ノ損害ハ賣主ニ於テ賠償セナケレバナラヌモノデアル(第二項)ケレドモ是レ法律《ハフリツ》ノ推定デアルカラ賣主《ウリヌシ》ト買主ノ間ニ特別ノ契約《ケイヤク》ヲ爲スハ敢ヘテ妨《サマタ》ケノナイモノデアリマス

第五百七十條　賣買ノ目的物ニ隱レタル瑕疵《カシ》アリタルトキハ第五百六十六條ノ規定《キテイ》ヲ準用ス但强制競賣ノ塲合《バアヒ》ハ此限ニ在ラス

▲參看　舊民法財産取得編第九十四條乃至第百三條

(註釋)本條ハ外見上《グワイケンジヤウ》知リ得ベカラザル瑕疵《ガシ》アル場合ニ關スル場合デアッテ、其ノ意義《イギ》ハ例バ乘馬《ジヤウバ》一頭ヲ買入レタルニ其ノ乘馬ハ鞍癖《クラクセ》ノ惡《アシ》キモノデアル如キ買主ガ始《ハジ》メニ此ノ事ヲ知リシナレバ買フベキニアラザル場合ニ就テハ買主《カヒヌシ》ハ第五百六十六條ノ規定《キテイ》ニ準ヒテ其ノ鞍癖惡《クラクセアシ》シキヲ知リタルヨリ向フ一ケ年内ニ其ノ賣買《バイバイ》契約《ケイヤク》ヲ解除シ又ハ損害賠償ヲ請求スルコトガ出來ル(本條前段)ケレドモ其ノ乘馬《ジヨウバ》ヲ强制競賣ノ時ニ競落《キヨウラク》シタルモノデアレバ其ノ買主《カヒヌシ》ハ第一項ト等シキ權利ヲ有《イウ》スルモノデハナイ、如何《イカン》トナレバ競賣ハ入札法《ニフサツホフ》デ買取ルモノテアルカラ其ノ目的物《モクテキブツ》ノ質ヲ調査《テウサ》スルニ買主ノ責任テアルカラ斯《カ》クハ例外ニ置キタル所以《ワケ》テアリマス

第五百七十一條　第五百三十三條ノ規定ハ第五百六十三條乃至第五百六十六條及ヒ前條《ゼンデウ》ノ場合ニ之ヲ準用《ジユンヨウ》ス

(註釋)本條ハ他《タ》ノ規定ヲ應用《オウヨウ》スベキ場合ヲ規定シタル條項《デウコウ》テアッテ、其ノ意義ハ第五百三十三條ニ規定《テイ》シタル雙務契約者ガ互《タガ》ヒニ一方者ヨリ債務履行《リカウ》ノ提供アルマテ自己ノ債務

履行ヲ拒《コバ》ムベキ權利ハ第五百六十三條ヨリ第五百六十六條マデノ間《アヒダ》ト第五百七十條ニ規定シタル賣買契約ヲ解除《カイヂヨ》スル場合ニ準用スルモノデアルト定《サダ》メタル條項《デウコウ》デアリマス

第五百七十二條　賣主ハ前十二條ニ定《サダ》メタル擔保ノ責任《セキニン》ヲ負ハサル旨ヲ特約《トクヤク》シタルトキト雖モ其ノ知《シ》リテ告《ツ》ケサリシ事實及ヒ自ラ第三者ノ爲ニ設定《セツテイ》シ又ハ之ニ讓渡シタル權利《ケンリ》ニ付テハ其ノ責《セメ》ヲ免《マヌカ》ルルコトヲ得ス

▲參看　舊民法財產編第三百九十六條、財產取得編第七十一條。第九十七條

〔註釋〕本條ハ擔保セザル場合《バアヒ》ニ於ケル責任ニ就テ規定《キテイ》シタル條項デアッテ、其意義《イギ》ハ第五百六十條以下《イカ》第五百七十一條ニ至ル間ニ規定《キテイ》シタル如ク賣主ニ於テ擔保ノ責任《セキニン》ヲ負ハザル契約ヲ賣主ト買主《カヒヌシ》ノ間ニ特ニ取結《トリムス》ビテ約定スルモ賣主ニ於テ買主ノ損害《ソンガイ》トナルベキ事實ヲ知リナガラ秘《ヒ》ノ置《オ》キテ告ゲサリシカ又ハ賣主カ地所《ヂシヨ》ヲ他人ニ登記シテ賃貸《チンガ》シタル第三者アルコトヲ隱《カク》シテ其ノ土地ヲ賣渡シタルガ如キ場合《バアヒ》若クハ賣主カ假令《タトヘ》他人ヘ賣渡スモ其ノ物ノ上ニハ既ニ先取特權《サキドリトクケン》ヲ有シ居ル債權者アリテ倒低《ツマリ》取上ケラル、コトヲ知リナ

カラ之ヲ隱《カク》シテ賣渡《ウリワタ》ス如キ場合ハ皆ナ賣主《ウリヌシ》ニ惡意アル所爲ヨリ成立《ナリタ》チシモノデアルカラ假令ヘ契約上擔保ノ責任《セキニン》ヲ免《マヌ》カレ居《オ》ルモ其ハ故ラニ後日ノ患《ウレ》ヲ除《ノゾ》カン奸計ニ出デタルモノデアル故《ユヘ》ニ此ノ塲合ニ於《オイ》テハ賣主《ウリヌシ》ハ契約解除損害賠償、代金減額、等ノ責《セメ》ハ免カレナイト定《サダ》メタノデアリマス

第五百七十三條　賣買ノ目的物《モクテキブツ》ノ引渡《ヒキワタシ》ニ付キ期限《キゲン》アルトキハ代金ノ支拂ニ付《ツイ》テモ亦《マタ》同一ノ期限《キゲン》ヲ附シタルモノト推定《スイテイ》ス

参看　舊民法財産取得編第七十四條第二項

〔註釋〕本條ハ賣買《バイバイ》ノ期限ニ就《ツイ》テノ規定デアツテ、其ノ意義《イギ》ハ例バ甲者ガ乙者ニ對シ種油《タネアブラ》ヲ賣渡スノ契約《ケイヤク》ヲ爲シ現品ハ十月一日ニ引渡《ヒキワタ》サムト定メタル時ハ乙者ニ於テ其ノ代金《ダイキン》ヲ支拂フ期限《キゲン》モ矢張リ十月一日ト推定《スイテイ》スルコトヽ定《サダ》メタノデアリマス、ケレドモ是《コ》レ法律ノ推定ニ止《トヾ》マルモノデアルカラ賣主《ウリヌシ》ト買主《カイヌシ》ノ間ダニ於テ別ニ本條ト異《コトナ》ル契約ヲ爲スモ差支ヘノナイモノデアリマス

第五百七十四條　賣買《バイバイ》ノ目的物《モクテキブツ》ノ引渡ト同時ニ代金《ダイキン》ヲ拂《ハラ》フヘキトキハ

其ノ引渡《ヒキワタシ》ノ場所ニ於《オイ》テ之ヲ拂《ハラ》フコトヲ要《ヨウ》ス

▲參看　舊民法財産取得編第七十五條

〔註釋〕本條ハ代金《ダイキン》ヲ支拂フベキ場所《バシヨ》ニ就テノ規定デアッテ其《ソ》ノ意義ハ元來《グワンライ》賣買代金ノ支拂ヒヲ爲スニ就《ツイ》テハ總則第四百八十四條ニ定《サダ》メタル如ク爲《ナサ》ナケレバナラヌ、ケレドモ賣買ニ就テハ左樣《サヤウ》イフ譯ニモ行カヌ場合《バアヒ》ガアルカラ賣渡スベキ物件《ブツケン》ト代金トヲ同時ニ引替ル契約デアレバ其ノ物件《ブツケン》ヲ引渡ス場所ニ於テシナケレバナラヌト定《サダ》メタノデアリマス

第五百七十五條　未タ引渡《ヒキワタ》サヾル賣買《バイバイ》ノ目的物カ果實《クワジツ》ヲ生シタルトキハ其ノ果實《クワジツ》ハ賣主《ウリヌシ》ニ屬《ゾク》ス

買主《カイヌシ》ハ引渡ノ日《ヒ》ヨリ代金ノ利息《リソク》ヲ拂フ義務ヲ負《オ》フ但代金ノ支拂《シハライ》ニ付キ期限《キゲン》アルトキハ其《ソ》ノ期限ノ到來スルマテハ利息《リソク》ヲ拂フコトヲ要セス

▲參看　舊民法財産取得編第七十六條

〔註釋〕本條ハ賣買契約ニ對《タイ》スル果實ノ取得ニ關《クワン》シテ規定シタル條項《デウカウ》デアッテ、其ノ意義ハ例ハ甲者ガ乙者ニ對《タイ》シ家屋《カオク》ヲ賣渡ス契約ヲ爲シタル時ハ其ノ家屋《カオク》ヲ乙者ニ引渡スマデノ家賃金ハ甲者ガ取得《トリウ》ベキモノデアル、故ニ乙者ガ家屋《カオク》ノ引渡シヲ受《ウケ》ズシテ家屋ノ代金ヲ甲者ニ支拂《シハラ》ヒタル時ハ甲者ハ家屋引渡ノ日迄ニ其《ソ》ノ代金ニ生《シヤウ》ズル利息金ヲ乙者ニ對シテ支拂ハナケレバナラヌ、ケレドモ又乙者《マタオツシヤ》ガ甲者ヨリ家屋ノ引渡ヲ受《ウ》ケテ其《ソ》ノ代金《ダイキン》ヲ支拂ハヌトキハ家屋引渡《カオクヒキワタ》ノ日ヨリ代金支拂ヒノ日迄《ヒマデ》ニ代金ニ對スル利《リ》息金《ソクキン》ハ乙者ヨリ甲者ニ支拂ハナケレバナラヌ、然《シカ》シナガラ其ノ代金ハ家屋引渡後何日間《カオクヒキワタシゴナンニチカン》ニ支拂フト謂フ契約アルトキハ家屋引渡シ後《ゴ》デアッテモ乙者ニ於《オイ》テ其ノ利息金ノ支拂ヒハ爲スニ及ハヌ（本條但書）ノデアリマス

第五百七十六條　賣買ノ目的《モクテキ》ニ付キ權利《ケンリ》ヲ主張スル者《モノ》アリテ買主カ其ノ買受ケタル權利《ケンリ》ノ全部又《マタ》ハ一部ヲ失《ウシ》フ虞《オソレ》アルトキハ買主ハ其ノ危險ノ限度《ゲンド》ニ應シ代金ノ全部又ハ一部ノ支拂《シハラ》ヲ拒《コバ》ムコトヲ得但賣主カ相當《サウタウ》ノ擔保《タンポ》ヲ供シタルトキハ此《コ》限《カギリ》ニ在《アラ》ス

▲參看　舊民法財產取得編第七十一條第一項

（註釋）本條ハ賣買ノ目的物《モクテキブツ》ニ就テ故障《コシヤウ》アル塲合ニ關スル規定《キテイ》デアッテ其ノ意義ハ例バ甲者ガ乙者ヨリ家屋ヲ買入《カイヽレ》レ未ダ代金ノ支拂《シハラ》ヒヲ爲ス以前ニ其ノ家屋ノ一部タル物置小家《モノオキゴヤ》ハ丙者ノ所有《シヨイウ》ニ屬スルモノデアルト謂《イ》フテ丙者ヨリ甲者ニ談判ヲ爲《ナ》シタル塲合ニ於テハ甲者ハ家屋ノ一部ヲ失《ウシノ》フ虞《オソ》レガアルカラ甲者ハ乙者ニ對シテ家屋全体《カオクゼンダイ》ノ代金中ヨリ物置小家ニ對スル代金《ダイキン》ダケハ支拂フコトガ出來《デキ》ヌト差拒《サシコバ》ムコトガ出來ル（本條前段）然シナガラ此ノ塲合ニ於テ乙者《オツシヤ》ガ其ノ物置小家ニ見代《ミカヘ》ルベキ擔保品ヲ差出《サシダシ》シタル時ハ甲者ハ全部ノ支拂ヒヲ差拒《サシコバ》ムコトハ出來《デキ》ヌ（本條但書）ト定《サダ》メタノデアリマス

第五百七十七條　買受《カヽウ》ケタル不動産ニ付先取特權《ツキセンシユトクケン》、質權又ハ抵當權《テイタウケン》ノ登記アルトキハ買主ハ滌除《テキジヨ》ノ手續《テツヅキ》ヲ終ハルマテ其代金ノ支拂《シハラ》ヲ拒ムコトヲ得但賣主《タヾシウリヌシ》ハ買主ニ對シテ遲滯《チタイ》ナク滌除《テキジヨ》ヲ爲スヘキ旨ヲ請求スルコトヲ得《ウ》

▲參看　舊民法財產取得編第七十八條

〔註釋〕本條ハ買主ニ於テ滌除《テキジヨ》ヲ爲スベキ場合ニ關《クワン》スル條項デアッテ、其ノ意義ハ甲者ガ乙者ヨリ家屋ヲ買入《カイイレ》レタルニ其ノ家屋ハ曩《サ》キニ丙者ヘ登記ノ上《ウヘ》抵當《テイタウ》若《モシ》クハ書入質ト爲シアルカ又ハ先取特權《センシユトクケン》ヲ有シ居ル者ガアル時ハ買主タル甲者《カウシヤ》ハ代金ヲ支拂ヒタル後《ノチ》デアッテモ、二重拂ヒヲシナケレハナラヌ虞《オソレ》ガアルカラ、況シテ代金支拂ヒ以前《イゼン》ニハ其ノ家屋ヲ買受ケントスル意《イ》アレハ第三百七十八條ニ依《ヨ》リ滌除《テキジヨ》ノ手續ヲ爲《ナ》サムケレハナラヌ故ニ此ノ場合ニ乙者ヨリ家屋代金ヲ請求《セイキウ》スルヿアレバ甲者ハ其ノ滌除《テキジヨ》ヲ終《ヲワ》ルマデハ代金ノ支拂ヒヲ拒ムコトガ出來《デキ》ル（本條前段）然《シカ》シナガラ買主タル乙者ハ甲者カ滌除ヲ爲《ナ》スベキヲ以テ代金ノ支拂ヒヲ拒《コバ》ミタル時ハ速《スミヤカ》ニ滌除ヲ爲スベシト請求《セイキウ》スルコトガ出來ル（本條但書）ト定《サダ》メタノデアリマス

第五百七十八條　前二條ノ場合《バアヒ》ニ於《オイ》テ賣主ハ買主ニ對《タイ》シテ代金ノ供託ヲ請求《セイキウ》スルコトヲ得《ウ》

▲參看　舊民法財産取得編第七十九條

〔註釋〕本條ハ賣主ガ買主ニ對《タイ》シ代金ノ供託《キヤウタク》ヲ請求シ得ベキ場合ヲ規定《キテイ》シタル條項デアッテ、其ノ意義《イギ》ハ第三者ノ權利《ケンリ》主張《シユチヤウ》ニ依リ若クハ賣主ガ滌除ヲ爲ス場合《バアヒ》ニ於テハ賣主ハ買主

ニ對シ其ノ家屋代金ヲ供託所《キヤウダクシヨ》ニ供託セヨト請求《セイキウ》スルコトガ出來ルト定《サダ》メタノデアリマス

第三款　買戻

〔註釋〕本款ハ賣主ガ賣買ノ契約《ケイヤク》ヲ爲シタル後《ノチ》買主ニ對シ其ノ代金ト損害費用《ソンガイヒヤウ》ヲ返還シテ賣買契約ヲ取消《トリケ》スベキ場合ヲ規定《キテイ》シタル條項ヲ網羅《マウラ》シタルモノデアリマス

第五百七十九條　不動産《フダウサン》ノ賣主ハ賣買契約《ケイヤク》ト同時ニ爲《ナ》シタル買戻ノ特約ニ依《ヨ》リ買主カ拂《ハラ》ヒタル代金及ヒ契約《ケイヤク》ノ費用《ヒヤウ》ヲ返還シテ其ノ賣買ノ解除ヲ爲《ナ》スコトヲ得《ウ》但當事者《タウジシヤ》カ別段ノ意思ヲ表示《ヘウジ》セサリシトキハ不動産ノ果實《クワジツ》ト代金ノ利息《リソク》トハ之ヲ相殺《サウサツ》シタルモノト看做《ミナ》ス

△參看　舊民法財産取得編第八十四條第一項、既成商法第五百二十九條

〔註釋〕本條ハ買戻《カヒモド》シノ定義ヲ明カニシタル條項《デウカウ》デアツテ、其ノ意義ハ不動産《フダウサン》ヲ賣渡シタル賣主ハ其ノ不動産賣渡ノ契約《ケイヤク》ヲ爲スト共ニ買戻シノ契約《ケイヤク》ヲモ爲シタル時《トキ》ハ買主ヘ曩キニ受取《ウケトリ》リタル代金ト而《ソウ》シテ契約ヲ爲シタル時ニ費《ツカ》ヒ消《ケ》シタ費用金トヲ返還セバ其ノ不動産《フダウサン》

ノ賣買契約ハ解除《カイジョ》スルコトガ出來ル（本條前段）ソコデ例《タトヘ》バ賣主ト買主ガ契約《ケイヤク》ノ當時ニ於テ若シ買戻《カイモド》ス場合ニハ賣主ハ代金ノ利息買主《リソクカイヌシ》ハ果實ヲ返還スルト謂フ契約《ケイヤク》ヲシナカツタ時ハ雙方《ソウハウ》トモ差引ヲシテ過不足《カフソク》ナキモノト看做スト定《サダ》メタノデアリマス

第五百八十條　買戻《カイモドシ》ノ期間《キガン》ハ十年ヲ超ユルコトヲ得ス若《モ》シ之ヨリ長キ期間《キカ》ヲ定《サダ》メタルトキハ之ヲ十年ニ短縮《タンシク》ス

買戻ニ付《ツ》キ期間《キカン》ヲ定《サダ》メタルトキハ後日《ゴジツ》之《コレ》ヲ伸長スルコトヲ得ス

買戻《カイモドシ》ニ付キ期間ヲ定《チダ》メサリシトキハ五年内ニ之《コレ》ヲ爲《ナ》スコトヲ要《エウ》ス

▲參看　舊民法財產編第八十四條第二項

〔註釋〕本條ハ買戻シノ期間《キカン》ニ就《ツイ》テ規定シタル條項《デウコウ》デアツテ、其ノ意義《イギ》ハ不動產ヲ賣買シテ買戻ノ契約《ケンヤク》ヲ爲《ナ》スニハ其ノ買戻シノ期間ヲ十年ヨリ長《ナガ》クスルコトハ出來《デキ》ヌ若シ十年ヨリ長キ契約ヲ爲《ナ》シタル時《トキ》ハ十年ニ縮メサセル（第一項）而《ソウ》シテ一度買戻シノ期間ヲ八年ナラバ八年又九年ナラバ九年ト定《チン》メタル後《ノチ》ハ双方ニ如何ナル事情アリトモ夫ヨリハ長《ナガ》ク伸スコトハ出來《デキ》ヌ（第二項）又若シ賣主《ウリヌシ》ト買主《カイヌシ》ニ於テ買戻スコトノ出來ル契約ヲ爲《ナ》シテ其ノ買

戻シ期限ヲ定メナイ時ハ其ノ買戻《カヒモド》シハ五年ノ間《アヒダ》ニシナケレハ買戻シ契約ハ無効《ムカウ》ト成ルモノデアルト定メタノデアリマス

第五百八十一條　賣買契約ト同時《ドウジ》ニ買戻ノ特約ヲ登記《トウキ》シタルトキハ買戻ハ第三者ニ對《タイ》シテモ其ノ効力ヲ生《シヤウ》ス

登記ヲ爲シタル賃借人《チンシヤクニン》ノ權利ハ其ノ殘期《ザンキ》一年間ニ限リ之ヲ以テ賣主ニ對抗《タイカウ》スルコトヲ得但賣主ヲ害《ガイ》スル目的ヲ以テ賃貸借《チンタイシヤク》ヲ爲シタルトキハ此限リニ在ラス

▲參看　舊民法財產取得編第八十五條

〔註釋〕本條ハ買戻《カヒモド》シノ效力ヲ規定シタル條項《デウコウ》テアツテ、其ノ意義ハ不動產《フドウサン》ノ賣買ヲ契約スル際買戻シヲ共ニ契約《ケイヤク》シテ其ノ事ヲ登記《トウキ》シタル時ハ其ノ買戻シノ效力ハ第三者ニ對《タイ》シテモ有力《イウリヨク》ナルモノデアル故ニ若シ假令買戻シノ契約《ケイヤク》ヲ爲スモ之カ登記ヲ爲シ置《オ》カヌケレハ第三者ニ對抗《タイカウ》スルコトハ出來ヌ是レ登記《トウキ》ハ公示方法デアツテ登記シアレバ第三者ニ於テ其ノ買戻シ契約ノアルコトヲ知《シ》ルコトガ出來《デキ》ルガ若シ買戻契約ノ登記《トウキ》カナケレバ第三者ハ何ニ因テ其ノ事ヲ知《シ》ルヤ知ルノ術《スベ》ナケレバ登記ナキ時ハ第三者ニ對抗《タイカウ》スルコトハ出來ヌト定メタノデアル、今例《レイ》ヲ以テ此ノ塲合ヲ示《シメ》セバ甲者ガ乙者ヨリ田地《デンチ》一町ヲ買入レ十年間內デアレバ乙者ガ其ノ田地ヲ何時《イツ》ニテモ買戻シノ出來ル契約《ケイヤク》ヲ爲シ其ノ田地賣買ノ登記ヲ爲スト同時《ドウジ》ニ十年間內デアレバ何時《ナンドキ》ニテモ買戻シ得ラル、契約ヲモ併《アハ》セテ登記シタル後買主タル甲者ガ此ノ田地《デンチ》ヲ丙者ニ賣渡シタル時ハ乙者ハ十年間內《子ンカンナイ》デアレバ第三者タル丙者ニ對シテモ買戻《カヒモド》スコトガ出來ルト謂《イ》フノデアル、如何《イカン》トナレバ丙者ハ甲者ヨリ買入シ時此ノ田地ニ買戻シ契約《ケイヤク》アルコトヲ登記《トウキ》ニ因リテ知《シ》リ居ルモノデアルカラ乙者ノ買戻シヲ拒《コバ》ムコトハ出來ヌノデアル（第一項）ケレドモ甲者ガ乙者ヨリ買《カヒ》入レシ後丙者ニ其ノ田地ヲ賃貸スル契約《ケイヤク》ヲ爲シテ登記《トウキ》シタル時ハ一年間ニ限リテ買戻主《カヒモドシヌシ》タル乙者ハ其ノ賃貸ヲ繼續《ケイゾク》シテヤラナケレバナラヌ義務《ギム》ガアル如何トナレバ元來賃貸借ハ一ノ管理行爲デアルカラ買主タル甲者ガ自己《シコ》デ買ヒタル田地ヲ使用《シヨウ》シナイ時ハ他人ニ使用《シヨウ》サセルコトガ出來ルモノデアル又他人ニ於テモ安心《アンシン》シテ使用《シヨウ》スルモノデアルカラ若シモ此ノ賃借權ガ他ノ權利ノヤウニ直《タヾ》チニ買戻ヲ爲スト共ニ消滅《キユ》スルモノデアレバ誰モ賃借《チンガリ》スルモノハ無イヤウニ成リテ自然《シゼン》其ノ物件ヲシテ不融通物《フユウヅウブツ》トナラシムルニ至《イタ》ルベクシテ社會經濟ノ圓《エン》滑《クワツ》ヲ缺クゴトキ事ガ出來ル故ニ本條デ設《マウ》ケテ一年間ハ買戻主タル乙者ヲシテ位然《ヰゼン》ト丙者ノ賃借契約ヲ承諾サセ置《オク》コト、シタノデアル（第二項前段）然《シカ》シ此ノ賃借契約ガ賣主《ウリヌシ》タル乙者ヲ害《ガイ》スベキヤウノ惡意《アクイ》ヨリ成立チタルモノデアレバ其ノ賃借契約ヲ前段《ゼンダン》ノ如ク位然ト一年間丙者ニ引繼《ヒキツ》カシムルコトハ出來ヌ（第二項後段）ト定メタノデアリマス

第五百八十二條　賣主ノ債權者《サイケンシャ》カ第四百二十三條ノ規定《キテイ》ニ依リ賣主ニ代ハリテ買戻《カヒモドシ》ヲ爲サント欲スルトキハ買主《カヒヌシ》ハ裁判所ニ於テ選定《センテイ》シタル鑑定人ノ評價《ヒヤウカ》ニ從ヒ不動産ノ現時《ゲンジ》ノ價額ヨリ賣主カ返還スヘキ金額ヲ控除《カウヂヨ》シタル殘額ニ達《タツ》スルマテ賣主ノ債務《サイム》ヲ辨濟シ尚ホ餘剩《ヨジヨウ》アルトキハ之ヲ賣主ニ返還《ヘンクワン》シテ買戻權ヲ消滅《セウメツ》セシムルコトヲ得

▲參看　舊民法財産取得編第八十六條第三項

〔註釋〕本條ハ買戻權ヲ消滅《セウメツ》サセル一ノ方法ヲ規定《キテイ》シタル條項デアッテ、其ノ意義《イギ》ハ例バ甲者ガ乙者ヨリ買戻契約付ニテ家屋《カオク》ヲ金貳千圓ニテ買入レタル時乙者ニ債權《サイケン》ヲ有スル丙者

ガ第四百二十三條ノ規定《キテイ》ニ依リ自己ノ債權ヲ保全《ホゼン》スル爲乙者ニ代《カ》ハリテ買戻サント言ヒ出デタル時ハ買主タル甲者ハ必《カナ》ラズ丙者ノ買戻權利ニ服從《フクジユウ》セヌケレバナラヌト謂《イ》フ譯《ワケ》デハナイ、故ニ此ノ場合ニハ裁判所ニ請求《セイキウ》シテ鑑定人《カンテイニン》ヲ定メ其ノ家屋ヲ評價《ヒヤウカ》サセルノデアル、而《ソウ》シテ其ノ裁判所ガ撰定《センテイ》シタル鑑定人ガ其ノ家屋ヲ鑑定シテ現時《ゲンジ》ノ價額ガ金二千五百圓デアルト評定スレバ甲者ハ其《ソ》ノ二千五百圓ノ內ヨリ買入代金《カヒイレダイキン》二千圓ト費用ガ例バ五十圓アレバ其ノ費用金《ヒヨウキン》五十圓ヲ合セ總計金二千五十圓ヲ去リ其ノ殘額金《ザンガクキン》四百五十圓ヲ丙者ニ渡セバ買戻權ヲ消滅《セウメツ》セシムルコトガ出來ル、若シ此ノ場合《バアヒ》ニ於テ丙者ガ乙者ニ有スル債權額ガ金三百圓デアレバ金百五十圓ノ餘剩《アマリ》ガアルカラ其ノ餘剩ハ甲者ヨリ賣主《ウリヌシ》タル乙者ニ返還《カヘ》サムケレバナラヌ、ケレドモ若シ丙者ガ乙者ニ有《イウ》スル債權額ガ五百圓デアレバ五十圓ノ不足《フソク》ヲ生ズルモノデアル、此ノ場合ニハ其ノ不足額《フソクガク》ハ無論甲者ノ負擔《フタン》スベキ理由《イウ》ノナキモノデアルカラ丙者ハ其ノ不足額《フソクガク》ハ乙者ニ掛リ請求《セイキウ》スルヨリ致シ方ノナイモノデアリマス

第五百八十三條　賣主ハ期間內《キカンナイ》ニ代金及ヒ契約ノ費用ヲ提供《テイキヨウ》スルニ非サレハ買戻《カヒモドシ》ヲ爲スコトヲ得ス

買主又ハ轉得者《テントクシヤ》カ不動產《フダウサン》ニ付キ費用ヲ出タシタルトキハ賣主ハ第百九十六條ノ規定《キテイ》ニ從ヒ之ヲ償還《シヤウカン》スルコトヲ要ス但有益費《イウエキヒ》ニ付テハ裁判所ハ賣主《ウリヌシ》ノ請求ニ因リ之ニ相當《サウタウ》ノ期限ヲ許與スルコトヲ得

▲參看　舊民法財產取得編第八十八條

〔註釋〕本條ハ買戻《カイモドシ》ニ關スル費用ノ償還《シヤウカン》ニ就テ規定シタル條項デアツテ、其ノ意義《イギ》ハ例バ甲者ガ乙者ヨリ買戻《カイモド》シ附契約ヲ以テ家屋ヲ買入レタル後《ノチ》乙者ニ於テ之ヲ買戻《カイモド》サントスレバ必ラズ買戻契約ノ期間內ニ賣買代金ト契約ヲ爲スニ當《アタ》リテ甲者ガ費消《ヒシヤウ》シタル費用金トヲ差出《サシダ》サナケレバ買戻スコトハ出來《デキ》ヌ(第一項)而《ソウ》シテ乙者ハ甲者ガ其ノ家屋ヲ買入レシ後修繕等シタル爲費《タメツイヤ》シタル費用金ガアレバ其ノ費用《ヒヤウ》ヲモ償還セナケレバナラヌ又若シ甲者ガ其ノ家屋ヲ丙者《ヘイシヤ》ニ賣渡シ其ノ轉得者《テントクシヤ》タル丙者ガ其ノ家屋ヲ修繕《シウゼン》シタル時ハ其ノ費消シタル費用ハ乙者《オツシヤ》ニ於テ丙者ニ償還《シヤウカン》セナケレバナラヌ(第二項前段)ケレドモ若《モ》シ甲者又ハ轉得者《テントクシヤ》タル丙者ノ費ヤシタル費用金ガ家屋《カオク》ヲ改造シタルガ如《ゴト》キ費用カ若クハ家屋ノ保存ニ要シタルガ如キ有益費用《イウエキヒヤウ》デアル時ハ乙者ハ別《ベツ》ニ代金ト共ニ提供《テイキヤウ》セザルモ裁判所ニ請求

スレバ相當《サウタウ》ノ支拂猶豫ヲ許與《キヨヨ》セラル、モノデアル（第二項但書）ト定《サダ》メタノデアリマス

第五百八十四條　不動產《フダウサン》ノ共有者ノ一人カ買戾《カイモドシ》ノ特約ヲ以テ其ノ持分ヲ賣却シタル後《ノチ》其ノ不動產ノ分割又《ブンクワツマタ》ハ競賣アリタルトキハ賣主ハ買主カ受《ウ》ケタル若クハ受クヘキ部分又《ブブンマタ》ハ代金ニ付キ買戾ヲ爲スコトヲ得但賣主ニ通知《ツウチ》セスシテ爲シタル分割及《テヨ》ヒ競賣ハ之ヲ以《モツ》テ賣主ニ對抗スルコトヲ得《エ》ス

參看　舊民法財產取得編第九十條第九十一條

（註釋）本條ハ不動產共有ノ塲合《バアヒ》ニ於ケル買戾權ヲ規定《キテイ》シタル條項デアッテ、其ノ意義《イギ》ハ例バ甲乙兩人《リヤウニン》ガ共有スル不動產ヲ甲者ニ於テ自分《ジブン》ノ持分ダケヲ買戾付契約ヲ爲《ナ》シテ丙者ニ賣渡シタルニ其《ソ》ノ後此ノ不動產ハ分割又《ブンクワツマタ》ハ競賣セラレテ其ノ不動產《フダウサン》ガ丁者ノ所有ト成リタル時ハ賣主《ウリヌシ》タル甲者ニ於テハ買主タル丙者カ受《ウ》ケタル部分《ブブン》若クハ受クベキ部分又ハ代金ニ付《ツキ》丁者ニ對シテ買戾シヲ爲スコトガ出來《デキ》ル（本條前段）ケレドモ丙者《ヘイシヤ》ガ甲者ニ通知セスシテ分割又《ブンクワツマタ》ハ競賣等ヲ爲シタル時《トキ》ハ其ノ分割又ハ競賣ハ甲者ニ對シテ效力ノナイモノ

デアル（本條但書）ト定《サダ》メタノデアリマス

第五百八十五條　前條ノ場合《バアヒ》ニ於テ買主カ不動産《フダウサン》ノ競落人ト爲《ナ》リタルトキハ賣主ハ競賣《キヤウバイ》ノ代金及《オヨ》ヒ第五百八十三條ニ掲《カヽ》ケタル費用ヲ拂ヒテ買戻ヲ爲《ナ》スコトヲ得此場合ニ於《オヒ》テハ賣主ハ其ノ不動産《フダウサン》ノ全部ノ所有權ヲ取得《シユトク》ス

他ノ共有者《キヤウイウシヤ》ヨリ分割ヲ請求《セイキウ》シタルニ因リ買主カ競落人ト爲《ナ》リタルトキハ賣主ハ其ノ持分《モチブン》ノミニ付キ買戻ヲ爲《ナ》スコトヲ得ス

▲參看　舊民法財產取得編第八十九條第二項

〔註釋〕本條ハ買主《カイヌシ》カ競落人ト成リタル場合《バアヒ》ニ於ケル買戻方法ヲ規定《キテイ》シタル條項デアッテ、其ノ意義ハ前條ノ例ノ場合ニ於テ買主《カイヌシ》タル丙者ガ其ノ不動産《フダウサン》ノ競落人ト成《ナ》リタル時ハ賣主タル甲者ハ丙者《ヘイシヤ》ガ共有者ノ一方者タル乙者《オツシヤ》ノ持分ニ對シテ支拂《シハラ》ヒタル競賣代金ト第五百八十三條ニ規定《キテイ》シタル如ク代金ト費用《ヒヨウ》トヲ併《アハ》セテ支拂ヘバ買戻スコトガ出來ル、而シテ甲者ガ其ノ支拂《シハラ》ヒヲ爲シタルトキハ共有不動產ノ全部所有權ヲ取得《シユトク》スルノデアル（第一項）ケレドモ例バ前例《ゼンレイ》ノ不動產ガ甲乙ノ外《ホカ》ニ丁戊等數人ノ共有者《キヤウイウシヤ》アリテ丁戊等ヨリ分割ヲ請求《セイキウ》シタルニ依リ買主タル丙者ガ競落人《キヤウラクニン》ト爲リタル時ハ賣主タル甲者ハ其《ソ》ノ全部ノ所有權デナケレバ其ノ持分《モチブン》ダケ買戾スコトハ出來《デキ》ヌ第二項如何トナレバ丙者《ヘイシヤ》ハ自ラ招キタルモノデナクシテ自已《ジコー》ノ權利ヲ保存《ホソン》スルノ必要アリテ全部ヲ引取《ヒキトリ》リタルモノデアルカラ甲者ニ全部ノ買戾《カヘモド》シヲ爲サシメテ丙者ヲ保護《ホゴ》セムトスル意《イ》ニ出《イ》デタルモノデアリマス

第四節　交換

〔註釋〕本節ハ交換《カウクワン》ニ關スル規定ヲ揭《カヽ》ゲタルモノデアツテ、交換トハ物ト物トヲ互《タガ》ヒニ引換ヘテ雙方ガ滿足《マンゾク》スルヲ謂フモノデアル、故《ユヘ》ニ交換ハ必《カナ》ラズ物ト物トヲ引換ルニ得ルモノデアルカラ物ト金錢《キンセン》ト引換ユルハ交換《カウカン》ニアラズシテ賣買《バイバイ》ナルモノデアル其ノ場合ハ本條ニ於テ說明《セツメイ》スベシ

第五百八十六條　交換ハ當事者《タウジシヤ》カ互ニ金錢ノ所有權《シヨイウケン》ニ非サル財產權ヲ

移轉《イテン》スルコトヲ約《ヤク》スルニ因リテ其ノ效力《カウリヨク》ヲ生ス
當事者《タウジシヤ》ノ一方カ他ノ權利《ケンリ》ト共ニ金錢ノ所有權ヲ移轉《イテン》スルコトヲ約シタルトキハ其《ソ》ノ金錢ニ付テハ賣買《バイカイ》ノ代金ニ關スル規定《キテイ》ヲ準用ス

▲參看　舊民法財產取得編第百七條、第百八條、第百九條

〔註釋〕本條ハ交換《カウクワン》ノ定義ヲ明カニシタルモノデアツテ、其《ソ》ノ意義ハ交換トハ例《タトヘ》バ甲乙兩者ガ相互ヒニ動產《ドウサンモシ》若クハ不動產ノ所有權ヲ即時《ソクジ》ニ移轉スルバカリヲ謂《イ》フモノデハナイ地役權地上權若クハ永小作權《エイコサクケン》其ノ他《タ》ノ物權債權等ヲモ交換ノ目的《モクテキ》トシテ相互ニ其ノ所有權ヲ即時ニ移轉《イテン》シテ初メテ其ノ交換ノ效力《カウリヨク》ヲ生ズルモノデアル（第一項）故《ユヘ》ニ若シ其ノ交換ガ例バ甲者ハ財產權《ザイサンケン》ヲ目的トシ乙者ハ金錢《サンセン》ヲ目的トスル時《トキ》ハ交換デハナイカラ賣買ノ規定ヲ準用《ジユンヨウ》セナケレバナラヌ、又例バ甲者ハ乘馬《ジヤウバ》一頭ヲ所持シ乙者ハ家屋《カオク》ヲ所持スル場合ニ甲乙兩者ガ之《コレ》ヲ互ヒニ交換セムトスルニ乘馬ト家屋ハ其《ソ》ノ價額《カガク》ニ百五十圓ノ徑庭ガアルカラ甲者ハ乘馬ニ金《キン》百五十圓《イン》ヲ添ヘテ換ヘルコト〻定メル場合《バアヒ》ニ於テハ其ノ百五十圓ノ金ニ對《タイ》シテハ賣買代金ニ關スル規定《キテイ》ニ準ハナケレバナラヌ（第二項）ト定《サダ》メタノデアリマス

第五節　消費貸借

〔註釋〕本節ハ消費貸借ニ關《クワン》スル規定ヲ網羅《マウラ》シタルモノデアッテ、其ノ消費貸借ト謂《イ》フノハ使用スルニ因《ヨツ》テ消滅スベキ物ヲ目的《モクテキ》トシテ貸借スルヲ謂《イ》フノデアル、其ノ詳細ハ本條ニ於テ解説《カイセツ》スルコトヽ致《イタ》シマス

第五百八十七條　消費貸借ハ當事者《タウジシヤ》ノ一方カ種類《シユルイ》、品等《ヒントウ》及《オヨ》ヒ數量ノ同シキ物《モノ》ヲ以テ返還《ヘンクワン》ヲ為スコトヲ約シテ相手方《アヒテカタ》ヨリ金錢其ノ他《タ》ノ物ヲ受取《ウケト》ルニ因《ヨ》リテ其《ソ》ノ效力ヲ生《シヤウ》ス

▲參看　舊民法財産取得編第百七十八條、既成商法第五百八十條乃至第五百八十三條

〔註釋〕本條ハ消費貸借ノ定義《テイギ》ヲ明カニシタル條項《デウカウ》デアッテ、其ノ意義ハ例《タトヘ》ハ甲者ガ乙者ニ對シテ明治廿九年八月一日ヲ辨濟《ベンサイ》期間《キカン》ト定メ肥後上等米五斗入壹俵ト謂《イ》フ如《ゴト》ク其ノ種類ト品等ト數量《スウレウ》ヲ定メ若クハ銀貨百圓ヲ貸與《ガシアタ》ヘテ後チ其ノ辨濟期ニ於《オイ》テ甲者ハ乙者ヨリ曩キニ貸與《カシアタ》ヘタルト等シキ肥後上等米五斗入壹俵若《モシ》クハ銀貨百圓ヲ受取レハ消費貸借《セウヒタイシヤク》ノ效

力テ生《シヤウ》ズルモノト定メタノデアル故ニ消費貸借《セウヒタイシヤク》ハ必ラズ曩キニ借入《カリイレ》シ物ト等シキ物ヲ返還シナケレバ辨濟《ベンサイ》ノ效力ハ生ズルモノデハアリマセヌサレバ消費貸借《セウヒタイシヤク》ノ目的トスル物ハ必ラズ代替物デナケレバナラヌ如何《イカン》トナレバ肥後上等米《ヒゴゼウトウマイ》デモ貸シタ肥後上等米ト謂《イ》フ如ク特定物デアルトキハ辨濟《ベンサイ》スルニ矢張リ其ノ特定物ニ限《カギ》ルベキモノデアリマスカラ借《カ》リタ所ガ消費《セウヒ》スルコトノ出來《デキ》ナイモノデアル故《ユヘ》ニ消費貸借ノ目的物ハ必ラズ代替物デナケレバナラヌト謂《イ》フ所以《ツケ》デアリマス

第五百八十八條　消費貸借《セウヒタイシヤク》ニ因ラスシテ金錢其《ソ》ノ他《タ》ノ物ヲ給付スル義務ヲ負フ者アル場合《バアヒ》ニ於テ當事者カ其《ソ》ノ物ヲ以テ消費貸借ノ目的ト爲スコトヲ約《ヤク》シタルトキハ消費貸借《セウヒタイシヤク》ハ之ニ因リテ成立《セイリツ》シタルモノト看做《ナ》ス

〔註釋〕本條ハ消費貸借ニアラザリシモノガ後《ノチ》ニ消費貸借ト變《ヘン》スル場合ヲ規定《キテイ》シタル條項デアッテ、其ノ意義《イギ》ハ例バ甲者ガ酒舗《シユホ》ヲ開業スルニ當リ乙者ヨリ店飾リトシテ清酒百樽《セイシユタル》ヲ借入レタル場合ハ是唯《コレタヾ》タ一時外見ヲ裝飾スル爲ニ借入《カリイレ》レタルモノデアルカラ通常《ツウゼウ》ノ貸借デハナイ又使用貸借デモナイカラ甲者ハ此酒《コノサケ》ヲ使用シ若《モシ》クハ消費スル等《トウ》ノコトハ決シテ出來ナイ開業式終《カイゲウシキオハ》レバ直ニ乙者ヘ給付《キヤフ》スルノ義務ヲ負《オ》フモノデアル又甲者ガ見セ金ニ供スル爲乙者ヨリ金百圓ヲ借入《カリイ》レタル場合モ是等シク見《ミ》セ金ニ供《キヤウ》スルタケデアルカラ甲者ハ此ノ金ヲ使用《シヤウ》シ若クハ消費《セウヒ》スル等ノコトハ決シテ出來《デキ》ヌ見セ金ノ使用カ濟メハ直チニ乙者ニ給付《キウフ》セネケレバナラヌ義務《ギム》ノアルモノデアル、ケレドモ乙者《オツシヤ》ニ於テ其ノ酒若クハ金ヲ甲者ガ消費《セウヒ》スルコトヲ許ス契約《ケイヤク》ヲ爲シタル時ハ甲者ノ負フ給付ノ義務ハ免《マヌガ》レ茲ニ改メテ消費貸借ノ成立《ナリタ》ツモノデアルト法律上ヨリ看做《ミナ》スノデアリマス

第五百八十九條　消費貸借ノ豫約《ヨヤク》ハ爾後當事者ノ一方カ破産《ハサン》ノ宣告ヲ受ケタルトキハ其ノ效力《カウリヨク》ヲ失フ

〔註釋〕本條ハ消費貸借《セウヒタイシヤク》ニ關スル豫定ノ效力ニ就《ツイ》テ規定シタル條項《デウカウ》デアッテ、其ノ意義例バ甲者ガ乙者《オツシヤ》ニ對シ來ル何日ニ必要《ヒツエウ》ノコトアルニ付金百圓借入度ト申込《マヲシコ》ミタル時乙者ニ於テ承諾《セウダク》スレバ是レ金員ノ受授ハナサヾルモ豫約《ヨヤク》ハ成立チタルモノデアル故《ユヘ》ニ其ノ契約期日ニ際《サイ》シ乙者ニ於テ其ノ豫約ヲ履行《リカウ》シナキ時ハ乙者《オツシヤ》ハ甲者ノ損害《ソンガイ》ヲ賠償シナケレバナラ

ヌ、ケレドモ乙者《オツシヤ》ガ此ノ豫約ヲ承諾《シヤウダク》スルモ其ノ豫約期日以前ニ於テ甲者カ破產《ハサン》ノ宣告ヲ受ケタル時《トキ》ハ其ノ豫約《ヨヤク》ノ效力ハ消滅スルモノデアル、故《ユヘ》ニ此ノ塲合ニハ乙者ハ其ノ豫約ヲ履行《リカウ》スルノ責《セメ》ナキモノデアルト定《サダ》メタノデアリマス

第五百九十條　利息付《リソクツキ》ノ消費貸借ニ於《オイ》テ物ニ隱《カク》レタル瑕疵アリタルトキハ貸主《カシヌシ》ハ瑕疵ナキ物《モノ》ヲ以テ之ニ代《カ》フルコトヲ要ス但損害賠償ノ請求ヲ妨《サマタ》ゲス

無利息ノ消費《セウヒ》貸借《タイシヤク》ニ於テハ借主《カリヌシ》ハ瑕疵アル物ノ價額《カガク》ヲ返還スルコトヲ得但貸主《カシヌシ》カ其ノ瑕疵《カシ》ヲ知《シ》リテ之ヲ借主ニ告ケサリシトキハ前項ノ規定ヲ準用《ジユンヨウ》ス

參看　舊民法財產取得編第百八十二條第一項、第二項

〔註釋〕本條ハ消費貸借ニ關《クワン》シ瑕疵アル塲合ニ就《ツイ》テ規定シタル條項デアッテ其ノ意義《イギ》ハ例バ甲者ガ乙者ヨリ土佐《トサ》產鰹節《カツヲブシ》ヲ借入レ返却ノ節ハ利息トシテ貳百目ヲ增《マ》シテ返還《カヘ》サウト約

シ之レヲ削リタルニ外見《クワイケン》ニハ毫シモ蟲喰穴ノナキ立派《リツハ》ナルモノナルニ內裡ハ大變《タイヘン》ナ蟲喰デナイデ倒底煮汁《ダシ》トシテ使用スルコトノ出來《デキ》ナイ如キ隱《カク》レタル瑕疵アル時ハ乙者ハ蟲喰デナイ純良ナ鰹節《カツブシ》ト引替ナケレバナラヌ、ソコデ甲者《カウシヤ》ハ假令乙者ガ純良《ジユンリヤウ》ナ品ト引替ヘタニモセヨ之レガ爲製《タメセイ》シタル汁ヲ捨《ステ》ナケレバナラヌ損失《ソンシツ》ヲ蒙リタル時ハ其ノ損害ノ賠償ヲ請求スルコトガ出來ル（第一項）ケレドモ若《モ》シ利息付デナケレバ是《コ》レ乙者カ恩惠《オンケエ》ヲ含ムモノデアルカラ苦情《クゼウ》ノ言ヘル譯《ワケ》デハナイカラ損害賠償ヲ請求《セイキウ》スルコトハ出來《デキ》ヌ、然シナガラ乙者ニ於テ無利息《ムリソク》デアルカラ何様ナ物ヲ貸《カ》スモヨイト謂《イ》フ道理モナイモノデアルカラ無利息ノ場合ニ於テ前項《ゼンカウ》ノ如キコトアレバ甲者ハ土佐産鰹節デ返《カヘ》サズシテ蟲喰鰹節ニ應《オフ》シタル價額ヲ返還《カヘ》セバヨイノデアル（第二項前段）又乙者《オツシヤ》カ甲者ニ貸與《カシアタ》ヘル際蟲喰ナルコトヲ知リ告《ツ》ケズシテ貸シタル時ハ假令《ダトヘ》無利息《ムリソク》デアルトモ甲者ノ損害ハ賠償《バイシヤウ》セネケレバナラヌ（第二項但書）ト定《サダ》メタノデアリマス

第五百九十一條　當事者カ返還《ヘンクワン》ノ時期《ジキ》ヲ定メサリシトキハ貸主《カシヌシ》ハ相當ノ期間ヲ定《サダ》メテ返還ノ催告《サイコク》ヲ爲スコトヲ得《ウ》

借主ハ何時《ナントキ》ニテモ返還ヲ爲《ナ》スコトヲ得

▲參看　舊民法財産取得編第百七十九條

〔註釋〕本條ハ消費貸借《セウヒタイシヤク》ニ關スル期間《キカン》ニ就テ規定シタル條項デアッテ其ノ意義《イギ》ハ例バ甲者ガ乙者ニ何時返還スト謂《イ》フ辨濟期日《ベンサイキジツ》ヲ定メスシテ消費貸借ノ契約ヲ爲《ナ》シタル時貸主タル乙者ハ相當《サウタウ》ノ期日ヲ定メテ甲者ニ對《タイ》シ其ノ返還ヲ催促《サイソク》スルコトガ出來ル（第一項）又借主タル甲者ハ辨濟期日《ベンサイキジツ》ヲ定メナイ場合デアレバ何時《イツ》デモ都合《ツガフ》ノヨイ時ニ返還セバヨイノデアル（第二項）故ニ若シ甲者ガ返還スルヲ乙者《オツシヤ》ノ拒ムコトアレバ甲者ハ其《ソ》ノ物ヲ第四百九十四條以下ノ規定《キテイ》ニ依リテ供託所《キヤウタクシヨ》ニ供託スレバヨイノデアリマス

第五百九十二條　借主《カリヌシ》カ第五百八十七條ノ規定《キテイ》ニ依リテ返還《ヘンクワン》ヲ爲スコト能ハサルニ至《イタ》リタルトキハ其《ソ》ノ時ニ於ケル物ノ價額《カガク》ヲ償還スルコトヲ要《ヨウ》ス但第四百二條第二項ノ場合ハ此《コ》ノ限《カギリ》ニ在ラス

▲參看　舊民法財産取得編第百八十條

〔註釋〕本條ハ消費貸借ノ物件《ブツケン》ヲ返還シ能《アタ》ハザル場合《バアヒ》ニ關シテ規定シタル條項デアッテ、其ノ意義ハ借主《カリヌシ》ニ於テ第五百八十七條規定ノ如《ゴト》ク種類品等初メニ借入レシ物《モノ》ト等シキ物ヲ返還スルコトガ出來《デキ》ヌ時ハ其ノ返還スベキ當時《タウジ》ノ其ノ物ニ對スル相場價額《サウバカカク》ニ應シ金錢ヲ以テ償還スレバヨイノデアル、ケレドモ例《タトヘ》バ借《カ》リタル當時ハ其ノ物ノ價額《カガク》ガ六圓デアッテ返還《カヘ》サヾトスル當時《タウジ》ノ相場價格ガ十圓デアレバ其《ソ》ノ相場價格《サウバカカク》十圓ニテ償還セネケレバナラヌ、(本條前段)ケレドモ彼《カ》ノ第四百二條第二項ニ規定《キテイ》シタル債權《サイケン》ノ目的タル特種ノ通貨ガ辨濟期《ベンサイキ》ニ於テ强制通用ノ效力ヲ失《ウシ》ヒタル時ハ債務者ハ他ノ通貨《ツウクワ》ヲ以テ辨濟ヲ爲スコトヲ要《ヨウ》スト規定シタル場合《バアヒ》ニハ本條前段ノ規定ハ適用《テキヨウ》シナイ(本條但書)ト定《サダ》メタノデアル、而《ソウ》シテ此ノ第四百二條第二項ノ場合ハ詳《クワ》シク其ノ條下ニ解說《カイセツ》シタレバ就テ知悉セラルベシ

第六節　使用貸借

〔註釋〕本欵ハ使用貸借《シヨウタイシヤク》ニ關スル規定《キテイ》ヲ網羅シタルモノデアッテ、而《ソウ》シテ使用貸借トハ其ノ性質ニ於テ左ノ如キ要件《ヨウケン》ヲ含ミ居ルモノデアル、第一使用貸借《シヨウタイシヤク》ハ無償デアルコト第二使用貸借ハ其ノ借リタル物《モノ》ヲ使用スルヿ、第三使用貸借ハ其ノ借《カ》リタル物ヨリ利益ヲ收得スルコト、第四使用貸借ハ其ノ借《カ》ルベキ物ヲ自己《ジコ》ノ手ニ受取ルベキヿ此《コ》ノ四個ノ要件ハ必ラズ具備《グビ》シナケレバナラヌ而シテ使用貸借ハ片務《ヘンム》契約デアッテ其ノ目的物《モクテキブツ》ハ動不動產

ニ限ラザルモノデアル其ノ詳細《シヤウサイ》ハ各條ニ就テ詳説《シヤウセツ》スルコトヽイタシマス

第五百九十三條　使用貸借《シヨウタイシヤク》ハ當事者ノ一方カ無償《ムシヤウ》ニテ使用及ヒ收益ヲ爲シタル後《ノチ》返還ヲ爲《ナ》スコトヲ約シテ相手方《アヒテカタ》ヨリ或物ヲ受取ルニ因リテ其ノ効力《カウリヨク》ヲ生《シヨウ》ズ

▲參看　舊民法財産取得編第百九十五條

〔註釋〕本條ハ使用貸借ノ定義《テイギ》ヲ明カニシタル條項《デウカウ》デアッテ其ノ意義ハ例《タトヘ》バ甲者ガ乙者ニ對シテ賃金ヲ仕拂ハズ其ノ土地《トチ》ヲ耕作ノ爲ニ使用シテ利益《リエキ》ヲ收取シタル後《ノ》チ返還スル契約ヲ爲シテ其ノ土地ヲ乙者《オツシヤ》ヨリ受取レバソレデ使用貸借《シヨウタイシヤク》ノ效力《カウリヨク》ハ生ズルモノデアル、又動産ノ上ヨリ言《イ》ヘバ例バ甲者ガ乙者ニ對《タイ》シ住吉神社ニ參詣《サンケイ》スル爲メニ使用シ徒歩セザルノ利益ヲ得ルト賃金《チンキン》ヲ支拂ハズニ乙者所有ノ乘馬《ジヤウバ》ヲ借ラント契約《ケイヤク》シテ其ノ乘馬ヲ甲者ノ手ニ受取《ウケト》リタル時ハソレデ使用貸借ハ效力《カウリヨク》ヲ生ズルモノデアル故ニ使用貸借ハ使用《シヨウ》スル期間ノ經過セバ其ノ借受《カリウ》ケタル土地又ハ乘馬ハ直《タヾチ》ニ乙者ヘ返還シナケレバナラヌモノデアリマス

第五百九十四條　借主ハ契約《ケイヤク》又ハ其ノ目的物《モクテキブツ》ノ性質ニ因《ヨ》リテ定マリタル用方ニ從《シタガ》ヒ其ノ物ノ使用《シヨウ》及ヒ收益ヲ爲《ナ》スコトヲ要ス

借主ハ貸主《カシヌシ》ノ承諾アルニ非《アラ》ザレバ第三者ヲシテ借用物《シヤクヨウブツ》ノ使用又ハ收益ヲ爲《ナ》サシムルコトヲ得《エ》ス

借主カ前《ゼン》二項《カウ》ノ規定ニ反スル使用又《マタ》ハ收益ヲ爲《ナ》シタルトキハ貸主ハ契約ノ解除《カイジヨ》ヲ爲スコトヲ得

▲參看　舊民法財產取得編第百九十七條

〔註釋〕本條ハ使用貸借《シヨウタイシヤク》ノ物件ヲ借主ニ於テ取扱《トリアツカ》フベキ方法ヲ規定《キテイ》シタル條項デアツテ、其ノ意義《イギ》ハ例バ甲者カ乙者《オツシヤ》ヨリ乘馬一頭ヲ借受《カリウ》ケタル時ハ其ノ目的物《モクテキブツ》タル乘馬ノ性質ニ因リ定メタル如ク之レニ乘リテ旅行若《リヨカウモシク》ハ遠足ノ利益ヲ得《ウ》ルモノデアル、然ルニ甲者ガ此ノ乘馬ヲ性質《セイシツ》ニ反シタル駄馬《ダバ》ノ代用若クハ馬車ヲ曳《ヒ》カシムル等ノ如キコトニ使用スルコトハ出來《デキ》ヌ依テ乘馬ナラバ乘《ノ》リ乳牛ナラバ乳ヲ搾リ料理庖刀ナレバ料理《リヤウリ》ニ用ヒ家屋ナラバ住居スル如ク其ノ目的物《モクテキブツ》ノ性質ニ因リテ定《サダ》マリタル用法《ヨウハウ》ニ從ヒ使用シテ收益セナケレバナラヌ(第一項)又使用貸借《シヨウタイシヤク》ノ目的物ハ貸主タル乙者《オツシヤ》ノ承諾《セウダク》ヲ得ヌケレバ借主タル甲者ノ專檀デ之ヲ他人《タニン》ニ　轉貸等スルコトハ出來ヌ(第二項)故ニ若《モ》シ甲者ガ借リタル乘馬ヲ駄馬若クハ馬車《バシヤ》ヲ曳カシムル如キ定《サダ》マリタル性質ニ反シテ使用《シヨウ》スルカ他人ニ轉貸等爲シタル時ハ借主タル乙者《オツシヤ》ニ於テ其ノ契約《ケイヤク》ヲ解除スルコトガ出來《デキ》ルモノデアル(第三項)ト定メタノデアリマス

第五百九十五條　借主ハ借用物《シヤクヨウブツ》ノ通常ノ必要費《ヒツヤウヒ》ヲ負擔ス

此他ノ費用《ヒヨウ》ニ付テハ第五百八十三條第二項ノ規定《キテイ》ヲ準用《ジユンヨウ》ス

▲參看　舊民法財產取得編第百九十九條、第二百四條第一項

〔註釋〕本條ハ使用貸借ニ關《クワン》スル費用ノ負擔方法《フタンハウハウ》ヲ規定シタル條項《デウカウ》デアッテ、其ノ意義ハ元來家屋ナレバ修繕費《シウゼンヒ》若《モシ》クハ地方賦課税地所ナレバ租《ソ》税公課動物《ゼイコフカドウブツ》ナレバ食料等總テ其ノ物ノ保存費用及《オヨ》ヒ通常ノ必要費ハ常《ツネ》ニ收益ヲ以テ支拂フガ原則《ゲンソク》デアルカラ使用貸借ノ如キ無償《ムシヤウ》ヲ以テ收益ヲ爲ス借主《カリヌシ》ガ之ヲ負擔スルハ當然《タウゼン》ノコトデアル、故ニ借主ハ借用物ノ通

常ノ必要費《ヒツヤウヒ》ヲ負擔シナケレバナラヌト定《サダメ》タノデアル（第一項）ケレドモ借主ハ通常必要費外ノ費用ヲ支拂《シハラ》ヒタル時ハ第五百八十三條第二項ノ規定《キテイ》ニ依リ貸主ニ對《タイ》シテ償還ヲ求ムルコトガ出來《デキ》ル然シ場合ニ依リテハ裁判所《サイバンシヨウ》ハ貸主ノ請求《セイキウ》ニ因リ相當猶豫ノ期限ヲ與フルコトガアル、尙ホ詳《クワ》シキハ第五百八十三條ノ註釋ヲ參照《サンシヤウ》セバ明瞭ニ知得《チトク》スルコトガ出來ルカラ茲《コヽ》ニ復說《フクセツ》セサルコト、シマス

第五百九十六條　第五百五十一條ノ規定《キテイ》ハ使用貸借ニ之ヲ準用《シユンヨウ》ス

〔註釋〕本條ハ贈與ニ關《クワン》スル規定ヲ使用貸借ニ準用《シユンヨウ》スベキコトヲ規定シタル條項《デウカウ》デアッテ、其ノ意義ハ使用貸主ハ貸《カ》シタル物ニ瑕疵若《カシモ》クハ欠缺等ガアルトモ借主ニ對《タイ》シテハ其ノ責ヲ負ハザルモノデアル、ケレドモ貸主《カシヌシ》ガ初メカラ瑕疵若クハ欠缺ノアルコトヲ知《シ》リナカラ之ヲ借主《カリヌシ》ニ告ゲナイ時《トキ》ハ爲ニ借主ノ蒙《カウモ》リタル損害ハ貸主ニ於テ賠償《バイシヤウ》セナケレバナラヌ、又其ノ使用貸借ガ負擔附契約《フタンツキケイヤク》デアリタル時ハ貸主《カシヌシ》ハ其ノ負擔ノ限度《カギリ》ニ於テ擔保ノ責ヲ負ヒタ賠償《バイシヤウ》セヌケレバナラヌト定《サダ》メタノデアリマス

第五百九十七條　借主ハ契約《ケイヤク》ニ定メタル時期《ジキ》ニ於テ借用物《シヤクヨウブツ》ノ返還ヲ爲

スコトヲ要《ヤウ》ス

當事者《タウジシヤ》カ返還ノ時期ヲ定《サダ》メサリシトキハ借主ハ契約《ケイヤク》ニ定メタル目的ニ從《シタガ》ヒ使用及ヒ收益ヲ終《ヲハ》ハリタル時ニ於《オイ》テ返還ヲ爲スコトヲ要ス但其ノ以前《イゼン》ト雖モ使用及《シヨウオヨ》ヒ收益ヲ爲スニ足ルヘキ期間《キカン》ヲ經過シタルトキハ貸主ハ直《タヾ》チニ返還ヲ請求《セイキウ》スル《コト》ヲ得《ウ》

當事者《タウジシヤ》カ返還ノ時期《ジキ》又ハ使用及ヒ收益《シウエキ》ノ目的ヲ定《サダ》メサリシトキハ貸主ハ何時《ナンドキ》ニテモ返還ヲ請求《セイキウ》スルコトヲ得《ウ》

▲參看　舊民法財產取得編第二百條第一項

(註釋)本條ハ使用貸借ノ期限《キゲン》ニ關スル規定デアッテ、其ノ意義《イギ》ハ使用貸借ノ借主《カリヌシ》ハ貸主ニ對《タイ》シテ何月何日ニ返還スルト契約《ケイヤク》シタル時ハ其ノ契約シタル返還期日ニハ必《カナ》ラズ返還シナケレバナラヌモノデアル(第一項《ダイイツカウ》)然シ雙方《ソウハウ》ガ返還期日ヲ定メナイ時《トキ》ハ借主ハ契約ニ定メタル目的《モクテキ》ニ從ヒ使用及ヒ收益《シウエキ》ヲ終《オハリ》タル時ニ於テ返還シナケレバ、例《タトヘ》バ住吉神社ニ參詣スル爲ニ乘馬ヲ借入レタル時《トキ》ハ住吉《スミヨシ》ニ參詣シ終リテ歸《カヘ》リタル時直チニ返還セチケレバナラヌ又土地ニ米《コメ》ヲ植ヘントシテ土地《トチ》ヲ借入レタル時ハ米ヲ收穫《シユカク》シタル後チハ直チニ返還セナケレバナラヌガ如キ所以《ワケ》デアル（第一項前段）又住吉神社《スミヨシジンシヤ》ニ參詣セント言《イ》ヒタルニ依リ所有ノ乘馬ヲ貸與《カシアタ》ヘタル時ハ假令《タトヘ》借主《カリヌシ》カ未タ參詣《サンケイ》セザル以前デモ住吉神社迄往返スル程ノ時間經過《ジカンケイカ》シタル時ハ貸主ハ直チニ乘馬ノ返還ヲ借主《カリヌシ》ニ對《タイ》シ請求スルコトガ出來ル（第二項但書）又貸主ト借主ノ間《アイダ》ニ何時返還スト定《サダ》メズ又ハ何《ナニ》ニ用フルトモ定メズ又ハ收益《シユエキ》ノ目的ヲモ定メズシテ貸與《カシアタ》ヘタル塲合ニ於テハ貸主ハ何時《ナントキ》ニテモ自已入用ノ際借主ニ對シテ返還ヲ請求《セイキウ》スルコトガ出來《デキ》ル（第三項）ト定《サダ》メタノデアリマス

第五百九十八條　借主《カリヌシ》ハ借用物ヲ原狀《ゲンジヤウ》ニ復《フク》シテ之ニ附屬セシメタル物ヲ收去《シウキヨウ》スルコトヲ得《ウ》

▲參看　舊民法財產編第百三十三條第二項

〔註釋〕本條ハ使用貸借物ノ返還方法《ヘンクワンハウハウ》ヲ規定シタル條項《デウカウ》デアッテ、其ノ意義《イギ》ハ例バ穀類ヲ貯藏スルノ目的《モクテキ》ヲ以テ倉庫《クラ》ヲ借入レタルニ其ノ倉庫中《クラナカ》ニ仕切等ガ爲シアリシモ穀類ヲ貯藏スルニ障害《サワリ》ト成ルヨリ之ヲ取離《ハナ》シ新タニ四方ノ壁《カベ》ニ添ヘテ俵擦《ヒロウズレ》ヲ防グ爲隔木《ヘダテキ》ヲ打副ヘタル場合ニ於《オイ》テ此ノ倉庫ヲ返還セヌトスルニハ借主《カリヌシ》ハ原狀ニ復《フク》サナケレバナラヌモノデアルカラ先《マ》ヅ以前ノ如ク仕切ヲ爲シ而《ソウ》シテ尚ホ借主ノ附屬《フゾク》セシメタル隔木ラモ取放シテ返還スルコトガ出來《デキ》ルト定《サダ》メタノデアリマス

第五百九十九條　使用貸借《シヨウタイシヤク》ハ借主ノ死亡《シバウ》ニ因リテ其ノ效力《カウリヨク》ヲ失フ

▲參看　舊民法財產取得編第百九十六條

〔註釋〕本條ハ使用貸借ノ效力《カウリヨク》ガ消滅スル場合ヲ規定《キテイ》シタル條項デアッテ、其ノ意義《イギ》ハ元來使用貸借《シヨウタイシヤク》ハ信用上恩惠的ニ出デタル無償契約《ムシヤウケイヤク》デアルカラ其ノ主トスル所、借主其《ソ》ノ人ノ一身ニ止《トド》マルモノデアル、故ニ其ノ人《ヒト》死《シ》亡スレバ其ノ使用貸借ノ契約《ケイヤク》ノ自ラ消滅スルヤ明瞭《アキラカ》ナル所以《ワケ》デアリマス

第六百條　契約《ケイヤク》ノ本旨ニ反スル使用《シヨウ》又《マタ》ハ收益ニ因《ヨ》リテ生シタル損害ノ賠償及ヒ借主カ出タシタル費用ノ償還《シヤウクワン》ハ貸主カ返還ヲ受《ウ》ケタル時ヨ

リ一年内《ネンナイ》ニ之ヲ請求《セイキウ》スルコトヲ要《ヨウ》ス

〔註釋〕本條ハ使用貸借《シヨウタイシヤク》ニ關スル損害賠償ノ請求期間《セイキユウキカン》ヲ規定シタル條項デアッテ、其《ソ》ノ意義ハ借主ガ契約《ケイヤク》ノ本旨ニ反スル使用例《シヨウタトヘ》バ衣裝藏ヲ荷物藏ニ使用シ又ハ家屋《カオク》ヲ荷納家ニ使用シ又ハ乘馬ヲ駄馬《ダバ》ニ使用シタルカ爲ニ生セシ損害或《ソンガイアルヒ》ハ借主ガ收益《シウエキ》ニ因リ生シタル損害ノ賠償《バイシヤウ》或ハ借主カ出《ダ》シタル第五百九十四條第二項ニ規定《キテイ》シタルガ如キ貸主ノ負擔《フタン》スベキ費用ノ償還等ハ其ノ目的《モクテキ》物ヲ貸主ノ手ニ返還シタル時《トキ》ヲ起点トシテ互《タガ》ヒニ向フ一ケ年間ニ請求《セイキウ》スルコトガ出來ル、故ニ借手《カリテ》ニ請求スルモ又貸主ガ借主ニ請求スルモ此《コ》ノ一ケ年ヲ經過スレバ互ヒニ其《ソ》ノ權利ハ無效ニ歸《キ》スルモノデアルト定《サダ》メタノデアリマス

第七節　賃貸借

〔註釋〕本節ハ賃貸借《チンタイシヤク》ニ關スル規定ヲ網羅《マウラ》シタルモノデアッテ而《ソウ》シテ賃貸借トハ例ハ甲者ガ賃金《チンキン》ヲ得テ乙者ニ或物件ヲ貸與《カシアタ》ヘ又乙者ハ又甲者ニ對《タイ》シ賃金ヲ支拂ヒテ或物件ヲ借受ケ其ノ物件ヲ使用シテ收益《シウエキ》スル契約ヲ謂《イ》フノデアル其ノ詳細《シヤウサイ》ナル解説ハ以下各條ニ譲ルコトヽ致《イタ》シマス

第一款　總則

〔註釋〕本欵ハ賃貸借ニ關《クワン》シテ規定シタル第《ダイ》六百五條以下《デウイカ》第六百二十二條マデノ間ニ規定シタル各條《カクデウ》ノミニ通《ツウ》シテ用ユベキ規定ヲ網羅《マウラ》シタルモノデアリマス

第六百一條　賃貸借ハ當事者《タウジシヤ》ノ一方カ相手方《アヒテカタ》ニ或物ノ使用及《シヨウオヨ》ヒ收益ヲ爲サシムルコトヲ約《ヤク》シ相手方カ之《コレ》ニ其ノ賃金《チンキン》ヲ拂フコトヲ約スルニ因《ヨ》リテ其《ソ》ノ効力《カウリヨク》ヲ生《シヨウ》ス

△參看　舊民法財產編第百十五條、第百十七條

〔註釋〕本條ハ賃貸借ノ定義《テイギ》ヲ明ラカニシタル條項《デウカウ》デアツテ、其ノ意義《イギ》ハ例バ甲者ガ乙者ニ對シ馬車《バシヤ》一輛《リヤウ》ヲ貸與ヘ乙者ヨリハ其ノ馬車ニ對《タイ》スル賃金ヲ甲者ニ支拂ヒ而シテ、乙者ガ此ノ馬車ヲ契約期間中占有《センイウ》シテ使用スルノ利益《リエキ》ヲ取得スルヲ約《ヤク》セバソレデ賃借ノ效力ヲ生ズルモノデアル、又不《マタフ》動産《ダウザン》ノ上ヨリ謂《イ》フトキハ甲者ガ乙者ニ對《タイ》シ家屋若クハ土地ヲ占有シテ是《コレ》ニ耕作ヲ爲シテ利益《リエキ》ヲ取得スルヲ約セバソレデ賃貸借ノ效力《カウリヨク》生ジタルモノデア

ル、故ニ賃貸借ニ必要《シツヨウ》ナル條件ハ第一或物《アルモノ》ノ使用及ヒ收益《シウエキ》ヲ爲サシムルコト第二賃金ヲ拂フテ目的物《モクテキブツ》ヲ契約期間中占有《センイウ》スルコトノ二要件ガ具備《グビ》シナケレバ賃貸借ノ效力ハ生ズルモノデハアリマセヌ

第六百二條　處分ノ能力《ノウリヨク》又《マタ》ハ權限ヲ有《イウ》セサル者カ賃貸借ヲ爲《ナ》ス場合ニ於テハ其《ソ》ノ賃貸借ハ左《サ》ノ期間ヲ超《コ》ユルコトヲ得ス

一　樹木ノ栽植《サイシヨク》又《マタ》ハ伐採ヲ目的《モクテキ》トスル山林ノ賃貸借《チンタイシヤク》ハ十年

二　其ノ他ノ土地《トチ》ノ賃貸借ハ五年

三　建物ノ賃貸借《チンタイシヤク》ハ三年

四　動産ノ賃貸借《チンタイシヤク》ハ六ヶ月

▲參看　舊民法財産編第百十九條、第百二十二條、第百二十三條

〔註釋〕本條ハ賃貸借《チンタイシヤク》ノ期間ニ就テ規定《キテイ》シタル條項デアッテ其ノ意義《イギ》ハ法定代理人、後見人、保佐人、等ノ如キ唯管理《タヾクワンリ》ノ任ダケアリテ所有權アル處分《シヨブン》スルコトノ出來ナイ者又ハ處

分スルノ權限《ケンゲン》ヲ有シテ居ラナイ者ニ對シテハ到底《タウテイ》長期ノ契約《ケイヤク》ヲ爲シ得《エ》ラルヽモノデハナイ如何トナレバ長期《チヤウキ》ノ契約ヲ爲ス時ハ幼者《エウシヤ》ノ如キハ成年ト成リ禁治産者《キンヂサンシヤ》ノ如キハ其ノ解《カイ》禁《キン》ヲ得ル等ノ事アリテ爲ニ能力《ノウリヨク》ヲ得ルモ位然《井ゼン》法定代理人ノ爲シタル契約ヲ保守《ホシユ》シテ拘束《カウソク》セラルヽガ如キ不都合《フツガフ》ヲ生ズルカ故本條ハ長短《チヤウタン》一扁セザル相當《ザウタウ》ノ制限ヲ立テ左ノ如ク場合ニ應《オウ》シテ區別《クベツ》ヲ爲シタルモノデアル

第一　樹木《ジユモク》ノ栽植《サイシヨク》ヲ爲スヲ目的トシ又ハ樹木ノ伐採《バツサイ》ヲ目的トシテ山林ノ賃貸借《チンタイシヤク》ヲ爲ス契約期間ハ十年ヨリ長《ナガ》クスルコトハ出來ヌ

第二　第一ノ如キ場合《バアヒ》ニアラザル土地ノ賃貸借例《タト》ヘバ土地ヲ耕作《コウサク》シ又ハ土地ニ牧畜《ボクチク》ヲ爲シ或ハ家屋ヲ建設《ケンセツ》スル等ノ爲ナル契約《ケイヤク》ノ期間ハ五年ヨリ長クスルコトハ出來《デキ》ヌ

第三　家屋《カオク》又ハ倉庫《サウコ》或ハ工場等總テ建物ノ賃貸借ヲ爲ス契約ノ期間《キカン》ハ三年ヨリ長《ナガ》クスルコトハ出來ヌ

第四　牛馬《ギウバ》ノ如キ動物又ハ衣類諸道具《イルヰシヨダウグ》等總テ動産ノ賃貸借ヲ爲ス契約《ケイヤク》ノ期間ハ六ケ月ヨリ長クスルコトハ出來《デキ》ヌ

ケレドモ場合ニ依リテハ此ノ期間《キカン》ヲ以テ収益《シウエキ》ノ目的ヲ達《タツ》スルコトノ出來ナイ場合《バアヒ》ガナイニモ限ラヌカラ其ノ時ハ第六百三條ノ規定《キテイ》ニ準《シタガ》ヒテ期間ノ更新《カウシン》契約ヲ爲スコトガ出來ル

モノデアリマス

第六百三條　前條ノ期間《キカン》ハ之ヲ更新《カウシン》スルコトヲ得但其ノ期間滿了《マンレウ》前《ゼン》土地ニ付テハ一年內建物《タテモノ》ニ付テハ三ケ月內動產《ドウサン》ニ付テハ一ケ月內ニ其ノ更新《カウシン》ヲ爲スコトヲ要《エウ》ス

▲參看　舊民法財產編第百二十條

〔註釋〕本條ハ期間更新《キカンカウシン》ニ關スル規定デアツテ、其ノ意義《イギ》ハ前條ニ規定シタル期間《キカン》デハ賃借主ニ於テ收益《シウエキ》ノ望ミナキ場合ガアルカラ左樣《サウ》イフ時ハ其ノ期間ヲ更新《カウシン》スルコトガ出來ル（本條前段）ケレドモ其ノ期間ヲ更新《カウシン》セムトスル時ハ土地ナレバ九年目建物《タテモノ》ナレバ二年九ケ月目動產《ドウサン》ナレバ五ケ月目ニ曩《サ》キノ契約ヲ一度《ド》取消シテ更ニ新契約《シンケイヤク》ヲ取結ブコトガ出來ル（本條但書）故ニ若シ此ノ規定《キテイ》ニ反シテ本條ノ期間ヨリ早《ハヤ》キカ又ハ遲《オソ》キカデアレバ更新契約《ケイヤク》アルモ其《ソ》ハ無效《ムカウ》トナルモノデアリマス

第六百四條　賃貸借ノ存續期間《ソンゾクキカン》ハ二十年ヲ超《コ》ユルコトヲ得ス若シ之ヨリ長《ナガ》キ期間ヲ以テ賃貸借《チンタイシヤク》ヲ爲シタルトキハ其ノ期間ハ之ヲ二十年ニ

短縮《タンシク》ス

前項《ゼンカウ》ノ期間ハ之ヲ更新《カウシン》スルコトヲ得但更新ノ時ヨリ二十年ヲ超《コ》ユルコトヲ得ス

▲參看　舊民法財産編第百二十五條

〔註釋〕本條ハ賃貸借期間ノ存續年限《ソンゾクネンゲン》ヲ規定シタル條項デアッテ、而《ソウ》シテ前第六百二條及ヒ第六百三條ハ所有權ヲ處分スル能力又ハ權限《ケンゲン》ナキ者ニ就テノ規定《キテイ》デアリシモ本條ハ所有權ヲ自由ニ處分スル能力ト權限ヲ有スル完全《クワンゼン》ナル能力者ガ賃貸借ノ契約《ケイヤク》ヲ取結ヒタル時ノ契約期間ヲ定《サダ》メタルモノデアル然《シカ》シナガラ元來物ノ所有者ガ自己《ジコ》ノ權能ヲ以テ自己ノ所有物件ヲ處分《シヨブン》スルニ他ヨリ制肘《セイベウ》セラレヌト法律ヲ以テ制限《セイゲン》セラルヽノ道理《ダウリ》ハナイモノデアル、然ルニ法律ガ本條《ホンデウ》ノ如ク制限ヲ加《クハ》ヘルハ如何ナル譯《ワケ》デアルカト謂フニ法律《ハフリツ》ガ若シ此ノ制限《セイゲン》ヲ加ヘサル時ハ徒《イタヅ》ラニ長期ノ契約ヲ締結《テイケツ》シテ所有權ヲシテ全《マツタ》ク所有者ノ手ヨリ奪《ウバ》ヒ去ルガ如キ有名無實《イウメイムジツ》ノ場合ヲ生シ爲ニ所有權能ヲ害シ併《アハ》セテ他ノ法律行爲ト抵觸《テイシヨク》スル如キ不都合《フツガフ》ヲ生ズルモノデアル例バ賃貸借《チンタイシヤク》ノ存續期間ガ二十年間以上《イジヤウ》デアル時ハ第二百七十八條ノ永小作權《エイコサクケン》ノ存續期間二十年以上五十年以下ノ規定《キテイ》ニ差支ヘルガ如キコトアリテ竟《ツヒ》ニ公益ヲ害スルコトガアルカラ徒《イタヅ》ラニ長期ノ賃貸借契約ヲ許《ユル》サズシテ賃貸借ノ存續期間ヲ二十年ト制限《セイゲン》スルコトヽシタノデアル、故ニ賃貸借《チンタイシヤク》ノ存續期間ヲ二十年ヨリ長《ナガ》ク契約スル時ハ法律《ハフリツ》ハ之ヲ二十年ニ短縮《タンシユク》スルコトヲ命ズルモノデアル（第一項）ケレドモ萬事制限ヲ以テ能ク爲サザルコトヽ能ク爲シ得《エ》ザルコトヽガアル若シ賃借《チンシヤク》ヲ爲セシ者ニ於テ制限ノ二十年ニテハ到底收益《タウテイシウエキ》ノ目的ナシトスル場合《バアヒ》アルニモ關《カヽ》ハラズ法律ガ之ヲモ止ムルト謂フコトハ出來ヌ、故ニ其ノ場合《バアヒ》ニハ期間ノ更新《カウシン》ヲ契約スルコトガ出來ル（第二項前段）ケレドモ假令《タトヘ》期間ノ更新ヲナストモ矢張《ヤハ》リ前項ノ如ク其ノ更新ヲ爲シタル時ヨリ二十年ヲ過ス契約《ケイヤク》ヲ取結ブコトハ出來ヌ（第二項但書）然《シカ》シ此ノ期間ヲ更新《カウシン》スルニ付何年目ヨリ更新シナケレバナラヌト謂《イ》フ明文《メイブン》ガナイカラ例バ第一番ニ二十年ノ契約《ケイヤク》ヲ爲シ今度更ニ新《ア》ラタナル契約ヲ爲シテ年限《テンゲン》ヲ伸《ノ》サヌトスレバ第一番ノ契約《ケイヤク》ヨリ三年目デアラウガ二年目デアラウカ二十年目デアラウガ期間《キカン》ノ滿了《マンレウ》前デサヘアレバ勝手次第《カツテシダイ》何時更新スルモ差支《サシツカ》ヘハナイノデアリマス

第二款　賃貸借ノ効力

本款ハ賃貸借ノ效力《カウリヨク》ニ關スル規定ヲ網羅《マウラ》シタルモノデアリマス

第六百五條　不動産ノ賃貸借《チンタイシヤク》ハ之ヲ登記シタルトキハ爾後《ジゴ》其ノ不動産ニ付キ物權ヲ取得《シユトク》シタル者ニ對シテモ其《ソ》ノ效力《カウリヨク》ヲ生ス

〔註釋〕本條ハ不動産《フドウサン》ニ關スル賃貸借ノ效力ガ第三者ニ有效《イウカウ》ナルコトヲ規定《キテイ》シタル條項デアツテ其ノ意義ハ例バ甲者ガ乙者ニ對《タイ》シ其ノ所有ノ土地ヲ十年間賃貸《チンカンチンガシ》スルコトヲ承諾シ乙者ハ甲者ニ賃金ヲ支拂《シハラ》ヒテ其ノ土地ヲ十年間賃借シタル後《ノ》チ甲者ハ其ノ土地《トチ》ヲ丙者ニ賣渡スコトアレバ乙者ハ如何《ドウ》スルカ此ノ塲合ニ於テ若《モ》シ甲者ト乙者ガ賃借ノ契約《ケイヤク》ヲ爲シタル當時其ノ旨ヲ登記《トウキ》シテ居レバ其ノ土地ガ丙者ノ所有《シヨイウ》ト代《カハ》ルモ乙者ハ位然《ヰゼン》十年間ノ賃借權ヲ其ノ土地ノ上ニ繼續《ケイゾク》スルコトガ出來ル、ケレドモ若《モ》シ登記ヲ爲サヽリシ時《トキ》ハ其ノ土地ノ所有權カ丙者ニ移ルト共ニ乙者ノ賃借權《チンシヤクケン》ハ消滅スルモノデアル如何《イカン》トナレバ登記ハ一ノ公示方法デアルカラ登記《トウキ》シアル時ハ丙者ニ於テ其ノ土地ニ賃貸借《チンタイシヤク》ノ存在スルコトヲ知リ得ラルヽモ若シ登記ナキ時ハ之《コレ》ヲ知《シ》ルニ術《スベ》ナキモノデアルカラ知《シ》ラザルノ義務《ギム》ハ丙者ニ於テ負擔スル道理《ワケ》ハナイ、故ニ不動産ノ賃貸借ハ登記《トウキ》シアレバ第三者ニ對シ有效ナルモ登記ヲ爲サザル時ハ無效《ムカウ》デアル而シテ玆ニ注意《チユイ》スベキハ物權ヲ取得スル者ト謂フコトデアル、物權ヲ取得《シユトク》スル者トハ前例ノ如ク所有權《シヨイウケン》ノミヲ取得シタル第三者ト謂《イ》フデハナイ彼ノ占有權留置權先取特權質權抵當權等ヲ取得《シュトク》シタル第三者ト謂《イ》フコトデアルカラ是等ノ諸權利《ショケンリ》ヲ取得シタル第三者ニ對《タイ》シテモ登記ヲ爲シ居ル時ハ賃借權《チンシャクケン》ハ有效ナルモノデアルト定メタノデアリマス

第六百六條　賃貸人ハ賃貸物ノ使用《シヨウ》及ヒ收益ニ必要《ヒツエウ》ナル修繕ヲ爲ス義務ヲ負フ

賃貸人カ賃貸物ノ保存《ホゾン》ニ必要ナル行爲《カウヰ》ヲ爲サシト欲《ホツ》スルトキハ賃借人ハ之ヲ拒《コバ》ムコトヲ得ス

▲參看　舊民法財産編第百二十八條、第百二十九條

〔註釋〕本條ハ賃貸借ノ目的物《モクテキブツ》ヲ修繕スルニ就テ生ズル雙方者ノ權利義務《ケンリギム》ヲ規定シタル條項デアッテ、其ノ意義《イギ》ハ例バ甲者ガ乙者ヨリ家賃金《ヤチンキン》ヲ得テ家屋ノ賃貸ヲ爲《ナ》シタル時ハ貸主タル甲者ハ賃金ヲ得《エ》テ居ルモノデアルカラ其ノ家屋《カオク》ノ屋根替又ハ壁ノ墜落《ツイラク》等使用上差支ヘル個所ノ破損ヲ修繕《シウゼン》シ若クハ收益上ニ必要ナル修繕ヲ爲ス義務《ギム》ヲ負フモノデアル、故ニ借主タル乙者ハ使用《シヨウ》若クハ收益ニ差支《サシツカ》ヘル破損アレバ甲者ニ對シ之ガ修繕ヲ請求《セイキウ》スル

權利ヲ有スルモノデアル（第一項）然《レカ》シ乙者ハ甲者ヨリ此ノ家屋ハ今ニ修繕《シウゼン》シ置カヌケレバ至漸《シゼン》傾倒《ケイタウ》スル處ガアルカラ修繕《シウゼン》スルト言ヘバ假令《タトヘ》乙者ハ自巳ノ營業ニ差支《サシツカ》ヘルコトアルモ其ノ修繕ハ賃貸物ノ保存《ホゾン》ニ必要ナル行爲《カウ井》デアルカラ之ヲ拒《コバ》ムコトハ出來ヌ如何《イカン》トナレバ共ノ家屋ノ所有權ハ甲者《カフシヤ》ニアルガ爲甲者ニ於テ之ヲ保存《ホゾン》スルハ當然《タウゼン》ノコトデアル（第二項）ケレドモ若シ甲者ノ爲ス修繕《シウゼン》ガ賃貸物ノ保存ニ必要《ヒツエウ》デナイ行爲《カウ井》デアレバ乙者ニ於テ拒《コバ》ムコトノ出來ルハ原《モト》ヨリ明瞭《メイレウ》デアリマス

第六百七條　賃貸人カ賃借人《チンシヤクニン》ノ意思ニ反《ハン》シテ保存行爲ヲ爲《ナ》サント欲スル場合ニ於テ之カ爲賃借人カ賃借《チンシヤク》ヲ爲シタル目的ヲ達《タツ》スルコト能ハサルトキハ賃借人ハ契約《ケイヤク》ノ解除ヲ爲《ナ》スコトヲ得

▲參看　舊民法財産編第百二十九條第二項

（註釋）本條ハ賃貸借ノ契約《ケイヤク》ヲ解除スル場合ヲ規定《キテイ》シタル條項デアッテ、其ノ意義《イギ》ハ例バ前條ニ掲ゲタル例ノ場合ニ於テ賃貸主タル甲者ガ乙者ニ賃貸《チンガシ》シタル家屋ヲ保存スルニ必要デアルト謂ッテ修繕ニ取掛《トリカヽ》リタルニ依リ乙者ハ夫レガ爲營業《エイゲフ》ヲ中止シタルニ始《ハジ》メ甲者ハ數日ノ中ニ修繕《シウゼン》ヲ終ルト謂ヒシモ工事愈々埒明《ラチア》カズ荏苒《ジンセン》ニ打過グル等ノコトアレバ乙者ノ損失《ソンシツ》ト成リ大ヒニ當初《タウシヨ》ノ意思ニ反シ迷惑《メイワク》デアルカラ斯ル場合ニハ乙者ハ甲者ニ對《タイ》シテ其ノ賃借契約ノ解除ヲ請求《セイキウ》スルコトガ出來ルト定《サダ》メタノデアリマス

第六百八條　賃借人カ賃借物ニ付キ賃貸人ノ負擔ニ屬スル必要費《ヒツエウヒ》ヲ出シタルトキハ賃貸人ニ對シテ直《タダ》チニ其ノ償還ヲ請求《セイキウ》スルコトヲ得

賃借人カ有益費《イウエキヒ》ヲ出タシタルトキハ賃貸人ハ賃貸借終了《チンタイシヤクシウレウ》ノ時ニ於テ第百九十六條第二項ノ規定《キテイ》ニ從ヒ其ノ償還ヲ爲スコトヲ要ス但裁判所ハ賃貸人ノ請求《セイキウ》ニ因リ之ニ相當《サウタウ》ノ期限ヲ許與《キヨヨ》スルコトヲ得

〔註釋〕本條ハ賃貸借ノ目的物《モクテキブツ》ニ關スル費用ノ償還手續ヲ規定《キテイ》シタル條項《デウコウ》デアッテ、其ノ意義ハ甲者ガ乙者ニ賃金ヲ得テ家屋《カオク》ヲ賃貸シタル時ハ甲者ハ第六百六條ノ規定《キテイ》ニ依リ其ノ家屋ニ必要《ヒツエウ》ナル修繕ヲ加ヘルハ當然《タウゼン》ノ義務デアル、ケレドモ場合《バアヒ》ニ因リテハ甲者ノ爲スヲ待《マ》ッテハ間《マ》ニ合《ア》ハヌコトガアッテ乙者ガ自ラ其ノ費用《ヒヨウ》ヲ取替《トリカ》ヘ若クバ甲者ガ怠リテ爲サヾルガ爲メ甲者ノ爲スヲ待《マ》タズ必要ノ修繕ヲ乙者自ラ爲《ナ》スコトガアル、此ノ塲合《バアヒ》ニ於テハ乙者ハ甲者ニ對シテ取替《トリカ》ヘ置キタル費用償還ヲ直チニ請求《セイキウ》スルコトガ出來ル（第一項）ケレドモ若シ乙者ノ取替ヘタル修繕費《シウゼンヒ》カ家根ノ漏《モレ》ヲ止メ又ハ壁ノ墜落《ツイラク》ヲ修繕シタルガ如キ必要費デナク例バ天窓《テンマド》ヲ附替ヘ雪隱《セツイン》ヲ移轉セシムル如キ有益費《イウエキヒ》デアル時ハ甲者ハ乙者ノ請求ヲ受《ウ》クルモ直チニ支拂《シハラ》フニハ及バヌ賃貸借ノ契約期限ガ終《オハ》リテ乙者ガ其ノ家屋ヲ明渡《アケワタ》ス際第百九十六條第二項ノ規定《キテイ》ニ準ヒ其ノ天窓若クハ雪隱《セツイン》ノ増加價格ガ現存《ゲンソン》スル塲合ニ限リ甲者ノ撰擇《センタク》ニ從ヒ乙者ノ費シタル金額カ又ハ増價額《マシガヽク》カ何レカ都合《ツガフ》宜キ方ヲ撰ヌデ償還《シヤウクワン》スレバヨイ（第二項前段）甲者ガ乙者ノ家屋《カオク》ヲ明渡ス際此ノ撰擇《センタク》ヲ何レトモ決定シ得ラレヌ時ハ裁判所ニ請求《セイキウ》スレバ裁判所ハ之ニ相當《サウタウ》ノ猶豫期限ヲ許與スルモノデアル（第二項但書）ト定メタノデアリマス

第六百九條　收益《シウエキ》ヲ目的トスル土地ノ賃借人カ不可《フカ》抗力《カウリヨク》ニ因リ借賃ヨリ少キ收益ヲ得タルトキハ其ノ收益《シウエキ》ノ額ニ至ルマテ借賃《カリチン》ノ減額ヲ請求スルコトヲ得但宅地ノ賃《チン》貸借《タイシヤク》ニ付テハ此ノ限ニ在ラス

▲參看　舊民法財產編第百三十一條第一項

（註釋）本條ハ土地《トチ》ノ賃貸借ニ就キ借主ニ於テ賃金ノ減額《ゲンガク》ヲ請求シ得ル場合《バアヒ》ヲ規定シタル條項デアッテ、其ノ意義《イギ》ハ例バ甲者ガ乙者所有ノ土地ヲ一ヶ年五圓ノ賃金《チンキン》ニテ借受ケ其ノ土地ニ耕作《カウサク》ヲ爲シタルニ其ノ年六月ニ至リ洪水《コウズヰ》或ハ地震若クハ旱魃《カンバツ》等不可抗力ノ天災《テンサイ》若クハ地變ニ因リ其ノ收益《シウエキ》ガ二圓シカ無イ時ハ甲者ハ乙者ニ對《タイ》シ五圓ノ賃金ヲ收益ノ額タル二圓ニ至ルマデ借賃ノ減額《ゲンガク》ヲ請求スルコトガ出來ル（本條前段）然《シカ》シ此ノ規定ハ收益ヲ目的トスル土地ノ賃貸借ノ場合ニ限《カギ》ルモノデアルカラ宅地《タクチ》ノ賃借デアル時ハ斯《カ》ル天災アルトモ本條ノ規定《キテイ》ニ依リ借賃ノ減額ヲ請求スルコトハ出來ヌ（本條但書）ト定メタノデアルリマス

第六百十條　前條ノ場合《バアヒ》ニ於テ賃借人カ不可《フカ》抗力《カウリヨク》ニ因リ引續キ二年以上借賃ヨリ少キ收益《シウエキ》ヲ得タルトキハ契約《ケイヤク》ノ解除ヲ爲スコトヲ得

▲參看　舊民法財產編第百三十一條第二項

（註釋）本條ハ不可抗力ノ災害《サイガイ》アル場合ニ於ケル解除權ヲ規定《キテイ》シタル條項《テウコウ》デアッテ、其ノ意

義ハ前條ノ例ノ如キ天災《テンサイ》若クハ地變ノ如キ人力ヲ以テ抗《カウ》スルコトノ出來ナイ災害《サイガイ》ガ二年以上モ引續ク時ハ借主ハ到底損失《タウテイソンシツ》ノミヲ蒙リ全ク賃借《チンシヤク》ニ因リ収益ノ目的《モクテキ》ヲ達シ得ラルヽモノデハナイカラ斯《カヽ》ル場合ニ於テハ借主ハ貸主ニ對シ賃借契約《チンシヤクケイヤク》ヲ解除スルコトガ出來ルト定メタノデアリマス

第六百十一條　賃借物ノ一部《ブ》カ賃借人ノ過失《クワシツ》ニ因ラスシテ滅失《メツシツ》シタルトキハ賃借人ハ其ノ滅失《メツシツ》シタル部分ノ割合ニ應《オウ》シテ借賃ノ減額《ゲンガク》ヲ請求スルコトヲ得

前項ノ場合ニ於テ殘存《ザンソン》スル部分ノミニテハ賃借人《チンシヤクニン》カ賃借ヲ爲シタル目的ヲ達《タツ》スルコト能ハサルトキハ賃借人ハ契約ノ解除《カイヂヨ》ヲ爲スコトヲ得

▲參看　舊民法財產編第百三十一條第二項、第百四十六條

〔註釋〕本條ハ賃借物ノ一部ガ滅失《メツシツ》シタル場合ニ關《クワン》スル規定デアツテ、其ノ意義《イギ》ハ例バ甲者ガ乙者ヨリ家屋《カオク》ノ賃借ヲ爲シ居ル中近隣《キンリン》ニ火災アリテ其ノ家屋《カオク》ノ一部タル土藏《ドザウ》若クハ納屋等ノ類燒《ルヰシヤウ》シタル如ク甲者ノ過失《クワシツ》ニ依ラスシテ滅失シタル時ハ甲者《カフシヤ》ハ乙者ニ對シ土藏若

クハ納屋《ナヤ》ニ對スル割合ニ應《オウ》ズル家賃金ノ減額《ゲンガク》ヲ請求スルコトガ出來ル（第一項）ケレドモ賃借人タル甲者ハ荷問屋《ニドヒヤ》デアルカラ土藏若クハ納屋《ナヤ》ガナケレバ其ノ殘存《ザンソン》スル部分ダケデハ營業ヲ爲スコトガ出來ナイカラ至漸《シゼン》賃借ヲ爲シタル目的ヲ達《タッ》スルコトガ出來ナイ時《トキ》ハ甲者ハ乙者ニ對シ賃借契約ノ解除《カイヂョ》ヲ請求スルコトガ出來ル（第二項）ト定メタノデアリマス

第六百十二條　賃借人ハ賃貸人《チンタイニン》ノ承諾アルニ非《アラ》サレハ其ノ權利ヲ讓渡シ又ハ賃借物ヲ轉貸《テンタイ》スルコトヲ得ス

賃借人カ前項《ゼンコウ》ノ規定ニ反シ第三者ヲシテ賃借物《チンシヤクブツ》ノ使用又ハ收益ヲ爲サシメタルトキハ賃貸人ハ契約《ケイヤク》ノ解除ヲ爲《ナ》スコトヲ得

▲參看　舊民法財產編第百三十四條

〔註釋〕本條ハ賃借物ヲ轉貸《マタガシ》スル場合ニ關スル規定《キテイ》デアッテ、其ノ意義《イギ》ハ例バ甲者ガ乙者ヨリ印刷器械《インサツキカイ》ヲ賃借シタル時ハ賃貸主タル乙者ノ承諾《シヨウダク》ヲ得ナケレバ之ヲ丙者ニ轉貸《マタガシ》スルコトハ出來ヌ（第一項）故ニ甲者ガ乙者ノ承諾《シヨウダク》ヲ得スシテ丙者ニ其ノ印刷器械《インサツキカイ》ヲ使用セシメ

テ利益《リエキ》ヲ得セシムル時ハ賃貸主タル乙者ハ其ノ賃貸契約《チンタイケイヤク》ヲ解除スルコトガ出來ル（第二項）ト定メタノデアリマス

第六百十三條　賃借人カ適法《テキハフ》ニ賃借物ヲ轉貸シタルトキハ轉借人《テンシヤクニン》ハ賃貸人ニ對シテ直接《チヨクセツ》ニ義務ヲ負フ此場合《コノバアヒ》ニ於テハ借賃ノ前拂《サキバラヒ》ヲ以テ賃貸人ニ對抗《タイカウ》スルコトヲ得ス

前項ノ規定ハ賃貸人カ賃借人《チンシヤクニン》ニ對シテ其ノ權利《ケンリ》ヲ行使《カウシ》スルコトヲ妨ケス

▲參看　舊民法擔保編第百五十條

〔註釋〕本條ハ賃貸借ノ目的物《モクテキブツ》ヲ轉貸シタル場合ニ關《クワン》スル規定デアツテ、其意義《イギ》ハ例バ甲者ガ乙者ヨリ十年間ノ賃借契約ヲ爲シテ倉庫《サウコ》ヲ賃借シタル後チ賃貸主タル乙者ノ承諾ヲ得テ適法《テキハフ》ニ其ノ倉庫ヲ丙者ニ五年間ノ契約《ケイヤク》ニテ轉貸シタル時ハ轉借人タル丙者《ヘイシヤ》ハ乙者ニ對シテ直接ニ五年間《ネンカン》ハ賃貸借ノ義務ヲ負《オ》フモノデアル如何《イカン》トナレバ乙者ハ甲者ノ請《コヒ》ニ應《オウ》ヲ丙者ニ轉賃《マタガシ》スルコトヲ承諾シタルモノデアルカラ殆《ホトン》ト乙者ヨリ直チニ丙者ニ賃貸シタルガ如キ姿《スガタ》トナルカラデアル依テ丙者ハ此場合《コノバアヒ》ニ假令甲者ニ倉庫ノ借賃ヲ前拂《サキバラ》ヒシテ居ルトモ甲者ガ乙者ニ賃金《チンキン》ノ支拂ヒヲ怠《オコタ》ル時ハ丙者ハ乙者ヨリ直接ニ賃金支《チンキンシ》拂《ハラ》ヒノ請求ヲ受クルトキハ甲者ニ拂《ハラ》ヒタリト謂ツテ其支拂ヒヲ拒《コバ》ムコトハ出來ヌ到底《タウテイ》二重拂ヒヲセナケレバナラヌノデアル(第一項)ケレトモ賃借人《チンシヤクニン》タル甲者ト賃貸人タル乙者ノ關係《クワンケイ》ハ決シテ絶《タエ》タルモノデハナイ矢張《ヤハ》リ關係ノアルモノデアル殊《コト》ニ甲者ト乙者間ノ賃借契約ハ十年デアツテ甲者ト丙者間ノ賃借契約ハ五年デアルカラ其甲丙間《ソノカフヘイカン》ノ契約期間ヲ經過《ケイクワ》シタル後モ未タ甲乙間ノ賃借契約ハ依然《イゼン》トシテ存續《ソンゾク》スルモノデアル故ニ假令《タトヘ》丙者ガ甲者ヨリ賃借ン居ル間ト否《シカ》ラザルトヲ問ハズ乙者ガ甲者ニ對シ賃貸權利《チンダイケンリ》ヲ行フノ妨《サマタゲ》トハナラヌモノデアル(第二項)サレバ乙者ハ甲者ト丙者トヲ問《ト》ハズ苟《イヤシ》クモ賃貸借契約ニ反《ハン》シタル行爲ヲ爲ストキハ其ノ契約《ケイヤク》ヲ解除シ若クハ損害賠償ヲ請求《セイキウ》スルコトカ出來ルモノデアリマス

第六百十四條　借賃ハ動産、建物及ヒ宅地《タクチ》ニ付テハ毎月末ニ其他《ソノタ》ノ土地ニ付テハ毎年末《マイネンバツ》ニ之ヲ拂フコトヲ要ス但收穫季節《シウクワクキセツ》アルモノニ付テハ其季節後遲滯《チタイ》ナク之ヲ拂《ハラ》フコトヲ要ス

▲參看舊民法財產編第百三十八條

〔註釋〕本條ハ賃金支拂ノ期限《キゲン》ヲ規定シタル條項デアッテ、其ノ意義《イギ》ハ賃貸借ノ目的物《モクテキブツ》ガ衣類諸道具獸鳥類《ジユウテウルヰ》若クハ器械等ノ如キ動產《ドウサン》デアルカ或ハ宅地《タクチ》若クハ家屋デアレバ其賃金ハ毎月末例バ大ノ月ハ三十一日小ノ月ハ三十日若クハ二月ガ閏月《ウルヅキ》ナレバ廿九日平月《ヘイゲツ》デアレバ廿八日ニ支拂《シハラ》ハヌナレバナラヌ又賃貸借ノ目的物ガ土地《トチ》デアル時ハ毎年末例バ十二月三十一日ニ於テ支拂ハナケレバナラヌ（本條前段《ホンデウゼンダン》）ケレドモ賃貸借ノ目的物ガ梅樹《ムメ》桃樹《モヽ》ノ如ク其ノ果實《ミ》ヲ収穫《シユウクワク》スル期節ガ夏季デアルカ若クハ米麥《コメムギ》ノ如ク其果實ヲ収穫スル期節《キセツ》ガ秋季《シウキ》デアルカノ如キ場合《バアヒ》ニハ其ノ収獲季節後ニ於テ遲滯《チタイ》ナク支拂ハナケレバナラヌ（本條但書）ト定メタノデアリマス

第六百十五條　賃借物カ修繕《シウゼン》ヲ要シ又ハ借賃物ニ付キ權利《ケンリ》ヲ主張スル者アルトキハ賃借人ハ遲滯《チタイ》ナク之ヲ賃貸人ニ通知《ツウチ》スルコトヲ要ス但賃貸人カ既《ステ》ニ之ヲ知《シ》レルトキハ此限《コノカギリ》ニ在ラス

▲參看　舊民法財產編第百四十二條第二項

〔註釋〕本條ハ賃借物ニ關《クワン》シテ賃借主ヨリ賃貸人ヘ通知《ツウチ》スベキ場合ヲ規定《キテイ》シタル條項デアッテ、其ノ意義《イギ》ハ甲者ガ乙者ヨリ裁縫機械《サイホウキカイ》ヲ賃借シタルニ縫針《ヌヒバリ》ノ磨損《マソン》ニ因リ使用ニ堪ヘズ修繕セナケレバナラヌ如キ場合カ又ハ丙者ヨリ其裁縫機械ハ乙者ノ所有《ショイウ》デナクシテ自己ノ所有物デアルカラ返還《ヘンクワン》セヨト請求スルカノ如キ場合《バアヒ》アレバ賃借主タル甲者ハ遲滯《チタイ》ナク直ニ其旨《ソノムネ》ヲ賃貸主タル乙者ニ通知《ツウチ》セナケレバナラヌ（本條前段）然《シカ》シ乙者ニ於テ其事ヲ知リ居ル場合ニハ別ニ通知スルノ必要《ヒツエウ》ハナイ（本條但書）故ニ此場合《コノバアヒ》ニハ通知スルニモ及バヌ、ケレドモ若シ前段《ゼンダン》ノ場合ニ於テ甲者ガ其通知ヲ怠《オコタ》リ縫針ノ磨損シタルヲ打捨《ウチス》テ置クカ或ハ丙者カ返還ヲ促《ウナガ》シ居ルヲ乙者ニ通知セズ其ノ機械《キカイ》ヲ丙者ニ引渡《ヒキワタ》ス如キコトアレバ甲者ハ乙者ニ對シ損害賠償ノ責《セメ》ヲ負《オ》ハナケレバナラヌモノデアリマス

第六百十六條　第五百九十四條第一項、第五百九十七條第一項及ヒ第五百九十八條ノ規定《キテイ》ハ賃貸借ニ之ヲ準用《ジュンヨウ》ス

▲參看　舊民法財產編第五十一條、第五十八條乃至第六十六條、第百二十六條、第百三十三條、第百四十一條

〔註釋〕本條ハ賃貸借ニ準用《ジユンヨウ》スペキ他ノ規定ヲ指示《シジ》シタル條項デアツテ、其意義《イギ》ハ賃貸借ニ就テハ第五百九十四條第一項ノ賃貸主ハ契約《ケイヤク》又ハ其目的物ノ性質《セイシツ》ニ因リテ定リタル用法ニ從ヒ其ノ物ヲ使用《シヨウ》シ及ヒ收益ヲ為スコトヲ要スル規定《キテイ》シタル條項ト第五百九十七條第一項ノ賃借主ハ契約ニ定リタル時期《ジキ》ニ於テ借用物ノ返還ヲ為スコトヲ要スト規定《キテイ》シタル條項ト第五百九十八條ノ賃借主ハ賃借物ヲ原狀《ゲンジヤウ》ニ復《フク》シテ之レニ附屬《フゾク》セシメタル者ヲ收去《シウキヨ》スルコトヲ得ト規定《キテイ》シタル條項トノ三個條ハ賃貸借ノ場合《バアヒ》ニモ準用シナケレバナラヌモノデアルト定メタノデアリマス、而《ソウ》シテ此ノ三個條項ノ意義解說《イギカイセツ》ハ既ニ其ノ條下ニ於テ詳說シマシタカラ今再ピ茲ニ說明《セツメイ》スルコトハ省キマス

第三欵　賃貸借ノ終了

〔註釋〕本欵《ホンクワン》ハ賃貸借ノ終了ニ關シテ規定《キテイ》シタル條項ヲ網羅《マウラ》シタルモノデアリマス

第六百十七條　當事者《タウジシヤ》カ賃貸借ノ期間《キカン》ヲ定メサリシトキハ各當事者ハ何時ニテモ解約《カイヤク》ノ申入ヲ為スコトヲ得此場合《コノバアヒ》ニ於テハ賃貸借ハ解約申入ノ後左ノ期間ヲ經過《ケイクワ》シタルニ因リテ終了《シウレウ》ス

一　土地ニ付テハ一年
二　建物《タテモノ》ニ付テハ三ケ月
三　貸席《カシセキ》及ヒ動産《ドウサン》ニ付テハ一日

收穫季節アル土地《トチ》ノ賃貸借ニ付テハ其ノ季節《キセツ》後次ノ排作ニ着手スル前ニ解約ノ申入《マチシイレ》ヲ為スコトヲ要《エウ》ス

參看　舊民法財產編第百四十五條

〔註釋〕本條ハ賃貸借ノ期間《キカン》ヲ定メザル場合ニ於ケル賃貸借《チンタイシヤク》ノ終了ヲ規定シタル條項デアツテ其ノ意義ハ賃貸主ト賃借主トノ間ニ賃貸借ノ契約《ケイヤク》ヲ為スニ當リ何年間貸與《カシアタ》ヘルト謂フ期間ノ契約ヲ為《シ》ナイ時ハ何時ニテモ雙方《サウハウ》ノモノニ於テ解約ノ申込《マチシコ》ミヲ為シ契約ヲ取消スコトガ出來ル、而《ソツ》シテ此ノ申込ヲ一方ノ者ヨリ為《ナ》シタル以上ハ假令《タトヘ》一方ノ者ガ不承知デアルトモ左ノ如キ規定《キテイ》ノ期日ヲ經過《ケイクワ》スル時ハ自ラ賃貸借ハ終了《シウレウ》シテ無效トナルモノデアル

第一　賃借期限ヲ定メズシテ土地《トチ》ヲ賃借シタル時ハ解約申入後一年ヲ經過《ケイクワ》スレバソレ

デ土地ノ賃貸借《チンタイシヤク》ハ終了スルモノデアル

第二　賃借期限ヲ定メズシテ建物《タテモノ》ヲ賃借シタル時ハ解約申入後《カイヤクマチシイレゴ》三ケ月ヲ經過スレバソレデ建物ノ賃貸借ハ終了スルモノデアル

第三　賃借期限ヲ定メズシテ貸席《カシセキ》及ビ動産ヲ賃借シタル時ハ解約申入後一日ヲ經過スレバソレデ貸席及ビ動産ノ賃貸借ハ終了スルモノデアル(以上第一項)

然シナガラ土地《トチ》ノ賃貸借ニ就テハ其ノ土地ニ耕作ヲ爲シ其ノ耕作上《カウサクジヤウ》ヨリ生スル果實《クワジツ》ヲ季節ニ於テ收穫《シウクワク》シタル後チ次ノ耕作ニ着手《チヤクシユ》スル前ニ解約ノ申入ヲ爲《ナ》サヾケレバナラヌ、故ニ次ノ耕作ニ着手シ終《オハ》リタル後ハ解約ノ效力《カウリヨク》ヲ生ゼサルモノデアル、元來《グワンライ》本條ニ於テ斯ノ如ク其ノ種類ニ應《オウ》ジ夫々ノ段階《ダンカイ》ヲ設ケタルハ雙方者ガ解約《カイヤク》ヲ申入レラレテ後チ相當《サウタウ》ノ準備ヲ爲スニ足《タ》ルベキ期間デアルカラ必《カナ》ラズ次ノ耕作《カウサク》ニ着手セザル以前《マヘ》ニ申入レナケレバナラヌ(第二項)ノデアリマス

第六百十八條　當事者カ賃貸借ノ期間《キカン》ヲ定メタルモ其ノ一方又ハ各自《カクジ》カ其ノ期間內ニ解約《カイヤク》ヲ爲ス權利ヲ留保《リウホ》シタルトキハ前條ノ規定ヲ準

用ス

參看　舊民法財產編第百五十四條

〔註釋〕本條ハ權利《ケンリ》留保《リウホ》ノ場合ヲ規定シタル條項デアッテ、其ノ意義《イギ》ハ例バ賃貸主ト賃借主ノ間ニ此物件ハ何年間賃貸借ヲナスモ其ノ期間內《キカンナイ》ニハ何時ニテモ解約《カイヤク》スルコトガ出來ルト契約シ又ハ何年間內ニハ何時《イツ》ニテモ解約ヲ爲ス權利ヲ互《タガヒ》ニ有スルト言《イ》ヒ留《ト》メ置キテ契約シタル時ハ何時ニテモ互ニ解約《カイヤク》ノ申入レヲ爲スコトガ出來ル而《シカ》シテ一方者カ其ノ權利留保ノ契約ニ依リ一方者ニ解約ノ申入レヲ爲《ナ》シタル時ハ矢張《ヤハ》リ前條ニ定メタル規定ニ準フモノデアルカラ此ノ場合《バアヒ》ニ於テモ其ノ目的物ノ種類《シユルヰ》ニ應ジ前條第一第二第三ノ段階ノ區別ニ依テ其ノ賃貸借ハ終了《シウレウ》スルモノデアルト定メタノデアリマス

第六百十九條　賃貸借ノ期間滿了ノ後賃借人《チンシヤクニン》カ賃借物ノ使用又ハ收益ヲ繼續《ケイゾク》スル場合ニ於テ賃貸人カ之《コ》レヲ知《シ》リテ異議《イギ》ヲ述ヘサルトキハ前賃貸借ト同一ノ條件《デウケン》ヲ以テ更ニ賃貸借ヲ爲《ナ》シタルモノト推定《スヰテイ》ス但

各當事者ハ第六百十七條ノ規定《キテイ》ニ依リテ解約ノ申入ヲ爲スコトヲ得
前賃貸借ニ付キ當事者《タウジシャ》カ擔保ヲ供シタルトキハ其ノ擔保ハ期間滿了
ニ因リテ消滅《セウメツ》ス但敷金ハ此限《コノカギ》リニアラス

▲參看　舊民法財產編第百四十七條

〔註釋〕本條ハ期間《キカン》ノ繼續ニ關スル規定デアツテ、其意義《イギ》ハ例バ甲者ガ乙者ヨリ十年間ノ期間ヲ定メ一ケ年五圓ノ賃金《チンキン》ニテ土地ヲ賃借シタル後十年ヲ經過《ケイクワ》シテ尙ホ依然《イゼン》ト其ノ土地ヲ甲者ニ於テ耕《タガヤ》シ居ルヲ知リナガラ乙者ヨリ異議《イギ》ヲ申出ヌ時ハ法律《ハフリツ》ハ乙者ニ於テ舊約《キウヤク》ト等シク一ケ年五圓ノ貸金ヲ以テ其ノ土地《トチ》ヲ十年間更ニ賃貸スルノ契約《ケイヤク》ヲ取結ビタルモノト推定スルノデアル（第一項前段）ケレドモ此契約《コノケイヤク》ハ元ト法律ノ推定ニ止マル默諾《モクダク》ノ契約デアルカラ甲乙兩者ハ互《タガ》ヒニ第六百七條ノ規定ニ依リテ解約《カイヤク》ノ申入レヲ爲スコトガ出來ル（第一項但書）而《シカ》シテ若シ前項ノ場合ニ於テ擔保ヲ差出《サシダ》シ居ルトキハ其ノ擔保ハ先《サ》キノ十年間ガ終リタル時ニ消滅《セウメツ》スルモノデアルカラ其擔保ヲ差出シタルモノハ取戾《トリモド》スコトガ出來ル（第二項前段）ケレドモ若シ賃借主《チンシヤクヌシ》タル甲者ヨリ敷金《シキン》ヲ差入レ居ル時ハ先《サ》キノ期間カ滿了《マンレウ》スルモ敷金ハ取戻《トリモド》スコトハ出來ヌ如何《イカン》トナレバ敷金ハ賃金ノ滯《トドコホ》リタル時賃貸主タル乙者ハ其數金ノ內ヨリ滯リ賃金ヲ控除《カウヂヨ》スルノ權利ヲ有シ居ルモノデアルカラ賃借主タル甲者ニ於テ其ノ土地ヲ使用《シヨウ》スル限リハ決シテ取戻シ得《ウ》ベキモノデハナイ（第二項但書）ト定メタノデアリマス

第六百二十條　賃貸借ヲ解除《カイヂヨ》シタル場合ニ於テハ其ノ解除《カイヂヨ》ハ將來ニ向ツテノミ其ノ効力《カウリヨク》ヲ生ス但當事者ノ一方ニ過失《クワシツ》アリタルトキハ之ニ對スル損害賠償ノ請求《セイキウ》ヲ妨ケス

◎參看　舊民法財產編第百四十五條第二項

〔註釋〕本條ハ賃貸借解除ノ效力《カウリヨク》ヲ規定シタル條項デアツテ、其ノ意義《イギ》ハ賃貸借ヲ解除シタル時ハ其解除ノ效力ハ將來《シヤウライ》ニ向ツテヨリハ效力ノナイモノデアル、故ニ解除《カイヂヨ》ノ效力ハ解除シタル日以前ニ遡《サカノボ》リテ效力ノ生スルモノデハナイ如何《イカン》トナレバ解除ノ效力ガ既往《キワウ》ニ遡ルモノトスレバ若シ賃金ノ滯リ等《トウ》アレバ賃貸主ハ之ヲ賃借主ニ請求《セイキウ》スルコトガ出來ナイ又賃借主モ必要費《ヒツエウヒ》若クハ有益費ノ取替《トリカヘ》アルモ之ガ償還ヲ賃貸主ニ請求《セイキウ》スルコトガ出來ナイヤウニ成ル故ニ第六百七條、第六百十條、第六百十一條第二項、第六百十二條第二項ニ依リテ解除ヲ爲《ナ》スモ其效力ハ既往《キワウ》ニ遡ルモノデハナイ（本條前段）況《マ》シテ一方者ニ過失アル場合ニ於テ一方ヨリ損害賠償《ソンガイバイシヤウ》ノ請求ヲ爲スノ妨ゲトナル理由《ワケ》ハ決シテナイモノデアルカラ契約ノ解除後デモ立派ニ請求《セイキウ》スルコトガ出來ル（本條但書）ノデアリマス

第六百二十一條　賃借人カ破産《ハサン》ノ宣告ヲ受ケタルトキハ賃貸借《チンタイシヤク》ニ期間ノ定メアルトキト雖モ賃貸人《チンタイニン》又ハ破産管財人ハ第六百十七條ノ規定ニ依リテ解約ノ申入《マウシイレ》ヲ爲スコトヲ得此場合ニ於テハ各當事者ハ相手方ニ對シ解約ニ因リテ生シタル損害《ソンガイ》ノ賠償ヲ請求スルコトヲ得

△參看　既成商法第九百九十三條

〔註釋〕本條ハ破産宣告《ハサンセンコク》ヲ受ケタル賃借主ニ對スル解除《カイヤク》ノ手續ヲ規定シタル條項《デウコウ》デアツテ、其ノ意義ハ賃借主ガ破産宣告ヲ受《ウ》ケタル時ハ自己ガ財産ノ管理權《クワンリケン》ヲ失フモノデアルカラ從ツテ賃借物件ヲ使用《シヨウ》シ收益スルコトハ出來《デキ》ヌモノデアル、故ニ賃借主ガ破産《ハサン》ノ宣告ヲ

受ケタル時ハ假令《タトヘ》賃貸借ノ期間中デアッテモ賃貸主又ハ破産管財人《ハサンクワンザイニン》ハ其ノ賃貸借解約ノ申入レヲ爲スコトガ出來ル、而《ソウ》シテ破産管財人又ハ賃貸主ガ解約《カイヤク》ヲ申入レタル時ハ雙方互ヒニ解約《カイヤク》ヨリ生シタル損害ノ賠償ハ請求《セイキウ》スルコトガ出來ヌ、尙ホ破産《ハサン》ノ事ニ關シテ其ノ詳細ヲ知《シ》ラウトナレバ拙著《セツチヨ》日本商法問答釋義ヲ一讀セバ知得《チトク》スルコトガ出來ル然シナガラ破産處分上ニ於テ利益《リエキ》ヲ失フガ如キコトハ是レ公益上ノ必要《ヒツエウ》ヨリ法律ガ規定シタルモノデアルカラ損害《ソンガイ》ノ請求ヲ爲スコトヲ許《ユル》サヌノデアリマス

第六百二十二條　第六百條ノ規定《キテイ》ハ賃貸借ニ之ヲ準用《ジユンヨウ》ス

〔註釋〕本條ハ賃貸借ニ他ノ條項《デウコウ》ヲ準用スルコトヲ規定シタル條項デアッテ、其ノ意義《イギ》ハ使用貸借ニ關シテ規定《キテイ》シタル如ク契約ノ本旨《ホンシ》ニ反スル使用又ハ收益《シウエキ》ニ因リテ生シタル損害ノ賠償及ヒ借主ガ出シタル費用《ヒヨウ》ノ償還ハ貸主ガ返還ヲ受《ウ》ケタル時ヨリ一年内ニ之ヲ請求《セイキウ》セナケレバナラヌモノデアルト定メタル第六百條ノ明文《メイブン》ヲ本節ノ賃貸借ニ就テ準用《ジユンヨウ》セナケレバナラヌト定メタノデ是レ其《ソ》ノ事ノ一轍《テツ》ナルモノデアルカラ復載《フクサイ》ノ煩《ワヅラヒ》ヲ避ケ法文ノ重複《ヂユウフク》セザルコトヲ欲シタルモノデアリマス

第八節　雇傭

〔註釋〕本節ハ雇傭契約《コヨウケイヤク》ニ關シテ規定シタル條項ヲ網羅《マウラ》シタルモノデアッテ、雇傭トハ勞力又ハ勤勞《キンラウ》ヲ供シテ其ノ報酬《ハウシウ》ヲ得ルヲ謂フ則チ勞力ノ賃貸デアル彼ノ商業家《シヤウゲフカ》ニ於ケル番頭手代《テダイ》、工業家ニ於ケル職工《シヨクコウ》農業家ニ於ケル耕夫《カウフ》等其ノ他一般ノ被雇主ト雇主《コシユ》ノ間ノ契約ヲ雇傭契約ト稱《シヨウ》スルノデアリマス

第六百二十三條　雇傭ハ當事者《タウジシヤ》ノ一方カ相手方ニ對シテ勞務《ラウム》ニ服《フク》スルコトヲ約シ相手方《アヒテカタ》カ之ニ其ノ報酬《ハウシウ》ヲ與フルコトヲ約スルニ因リテ其ノ効力《カウリヨク》ヲ生ス

▲參看　舊民法財產取得編第二百六十條第一項

〔註釋〕本條ハ雇傭契約ノ定義《テイギ》ヲ明ラカニシタル條項デアッテ其意義《イギ》ハ例バ甲者ガ乙者ノ事業ニ從事シテ勞働《ラウドウ》ノ勤務ヲ爲スコトヲ約シ乙者ハ甲者ガ勞働ノ勤務《キンム》ニ對シテ報酬ヲ與ヘルコトヲ約《ヤク》スルモノデアル最少《モツスコ》シ解シ易キヤウ一例ヲ揭《カヽ》グレバ甲者ガ乙者ノ爲メニ靴《クツ》ヲ

掃除《ソウヂヨ》スルコトヲ約シ乙者ハ甲者ニ其ノ掃除《ソウヂヨ》シタル勞務ノ賃金拾錢ヲ支拂《シハラ》フコトヲ約スルハソレデ雇傭契約ノ效力ハ生《シヤウ》シタルモノデアルト定メタノデアリマス

第六百二十四條　勞務者ハ其ノ約《ヤク》シタル勞働《ラウドウ》ヲ終リタル後ニ非サレハ報酬ヲ請求《セイキウ》スルコトヲ得ス

期間ヲ以テ定メタル報酬《ホウシウ》ハ其ノ期間ノ經過《ケイクワ》シタル後之ヲ請求《セイキウ》スルコトヲ得

〔註釋〕本條ハ雇傭契約ノ報酬《ハウシウ》ヲ請求スル場合ニ就キ規定《キテイ》シタル條項デアッテ、其ノ意義ハ雇傭契約ニ因リ報酬ヲ請求セムトスレバ勞働者ハ契約《ケイヤク》ヲ爲シタル勞働《ラウドウ》ヲ終ッテカラデナケレバ請求《セイキウ》スルコトハ出來《デキ》ヌ例ヘハ甲者ガ乙者ニ庭園《ニハ》ノ掃除《ソウヂ》ヲ爲スコトヲ契約シタリトスレバ甲者ハ其庭園ノ掃除ヲ終《オハ》ラナイ内ニ報酬ノ請求ヲ爲セハ乙者ハ之ヲ拒《コバ》ムノ權利ヲ有スルモノデアル（第一項）而《ソウ》シテ又報酬ヲ渡スニ期間《キカン》ヲ定メタル時ハ其ノ期間ヲ經過《ケイクワ》シナイ内ハ請求《セイキウ》スルコトハ出來ヌ例ハ甲者ガ乙商家《シヤウカ》ノ番頭《バントウ》トナリ一ケ月ノ報酬三拾圓ト謂フ如ク報酬ニ付テ期間《キカン》ヲ定メタル時ハ一ケ月ヲ終リタル後《ノチ》デナケレバ報酬ノ請求ハ出來

ヌ（第二項）故ニ乙者ハ甲者ノ請求アルモ期間前《キカンゼン》デアレバ之ヲ拒ム《コバ》ノ權利《ケンリ》ヲ有スルモノデアリマス、

第六百二十五條　使用者《シヨウシヤ》ハ勞務者ノ承諾アルニ非《アラ》サレハ其ノ權利ヲ第三者ニ讓渡《ユヅリワタ》スコトヲ得ス

勞務者ハ使用者ノ承諾《シヨウダク》アルニ非サレハ第三者ヲシテ自已《ジコ》ニ代リテ勞務ニ服《フク》セシムルコトヲ得ス、

勞務者カ前項《ゼンコウ》ノ規定ニ反シ第三者ヲシテ勞務《ラウム》ニ服セシメタルトキハ使用者ハ契約ノ解除《カイジヨ》ヲ爲スコトヲ得

「註釋」本條ハ雇傭契約ニ就《ツ》キ第三者ニ關スル場合ヲ規定《キテイ》シタル條項デアッテ、其ノ意義《イギ》ハ例バ甲者カ乙者ヲ雇ヒテ簿記《ボキ》ノ勞務ニ從事サセ居ル場合ニ於テ丙者方ノ簿記者《ボキシヤ》ガ病氣ノ爲メ辭職《ジシヨク》シテ差支ヘ居ルニ依リ丙者ヨリ甲者ニ相談《サウダン》シ乙者ヲ讓受ケジト申出タル時使用者タル甲者ハ勞務者《ラウムシヤ》タル乙者ノ承諾ヲ得ザケレバ第三者タル丙者ニ乙者ヲ使用《シヨウ》スル權利ヲ讓渡スコトハ出來ヌ（第一項）又勞働者《ラウドウシヤ》タル乙者ニ於テモ自巳ノ代《カハ》リニ丁者ヲシテ簿記ノ勞務ニ服《フク》サシメントスルニハ使用者タル甲者ノ承諾《シヨウダク》ヲ得ナケレハ第三者タル丁者ヲシテ自己ニ代ラシメルコトハ出來《デキ》ヌ（第二項）故ニ若シ乙者ガ丁者ヲシテ甲者ノ承諾《シヨウダク》ナキニモ拘《カヽ》ハラス自己ニ代リテ簿記《ボキ》ニ從事セシメタルトキハ使用者《シヨウシヤ》タル甲者ハ勞務者タル乙者ノ雇傭契約ヲ解除《カイヂヨ》スルコトガ出來ル（第三項）ト定《サダ》メタノデアリマス

第六百二十六條　雇傭ノ期間《キカン》カ五年ヲ超過《テウクワ》シ又ハ當事者ノ一方若クハ第三者ノ終身間繼續《シウシンカンケイゾク》スヘキトキハ當事者ノ一方ハ五年ヲ經過《ケイクワ》シタル後何時ニテモ契約ノ解除ヲ爲《ナ》スコトヲ得但此期間ハ商工業《シヤウコウゲフ》見習者ノ雇傭ニ付テハ之ヲ十年トス

前項ノ規定ニ依リテ契約《ケイヤク》ノ解除ヲ爲サント欲《ホツ》スルトキハ三ヶ月前ニ其ノ豫告《ヨコク》ヲ爲スコトヲ要ス

▲參照　舊民法財産取得編第二百六十一條旣　成商法第五十九條

〔註釋〕本條ハ期間《キカン》ヲ定メタル雇傭契約ノ解除ニ就キ規定《キテイ》シタル條項デアッテ、其ノ意義ハ元來雇傭契約ハ人ノ自由《ジイウ》ヲ束縛《ソクバク》スルモノデアルカラ其期間ノ長《ナガ》キハ公益上許スベキニアラサルヤ明瞭《メイレウ》ナル道理デアル故ニ雇傭契約ノ期間《キカン》カ五年以上ナル時デアルカ又終身間繼續スベキ雇傭契約デアレバ何《イヅ》レモ五年ヲ經過シタル時ハ契約《ケイヤク》ニ拘《カヽ》ハラズ何時ニテモ雇主ト被雇主ヲ問《ト》ハス双方ニ於テ契約ノ解除《カイヂヨ》ヲ爲スコトガ出來ル（第一項前段）ケレドモ商業若クハ工業等ノ見習生《ミナラヒセイ》デアルトキハ被雇主ノ上ヨリ言《イ》ヘバ實務練習《ジツムレンシフ》ノ上五年ニテハ其ノ目的ヲ達スルコト能ハザル場合《バアヒ》ガアル又雇主ノ上ヨリ言《イ》ヘバ養生上被雇主ニ費《ツ》ヒヤシタル費用ヲ償《ツグナ》フニハ五年ニテハ到底《タウテイ》収支相償ハザル場合ガアルカラ是等《コレラ》ノ雇傭契約ノアル時ハ雙方ガ解除權發生《ハツセイ》ノ初期ヲ十年ヲ經過《ケイクワ》シタル後ト定メタノデアル（第一項但書）而《ソウ》シテ雇主被雇主何《イヅ》レヨリスルモ契約ノ解除ヲナサヾトスレバ雙方共《サウハウトモ》將來ノ準備上都合アレバ必ラズ三ケ月前ニ解除《カイヂヨ》スベキコトヲ前以《マヘモツ》テ豫メ告《ツ》ゲ置《オ》カシケレバナラヌ（第二項）ト定メタノデアリマス

第六百二十七條　當事者カ雇傭《コヨウ》ノ期間ヲ定メサリシ時ハ各當事者《カクタウジシヤ》ハ何

時ニテモ解約ノ申入《マチシイレ》ヲ爲スコトヲ得此場合ニ於テハ雇傭《コヨウ》ハ解約申入ノ後二週間《シウカン》ヲ經過シタルニ因リ終了《シウレウ》ス

期間ヲ以テ報酬《ハウシウ》ヲ定メタル場合ニ於テハ解約《カイヤク》ノ申入ハ次期以後ニ對シテ之ヲ爲スコトヲ得但其ノ申入《マチシイレ》ハ當期ノ前半ニ於テ之《コレ》ヲ爲《ナ》スコトヲ要ス

六ケ月以上ノ期間ヲ以テ報酬《ハウシウ》ヲ定メタル場合ニ於テハ前項《ゼンコウ》ノ申入ハ三ケ月前ニ之ヲ爲《ナ》スコトヲ要ス

▲參看　舊民法財産取得編第二百六十條第二項既成商法第五十九條

〔註釋〕本條ハ期間《キカン》ヲ定メザル雇傭契約ノ解除ニ就キ規定《キテイ》シタル條項デアツテ、其意義《ソノイギ》ハ雇主被雇主ノ間ニ何ケ月間若クハ何年間《ナンネンカン》雇《ヤト》ヒ入ルヽトノ雇傭期限ヲ定メナイ時ハ何時《イツ》ニテモ雙方ガ解約《カイヤク》シヤウト思フ時ニ解約ヲ申入レルコトガ出來ル而《ソウ》シテ此申入レヲ爲セシ時ハ雙方トモ申入レノ時ヨリ二週間經過《ケイクワ》スレハ其ノ契約ノ解除ハ終了《シウレウ》スルモノデアル如何トナレバ是レ突然《トツゼン》ノ解約デアルカラ雙方ニ於テ將來《シヤウライ》ノ準備ヲ爲スコトガ出來ヌ故ニ其ノ準備中尙ホ依然《イゼン》トシテ被雇主ナレバ勞務《ラウム》ニ服スル塲合ガアル又雇主トナレバ代《カハ》ル者ノアルマデ被雇主ヲシテ勞務《ラウム》ニ服サシムルコトガアル此ノ塲合《バアヒ》ニ於テハ一度解約シタルモ德義上其解約ヲ實行《ジツカウ》スルニ忍《シノ》ビザルモノデアルカラ其意《ソノイ》ニ任《マカ》セテ勞務ニ從事《ジウジ》スルコトアルモ解約申入レ後ナルニモ拘ハラズ荏苒《ジンセン》數十日ヲ經過スル時ハ德義トハ言ヘ解約申入《カイヤクマウシイ》レノ效力ガナイカラ二週間後ニ於テハ斷然《ダンセン》身ヲ退クモ敢《ア》ヘテ差支《サシツカ》ヘハナイ則チ二週間ヲ經過スレバ終了スルモノデアル（第一項）又若《モ》シ一ヶ月五圓ト謂フ如ク其勞務《ソノラウム》ノ期間ト報酬ノ額ヲ定メ居ル時ハ必ズ其次《ソノツギ》ノ一ヶ月ニ對シテシカ解約ノ申入レハ出來《デキ》ヌ故ニ例バ一ヶ月給額二十圓ニテ五月一日ニ雇傭契約《コヨウケイヤク》ヲ爲シタル時ハ五月中ノ勞務ヲ謝《ワビ》ルコトハ出來ヌ五月以後ニ對《タイ》シテヨリ解約ハ出來ヌノデアル（第二項前段）而シテ此塲合ニ於テ解約《ケイヤク》ヲ申入レヌトスレバ當期《タウキ》ノ前半期即チ五月十五日ニ於テ申入レヲ爲《ナ》サンケレバナラヌ（第二項但書）若シ六ヶ月以上ノ期間《キカン》ヲ以テ報酬ヲ定ノタル時例ヘバ一ヶ年百圓ト謂《イ》フ如《ゴト》ク其ノ勞務ノ期間ト報酬《ハウシウ》ノ額ヲ定メタル塲合デアレバ必ラズ期間滿了《キカンマンレウ》三ヶ月以前ニ解約ノ申入レヲ爲《ナ》サンケレバナラヌ（第三項）ト定メタノデアリマス

第六百二十八條　當事者カ雇傭《コヨウ》ノ期間ヲ定メタルトキト雖モ已《ヤ》ムコトヲ得サル事由《ジイウ》アルトキハ各當事者ハ直ニ契約《ケイヤク》ノ解除ヲ為スコトヲ得
但其ノ事由カ當事者《タウジシヤ》ノ一方ノ過失ニ因リテ生《シヤウ》シタルトキハ相手方ニ對シテ損害賠償ノ責《セメ》ニ任《ニン》ス

▲參看　舊民法財產取得編第二百六十二條

〔註釋〕本條ハ雇傭契約ノ期間中《キカンチウ》ニ於テ解除シ得ラル丶場合アルヲ規定《キテイ》シタル條項デアッテ其ノ意義ハ雇主ノ上《ウヘ》ヨリ言ヘバ被雇主ガ身体強壯《シンタイキヤウサウ》デナイ為メ勞役ニ堪《タ》ヘザルカ或ハ品行不正《フセイ》ニシテ使役スルニ堪《タ》ヘザルカノ如キ已《ヤ》ムヲ得ザル事由アレバ契約期間中デアッテモ解除スルコトガ出來ル又被雇主ノ上《ウヘ》ヨリ言ヘバ雇主ノ使役法ガ苛酷《カコク》デアルカ或ハ宿病《シユクビヤウ》ノ為ニ勞役ニ堪ヘザルカ或ハ男子《ダンシ》ナレバ徵兵應募、家督相續、女子デアレバ婚姻《コンイン》等ノ如キ已ムヲ得ザル事由《ジイウ》ナレバ契約期間中デアッテモ解除《カイヂヨ》スルコトガ出來ル(本條前段)而シテ若シ其ノ契約ヲ解除スル事由ガ一方者ノ過失《アヤマチ》ニ因リテ生ジタル時例バ雇主《コシユ》ノ上ヨリ言ヘバ被雇主ガ雇主ノ信用《シンヨウ》ヲ害《ガイ》スベキ所為ヲ為シタルカ或ハ懈怠《ケタイ》ニ因リテ保管品ヲ滅失《メツシツ》シタル如キ場合デアレバ雇主ハ被雇主ニ對《タイ》シテ損害ヲ賠償セシムルコトガ出來ル又被雇主ノ上ヨリ言ヘバ雇主ガ暴行《バウカウ》ヲ加ヘタル爲メ負傷《フシヤウ》シタル樣ノ如キ場合デアレバ被雇主ハ雇主ニ對シテ損害ヲ賠償セシムルコトガ出來《デキ》ル（第二項）ト定メタノデアリマス

第六百二十九條　雇傭ノ期間滿了ノ後勞務者《ラウムシヤ》カ引續キ其ノ勞務《ラウム》ニ服スル場合ニ於テ使用者《シヨウシヤ》カ之ヲ知リテ異議《イギ》ヲ述ヘサルトキハ前雇傭ト同一ノ條件ヲ以テ更《サラ》ニ雇傭ヲ爲シタルモノト推定《スヰテイ》ス但各當事者ハ第六百二十七條ノ規定《キテイ》ニ依リテ解約ノ申入ヲ爲《ナ》スコトヲ得

前雇傭ニ付キ當事者カ擔保ヲ供《キヨウ》シタルトキハ其ノ擔保ハ期間《キカン》ノ滿了ニ因リテ消滅《セウメツ》ス但身元保證金ハ此限《コノカギリ》ニ在ラス

◎參看　舊民法財產編第百四十七條

（註釋）本條ハ默約《モクヤク》ヲ以テ期間ノ繼續《ケイゾク》スル場合ヲ規定シタル條項デアッテ、其意義《イギ》ハ第六百十九條ニ規定シタル賃貸借ノ場合ニ於ケル期間《キカン》ノ默諾繼續ト等シキ意味《イミ》デアッテ例バ甲者ガ乙者ヲ年給《子ンキン》百圓ノ定メニテ一年間雇入レタル後其契約期間ノ一年終《子ンオハ》リタルニ尙《ナ》ホ勞務者タル乙者ガ引續《ヒキツヾ》キ其ノ勞務ニ從事シ居ルヲ雇主《コシユ》タル甲者ガ知リナガラ異議《イギ》ヲ述ベザル時ハ矢張《ヤハ》リ前契約ノ如ク甲者ニ於テ乙者ヲ年給百圓ニテ一ケ年更《サラ》ニ雇ヒ繼《ツ》キタルモノト推定スルノデアル（第一項前段）然《シカ》シナガラ是レ法律ノ推定ニ止マル默諾《モクダク》ノ契約デアルカラ雇主ニ於テモ被雇主ニ於テモ第六百二十七條ノ規定《キテイ》ニ依リ何時ニテモ隨意《ズヰイ》ニ解約ヲ申入レルコトガ出來ル（第一項但書）而《ソウ》シテ此場合ニ於テ雙方《サウハウ》何レヨリカ擔保ヲ差入《サシイ》レ居レバ前契約ハ一度消滅シタルモノデアルカラ其《ソ》ノ爲《タ》メニ差入レタル擔保モ自《オノヅカ》ラ共ニ消滅スルモノデアル（第二項前段）ケレドモ被雇主《ヤトハレヌシ》ヨリ雇主ニ對シ身元保証金ヲ差入《サシイ》レ居ル時ハ其身元保證金ハ消滅《セウメツ》セザルモノデアル（第二項但書）如何《イカン》トナレバ身元保証金ハ被雇主ガ勞務上雇主ニ損害ヲ蒙《カフム》ラセバ雇主ハ其ノ損害《ソンガイ》ノ賠償ヲ身元保証金ノ中ヨリ徴收《チヤウシウ》スル權利ヲ有《イウ》スルモノデアルカラ被雇主ガ勞務ニ從事シ居《ヲ》ル限《カギ》リハ假令默約中デアッテモ身元保証金ハ性質上《セイシツジヤウ》消滅セザルモノデアリマス

第六百三十條　第六百二十條ノ規定ハ雇傭ニ之ヲ準用ス

〔註釋〕本條ハ他ノ規程《キテイ》ヲ準用スベキコトヲ規定シタル條項《デウコウ》デアッテ其ノ意義ハ賃貸借《チンタイシヤク》ニ關

シテ規定《キテイ》シタル第六百二十條ノ賃貸借ヲ解除《カイヂヨ》シタル場合ニ於テハ其ノ解除ハ將來《シヤウライ》ニ向ツテノミ其ノ効力ヲ生ズ但當事者《タウジシヤ》ノ一方ニ過失アリタルトキハ之ニ對《タイ》スル損害賠償ノ請求ヲ妨ゲズト定メタル條項ハ之ヲ雇傭契約ニ就テ準用《ジユンヨウ》セナケレバナラヌト定メタノデアル
而シテ此ノ第六百二十條ノ註釋《チウシヤク》ハ既ニ其條下ニ於テ詳述シ終《ヲハ》リタレバ再ビスルノ贅ヲ省キマス

第六百三十一條　使用者カ破産《ハサン》ノ宣告ヲ受《ウ》ケタルトキハ雇傭《コヨウ》ニ期間ノ定アルトキト雖モ勞務者又ハ破産管財人《ハサンクワンザイニン》ハ第六百二十七條ノ規定ニ依リテ解約《カイヤク》ノ申入ヲ爲スコトヲ得此場合《バアヒ》ニ於テハ各當事者ハ相手方ニ對シ解約ニ因《ヨ》リテ生シタル損害《ソンガイ》ノ賠償ヲ請求スルコトヲ得ス

▲參看　既成商法第九百九十三條

〔註釋〕本條モ第六百三十一條ト等《ヒト》シキ意義ニテ破産ノ宣告《センコク》ヲ受ケタル使用者則雇主《ヤトヒヌシ》ニ對スル解約ノ手續ヲ規定シタル條項デアツテ其ノ意義《イギ》ハ雇主ガ破産ノ宣告ヲ受ケタル時ハ自

己ガ營業ヲ停止《テイシ》セラレ被雇主ヲ使役《シエキ》スルノ能力ヲ失フモノデアル故ニ雇主《コシユ》ガ破産ノ宣告ヲ受ケタル時ハ假令《タトヘ》雇傭契約ノ期間中デアツテモ被雇主又ハ破産管財人《ハサンクワンザイニン》ハ其ノ雇傭ノ解約ヲ申入レルコトガ出來ル而《ソウ》シテ破産管財人又ハ被雇主ガ解約《カイヤク》ヲ申入レタル時ハ雙方《サウハウ》互ニ解約ヨリ生ジタル損害ノ賠償ヲ請求《セイキウ》スルコトハ出來ヌ尙ホ破産《ハサン》ノ事ハ拙著《セツチヨ》日本商法問答釋義ヲ一讀セバ詳知《シヤウチ》スルコトガ出來マス

第九節　請負

〔註釋〕本節ハ請負《ウケオヒ》ニ關シテ規定シタル條項ヲ網羅《マウラ》シタルモノデアツテ而《ソウ》シテ請負トハ工事、技術、勞務ナドヲ完成《クワンセイ》スルコトヲ目的トシテ供シ之レニ對スル報酬《ハウシウ》ヲ受クルコトヲ契約スルモノヲ謂フノデアリマス

第六百三十二條　請負ハ當事者《タウジシヤ》ノ一方カ或仕事ヲ完成《クワンセイ》スルコトヲ約シ相手方カ其仕事《シゴト》ノ結果ニ對シテ之ニ報酬《ハウシウ》ヲ與フルコトヲ約《ヤク》スルニ因リテ其ノ效力ヲ生ス

▲參看　舊民法財產取得編第二百七十五條

〔註釋〕本條ハ請負契約《ウケオヒケイヤク》ノ定義ヲ明カニシタル條項《デウコウ》デアッテ其意義ハ例バ甲者ガ乙者ニ對《タイ》シ一ノ家屋ヲ建築シテ之ヲ完成《クワンセイ》セシムルコトヲ約シ乙者ハ甲者ニ對シ其家屋《ソノカオク》ノ建築ヲ完成セシムレバ其結果《ソノケツクワ》ニ於テ一千圓ノ報酬ヲ與《アタ》フベシト約シタルトキハソレデ請負契約《ウケオヒケイヤク》ノ效力ハ生ズルモノデアル故ニ請負契約ハ第一請負主《ウケオヒヌシ》タル甲者ハ請負ヒタル家屋《カオク》ノ建築ノ完成スルコト第二請負《ウケオ》ハシメタル乙者ハ家屋ノ建築《ケンチク》ヲ完成シタル結果ニ於テ一千圓ノ報酬ヲ與フベキコトノ二個《コ》要件《エウケン》ハ決シテ欽《カ》クベキモノデハナイ若シ此ノ要件《エウケン》ノ一個要件ヲ欽ケバ請負契約ハ成立《ナリタ》タヌモノデアリマス

第六百三十三條　報酬ハ仕事《シゴト》ノ目的物ノ引渡《ヒキワタシ》ト同時ニ之ヲ與フルコトヲ要ス但物ノ引渡ヲ要《エウ》セサルトキハ第六百二十四條第一項ノ規定ヲ準用ス

〔註釋〕本條ハ請求《セイキウ》ヲ爲サシメタル者ガ請負主ニ報酬《ハウシウ》ヲ與フベキ時期ヲ規定《キテイ》シタル條項デア

ツテ其意義ハ例バ甲者ガ乙者ニ對シテ肖像《セウゾウ》一個ノ鑄造《チウザウ》ヲ請負ハシメタル場合ニ於テ乙者ガ其ノ肖像ヲ鑄造《チウザウ》シ終リ甲者ニ引渡シタル時ハ甲者ハ其ノ引渡《ヒキワタシ》ヲ受ケタルト同時ニ報酬金ヲ與ヘナケレバナラヌ故ニ乙者ハ假令《タトヘ》肖像ノ鑄造ヲ終ルモ甲者ノ手《テ》ヘ引渡ナケレバ報酬金ヲ請求《セイキウ》スルコトハ出來ヌ(本條前段)而《ソウ》シテ若シ庭園《コハ》ノ手《テイ》入レ若クハ樹木ノ葉苅抔《ヘカリナド》ヲ請負ヒタル場合ノ如ク請負《ウケオ》ヒタル目的物ヲ引渡スニ及《オヨ》バヌモノデアル時ハ請負主《ウケオヒヌシ》ハ第六百二十四條第一項ノ規定《キテイ》ニ依リテ庭園ノ手《テイ》入レ若クハ樹木ノ葉苅《ハガリ》ヲ爲シ終リタル後デナケレバ報酬金ヲ請求スルコトハ出來ヌ(本條但書)ト定メタノデアリマス

第六百三十四條　仕事ノ目的物《モクテキブツ》ニ瑕疵《カシ》アルトキハ注文者ハ請負人ニ對シ相當《サウタウ》ノ期限ヲ定メテ其ノ瑕疵ノ修補《シウホ》ヲ請求スルコトヲ得但瑕疵カ重要ナラサル場合ニ於テ其ノ修補《シウホ》カ過分ノ費用《ヒヨウ》ヲ要スルトキハ此限ニアラス

注文者ハ瑕疵ノ修補ニ代《カ》ヘ又ハ其ノ修補ト共ニ損害賠償ノ請求《セイキウ》ヲ爲

スコトヲ得此場合ニ於テハ第五百三十三條ノ規定ヲ準用ス

▲參看　舊民法財產取得編第二百七十八條

〔註釋〕本條ハ請負《ウケオヒ》ノ目的物ニ瑕疵ヲ生ジタル場合《バアヒ》ニ關スル規定デアッテ其意義ハ例《タトヘ》バ甲者ガ或ル寺院ニ奉納《ホウナフ》ノ目的ヲ以テ乙者ニ梵鐘鑄造《ボンシヨウチウザウ》ヲ請負ハシメタル後チ乙者ハ其ノ梵鐘ノ鑄造ヲ終リ之ヲ甲者ニ引渡セシニ其梵鐘ハ鎔鐵《ヨウテツ》ノ行屆カズシテ梵字《ボンジ》ノ判然セザル等ノ瑕疵アルトキハ注文者《チウモンシヤ》タル甲者ハ請負人タル乙者ニ對シ相當《サウタウ》ノ期限ヲ定メテ其ノ瑕疵タル梵字ノ判然《ハンゼン》セザル個所ヲ修補《シウホ》セシムルコトガ出來ル（第一項前段）然《シカ》シ其瑕疵ガ梵鐘ノ內部ニ在リテ肝心要《カンジンカナメ》ノ個所デナク音響《オト》ニモ障害《サハリ》ナク辛抱スレバ出來ルモノデアッテ若シ是レヲ修補シヤウトスレバ梵鐘全体ヲ改鑄《イカ》ヘナケレバナラヌガ如キ莫大《バクダイ》ノ費用ヲ要スルトキハ甲者ハ强《シヒ》テ修補セシムルコトガ出來ヌ（第一項但書）ケレドモ此ノ場合《バアヒ》ニハ甲者ハ修補サセルニ代《カ》ヘテ損害ノ賠償ヲ請求《セイキウ》シ又ハ瑕疵ガ重大《ヂウダイ》デナイ場合ニハ修補ヲ請求《セイキウ》スルト共ニ奉納ノ定期ヲ誤《アヤマ》リタル爲メ蒙リタル如キ損害アレバ之レヲモ賠償《バイシヤウ》セシムルコトガ出來ル（第二項前段）而《ソウ》シテ甲者ハ此ノ場合ニ於テ乙者ガ修補《シウホ》若クハ損害ノ賠償ヲ履行《リカウ》シナイ時ハ其義務ヲ履行スルマデハ乙者ヨリ報酬金《ハウシウキン》ノ請求ヲ爲ストモ之レヲ差拒《サシコバ》ムコトガ出

來ル（第二項但書）ト定メタノデアリマス

第六百三十五條　仕事ノ目的物《モクテキブツ》ニ瑕疵アリテ之カ爲メニ契約《ケイヤク》ヲ爲シタル目的ヲ達スルコト能《アタ》ハサルトキハ注文者ハ契約《ケイヤク》ノ解除ヲ爲スコトヲ得但建物其《ソ》ノ他ノ土地工作物《コウサクブツ》ニ付テハ此限ニ在ラス

▲參看　舊民法財產取得編第二百七十八條

〔註釋〕本條ハ目的契約ノ解除《カイヂヨ》ニ關シテ規定シタル條項デアツテ、其意義《イギ》ハ例ハ甲者ガ乙者ニ對シ宴會ノ料理《レウリ》ヲ請負ハシメシニ乙者ガ調製《テウセイ》シタル料理ニハ腐敗《フハイ》ニ傾《カタム》キシ魚類ヲ使用シタガ爲メ宴會ノ席上ニ出《イダ》スコトガ出來ナイ場合又ハ甲者ガ乙者ニ紋服《モンプク》ヲ請負ハシメタルニ乙者ニ於テ其定紋ヲ書キ誤《アヤマ》リタル爲メ甲者ハ之レヲ着用《チヤクヨウ》スルノ目的ヲ達スルコト能ハザルガ如キ場合ニハ注文者《チウモンシヤ》タル甲者ハ其ノ契約ヲ解除《カイヂヨ》スルコトガ出來ル（本條前段）然シ請負ノ種類《シユルヰ》ガ建物又ハ土地ノ工作事業等ニ關スル時ハ前段ノ規定《キテイ》ヲ應用スルコト、出來ナイ（本條但書）ト定メタノデアリマス

第六百三十六條　前二條ノ規定《キテイ》ハ仕事ノ目的物ノ瑕疵《カシ》カ注文者ヨリ供シタル材料ノ性質《セイシツ》又ハ注文者ノ與ヘタル指圖《サシヅ》ニ因リテ生シタルトキハ之ヲ適用《テキヨウ》セス但請負人カ其ノ材料《ザイレウ》又ハ指圖ノ不適當《フテキタウ》ナルコトヲ知リテ之ヲ告ケサリシトキハ此限ニ在ラス

〔註釋〕本條ノ前二條ノ例外《レイクワイ》ヲ規定シタル條項デアッテ其ノ意義ハ例《タトヘ》バ甲者ガ乙者ニ紋服ヲ請負《ウケオ》ハシメタル後チ乙者ハ之レヲ仕上《シア》ゲテ甲者ニ示シタルニ其ノ定紋《ヂヤウモン》ヲ書キ誤リ居レルガ如キ場合ニ於テハ前二條ニ依《ヨ》レバ乙者ノ責《セメ》ニ歸《キ》スベキデアルケレドモ若シ乙者ノ書《カ》キ誤リシハ乙者ガ過失《アヤマチ》ナク甲者ヨリ出シタル定紋《ヂヤウモン》ノ下書《シタヱ》ガ誤リ居リシガ如キ時ハ乙者ハ其責ナキモノデアル（本條前段）然《シカ》レドモ乙者ガ注文《チウモン》セラレシ當初定紋ノ下書ガ違《チガ》ッテ居ルコトヲ知《シ》ッテ居ナガラ之レヲ甲ニ告《ツ》ゲズ誤リシ儘《キツ》爲シタル瑕疵デアレバ矢張《ヤハ》リ修補若クハ修補ト共ニ損害賠償《ソンガイバイシヤウ》ノ責ハ免ルヽコトハ出來《デキ》ヌ（本條但書）ト定メタノデアリマス

第六百三十七條　前三條ニ定《サダ》メタル瑕疵修補又ハ損害賠償ノ請求《セイキウ》及ヒ

契約ノ解除ハ仕事《シゴト》ノ目的物ヲ引渡シタル時ヨリ一年内《ネンナイ》ニ之ヲ爲スコトヲ要ス

仕事ノ目的物ノ引渡ヲ要《エウ》セサル場合ニ於テハ前項《ゼンコウ》ノ期間ハ仕事終了ノ時ヨリ之ヲ起算《キサン》ス

▲參看　舊民法財産取得編第九十九條、第二百七十八條

〔註釋〕本條ハ修補《シウホ》若クハ損害賠償ヲ請求スルニ就テノ期間《キカン》ヲ規定シタル條項デアッテ其意義ハ第六百三十四條、第六百三十五條、第六百三十六條ニ規定シタル場合ニ於ケル瑕疵ノ修補又ハ損害賠償ノ請求《セイキウ》若クハ契約解除ノ請求ヲ爲《ナ》サントスレバ必《カナ》ラズ請負ハシメタル目的物ヲ受取《ウケト》リタル時ヨリ一年内ニ請求《セイキウ》シナケレバナラヌ（第一項）又請負《ウケオ》ハセタル目的物カ引渡スコトノナラナイモノデアレバ請負主《ウケオヒヌシ》ガ仕事ノ手離《テバナ》レヲ爲シタル時ヨリ一年内ニ請求セヌケレバナラヌ（第二項）故ニ此請求ハ何《イツ》レモ一年内ニ限《カギ》ルモノデアルカラ一年ヲ經過《ケイクワ》シタル後デアレバ請求權ノ消滅《セウメツ》シタル後デアル故請求スルコトハ出來ナイモノデアリマス

第六百三十八條　土地ノ工作物《コウサクブツ》ノ請負人ハ其ノ工作物又ハ地盤《ヂバン》ノ瑕疵ニ付テハ引渡ノ後五年間其ノ擔保ノ責《セメ》ニ任ス但此期間《キカン》ハ石造、土造、煉瓦造又ハ金屬造《キンゾクヅクリ》ノ工作物ニ付テハ之ヲ十年トス
工作物カ前項ノ瑕疵《カシ》ニ因リテ滅失又ハ毀損《キソン》シタルトキハ注文者ハ其滅失又ハ毀損ノ時ヨリ一年内《ネンナイ》ニ第六百三十四條ノ權利《ケンリ》ヲ行使スルコトヲ要ス

▲參看　舊民法財產取得編第二百七十九條

〔註釋〕本條ハ請負主《ウケオヒヌシ》ノ擔保責任ニ就テノ期間ニ關《クワン》スル規定デアツテ其意義ハ土地上《トチジヤウ》ニ工作スルコトヲ請負ヒタル者ハ其ノ工作物《コウサクブツ》ノ瑕疵又ハ工作シタル地盤《ヂバン》ノ瑕疵《カシ》ニ付テハ其工作物ヲ注文主ニ引渡《ヒキワタ》シタルヨリ後五年間ハ其工作物ヲ擔保スルノ責《セメ》ニ任《ニン》スルモノデアル（第一項前段）又此ノ工作物ガ石造《セキザウ》デアルカ土造デアルカ煉瓦造《レングワヅクリ》デアルカ金屬造デアルカ何レカデアレバ請負主《ウケオヒヌシ》ニ於テ擔保スルノ責任ヲ負フ期間《キカン》ハ十年デアル（第一項但書）故ニ

其ノ工作物ガ瑕疵ニ因リテ破壊《ハクワイ》スルカ毀損スルカ若クハ滅失スル等ノコトガアレバ注文主ハ工作者ニ對シテ破壊若クハ毀損《キソン》若クハ滅失シタル時ヨリ一年内ニ第六百三十四條ニ規定シタル如ク修補《シウホ》ノ請求テ爲シ又ハ修補ニ代《カ》ヘテ損害賠償ヲ請求シ又ハ修補ト共《トモ》ニ損害賠償ヲ併セテ請求スル權利ヲ有スルモノデアル(第二項)ト定メタノデアリマス

第六百三十九條　第六百三十七條及ヒ前條《ゼンデウ》第一項ノ期間ハ普通《フツウ》ノ時効期間内ニ限リ契約《ケイヤク》ヲ以テ之ヲ伸長《シンチヤウ》スルコトヲ得

〔註釋〕本條ハ期間ノ伸長《シンチヤウ》ヲ爲シ得ベキ塲合ヲ規定シタル條項《デウコウ》デアツテ其ノ意義ハ第六百三十七條ニ規定シタル一年内及ビ第六百三十八條ニ規定《キテイ》シタル五年又ハ十年ノ期間ハ普通ノ時效期間則チ第百六十七條ニ規定シタル期間《キカン》十年ノ範圍內ヲ限《カギ》リテナラバ雙方《サウハウ》ノ契約ヲ以テ期間ノ伸長ヲ爲《ナ》スコトガ出來ル故ニ一年ヲ三年ニモ又ハ十年ニモ伸長スルコトガ出來ル五年ノ期間《キカン》ハ又六年ニモ十年ニモ伸長《シンチヤウ》スルコトハ出來ルケレドモ總《スベ》デ十一年ニ伸長スルコトハ普通ノ時效期《ジカウキ》間《カン》ト定メタル十年ニ差支《サシツカ》ヘルカラ出來ナイト定メタノデアル是レ法律ハ注文主ヲ保護《ホゴ》スル爲メニ設《マウ》ケタノデアルカラ契約《ケイヤク》ヲ以テ期間ヲ伸長スルコト

ハ本條ニ於テ許《ユル》シテ居ル、ケレドモ之ヲ短縮《タンシユク》スルコトハ許サヌ故ニ一年ノ期間ヲ半年ニ五年ヲ三年ニ十年ヲ五年ト謂《イ》フ如ク短《ミヂ》カク縮《チヂ》メルコトハ出來ナイモノデアリマス

第六百四十條　請負人ハ第六百三十四條及ヒ第六百三十五條ニ定メタル擔保ノ責任《セキニン》ヲ負ハサル旨ヲ特約《トクヤク》シタルトキト雖モ其ノ知《シ》リテ告ケサリシ事實《ジジツ》ニ付テハ其ノ責《セメ》ヲ免ルヽコトヲ得ス

〔註釋〕本條ハ擔保責任ノ例外《レイグワイ》ヲ規定シタル條項デアッテ、其ノ意義ハ第六百三十四條ト第六百三十五條ニ規定シタル請負者ガ負《オ》フベキ擔保ノ責任ハ契約者雙方《ケイヤクシヤサウハウ》ニ於テ特ニ其ノ責任ヲ負ハザルノ契約ヲ為《ナ》スコトノ出來ルモノデアル、故ニ請負者ガ注文主《チウモンヌシ》トノ間ニ此ノ擔保責任ヲ負ハヌコトヲ契約《ケイヤク》スルモ請負者ガ注文ノ目的物ニ瑕疵《カシ》ノ生ジ在ルヲ知《シ》リナガラ注文主ニ告《ツ》ゲナイ場合ニ於テハ擔保ノ責《セメ》ハ決シテ免《マヌガ》ルヽコトハ出來ヌ矢張《ヤハ》リ第六百三十四條及第六百三十五條ノ規定《キテイ》ニ準ヒ修補若クハ損害賠償若クハ修補《シウホ》ト共ニ損害賠償ヲ為ス等ノ責《セメ》ヲ負《オ》ハナケレバナラヌノデアリマス

第六百四十一條　請負人ガ仕事《シゴト》ヲ完成セサル間ハ注文者《チウモンジヤ》ハ何時ニテモ損害ヲ賠償《バイシヤウ》シテ契約ノ解除《カイヂヨ》ヲ為スコトヲ得

参看　舊民法財産取得編第二百八十二條

〔註釋〕本條ハ注文主《チウモンヌシ》ニ於テ契約ヲ解除シ得ベキ場合ヲ規定《ギテイ》シタル條項デアッテ、其ノ意義ハ注文主ガ一度注文ヲ為《ナ》シタル以上ハ之ヲ中途《チウト》ニ解除スル等ハ實ニ不道理《フダウリ》ノコトナルモ或ハ又注文主ニ於テ資本缺乏《シホンケツボフ》、目的變更等ノ事情《ジヽヤウ》ナシトモ限ラヌ故ニ此場合ニ注文主ガ其ノ契約ヲ解除セントスレバ請負主ガ目的物《モクテキブツ》ヲ完成シナイ中ニ解除ヲ為《タ》メニ蒙《カフム》ル請負主ノ損害ヲ賠償シテ解除ヲ為《ナ》サナケレバナラヌ若シ請負主ガ目的物ヲ完成《クワンセイ》シタル後デアレバ解除ノ請求ヲ為スコトハ出來ヌノデアリマス

第六百四十二條　注文者ガ破産《ハサン》ノ宣告ヲ受ケタルトキハ請負人又ハ破産管財人ハ契約《ケイヤク》ノ解約ヲ為スコトヲ得此場合《コノバアヒ》ニ於テハ請負人ハ其ノ既ニ為シタル仕事《シゴト》ノ報酬及ヒ其ノ報酬中ニ包含《ハウガン》セサル費用ニ付財團

ノ配當《ハイタウ》ニ加入スルコトヲ得
前項ノ場合《バアヒ》ニ於テハ各當事者ハ相手方《アヒテカタ》ニ對シ解約ニ因リテ生シタル損害ノ賠償ヲ請求《セイキウ》スルコトヲ得ス

參看　既成商法第九百九十三條

〔註釋〕本條ハ注文主ガ破産《ハサン》ノ宣告ヲ受ケタル場合ニ關《クワン》スル規定デアッテ其ノ意義《イギ》ハ注文主ガ破産スレバ既ニ財産《ザイサン》ニ關スル萬事ノ行爲《カウヰ》ヲ停止セラルヽモノデアルカラ注文主ガ破産ノ宣告《センコク》ヲ受ケタル時ハ請負主ハ其ノ契約《ケイヤク》ヲ解除スルコトガ出來ル又注文主《チウモンヌシ》ノ管財人モ請負主ニ對シテ其ノ契約《ケイヤク》ヲ解除スルコトガ出來ル而《ソウ》シテ請負主ガ契約ヲ解除《カイヂヨ》シタル時ハ其ノ得ベキ仕事ノ報酬《ハウシウ》及ビ報酬中ニ包含《フクヤ》ザル費用ニ就テハ他ノ債權者ト等《ヒト》シク管財人ノ管理スル財團ニ加入《カニフ》シテ配當ヲ請求スルコトガ出來ル（第一項）然《シカ》シ此ノ場合ニ於《オイ》テノ解約ハ法律上ノ宣告ニ因リテ生シタルモノデアルカラ各當事者ハ互《タガヒ》ニ相手方ニ對シ解約ニ因リテ生ズル損害ノ賠償ヲ請求《セイキウ》スルコトハ出來ヌ（第二項）ト定メタノデアリマス

第十節　委任

〔註釋〕本節ハ委任《ヰニン》ニ關シテ規定シタル條項ヲ網羅《マウラ》シタルモノデアツテ委任トハ一方者ノ委托ヲ受《ウ》ケテ法律行爲ヲ爲スコトヲ承諾《シヨウダク》スルヲ謂フモノデアル其ノ詳細ハ以下各條ニ就テ解說スルコトヽ致シマス

第六百四十三條　委任ハ當事者《タウジシヤ》ノ一方カ法律行爲ヲ爲《ナ》スコトヲ相手方ニ委託《ヰタク》シ相手方カ之ヲ承諾スルニ因《ヨ》リテ其ノ効力ヲ生ス

▲參看　舊民法財產取得編第二百二十九條第一項

〔註釋〕本條ハ委任ノ定義《テイギ》ヲ明カニシタル條項デアツテ其意義ハ例《タト》ヘバ甲者ガ乙者ニ對シ自已所有ノ土地ヲ賣却セヌコトヲ委托《ヰタク》シタル時乙者ニ於テ之ヲ承諾スレバ委任ノ效力《カウリヨク》ハ生ズルモノデアル、而《ソウ》シテ此ノ甲者ヲ委任者ト稱《シヨウ》シ乙者ヲ受任者《ジユニンシヤ》ト稱スルノデアリマス

第六百四十四條　受任者ハ委任ノ本旨《ホンシ》ニ從ヒ善良《ゼンリヤウ》ナル管理者ノ注意《チウイ》ヲ以テ委任事務ヲ處理《シヨリ》スル義務ヲ負《オ》フ

▲參看　舊民法財產取得編第二百三十七條、第二百三十九條

〔註釋〕本條ハ受任者ノ義務《ギム》ヲ規定シタル條項デアッテ其意義《ソノイギ》ハ他人ヨリ或事ヲ委任セラルヽ者ハ委任者ガ充分ニ其ノ正直《セイチヨク》ヲ信用シテ爲スモノデアルカラ受任者ハ苟《イヤシ》モ委任ノ本旨ニ違《タガ》フ如キ處置ヲ爲スコト出來ヌ故ニ受任者《ジユニンシヤ》ハ必ズ自己ノ事務ヲ扱《アツカ》フ如ク委任者ノ利益ヲ重ジ正直ニ委任事務《ヰニンジム》ヲ處理セナケレバナラヌ義務《ギム》ヲ負フモノデアルト定メタノデアリマス

第六百四十五條　受任者ハ委任者《ヰニンシヤ》ノ請求アルトキハ何時《ナンドキ》ニテモ委任事務處理ノ狀況《ジヤウキヤウ》ヲ報告シ又委任終了ノ後ハ遲滯《チタイ》ナク其ノ顚末《テンマツ》ヲ報告スルコトヲ要ス

▲參看　舊民法財產取得編第二百四十條

〔註釋〕本條ハ受任者ノ事務報告《ジムハウコク》ニ關スル規定デアッテ其ノ意義ハ例《タトヘ》バ甲者ガ乙者ヨリ委托ヲ受ケ貸金取立事務ヲ委任セシ場合ニ於テハ委任者《ヰニンシヤ》タル甲者ノ請求アル時ハ受任者タル

乙者ハ何時《ナンドキ》ヲ問ハズ貸金取立ニ付其ノ狀況ヲ逐一《チクイチ》ニ報告セナケレバナラヌ又其ノ貸金取立事務ノ終了《シウレウ》シタル時ハ遲滯ナク其ノ取扱《トリアツカ》ヒタル顚末ヲ報告《ハウコク》セナケレバナラヌモノデアルト定メタノデアリマス

第六百四十六條　受任者ハ委任事務ヲ處理《シヨリ》スルニ當リテ受取《ウケト》リタル金錢其ノ他ノモノヲ委任者《ヰニンシヤ》ニ引渡スコトヲ要ス其ノ收得《シウトク》シタル果實亦同シ

受任者カ委任者ノ爲メニ自己《ジコ》ノ名ヲ以テ收得《シウトク》シタル權利ハ之レヲ委任者ニ移轉《ヰテン》スルコトヲ要ス

㊀參看　舊民法財產取得編第二百四十一條

〔註釋〕本條ハ受任者ガ受領《ジユリヤウ》シタル物アル場合ニ於ケル引繼手續ヲ規定《キテイ》シタル條項デアッテ其ノ意義ハ例バ甲者ガ乙者ヨリ貸金取立《カシキントリタテ》ノ事務ヲ受任シテ其ノ事務ヲ處理《シヨリ》シ債務者ヨリ金錢ヲ受取《ウケト》ルカ或ハ甲者ヨリ賃貸物件ノ取立事務ヲ受任シテ督促《トクソク》ノ上債務者ヨリ其ノ賃

貸物件ヲ受取ルカ又ハ甲者ヨリ土地ノ耕作《カウサク》ヲ受任シテ耕作ヲ爲シタル上收穫《シウクワク》シタル果實等ハ何レモ皆《ミナ》委《井》任者《ニンシヤ》タル甲者ニ對シテ一々引渡サンケレバナラヌ(第一項)又受任者《ジユニンシヤ》ハ則ヲ代理者ノ資格《シカク》ガアルカラ第九十九條ノ如ク乙者代理《ダイリ》甲者ノ名義ヲ以テ事務《ジム》ヲ處理スルモノデアル故ニ自己ノ名ヲ以テ權利《ケンリ》ヲ取得スル場合アレバ其ノ時《トキ》ハ直ニ取得シタル權利ヲ乙者ニ移轉《井テン》センケレバナラヌ(第二項)ト定メタノデアリマス

第六百四十七條　受任者カ委任者《井ニンシヤ》ニ引渡スヘキ金額《キンカク》又ハ其ノ利益ノ爲メニ用ユヘキ金額ヲ自己《ジコ》ノ爲メニ其ノ消費《セウヒ》シタルトキハ其消費シタル日以後ノ利息《リソク》ヲ拂フコトヲ要ス尚ホ損害《ソンガイ》アリタルトキハ其ノ賠償ノ責《セメ》ニ任《ニン》ス

▲參看　舊民法財產取得編第二百四十二條第一項

〔註釋〕本條ハ受任者《ジユニンシヤ》カ受任事務ニ關スル金錢ヲ費消《ヒセウ》シタル場合ノ償還方法ヲ規定《キテイ》シタル條項デアッテ其ノ意義ハ元來受任者ハ第六百四十六條ニ規定シタル如ク受任事務ニ因リ受取リタル金錢ハ直チニ委任者ニ引渡《ヒキワタ》スベキモノナルニモ拘《カヽ》ハラズ其ノ金錢若《モシ》クハ受任事務ノ利益《リエキ》ノ爲メニ使用スベキ金錢ヲ受任者自己《ジコ》ノ爲メニ消費シタル時ハ其《ソノ》消費《セウヒ》シタル日

以後ノ利息《リソク》ヲ支拂ハナケレバナヲヌ又受任者カ消費《セウヒ》シタル爲メ其ノ事務ニ損害《ソンガイ》ヲ生セシメタル時ハ委任者ハ受任者ニ對シ利息《リソク》ヲ請求スルト共ニ損害ノ賠償《バイシヤウ》ヲ請求スルコトガ出來ルモノデアリマス

第六百四十八條 受任者ハ特約《トクヤク》アルニ非サレハ委任者ニ對シテ報酬《ハウシウ》ヲ請求スルコトヲ得ス」

受任者カ報酬《ハウシウ》ヲ受クヘキ場合ニ於テハ委任履行《ヰコンリカウ》ノ後ニ非サレハ之ヲ請求スルコトヲ得ス但期間ヲ以テ報酬《ヘヤシウ》ヲ定メタルトキハ第六百二十四條第二項ノ規定ヲ準用ス

委任カ受任者ノ責《セメ》ニ歸《キ》スヘカヲサル事由《シイロ》ニ由リ其ノ履行ノ半途《ハント》ニ於テ終了シタルトキハ受任者ハ其ノ既《スデ》ニ爲シタル履行ノ割合《ワリアヒ》ニ應シテ報酬ヲ請求《セイキウ》スルコトヲ得

▲參看 舊民法財産取得編第二百三十一條、第二百四十五條第二號、第二百四十七條第一項、第二項

〔註釋〕本條ハ委任《ヰニン》ノ報酬ニ關スル規定デアツテ其ノ意義ハ元來委任《グワンライヰニン》ナルモノハ性質上ヨリ言フトキハ無報酬ノモノデアル如何《イカン》トナレバ委任スルモ受任スルモ互《タガヒ》ニ面識《メンシキ》アル情誼《ジヤウギ》ヨリ信用シテ好意上《カウイジヤウ》爲スモノデアルカラ決シテ利益《リエキ》ヲ目的トスル如キモノデハナイケレドモ又報酬ヲ與ヘテハナラヌト禁《キン》ズルコトハ出來ヌ故ニ受任者《ジユニンシヤ》ニ於テ報酬ヲ受クル特約ヲ爲シタル時ハ兎《ト》モ角《カク》此ノ特約ヲ爲サヾル時ハ委任者ニ對シテ報酬ヲ請求《セイキウ》スルコトハ出來ヌ(第一項)若シ受任者《ジユニンシヤ》カ報酬ヲ受クルノ契約ヲ爲シタル時ハ委任《ヰニン》セラレタル事務ヲ爲シ終リタル後デナケレバ請求スルコトハ出來《デキ》ヌ(第二項前段)又若シ其ノ報酬《ハウシウ》ヲ受クルニ何月何日ニ何程《ナニホド》ヲ與フベシト謂フ如ク期間《キカン》ヲ定メタル時ハ第六百二十四條第二項ニ定メタル如ク其ノ期間ノ經過《ケイクワ》シタル後デナケレバ請求スルコトハ出來ヌ(第二項但書)又其ノ受任ノ事務ガ受任者ノ責《セメ》ニ歸《キ》スベキ原因デナクシテ中途《チウト》ニ終了シタル時ハ受任者ハ既《スデ》ニ爲シタルダケノ勞務《ラウム》ノ割合ニ應ジテ報酬ヲ請求《セイキウ》スルコトガ出來ル(第三項)ト定メタノデアリマス

第六百四十九條　委任事務ヲ處理《シヨリ》スルニ付キ費用《ヒヨウ》ヲ要スルトキハ委任者ハ受任者ノ請求ニ因リ其ノ前拂《サキバラヒ》ヲ爲スコトヲ要《エウ》ス

▲參看　舊民法財產取得編第二百四十一條

〔註釋〕本條ハ委任者《ヰニンシヤ》ニ於テ費用ヲ支出スベキコトヲ規定《キテイ》シタル條項デアッテ其ノ意義《イギ》ハ元來委任ハ無報酬ノ性質《セイシツ》デアルカラ例バ甲者ガ乙者ニ家屋賣買《カオクバイ〱》ノ事務取扱ヒテ委スルコトアレバ之レニ對スル登記印紙料、登記手續書面料《シヨメンレウ》等又爲メニ他地方ニ出張《シユツチヤウ》シテ取扱フ場合ニ於テハ旅費宿料等ノ費用《ヒヨウ》ヲ要スルモノデアルカラ是等ノ費用ハ委任者《ヰニンシヤ》タル甲者ヨリ受任者タル乙者ノ請求ニ應シ前以テ支出《シユツ》シナケレバナラヌモノデアルト定メタノデアリマス

第六百五十條　受任者カ委任事務ヲ處理《シヨリ》スルニ必要ト認《ミト》ムヘキ費用ヲ出シタルトキハ委任者ニ對シテ其ノ費用《ヒヨウ》及ヒ支出ノ日以後《イゴ》ニ於ケル其ノ利息《リソク》ノ償還ヲ請求《セイキウ》スルコトヲ得

受任者カ委任事務ヲ處理《シヨリ》スルニ必要ト認《ミト》ムヘキ債務ヲ負擔《フタン》シタルトキハ委任者ヲシテ自己《ジコ》ニ代リテ其ノ辨濟ヲ爲サシメ又其ノ債務《サイム》カ辨濟期ニ在ラサルトキハ相當《サウタウ》ノ擔保ヲ供セシムルコトヲ得

受任者カ委任事務ヲ處理《シヨリ》スル爲メ自己ノ過失《クワシツ》ナクシテ損害ヲ受ケタルトキハ委任者ニ對シテ其ノ賠償《バイシヤウ》ヲ請求スルコトヲ得

▲參看　舊民法財産取得編第二百四十五條第一號、第四號、第三號

〔註釋〕本條ハ受任者ニ於テ費用《ヒヨウ》ヲ支出シタル塲合ニ關《クワン》スル規定デアツテ其ノ意義《イギ》ハ受任者ガ委任事務ヲ取扱《トリアツカ》フニ例ヘバ證書ヲ作《ツク》リタル爲メ必要ナル證劵印紙料又ハ書簡電報《シヨカンデンパウ》等ヲ以テ照會ヲ爲シタル時ハ郵便電信料《ユウビンデンシンレウ》等ノ如キ必要ナル費用ヲ取替《トリカ》ヘタル塲合ニ於テハ委任者ハ受任者ニ對シテ其ノ取替ヘタル費用金《ヒヨウキン》ト取替ヘタル日以後ニ於《オ》ケル費用金ニ對スル利息金ヲ併《アハ》セテ請求スルコトガ出來ル（第一項）又受任者《シユニンシヤ》カ委任事務ヲ取扱《トリアツカ》フニ必要ト認メタルヨリ例バ他人ニ報酬《ハウシウ》ヲ與ヘ若クハ他人ヘ擔保ヲ供スル等ノ債務《サイム》ヲ負擔スル契約ヲ爲シタル時ハ受任者ハ委任者《ヰコンシヤ》ヲシテ自己ニ代リテ辨濟セシムルコトガ出來ル又其債務

辨濟ノ期ガ來《キタ》ラヌ以前《マヘ》デアレバ受任者ハ委任者ヲシテ相當《サウタウ》ノ擔保ヲ出セヨト請求《セイキウ》スルコトガ出來ル（第二項）又受任者ガ委任事務《井ニンジム》ヲ取扱フ中自己ノ過失《アヤマチ》デナクシテ損害ヲ蒙リタルトキ例バ委任サレタル物件ガ窃取品《セッシュヒン》ナルコトヲ知ラズ賣却シタルガ爲メ警察署《ケイサツシヨ》ニ一時拘引サレ意外《イグワイ》ノ損害ヲ蒙リタルガ如キ場合《バアヒ》ニハ委任者ニ對シテ其賠償ヲ請求《セイキウ》スルコトガ出來ル

第六百五十一條　委任ハ各當事者《カクタウジシヤ》ニ於テ何時ニテモ解除《カイヂヨ》スルヿヲ得

當事者ノ一方カ相手方ノ爲《タ》メニ不利ナル時期《ジキ》ニ於テ委任ヲ解除シタルトキハ其ノ損害《ソンガイ》ヲ賠償スルコトヲ要ス但已《ヤ》ムコトヲ得サル事由アリタルトキハ此限ニ在ラス

▲參看　舊民法財產取得編第二百五十六條

〔註釋〕本條ハ委任《井ニン》ヲ解除スル場合ニ關スル規定《キテイ》デアツテ其ノ意義ハ元來委任契約ナルモノハ互ヒノ好誼上《カウギジヤウ》ヨリ成立ツ無償ノ契約《ケイヤク》デアルカラ他ノ契約ノ如ク必ラズ徹頭徹尾《テツトウテツビ》其ノ委

任件ヲ完成《クワンセイ》シ遂《ト》ゲナケレバナラヌモノデハナイ故ニ委任《ヰニン》ハ委任者ト受任者ガ互ヒノ都合ニ依リ雙方何レヨリナリトモ何時《ナンドキ》ヲ問《ト》ハズ解除スルコトガ出來ル（第一項）一方者ガ今解除セラレナバ乍《タチマ》チ不利益デアルトキニ際《サイ》シテ一方者ガ委任ヲ解除《ガイヂヨ》シタルガ爲メ損害ヲ蒙リタル時ハ解除ヲ爲《ナ》シタル一方者ニ對シテ其損害《ソンソンガイ》ヲ賠償セシムルコトガ出來ル（第二項前段）然シナガラ解除ヲ爲《ナ》シタル一方者ハ例バ委任事務ヲ取扱《トリアツカ》フニ堪ヘザル病ニ罹《カヽ》リタル爲メカ又ハ公職《コウシヨク》ノ爲メニ其委任事務ヲ執《ト》ル能《アタ》ハザル如キ等ノ場合デアツテ已《ヤ》ムヲ得ザル事由《ジイウ》ニ基ク時ハ爲ニ一方者ガ不利益《フリエキ》ヲ蒙ムルモ損害ノ賠償ヲ請求《セイキウ》スルコトガ出來ヌト定メタノデアリマス

第六百五十二條　第六百二十條ノ規定ハ委任ニ之ヲ準用ス

▲參看　舊民法財産取得編第二百五十三條

〔註釋〕本條ハ委任解除ノ效力《カウリヨク》ヲ規定シタル條項デアツテ其意義《ソンイギ》ハ委任解除ノ效力ニ就テハ賃貸借ノ終了ニ關シテ規定シタル第六百二十條ト等《ヒト》シク委任ヲ解除シタル時ハ其《ソ》ノ解除ハ將來ニ向ツテノミ其効力ヲ生ジ決《ケツ》シテ既往《キワウ》ニ遡《サカノボ》ルモノデハナイ故ニ當事者ノ過失《アヤマチ》アリ

タルトキハ之ニ對シ一方者ノ請求《セイキウ》スル損害求償ノ權利《ケンリ》ハ妨グルモノデハナイト定メタノデアリマス

第六百五十三條　委任ハ委任者《ヰニンシヤ》又ハ受任者ノ死亡又ハ破産《ハサン》ニ因リテ終了ス受任者カ禁治産《キンヂサン》ノ宣告ヲ受《ウ》ケタルトキ亦同シ

▲參看　舊民法財産取得編第二百五十一條第三號

〔註釋〕本條ハ委任ノ終了《シウレウ》ニ關スル規定デアツテ其意義ハ委任契約ハ屢々《シバ〳〵》述プル如ク互ヒノ信用ト好誼《カウギ》ヨリ成立ツモノデアルカラ唯其《タヾソ》ノ一人ニ止マルベキモノデアツテ相續者《サウゾクシヤ》若クハ承繼者等ヘ互ヒニ引繼《ヒキツ》グベキ性質ノモノデハナイ故ニ委任《ヰニン》ノ終了ハ第一委任者若クハ受任者ノ一方ガ死亡《シバウ》スレバソレニテ終了《シウレウ》スルモノデアル又其一方ガ破産宣告《ハサンセンコク》若クハ重罪ノ刑ニ處セラレ又ハ心神喪失《シン〳〵サウシツ》ノ爲ニ禁治産ノ宣告ヲ受ケタル時ハ委任契約ハ何《イヅ》レモ夫レガ爲メニ終了スルモノデアル如何《イカン》トナレバ破産若シクハ禁治産《キンヂサン》ノ宣告ヲ受ケタルモノハ自ラ自已ノ財産《ザイサン》ヲ處分スルコトヲ禁《キン》ジラルヽ者等デアルカラ宣告確定《センコクカクテイ》ノ日ヨリ委任權ノ消滅《セウメツ》スベキモノデアルカラ之ヲ以テ終了《シウレウ》ノ第二第三原因ト定メタル所以《ワケ》デアリマス

第六百五十四條　委任終了ノ場合《バアヒ》ニ於テ急迫《キフハク》ノ事情アルトキハ受任者其ノ相續人又ハ法定代理人《ダイリニン》ハ委任者其ノ相續人又ハ法定代理人《ハフテイダイリニン》カ委任事務ヲ處理《シヨリ》スルコトヲ得ルマテ必要《ヒツエウ》ナル處分ヲ爲スコトヲ要ス」

▲參看　舊民法財産取得編第二百五十九條

〔註釋〕本條ハ委任終了後ノ處分《シヨブン》ニ關スル規定デアッテ其意義ハ委任者《ヰニンシヤ》ノ上ヨリ言ヘバ委任者ガ死亡《シバフ》シテ後チ委任事務ガ急迫《キフハク》ノ事情アル時ハ其ノ相續者ガ其事務ヲ處理《シヨリ》スルニ至ル迄受任者ニ於テ必要《ヒツエウ》ナル處分ヲセメケレバナラヌ又委任者ガ破産《ハサン》若クハ禁治産ノ宣告ヲ受タル後委任事務ガ急迫ノ事情《ジヤウ》アル時ハ破産者ニ就テハ管財人禁治産者ニ就テハ管理人及ビ法定代理人等ガ其事務《ソノジム》ヲ處理シ得ルニ至ル迄受任者ニ於テ必要《ヒツエウ》ナル處分ヲシナケレバナラヌト定メタノデ又之レヲ受任者《ジユニンシヤ》ノ上ヨリ言フト表裏《ヘウリ》ノ差異《サイ》アルダケデ別ニ大差《タイサ》ナケレバ重複ノ説明ヲ省《ハブ》クコトヽシマシタカラ法文ト此ノ註釋《チウシヤク》ヲ參照シテ知得セラルベシ

第六百五十五條　委任終了ノ事由《ジイウ》ハ其ノ委任者ニ出《イデ》タルト受任者ニ出

タルトヲ問ハス之ヲ相手方ニ通知《ツウチ》シ又ハ相手方カ之《コレ》ヲ知《シ》リタルトキニ非サレハ之ヲ以テ其ノ相手方《アヒテカタ》ニ對抗スルコトヲ得ス

▲參看　舊法法財產取得編第二百五十七條第一項

〔註釋〕本條ハ委任終了《非ニンシウレウ》ノ效力ヲ規定シタル條項デアッテ其意義《ソノイギ》ハ委任ノ終了スル事項《ジコウ》ガ委任者カラ出タルニモセヨ又受任者《シユニンシヤ》ヨリ出タルニモセヨ必ズ其事項ノ生《シヤウ》ジタル一方者ヨリ相手方ニ通知《ツウチ》シテ而シテ其通知ヲ相手方ガ知《シ》リタル時デナケレバ委任《井ニン》ガ終了シタリトテ其事項ヲ知《シ》ラナイ相手方ニ對抗《タイカウ》スルコトハ出來ヌ故ニ例バ委任者ガ死亡《シバフ》シタル時ハ必ズ其遺族《非ゾク》ヨリ態夫《ワザフ》ヲ以テスルカ又ハ書留郵便若クハ局待《キヨクマチ》電報等ノ如キ方法ニ依リ受任者ニ其ノ旨ヲ通知シデ尙ホ其通知ニ因リ受任者ニ死亡《シバフ》ノ事實ヲ知ラシメナケレバナラヌノデアル若シ通知《ツウチ》スルモ受任者ニ於テ通知ヲ知《シ》ラヌト言ヘバ發信者ニ擧証《キヨシヨウ》ノ責ガアルカラ其心得ヲセナケレバナラヌ又玆《コヽ》ニ注意スベキハ本條ニハ委任者ト受任者ノ間《アヒダ》ニ於ケル終了ノ時期ハ規定シタルモ第三者ニ對スル終了《シウレウ》ノ時期ヲ規定シテ居ラヌカラ或ハ初學者《シヨガクシヤ》ノ疑ヒヲ生ズルヤモ計《ハカ》ラレヌガ此第三者ニ就テハ本條ニハ明文《メイブン》ナキモ總則第百十二條代理ノ

規定中ニ第三者ニ對スル終了《シウレウ》ノ時期ヲ定メタレハ第三者ニ就テハ該條ヲ適用《テキヨウ》スルモノト記憶《キオク》セラルベシ

第六百五十六條　本節ノ規定《キテイ》ハ法律行爲ニ非《アラ》サル事務ノ委託《ヰタク》ニ之ヲ準用ス

〔註釋〕本條ハ法律ノ行爲《カウヰ》ニ非ザル事務ノ委託ニ關《クワン》スル規定デアツテ其意義ハ則《スナハ》チ法律行爲トハ賣買、贈與、立換《タテカヘ》、貸借、相續、婚姻《コンイン》、等法律上ニ規定《キテイ》シタル所ノ事項ヲ目的トスル行爲ヲ委託スルモノデアツテ法律《ハフリツ》ノ行爲ニ非ザル事務トハ之《コレ》ニ反スル德義《トクギシヤウ》上ヨリ生ズル所ノ事項《シコロ》ヲ目的トスル子弟《シテイ》ノ敎育《ケウイク》若クハ訓誨《クンクワイ》ヲ委託スルガ如キヲ謂フモノデアル此ノ子弟敎育若クハ訓誨ヲ委託シ又ハ受託スルモノモ矢張《ヤハ》リ其ノ委任ノ存在スル間ハ總《スベ》テ本節第六百四十三條以下第六百五十五條ニ至ル規定ニ準ハナケレバナラヌト定メタノデアリマス

第十一節　寄託

〔註釋〕本節ハ寄託《キタク》ニ關スル規定ヲ網羅《マウラ》シタルモノデアツテ寄託ノ意義《イギ》ハ第六百五十七條ニ於テ解説スレバ玆ニ贅《ゼイ》セザルモ寄託ト似《コ》テ非《ヒ》ナルモノアレバ一言《ゲン》センニ彼ノ使用貸借デアル使用貸借ト寄託トハ實ニ相似《アヒニ》テ非ナルモノデアルカラ其《ソ》ノ同一《ドウイツ》ナル点ヲ擧《ア》グレバ使用貸借モ寄託《キタク》モ共ニ片務《ヘンム》契約《ケイヤク》デアツテ無償テアル又共ニ物ヲ受取《ウケト》リ返還スルトキハ曩《サ》キニ受取リシ原物ヲ返還シナケレバナラヌ此《コ》ノ三個ノ点《テン》ニ於テ相異《アヒコトナ》ルナキモノデアル而シテ其相異ルノ点ハ物件保存《ホゾン》ノ責、物件返還ノ時期、物件使用ノ点《テン》及ビ目的物《モクテキブツ》ニ於テ異ナルモノデアル此ノ四個ノ点ニ於テ相異《アヒコトナ》ルダケデアルカラ稍《ヤヽ》モスルト誤《アヤマ》リ易《ヤス》シ故ニ注意ノ爲メ玆ニ一言シ置キマス

第六百五十七條　寄託ハ當事者《タウジシヤ》ノ一方カ相手方ノ爲メニ保管《ホクワン》ヲ爲スコトヲ約シテ或物ヲ受取《ウケト》ルニ因リテ其ノ効力《カウリヨク》ヲ生ス

▲參看　舊民法財産取得編第二百六條

〔註釋〕本條ハ寄託ノ定義《テイギ》ヲ明ラカニシタル條項デアツテ其意義《イギ》ハ例バ甲者カ乙者ニ對《タイ》シ自

己所有ノ時計《トケイ》一個ヲ保管シ呉《ク》レヨト依頼シ乙者ガ之ヲ承諾《シヨウダク》シテ其時計一個ヲ受取リタルトキハソレデ時計一個ノ寄託ノ効力《カウリヨク》ヲ生ジタルモノデアルケレドモ元來《グワンライ》此ノ寄託ナルモノハ寄託者ガ所有物件ノ盜難《タウナン》若クハ其他ノ危險ヲ豫防《ヨバウ》セヌトノ意ニ出ヅルモノデアルカラ彼ノ性質上寄託者ノ意《イ》ヲ完《マツタク》スルコトノ出來ナイ不動産ハ素《モト》ヨリ寄託ノ目的《モクテキ》トスルコトハ出來ヌ故ニ寄託ノ目的トスルモノハ動産物《ドウサンブツ》ニ限ルモノデアル又茲ニ注意《チユウイ》スベキハ寄託ハ必ラズ寄託ノ目的物ヲ受寄者ノ手《テ》ニ受取ラナケレバ唯雙方ガ寄託《キタク》ヲ承諾スルノ合意《ガフイ》アルバカリデハ寄託ノ效力《カウリヨク》ハ生ズルモノデハナイ故ニ寄託ニ必要《ヒツエウ》ナル條件ハ第一雙方《サウハウ》ノ合意アルコト第二目的物ノ引渡《ヒキワタ》シアルコト第三目的物ノ動産《ドウサン》デアルコト此三要件ハ寄託《キタク》ニ必要デアルカラ附言《フゲン》シ置クコトヽシマス

第六百五十八條　受寄者ハ寄託者《キタクシヤ》ノ承諾アルニ非《アラ》サレハ受寄物ヲ使用シ又ハ第三者ヲシテ之ヲ保管《ホクワン》セシムルコトヲ得ス

受寄者カ第三者ヲシテ受寄物《ジユキブツ》ヲ保管セシムルコトヲ得ル場合《バアヒ》ニ於テハ第百五條及ヒ第百七條第二項ノ規定ヲ準用ス

▲參看　舊民法財產取得編第二百十三條

〔註釋〕本條ハ受寄物ノ使用《シヨウ》及ビ轉寄託《テンキタク》ノ場合ニ關スル規定デアッテ其意義《ソノイギ》ハ例バ甲者ヨリ乙者ガ時計《トケイ》一個ヲ寄託セラレタルトキハ受寄者《ジユキシヤ》タル乙者ハ寄託者タル甲者ノ承諾《シヨウダク》ヲ得ナケレバ其ノ時計ヲ使用《シヨウ》スルコトハ出來ヌ又其時計ヲ乙者ヨリ第三者タル丙者ニ轉寄託《テンキタク》ヲ爲サントスレバ矢張《ヤハ》リ甲者ノ承諾ヲ得ナケレバナラヌ是レ寄託《キタク》ハ其時計ノ紛失《フンシツ》若クハ毀損等ノ安全《アンゼン》ヲ欲スルニ依リ甲者ガ乙者ヲ信《シン》ジテ寄託スルモノデアルカラ乙者ハ之《コレ》ヲ使用シ又ハ丙者ニ轉寄託《テンキタク》ヲ爲スコトキハ甲者ノ意思《イシ》ニ反《ハン》スル行爲デアル故ニ必《カナ》ラズ寄託者タル甲者ノ承諾ヲ要《エウ》スルコト丶定メタノデアル（第一項）ケレドモ其時計《ソノトケイ》ヲ丙者ニ轉寄託ヲ爲スコトヲ甲者ニ於テ承諾シテ丙者ニ寄託《キタク》スル時ハ乙者ハ第百五條及ビ第百七條第二項ニ規定シタル復代理人《フクダイリニン》ノ責ヲ負《オ》フモノデアル故ニ此場合ニ於テハ乙者ハ甲者ニ對《タイ》シ丙者ノ監督《カントク》ヲ爲シ丙者ハ甲者ニ對シ乙者ト同一《ドウイツ》ノ義務ヲ負《オ》フモノデアル（第二項）ト定メタノデアリマス

第六百五十九條　無報酬《ムハウシウ》ニテ寄託ヲ受ケタル者ハ受寄物《ジユキブツ》ノ保管ニ付キ自己ノ財產ニ於《オ》ケルト同一ノ注意《チウイ》ヲ爲スノ責ニ任ス

◎參看　舊民法財産取得編第二百十條第一項

〔註釋〕本條ハ受寄者ノ責任《セキニン》ニ關シテ規定シタル條項デアッテ其ノ意義ハ報酬《ハウシウ》ヲ受ケズシテ他人ノ物件ヲ保管《ホクワン》スルハ實ニ好意上《カウイジヤウ》ニ出ヅルモノデアルカラ受寄者ハ寄託物《キタクブツ》ヲ自己ノ財産ヲ保管スルト等《ヒト》シキ注意ヲ爲ス責《セメ》ニ任《ニン》スレバソレデ足ルモノデアル故ニ例《タト》ヘバ寄託物ヲ納メシ土藏ノ壁《カベ》ガ墜落《ツイラク》シテ自己ノ物件ト共ニ寄託物ノ破損《ハソン》スルコトアルモ損害賠償ノ責ヲ負フモノデハナイ如何《イカン》トナレバ受寄物ガ注意《チウイ》ハ自己ノ財産ヲ保管《ホクワン》スルト等シキ注意ヲ爲シ居リタルモノデアルカラ寄託者《キタクシヤ》ハ其ノ上注意ヲ強《シ》エルコトハ出來ヌモノデアリマス

第六百六十條　寄託物ニ付キ權利《ケンリ》ヲ主張スル第三者カ受寄物《ジユキブツ》ニ對シテ訴ヲ提起《テイキ》シ又ハ差押ヲ爲シタルトキハ受寄者ハ遲滯《チタイ》ナク其ノ事實ヲ寄託者ニ通知《ツウチ》スルコトヲ要ス

〔註釋〕本條ハ寄託物ニ就キ第三者ヨリ權利《ケンリ》ノ主張《シユチヤウ》アル塲合ニ關スル規定デアッテ其ノ意義ハ例バ甲者ガ乙者ヨリ米十俵ヲ寄託《キタク》セラレ甲者ハ其ノ米ヲ倉庫ニ納《ヲサ》メ居リシニ丙者ヨリ

其米ハ自己ガ詐取《サシユ》セラレタルモノデアルカラトテ其取《ト》リ戻《モド》シテ甲者ニ對シテ訴《ウツタ》ヘタル塲合若クハ丙者ハ未ダ其ノ米代金《コメダイキン》ノ支拂ヲ乙者ヨリ受ケザルモノデアルカラトテ執達吏《シツタツリ》ヲ同伴《ドウハン》シテ其ノ米ヲ差押ヘタル如キコトアレバ受寄者《ジユキシヤ》タル甲者ハ其ノ事實ヲ遲滯《チタイ》ナク直チニ寄託者タル乙者ニ通知《ツウチ》セナケレバナラヌ故ニ若シ甲者ガ其ノ通知《ツウチ》ヲ怠リタル爲メ乙者ニ於テ其米ニ付キ自己ノ權利《ケンリ》ヲ保全スル期ヲ失ヒ至漸《シゼン》損害ヲ蒙ムルコトアレバ甲者ハレガ賠償ノ責《セメ》ヲ負《オ》ハナケレバナラヌモノデアリマス

第六百六十一條　寄託者ハ寄託物ノ性質《セイシツ》又ハ瑕疵《カシ》ヨリ生シタル損害ヲ受寄者ニ賠償《バイシヤウ》スルコトヲ要ス但寄託者カ過失《クワシツ》ナクシテ其ノ性質若クハ瑕疵ヲ知ラサリシトキ又ハ受寄者《ジユキシヤ》カ之ヲ知リタルトキハ此限ニ在ラス

▲參看　舊民法財產取得編第二百十九條第一項

〔註釋〕本條ハ寄託物ノ性質《セイシツ》若シクハ瑕疵ヨリ生シタル損害《ソンガイ》ノ賠償方法ヲ規定《キテイ》シタル條項デ

アツテ其意義ハ例バ甲者ガ乙者ニ對シテ乳牛《ニウギウ》一頭ヲ寄託シタルニ其ノ乳牛ハ病牛《ビヤウギウ》デアリシ爲メ乙者ガ所有《シヨイウ》ノ乳牛ニ傳染《デンセン》シ若クハ甲者ガ乙者ニ對シテ米百俵ヲ寄託シタルニ其ノ米ハ古米デアツテ夥多數蟲《オビタヾシクムシ》ヲ生シ居リタル爲メ乙者所有ノ他《タ》ノ米《コメ》ニ傳染シ若クハ苛性曹《カセイソウ》達《ダ》ノ容器ヲ洩《モラ》シテ他物ヲ毀損シタルガ如キコトアレバ寄託者《キタクシヤ》タル甲者ハ受托者タル乙者ノ爲ニ蒙リタル損害《ソンガイ》ヲ賠償セナケレバナラヌ（本條前段）ケレドモ甲者ガ過失《アヤマチ》デナクシテ乳牛ノ病メルコト或ハ蟲《ムシ》アル米デアリシコト或ハ容器《ロウキ》ノ損ジアリシコトヲ知《シ》ラザルカ又ハ是等ノ瑕疵アルコトヲ乙者ニ於テ受託《ジユタク》ノ當時知リ居リシ塲合デアレバ乙者ハ甲者ニ對シ損害ヲ賠償《バイシヤウ》セシムルコトハ出來ヌ（本條但書）ト定メタノデアリマス

第六百六十二條　當事者カ寄託物返還《ヘンクワン》ノ時期ヲ定メタルトキト雖モ寄託者ハ何時《ナンドキ》ニテモ其ノ返還ヲ請求《セイキウ》スルコトヲ得

▲參看　舊民法財産取得編第二百六條第一項、既成商法第六百十一條

〔註釋〕本條ハ寄託者ヨリ寄託物ノ返還《ヘンクワン》ヲ請求スル塲合ヲ規定シタル條項《デウコウ》デアツテ其ノ意義ハ元來寄託物ハ信用上恩惠的《オンケイテキ》ニ出ツルモノデアルカラ假令何月何日ニ返還スルトノ時期

ヲ相互間《サウゴカン》ニ契約スルコトアルモ寄託者ハ其ノ期間《キカン》ニ拘《カヽ》ハラズ何時ニテモ返還ヲ請求《セイキウ》スルコトガ出來ルモノデアルト定メタノデアリマス

第六百六十三條　當事者カ寄託物返還《ヘンクワン》ノ時期ヲ定メサリシトキハ受寄者ハ何時《ナンドキ》ニテモ其ノ返還ヲ爲スコトヲ得《ウ》

返還時期ノ定《サダ》メアルトキハ受寄者《ジユキシヤ》ハ已ムコトヲ得サル事由《ジイウ》アルニ非サレハ其ノ期限前《キゲンゼン》ニ返還ヲ爲スコトヲ得ス

〔註釋〕本條ハ受托者ヨリ寄托物《キタクブツ》ノ返還ヲ爲ス場合ト返還シ能《アタ》ハザル場合トヲ規定《キテイ》シタル條項デアッテ其意義ハ寄托物ニ就キ雙互《サウゴ》ノ間ニ於テ返還ノ時期《ジキ》ヲ定メテ居ラヌ時ハ受寄者ハ何時ニテモ隨意《ズヰイ》ニ其ノ物件ノ保管ヲ謝絶《シヤゼツ》シテ寄托者ニ差戻スコトガ出來ル（第一項）ケレトモ受托者ガ其物件ヲ何月何日マデ預リ置《アツカリオ》ク、期間ヲ定メタル時ハ已ムコトヲ得ザル場合即チ受托ノ當時《タウジ》ハ物件ノ何タルヤヲ知《シ》ラナカッタニ受托後ニ於テ其物件《ソノブツケン》ガ爆發物若クハ阿片《アヘン》等ノ如キ危險物《キケンブツ》デアルカ或ハ禁制品《キンセイヒン》デアルコトヲ知リ荷物《ニモツ》ノ着シタル爲メ倉庫ノ必要ヲ生シタル時等ノ如キ場合《バアヒ》デナケレバ期限前《キゲンゼン》ニ受托物ノ保管ヲ謝絶《シヤゼツ》シテ其物件ヲ返還スルコトハ出來ヌ（第二項）ト定メタノデアリマス

第六百六十四條　寄托物ノ返還《ヘンクワン》ハ其保管ヲ爲ス可キ場所《バシヨ》ニ於テ之ヲ爲スコトヲ要ス但受寄者カ正當ノ事由ニ因リテ其ノ物ヲ轉置《テンチ》シタルトキハ其ノ現在《ゲンザイ》ノ場所ニ於テ之ヲ返還スルコトヲ得

●參看　舊民法財產取得編第二百十七條

〔註釋〕本條ハ寄托物返還ノ場所《バシヨ》ニ就テ規定シタル條項デアッテ其意義ハ元來寄托《グワンライキタク》ハ屢々述ブル如ク恩惠的《オンケイテキ》好誼上ヨリ成ルモノデアルカラ成《ナ》ルベク受托者ノ手數《テスウ》ヲ省《ハブ》クニ注意セナケレバナラヌモノデアル故ニ特《トク》ニ返還ノ場所ヲ定メタル時ハ兎《ト》モ角《カク》別段ニ場所ノ契約《ケイヤク》ナキ時ハ例バ寄托物ヲ倉庫《サウコ》ニ納メ居《イ》レバ其倉庫內デ引渡《ヒキワタ》セバヨイノデアル（本條前段）受寄者ガ正當《セイタウ》ノ事由例バ倉庫ノ修繕《シウゼン》若クハ轉宅等ニ因リテ其ノ物件《ブツケン》ヲ他ノ倉庫若クハ轉宅《テンタク》シタル所ノ納家《ナヤ》等ニ移轉シタル時ハ其倉庫若クハ納家內《ナヤウチ》ニ於テ引渡セバヨイノデアルト定

メタノデアリマス

第六百六十五條　第六百四十六條乃至第六百四十九條及ヒ第六百五十條第一項、第二項ノ規定《キテイ》ハ寄託ニ之ヲ準用《ジユンヨウ》ス

▲参看　舊民法財産取得編第二百十四條、第二百十五條

〔註釋〕本條ハ他ノ規定ヲ委託ニ應用《オウヨウ》スベキコトヲ規定シタル條項《デウコウ》デアッテ其ノ意義《イギ》ハ委任ニ關シテ規定《キテイ》シタル第六百四十六條ヨリ第六百四十九條及ビ第六百五十條第一項、第二項ニ至ル各條項ハ本節《ホンセツ》ノ寄託ニモ準用スベキモノデアルト定メタノデアリマス

第六百六十六條　受寄者カ契約《ケイヤク》ニ依リ受寄物ヲ消費《セウヒ》スルコトヲ得ル場合ニ於テハ消費貸借《タイシヤク》ニ關スル規定ヲ準用ス但契約ニ返還《ヘンクワン》ノ時期ヲ定メサリシトキハ寄託者ハ何時《ナンドキ》ニテモ返還ヲ請求《セイキウ》スルコトヲ得

〔註釋〕本條ハ他ノ規定《キテイ》ニ準フベキ場合ト返還請求ノ場合《バアヒ》ヲ規定シタル條項《デウコウ》デアッテ其意義

ハ寄托物ハ元來消費スルコトヲ許《ユル》スベキ性質《セイシツ》ノモノデハナイ故ニ若シ寄托《キタク》シタル物ノ消費ヲ許ルスコトヲ約諾《ヤクダク》シタル場合ニ於テハ消費貸借ニ關《クワン》シテ規定《キテイ》シタル條項ニ準《ジユン》ハナケレバナラヌ(本條前段)而《ソウ》シテ此契約ヲ取結《トリムス》ブ際之ガ返還ノ期日《キジツ》ヲ定メテ居ラヌ時ハ寄托者ハ何時《ナンドキ》ニテモ隨意《ズヰイ》ニ其ノ物件ヲ取戻スコトガ出來《デキ》ル(本條後段)ト定メタノデアリマス

第十二節　組合

〔註釋〕本節ハ組合《クミアヒ》ニ關スル規定ヲ網羅《マウラ》シタルモノデアッテ組合トハ二人以上ノ者ガ互《タガヒ》ニ資本ヲ出シテ共同ノ事業《ジゲフ》ヲ爲スベキコトヲ約スルヲ謂《イ》フモノデアル即チ彼《カ》ノ會社《クワイシヤ》ト等シクシテ相異《アヒコトナ》ルモノデハナイ故ニ舊法《キウハフ》ニハ是ヲ會社ト稱《シヨウ》シタルヲ新法ニ於テ組合《クミアヒ》ト改メタルモノデアリマス

第六百六十七條　組合契約ハ各當事者《カクタウジシヤ》カ出資ヲ爲シテ共同《キヨウドウ》ノ事業ヲ營ムコトヲ約《ヤク》スルニ因リテ其ノ效力ヲ生ス

出資ハ勞務《ラウム》ヲ以テ其ノ目的ト爲《ナ》スコトヲ得

▲參看　舊民法財產取得編第百十五條

〔註釋〕本條ハ組合契約《クミアヒケイヤク》ノ定義ヲ明カニシタル條項デアッテ其ノ意義《イギ》ハ例バ甲乙丙丁ノ四人ガ互ヒニ資本《シホン》ヲ出シ相共ニ或ル事業《ジゲフ》ヲ營《イトナ》ム、コトヲ約スレバソレデ組合契約ノ効力《カウリヨク》ヲ生ズルモノデアル(第一項)而シテ此ノ組合ノ出資《シュッシ》ハ必ズ金錢若クハ物件ニ限ルモノデハナイ勞務ヲ出資スルコトガ出來ル(第二項)故ニ例バ組合《クミアヒ》ハ金錢ヲ出資シテ貸金會社ヲ營《イトナ》ミ又ハ物件ヲ持チ寄《ヨ》リテ貸物會社ヲ營ミ又ハ大工《ダイク》ガ技術《ギジュツ》シテ建築請負會社ヲ營ムガ如キ何《イヅ》レモ皆ナ爲《ナ》シ能《アタ》フベキコトデアル要《エウ》スルニ組合契約ハ二人以上出資シテ共同《キョウドウ》ノ事業ヲ爲スコトヲ互《タガ》ヒニ承諾スレバ其契約ノ效力《カウリヨク》ヲ生ズルモノデアリマス

第六百六十八條　各組合員《クミアヒヰン》ノ出資其ノ他ノ組合財產ハ總組合員《ソウクミアヒヰン》ノ共有ニ屬ス

▲參看　舊民法財產取得編第百十五條

〔註釋〕本條ハ組合ノ財產《ザイサン》ハ共有デアルコトヲ規定シタル條項《デウコウ》デアッテ其意義ハ元來共同事業ハ性質上其ノ事業ノ損益《ソンエキ》ハ必ズ共同負擔ト爲《ナ》サヾレバ其ノ目的《モクテキ》ヲ達スルコトノ出來ナ

イモノデアル故ニ組合員《クミアヒヰン》ノ出資ヲ以テ買入《カヒイ》レタル組合財産若クハ組合員ノ出資《シユツシ》ヨリ生ジタル産物等ハ總組合員ノ共有《キヨウイウ》ト定メタノデアル例バ甲者ガ千圓乙者ガ二百圓丙者ガ八百圓ヲ各自ニ出資シ毛布《モウフ》製造《セイザウ》ノ事業ヲ爲ス一ノ組合ヲ設《マウ》ケタル時ハ其出資ノ額ニ差異《サイ》アルモ其ノ合計資本金二千圓ヲ以テ買入《カヒイ》レタル器械原料等一切ノ財産及ビ製出《セイシユツ》シタル毛布ハ總テ甲乙丙三者ノ共有物《キヨウイウブツ》デアル而シテ其共有ノ割合ニ就《ツイ》テハ本條別ニ規定《キテイ》シ居ラザルモ矢張《ヤハ》リ出資ノ額ニ應シテ其共有權ヲ有《イウ》スルモノデアリマス

第六百六十九條　金錢《キンセン》ヲ以テ出資ノ目的《モクテキ》ト爲シタル場合ニ於テ組合員ガ其ノ出資ヲ爲スコトヲ怠《オコタ》リタルトキハ其ノ利息ヲ拂《ハラ》フ外尚ホ損害ノ賠償ヲ爲スコトヲ要ス

（參看）　舊民法財産取得編第百二十一條

〔註釋〕本條ハ出資ヲ怠リタル場合《バアヒ》ニ關シテ規定シタル條項《デウコウ》デアツテ其ノ意義ハ金錢《キンセン》ヲ出シ合ヒテ成ス組合《クミアヒ》ナルニ其ノ組合員ガ自己ノ負擔《フタン》ニ係ル出資ヲ怠《オコタ》ルトキハ其ノ事業ニ着手

ヌルコトノ出來ヌ場合《バアヒ》ヲ生ズルモノデアルカラ其ノ場合ニハ組合《クミアヒ》ニ對シ怠リシ利息金ヲ支拂ハナケレバナラヌ又夫《ソ》レガ爲メ組合ニ損害《ソンガイ》ヲ蒙ラセタル時ハ其ノ賠償ヲモ負擔《フタン》セナケレバナラヌト定メタノデアリマス

第六百七十條　組合ノ業務《ゲフム》執行《シツカウ》ハ組合員ノ過半數《クワハンスウ》ヲ以テ之ヲ決ス

組合契約ヲ以テ業務《ゲフム》ノ執行ヲ委任《ヰニン》シタル者數人アルトキハ其ノ過半數ヲ以テ之ヲ決ス

組合ノ常務ハ前二項ノ規定《キテイ》ニ拘ハラス各組合員又ハ各業務執行者之ヲ專行スルコトヲ得但其ノ結了《ケツレウ》前《ゼン》ニ他ノ組合員又ハ業務《ゲフム》執行者《シツカウシヤ》カ異議ヲ述ヘタルトキハ此限《コノカギリ》ニ在ラス

▲參看　舊民法財產取得編第百二十四條、第百二十五條、第百二十八條

〔註釋〕本條ハ組合事務ノ執行方法《シツカウハウハフ》ヲ規定シタル條項デアツテ其ノ意義ハ組合《クミアヒ》ノ業務ヲ執リ行フニハ組合員ガ各自別々ニ意見《イケン》ヲ以テ執《ト》リ行《オコナ》フコトハ出來ヌ事ノ大小《ダイセウ》ニ關ハラズ全組

合員ガ會議《クワイギ》ヲ開キ其ノ過半數ヲ以テ決《ケツ》スルモノデアル例バ甲乙丙ノ三名ガ組合員《クミアヒヰン》デアレバ三名ガ會議ヲ開《ヒラ》キテ二名ノ意見ガ合《ア》ヘバ其二名ノ意見通《イケンドホ》リ執行セナケレバナラヌ而《ソウ》シテ過半數ト謂フノハ半數以上《ハンスウイジヤウ》ト謂フコトデアッテ例バ組合員ガ四名デアレバ二名以上五名デアレバ三名以上十名デアレバ五名以上《イジヤウ》ヲ謂フノデアル（第一項）又組合ヲ設《マウ》クル際ニ取結ビタル契約《ケイヤク》ニ因リ業務ヲ執《ト》リ行《オコナ》フコトヲ委任シタル者ガ幾人《イクニン》モアレバ此ノ時モ又前項ノ如ク業務執行者ガ會議《クワイギ》ヲ開キ過半數ノ議決《ギケツ》ニ因ル方法通リ執行《シツカウ》セナケレバナラヌ（第二項）然《シカ》シナガラ業務ノ方針《ハウシン》若クハ計畫等重大《ヂユウダイ》ナルモノハ前二項ノ議決《ギケツ》ニ因ラナケレバ總テ獨斷《ドクダン》ニ執行スルコトハ出來ヌケレドモ組合ノ常務《ジヤウム》ハ組合員又ハ業務執行者ガ獨斷デ取《ト》リ扱《アツカ》フコトガ出來ル（第三項前段）然シ若シ獨斷デ取扱フ業務《ゲフム》ガ未ダ結了《ケツレウ》シナイ前ニ他ノ組合員又ハ業務執行者ヨリ故障《コシヤウ》ヲ言ヒ出ツルコトガアラバ其《ソ》ノ時《トキ》ヨリ取扱ヒヲ中止シナケレバナラヌ（第三項但書）モノデアルト定メタノデアリマス

第六百七十一條　組合ノ業務《ゲフム》ヲ執行スル組合員ニハ第六百四十四條乃至第六百五十條ノ規定《キテイ》ヲ準用《ジユンヨウ》ス

〔註釋〕本條ハ他ノ規定《キテイ》ヲ應用スベキコトヲ規定シタル條項デアッテ其意義《イギ》ハ元來組合ハ共同事業デアルカラ組合員デアッテモ業務《ゲフム》ヲ執行スル組合員ハ他ノ組合員ノ代理《ダイリ》ヲ爲シ居ルモノデアル故ニ組合員デアッテ業務執行ヲ擔任《タンニン》スル者ハ委任ニ關《クワン》シテ規定シタル第六百四十四條ヨリ第六百五十條ニ至ル七ケ條ノ規定ニ準ハナケレバナラヌト定メタノデアリマス

第六百七十二條　組合契約ヲ以テ一人又ハ數人《スウニン》ノ組合員ニ業務《ゲフム》ノ執行ヲ委任《ヰニン》シタルトキハ其ノ組合員ハ正當《セイタウ》ノ事由アルニ非サレハ辭任《ジニン》ヲ爲スコトヲ得ス又解任《カイニン》セラルヽコトナシ

正當ノ事由ニ因リテ解任《カイニン》ヲ爲スニハ他ノ組合員ノ一致《チ》アルヿヲ要ス

△參看　舊民法財産編第百二十六條

〔註釋〕本條ハ組合員ガ辭任《ジニン》ノ場合ニ關スル規定デアッテ其ノ意義《イギ》ハ例バ甲乙丙丁戊己ノ六名ガ一ノ組合ヲ設《マウ》クルコトヲ契約シ其ノ際ノ契約《ケイヤク》ニテ組合員中ノ甲者一名カ若《モシ》クハ甲者

ト乙者ノ兩名カニ業務執行ノ委任《ヰニン》ヲ爲シタル時ハ其組合員タル甲者若《モシ》クハ甲者ト乙者ハ正當ノ事由則《スナハ》チ病氣ノ爲ニ業務ヲ執行《シツカウ》スルニ堪ヘザルカ或ハ公職《コウシヨク》ニ就キタルカノ如キ塲合デナケレバ辭任スルコトハ出來《デキ》ヌ又他ノ組合員ニ於テモ正當ノ事由《ジイウ》ナクシテ解任《カイニン》スルコトハ出來ヌ（第一項）而《ソウ》シテ若シ甲者若クハ乙者ニ於テ業務執行中ニ組合ノ名譽《メイヨ》ヲ害《ガイ》スベキ所爲《シヨヰ》若クハ其ノ解任スベキ正當ノ事由《ジイウ》アリテ他ノ組合員ヨリ業務執行ノ任ヲ解《ト》カントスル時ハ必ラズ殘《ノコ》ル組合員ガ解任説《カイニンセツ》ニ一致シナケレバ解任《カイニン》スルコトハ出來ヌ（第二項）ト定メタノデアリマス

第六百七十三條　各組合員ハ組合《クミアヒ》ノ業務ヲ執行スル權利《ケンリ》ヲ有セサルトキト雖モ其ノ業務及ヒ組合財産ノ狀況《ジヤウキヤウ》ヲ撿査スルコトヲ得

〔註釋〕本條ハ組合員ノ權利《ケンリ》ニ就テ規定シタル條項デアッテ其ノ意義《イギ》ハ組合事業ハ共同《キヨウドウ》ノモノデアルカラ事業ノ盛衰《セイスヰ》及ヒ損益ノ影響《エイキヤウ》ハ眞ニ各組合員ガ上ニ及《オヨ》ボスモノデアルカラ各組合員ハ假令《タトヘ》業務執行ノ權利ヲ有《イウ》セザル時デモ其ノ業務ノ狀況又ハ組合財産ノ狀況等ヲ撿査《ケンサ》スルコトガ出來《デキ》ルト定メタノデアリマス

第六百七十四條　當事者カ損益分配ノ割合《ワリアヒ》ヲ定メサリシトキハ其ノ割合ハ各組合員ノ出資《シユツシ》ノ價額ニ應《オウ》シテ之ヲ定ム
利益又ハ損失《ソンシツ》ニノミ分配ノ割合《ワリアヒ》ヲ定メタルトキハ其ノ割合ハ利益及ヒ損失ニ共通《キヨウツウ》ナルモノト推定ス

〔註釋〕本條ハ損益《ソンエキ》ノ分配ニ關スル規定デアッテ其ノ意義ハ組合契約《クミアヒケイヤク》ヲ爲スニ付損益分配ノ割合ヲ定メヌ時ハ各組合員ガ差出《サシダ》シタル資金額ノ割合ニ應《オウ》ジテ定ムルモノデアル例《タト》ヘバ甲乙丙三名ノ組合デアッテ甲者ガ二百圓乙者ガ三百圓丙者ガ五百圓ヲ出資《シユツシ》シタル時例バ百圓ノ損益《ソンエキ》アレバ甲者ガ二十圓乙者ガ三十圓丙者ガ五十圓ト謂《イ》フ如キ割合《ワリアヒ》ニテ各自ガ負擔若クハ取得スルモノデアル（第一項）又利益《リエキ》ダケノ割合ヲ定メテ損失《ソンシツ》ノ割合ヲ定メザルカ若クハ損失ノ割合《ワリアヒ》ヲ定メテ利益ノ割合ヲ定《サダ》メザル如ク何レカ一方ヲ定メテ一方ヲ定《サダ》メザル時ハ其定メサル一方ヲ割合《ワリアヒ》ハ定メタル一方ノ割合《ワリアヒ》ニ依ルモノト推定スルノデアリマス

第六百七十五條　組合ノ債權者《サイケンシヤ》ハ其ノ債權發生ノ當時組合員ノ損失分

擔ノ割合《ワリアヒ》ヲ知ラサリシトキハ各組合員ニ對シ均一《キンイツ》部分《ブブン》ニ付キ其ノ權利ヲ行フコトヲ得

〔註釋〕本條ハ組合ノ債權者《サイケンシヤ》ニ關スル規定デアッテ其意義ハ組合《クミアヒ》ノ業務上ニ就テ貸金《カシキン》ヲ爲シ又ハ其他組合ニ債權ヲ有スル者ガ例《タトヘ》バ貸金ヲ爲シタル當時各組合員ノ損益分擔《ソンエキブンタン》ノ割合ヲ知ラナイ塲合《バアヒ》ニ於テハ組合員ガ五名アリテ貸金額《カシキンガク》ガ千圓デアレハ之レヲ五分シ組合員一名ニ對シ負擔部分《フタンブブン》二百圓宛《ヅヽ》ノ權利ヲ行フコトガ出來ル

第六百七十六條　組合員カ組合財産ニ付キ其ノ持分《モチブン》ヲ處分《シヨブン》シタルトキハ其處分ハ之ヲ以テ組合《クミアヒ》及ヒ組合ト取引《トリヒキ》ヲ爲シタル第三者ニ對抗スルコトヲ得ス

組合員ハ清算前《セイサンゼン》ニ組合財産ノ分割《ブンクワツ》ヲ求ムルコトヲ得ス

▲參看　舊民法財産取得編第四十三條

〔註釋〕本條ハ持分《モチブン》ヲ處分スルニ關シテ規定《キテイ》シタル條項デアッテ其ノ意義ハ元來組合ハ組合員ガ雙互《サウゴ》ノ信用ヨリ成立《ナリタ》チタルモノデアルカラ性質上《セイシツジヤウ》自已ノ持分ヲ他人ニ讓渡シ若クハ質入等ヲ爲スコトハ出來《デキ》ナイモノデアル故ニ其ノ持分ヲ他人《タニン》ニ讓渡シ若クハ質入等《シチイレトウ》ヲ爲スモ其效力ヲ生ゼザルヤ素《モト》ヨリ明瞭《メイレウ》ナル次第デアルカラ第三者ニ對シテモ對抗《タイカウ》スルコトハ出來ヌ(第一項)又組合財産ノ分割《ブンクワツ》ニ就テモ組合ノ淸算以前《セイサンイゼン》ニ於テハ損益如何ヲ知ルニ術《スベ》ナキヲ以テ分割ヲ請求《セイキウ》スルコトハ出來ナイ(第二項)モノデアルト定メタノデアリマス

第六百七十七條　組合ノ債務者《サイムシヤ》ハ其ノ債務ト組合員ニ對スル債權《サイケン》ト相殺スルコトヲ得ス

〔註釋〕本條ハ組合ノ債務者《サイムシヤ》ニ關スル規定デアッテ其ノ意義ハ例《タト》ヘバ甲者ガ織物業《オリモノゲフ》組合ヨリ織物ヲ買入《カヒイ》レ其代金千圓ノ債務ヲ負《オ》ヒタル場合ニ於テ甲者ハ其ノ織物業組合員タル乙者ニ千圓ノ貸金《カシキン》アルヲ以テ互ヒニ相殺《アヒセツ》セムトスルモ組合ハ原《モ》ト乙者一名ノ事業《ジゲフ》デナク他ノ組合員ト共同ノ事業《ジゲフ》デアルカラ假令組合員タル乙者ニ債權《サイケン》ヲ有《イウ》スルトモ其《ソ》ハ乙者一己ニ對スル債權デアッテ組合ニ對スル債權《サイケン》デハナイカラ相殺《アヒセツ》スルコトハ出來ヌト定メタノデア

リマス

第六百七十八條　組合《クミアヒ》契約《ケイヤク》ヲ以テ組合ノ存續期間ヲ定《サダ》メサリシトキ又ハ或組合員ノ終身間組合ノ存續《ソンゾク》スヘキコトヲ定メタルトキハ各組合員ハ何時《ナンドキ》ニテモ脱退《ダツタイ》ヲ爲スコトヲ得但已ムコトヲ得サル事由《ジイウ》アル場合ヲ除ク外組合ノ爲《タメ》ニ不利《フリ》ナル時期ニ於テ之《コレ》ヲ爲《ナ》スコトヲ得ズ

組合ノ存續期間《ソンゾクキカン》ヲ定メタルトキト雖モ各組合員ハ已《ヤ》ムコトヲ得《エ》サル事由アルトキハ脱退《ダツタイ》ヲ爲スコトヲ得

▲參看　既成商法第百二十條

〔註釋〕本條ハ組合員ノ脱退《ダツタイ》ニ付キ規定シタル條項デアッテ其ノ意義《イギ》ハ元來組合ハ信用上成立タルモノデアルカラ撰《ミダ》リニ組合員ノ脱退スル等《トウ》ノコトハ組合ノ性質上《セイシツジヤウ》出來《デキ》ベキコトデモナク況《マ》シテ組合員其ノ人ノ信用《シンヨウ》ガ組合ノ利害ニ重大《ヂウダイ》ナル關係ヲ及ボスコトガアル、ケレドモ組合ノ存續《ソンゾク》スル年限ヲ契約シテ居ラザル場合《バアヒ》デアルカ又ハ或組合員ノ終身間《シウシンカン》組合ノ存續スルコトヲ定メタル場合《バアヒ》デアルカ何レカ一方ノ原因《ゲンイン》アル時ハ故ナク無期《ムキ》ニ人ノ自由テ拘束《カウサク》スルコトハ出來ヌカラ此ノ場合ニハ各組合員ハ何時《イツ》ニテモ脱退《ダツタイ》スルコトガ出來ルト謂フ例外《レイグワイ》ヲ設ケタノデアル（第一項前段）然シ突然《トツゼン》脱退ヲ爲ス如キハ組合ノ事業上障害ヲ招《マネ》ク基《モトヒ》トナルコトモアレバ脱退者ハ已《ヤ》ムコトヲ得ザル場合ノ外ハ組合《クミアヒ》ノ爲メ不利益ナル時期ニ於テ脱退スルコトハ出來《デキ》ヌ（第一項但書）又組合員ハ存續期間《ソンゾクキカン》ヲ定メタル組合デアル時ハ如何《イカ》ナル事由アリトモ脱退スルコトハ出來ヌト謂《イ》フコトハナイ假令《タトヘ》存續期間ヲ定メタル場合デアツタ所ガ組合員タルノ資力《シリヨク》ニ堪《タ》ヘザルカ又ハ生活上遠隔《エンカク》ノ地ニ移住スルカ等ノ如ク已《ヤ》ムヲ得《エ》ザル事由アル時ニ限《カギ》リテハ脱退スルコトガ出來《デキ》ル（第二項）ト定メタノデアリマス

第六百七十九條　前條ニ掲《カヽ》ケタル場合ノ外組合員ハ左ノ事由《ジイウ》ニ因リテ脱退ス

一　死亡《シバウ》

二　破産《ハサン》

三　禁治産《キンヂサン》

四　除名《ヂヨメイ》

▲參看　既成商法第百二十一條

〔註釋〕本條ハ前條《ゼンデウ》ノ如キ例外ノ場合《バアヒ》デナク當然脱退ト定タル場合ヲ規定《キテイ》シタル條項デアッテ其ノ意義ハ第一組合員デアッテ死亡《シバウ》スル者ハ脱退者トス如何《イカン》トナレバ組合契約ハ組合員一身ヲ互《タガ》ヒニ信用シテ成立《ナリタ》ツモノデアルカラ其人死亡スレバ相續人《サウゾクニン》ニ於テ繼續スルコトハ出來ヌ若シ繼續《ケイゾク》シヤウトスレバ更ニ契約ヲ取結《トリムス》バナケレバナラヌ又第二破産《ハサン》第三禁治産等ノ宣告ヲ受ケタル組合員ハ脱退《ダツタイ》トス如何トナレバ是等ノ者ハ法律上自己《ジコ》ノ財産ヲ處分スルコトヲ禁《キン》シラレタル者デアルカラ組合ノ業務《ゲフム》ヲ處理スル能力《ノウリヨク》ヲ失ヒシモノデアル故ニ是等ハ當然《タウゼン》脱退シタルモノデアル又第四除名者ハ脱退トス如何《イカン》トナレバ組合員ノ一致《チ》協議《ケフギ》ヲ以テ除名シタル組合員ハ素《モト》ヨリ脱退シタルモノデアル故ニ是等ノ事由《ジイウ》アル者ハ當然《タウゼン》ノ脱退者ト定タメノデアリマス

第六百八十條　組合員ノ除名《ヂヨメイ》ハ正當ノ事由アル場合ニ限《カギ》リ他ノ組合員

ノ一致《チ》ヲ以テ之ヲ爲スコトヲ得但除名シタル組合員《クミアヒヰン》ニ其ノ旨ヲ通知スルニ非サレハ之ヲ以テ其ノ組合員《クミアヒヰン》ニ對抗スルコトヲ得ス

〔註釋〕本條ハ組合員除名ノ手續ヲ規定《キテイ》シタル條項デアッテ其ノ意義ハ組合員ヲ除名《ヂヨメイ》スルニハ正當ノ事由アル場合ニ限《カギ》ルモノデアル而《ソウ》シテ除名スベキ正當《セイタウ》ノ事由《ジイウ》アルモ組合員協議ノ上其一致ガナケレバ假令《タトヘ》正當ノ事由アルモ除名スルコトハ出來ヌ又正當ノ事由アリテ組合員ノ一致スルモ其除名シタルコトヲ除名《ヂヨメイ》セラルヽ組合員ニ通知《ツウチ》ヲセヌケレバ除名シタル效力ガナイ故ニ組合ハ除名《ヂヨメイ》セラレタル組合員ニ對抗《タイカウ》スルコトハ出來ヌノデアリマス

第六百八十一條　脱退シタル組合員ト他《タ》ノ組合員トノ間《アヒダ》ノ計算ハ脱退ノ當時《タウジ》ニ於ケル組合財産ノ狀況ニ從《シタガ》ヒ之ヲ爲スコトヲ要ス

脱退シタル組合員ノ持分ハ其ノ出資《シユツシ》ノ種類如何ヲ問《ト》ハス金錢ヲ以テ之ヲ拂戻《ハラヒモド》スコトヲ得

脱退ノ當時ニ於テ未タ結了《ケツレウ》セサル事項ニ付テハ其　結了《ケツレウ》後《ゴ》ニ計算ヲ

爲スコトヲ得

▲參看　舊民法財產取得編第百二十三條、第百二十四條

〔註釋〕本條ハ脱退シタル組合員ニ就《ツイ》テノ計算方法《ケイサンハウハフ》ヲ規定シタル條項デアッテ其ノ意義《イギ》ハ第六百七十八條及第六百七十リ條等ノ如ク脱退シタル組合員ト他ノ組合員トノ計算方法ハ勞務出資ノ場合《バアヒ》ニ就テハ其身退《ソノミシリゾ》ケバ出資モ自ラ退却スルモノデアルケレドモ金錢若クハ物件ヲ出資シタル場合ニ於テ脱退シタル時ハ其時《ソノトキ》ニ於ケル組合財產ノ狀況《ジヤウキヤウ》ニ從ヒテ計算セナケレバナラヌ故ニ其當時《ソノタウジ》ニ損失アレバ其損失ノ一部ハ脱退員ガ負擔《フタン》シ又利益ト成リ居レバ脱退員ガ受クベキ一部ヲ受ケテ脱退スルモノデアル是レ脱退員ハ其ノ日ヨリ組合ニ關係ヲ絶《タ》ツモノデアルカラ脱退員一部《ブ》計算《ケイサン》ハ爲シ終ラナケレバナラヌ（第一項）而《ソウ》シテ脱退員ノ持分《モクブン》ガ例バ物件ヲ出資シタルト勞務《ラウム》ヲ出資シタルトヲ問《ト》ハズ總テ金錢ヲ以テ拂ヒ戻スモノトス如何《イカン》トナレバ脱退員ガ若シ組合ニ必要《ヒツエウ》ナル器械等ヲ出資シ若《モ》クハ勞務ヲ出資シテ製作《セイサク》シタル物件ヲ脱退ノ節持チ去《サ》ルモノトスレバ他ノ組合員ハ將來《シヤウライ》ニ於テ組合ヲ繼續スルニ或ハ害《ガイ》テ蒙《カンム》ルコトガアル故ニ脱退員ニ對スル計算《ケイサン》ハ總テ其ノ器械物件ヲ代金ニ見積《ミツモ》リ金錢デ拂ヒ戻スコトヽ定メタノデアルケレドモ他《タ》ノ組合員ガ其ノ器械《キカイ》其ノ物

件ヲ持《モ》チ去《サ》ルモ差支ナイトスレバ之ヲ持去ラシムルモ敢《アヘ》テ差支《サシツカ》ヘハナイノデアル（第二項）然《シカ》シナガラ若シ脱退ノ當時ニ未ダ結了《ケツレウ》シテ居ラヌモノ例ハ織物會社《オリモノクワイシヤ》ニシテ織物ノ一部ガ未ダ出來上《デキアガ》ラヌカラ代價ニ見積《ミツモ》ルコトノ出來ヌ場合デアレバ其ノ織物ガ落成《ラクセイ》シテカラ其分ノ計算《ケイサン》ヲ爲スコトガ出來ル（第三項）ト定メタノデアリマス。

第六百八十二條　組合ハ其ノ目的《モクテキ》タル事業ノ成功《セイコウ》又ハ其ノ成功ノ不能ニ因リテ解散《カイサン》ス

▲參看　舊民法財産取得編第百四十四條第二號

〔註釋〕本條ハ組合解散ニ關スル規定《キテイ》デアッテ其意義ハ組合ヲ解散《カイサン》スルハ其ノ組合ガ例バ一個ノ銅像《ドウザウ》ヲ製作スルヲ目的トシタル時ハ其銅像《ドウザウ》ガ出來上ルカ又ハ中途《チウト》ニシテ事業ノ主眼タル鑄造技師《チウザウギシ》ガ死去シテ之ニ代《カハ》ル可キ技師ナキ爲メ不能ト成ルカ又ハ資金缺乏《ケツバフ》ノ爲メ中途ニ事業ヲ中止セナケレバナラヌ如キ場合《バアヒ》ト成リタルカ又ハ總組合員ノ一致《チ》ヲ以テ事業ヲ廢絶《ハイゼツ》スルカノ如ク到底《タウテイ》組合ノ目的ヲ達スルコトノ出來《デキ》ヌ場合ニ於テ解散スルモノデアリマス

第六百八十三條　已ムコトヲ得サル事由《ジイウ》アルトキハ各組合員ハ組合ノ解散ヲ請求《セイキウ》スルコトヲ得

〔註釋〕本條ハ組合員ノ解散《カイサン》ヲ請求スル場合ヲ規定シタル條項《デウコウ》デアツテ其ノ意義ハ組合ハ元來組合員ノ一致合意《チガフイ》ヲ以テ成立チタルモノデアルカラ又組合員ガ一致《チ》ノ合意ヲ爲セバ解散シ得ラル、ハ論《ロン》ヲ俟《マ》ツマデモナイコトデアルケレドモ組合ノ解散《カイサン》ヲ請求スルコハ例バ組合ノ主眼《シユガン》トスル人ガ死亡スルカ又ハ組合ヲ何時《イツ》マデ維持《ヰヂ》スルモ損失ノミニテ到底利益ヲ得ル標準《ヘウジユン》ノ立タヌ等ノ如キ已《ヤ》ムコトヲ得ザル事由アル場合《バアヒ》デナケレバ解散ヲ請求《セイキウ》スルコトハ出來ヌト定メタノデアリマス

第六百八十四條　第六百二十條ノ規定ハ組合契約ニ之ヲ準用ス

〔註釋〕本條ハ組合解散ノ場合《バアヒ》ニ於テ他ノ規定ヲ應用《オウヨウ》スルノ規定デアツテ其ノ意義《イギ》ハ賃貸借ニ關シテ規定《キテイ》シタル第六百二十條ヲ此ノ組合《クミアヒ》ノ上ニ準用スルモノデアル故ニ組合ガ解散シタル時ハ其ノ解散ノ效力ハ將來《シヤウライ》ニ向ツテノミ生ズルモノデアツテ既往《キワウ》ニ對シテハ生ズ

ベキモノデハナイト定メタノデアリマス尙ホ第六百二十條ノ註釋ヲ參看セラル可シ

第六百八十五條　組合カ解散《カイサン》シタルトキハ清算《セイサン》ハ總組合員共同ニテ又ハ其ノ選任《センニン》シタル者ニ於テ之ヲ爲ス

清算人ノ選任ハ總組合員ノ過半數《クワハンスウ》ヲ以テ之ヲ決ス

參看　舊民法財產取得編第百五十條

〔註釋〕本條ハ組合解散ノ塲合《バアヒ》ニ於ケル清算人ニ就テ規定《キテイ》シタル條項デアッテ其ノ意義《イギ》ハ組合ガ解散スル時ハ組合ノ財產《ザイサン》、組合ノ債權、組合ノ債務《サイム》及ビ損益等ノ清算《セイサン》ヲシナケレバナラヌ故ニ此ノ清算ヲ爲《ナ》スニハ總組合員ガ寄合《ヨリア》フテスルモヨシ又總組合員ノ中ヨリ一名若クハ二名以上ノ清算人ヲ撰擧《センキヨ》シテ之ヲ任スモヨイ（第一項）若シ清算人《セイサンニン》ヲ撰擧スル時ハ必ラズ總組合員ガ會議《クワイギ》ヲ開キ協議ノ上總組合員半數以上《ハンスウイジヤウ》ガ誰ニシヤウト謂フ其ノ人ヲ清算人ト定メナケレバナラヌ（第二項）而《ソシ》テ此ノ過半數ト謂フハ例《タト》ヘバ組合員カ三名ナレバ二名、五名ナレバ三名以上《イジヤウ》七名ナレバ四名以上十名ナレバ五名以上總組合員數ノ半《ナカ》バニ

過グル數ヲ謂フノデアリマス

第六百八十六條　清算《セイサン》人《ニン》數《スウ》人《ニン》アルトキハ第六百七十條ノ規定ヲ準用ス

〔註釋〕本條ハ清算人ガ二名以上《イジヤウ》アル場合ノ方法ヲ規定《キテイ》シタル條項デアツテ其ノ意義《イギ》ハ清算人ヲ任《マカ》サレタル者ガ二人以上アル時ハ第六百七十條ニ規定《キテイ》シタル方法ノ如ク總清算人ガ會議ヲ開キ其ノ過半數《クワハンスウ》ノ說ヲ方針トシテ清算ノ事務《ジム》ヲ執《ト》ラナケレバナラヌケレドモ清算人ガ特ニ分擔《ブンタン》スル部分ニ就テハ專行《センカウ》スルコトガ出來ル最モ此ノ專行事務《センカウジム》ノ結了シナイ以前ニ於テ他ノ清算人ガ異議《イギ》ヲ述ベタル時ハ更ニ議決《ギケツ》ヲセナケレバナラヌト定メタノデアリマス尙ホ詳《クワ》シキハ第六百七十條ノ註釋ヲ引用《インヨウ》セラルベシ

第六百八十七條　組合契約ヲ以テ組合員中《クミアヒヰンチウ》ヨリ清算人ヲ選任《センニン》シタルトキハ第六百七十二條ノ規定《キテイ》ヲ準用ス

〔註釋〕本條ハ組合契約ヲ以テ定《サダ》メタル清算人ノ辭任《ジニン》ト解任ノ場合ニ關スル規定《キテイ》デアツテ其

ノ意義ハ組合契約ヲ以テ定メタル清算人《セイサンニン》ガ辭任及ビ解任ニ就テハ第六百七十二條ニ規定シタル業務《ゲフム》執行者《シッカウシャ》ニ對スルト等シク清算人ハ正當《セイタウ》ノ事由ガナケレバ清算人ノ任務《ニンム》ヲ辭スルコトハ出來ヌ又他ノ組合員モ正當ノ事由《ジイウ》ガナケレバ清算ノ任務ヲ解任《カイニン》スルコトハ出來ヌ又假令《タトヘ》正當《セイタウ》ノ事由ガアッテモ解任《カイニン》セムトスルニハ總組合員ガ解任説《カイニンセツ》ニ一致ノ同意《ドウイ》ヲセナケレバ解任《カイニン》スルコトハ出來《デキ》ヌト定メタノデアリマス

第六百八十八條　清算人ノ職務《ショクム》及ヒ權限ニ就テハ第七十八條ノ規定ヲ準用ス

殘餘財産ハ各組合員ノ出資《シユツシ》ノ價額ニ應《オウ》シテ之ヲ分割《ブンクワツ》ス

〔註釋〕本條ハ清算人ノ職務《ショクム》ト權限ニ就テ規定シタル條項デアッテ其意義ハ總則《ソウソク》第七十八條ニ規定シタル如ク清算人ノ職務トスル處ハ第一現務《ゲンム》ノ結了第二債權《サイケン》ノ取立《トリタテ》及ビ債務ノ辨濟第三殘餘《ザンヨ》財産《ザイサン》ノ引渡デアル（第一項）而《ソウ》シテ職務中第三ノ殘餘財産引渡ニ就《ツイ》テハ清算人ハ必ラズ各組合員ガ出資ノ價額《カヽク》ニ應ジテ分割シナケレバナラヌ故ニ例《タトヘ》バ其ノ出資ガ甲者

ハ千圓乙者ハ八百圓丙者ハ二百圓ト謂《イ》フ如キ場合《バアヒ》ニ殘餘財産ガ百圓アレバ清算人《セイサンニン》ハ此ノ出資ノ割合ニ應《オウ》ジ其ノ百圓ヲ甲者ヘ五十圓乙者ヘ四十圓丙者ヘ十圓ト謂《イ》フ如ク分割《ブンカツ》シナケレバナラヌ(第二項)ト定メタノデアリマス

第十三節　終身定期金

〔註釋〕本節ハ終身定期金ニ關《クワン》シテ規定シタル條項ヲ網羅《マウラ》シタルモノデアッテ終身定期金《シウシンテイキキン》ノ意義ハ第六百八十九條ニ於テ解説《カイセツ》スレバ玆ニ贅《ゼイ》セザルモ此ノ終身定期金契約ノ設定《セツテイ》理由ヲ略言《リヤクゲン》シ置クハ必要デアル故ニ一言《ゲン》セムニ元來終身定期金ナルモノハ自已《ジコ》ガ一生ヲ終ルニ不足《フソク》ナル元本財産ヲ以テ其《ソ》ノ一生ヲ安全《アンゼン》ニ終ラムトスル經濟上《ケイザイジヤウ》ノ必要ヨリ生ズルモノデアル例バ甲者ガ金千圓ヲ有《イウ》スルカ又ハ乳牛五頭《トウ》ヲ有スルモ之ヲ他人ニ貸與《カシアタ》ヘテ利息ヲ得ムカ自已ガ終生《シヤシヤウ》ニ至ルマデ安全ノ生活《セイクワツ》ハ到底覺束《タウテイオボツカ》ナシ因テ之ヲ乙者ニ引渡シ其ノ利息又ハ賃金ヲ得ザル代《カハ》リニ自已ガ死亡《シバウ》スルニ至ルマデ一ケ年十圓宛《ヅヽ》ノ終身定期金ヲ得《エ》ムトスルモノデアル故ニ是《コ》レ唯《タヾ》甲者ノ利益ノミナラズ乙者ニ於テモ一時ニ大資《ダイシ》ヲ下サズ年々割戻ノ法ニ因リ事業《ジゲフ》ノ元本ヲ得ルモノデアレバ大ヒニ利益《リエキ》ト成ルベキモノデアル故ニ經濟思想《シサウ》ノ發達スルニ伴《トモナ》ヒ是等ノ契約ヲ締結《テイケツ》スル者將來多々アルベシ是レ此ノ規定《キテイ》ヲ設定

スルノ必要《ヒツエウ》アル所以《ワケ》デアリマス

第六百八十九條　終身定期金契約ハ當事者《タウジシヤ》ノ一方カ自己《ジコ》、相手方又ハ第三者ノ死亡《シボウ》ニ至ルマデ定期《テイキ》ニ金錢其ノ他ノ物ヲ相手方《アヒテカタ》又ハ第三者ニ給付《キウフ》スルコトヲ約《ヤク》スルニ因リテ其効力ヲ生ス

▲參看　舊民法財產取得編第百六十四條乃至第百六十七條

〔註釋〕本條ハ終身定期金契約ノ效力發生《カウリヨクハツセイ》ニ關シ規定シタル條項デアッテ其《ソ》ノ意義《イギ》ハ例バ甲者ガ乙者ニ對シ汝《ナンヂ》ノ死亡スルニ至ルマデハ一年毎《ゴト》ニ金十圓宛ヲ給付スルト約束《ヤクソク》シ又ハ甲者ガ乙者ニ對シ汝ノ父《チヽ》則チ第三者ガ死亡スルニ至ルマデ年々《ネン〳〵》米《コメ》五俵《ヘウ》ヲ給付スルト約束スレバソレデ終身定期契約ハ效力ヲ生スルモノデアルト定メタノデアリマス

第六百九十條　終身定期金ハ日割《ヒワリ》ヲ以テ之ヲ計算《ケイサン》ス

▲參看　舊民法財產取得編第百七十二條第一項

〔註釋〕本條ハ終身定期金ノ計算方法《ケイサンハウハフ》ヲ規定シタル條項デアッテ其ノ意義《イギ》ハ終身定期金ノ計算ハ日割《ヒワリ》ヲ以テスルモノデアル故ニ其給付ノ期限《キゲン》ハ契約者ノ都合《ツガフ》ニ因リ一年トスルモ一月トスルモ一ケ年ニ兩度《リヤウド》トスルモ差支《サシツカ》ヘハナイ唯日割ヲ以テ計算《ケイサン》スレバヨイノデアル例バ毎年六月ト十二月ノ兩度ニ給付スベキ契約《ケイヤク》ヲ爲シタル場合ニ於テ給付ヲ受クル者ガ十一月三十日ニ死亡《シバフ》シタリトスレバ後半期分則チ六ケ月ノ日數《ニツスウ》百八十四日ノ内十二月分ノ日數三十一日ヲ減却《ゲンキヤク》シテ殘リ日數百五十三日分ノ支拂給付ヲ爲《ナ》セバヨイト定メタノデアリマス

第六百九十一條　定期債務者カ定期金《テイキキン》ノ元本ヲ受ケタル場合《バアヒ》ニ於テ其ノ定期金ノ給付ヲ怠《オコタ》リ又ハ其ノ他ノ義務《ギム》ヲ履行《リカウ》セサルトキハ相手方ハ元本ノ返還《ヘンクワン》ヲ請求スルコトヲ得但既《スデ》ニ受取《ウケト》リタル定期金ノ内ヨリ其ノ元本ノ利息《リソク》ヲ控除シタル殘額《ザンガク》ヲ債務者ニ返還スルコトヲ要ス

前項ノ規《キ》定《テイ》ハ損害賠償ノ請求《セイキウ》ヲ妨ケス

▲參看　舊民法財産取得編第百七十三條第一項、第百七十五條第一項、第二項

〔註釋〕本條ハ終身定期金ノ元本返還ニ關《クワン》スル規定デアッテ其ノ意義《イギ》ハ例バ甲者ガ乙者ヨリ金一千圓ノ元本ヲ受《ウ》ケ乙者ノ父タル丙者ノ死《シ》亡《バフ》スルニ至ルマデ年々三十圓ノ終身定期金ヲ給付スルコトヲ契約《ケイヤク》スレバ甲者ハ則チ定期金債務者デアル其ノ定期金《テイキン》債務者タル甲者ガ此ノ契約ヲ爲シタルニモ拘《カヽ》ハラズ丙者ニ對シ定期金三十圓ノ給付ヲ怠《オコタ》ルカ又ハ物件給付ノ契約ナルニ物件《ブッケン》ノ給付ヲ怠ル時ハ乙者ハ元本金千圓ノ返還《ヘンクワン》ヲ甲者ニ對シ請求スルコトガ出來ル（第一項前段）ケレドモ此場合《コノバアヒ》ニ於テ甲者ヨリ丙者ニ一回ノ給付ヲ爲《ナ》シ居ル時ハ其一回分金三十圓ノ內ヨリ元本一千圓ニ對《タイ》スル利息金ヲ引去《ヒキサ》リタル殘額ヲ甲者ニ返還セナケレバナラヌ（第一項但書）然《シカ》シ乙者ニ於テ甲者ガ定期金《テイキン》ノ給付ヲ怠リタル爲《タ》メニ蒙リタル損害アル時ハ元來《クワンライ》ノ返還ヲ請求シタルカラト謂ッテ妨《サマタ》ゲトナルモノデハナイカラ元本ノ返還ヲ請求《セイキウ》シテ尙ホ損害ノ賠償ヲモ請求スルコトガ出來ル（第二項）ト定メタノデアリマス

第六百九十二條　第五百三十三條ノ規定ハ前條ノ場合ニ之ヲ準用ス

〔註釋〕本條ハ前第六百九十一條ノ場合《バアヒ》ニハ雙務契約ニ關《クワン》シテ規定シタル條項ニ準《シタガ》ハナケレ

バナラヌコトヲ規定シタル條項《デウコウ》デアッテ其意義ハ前條ノ場合ニ於テハ定期金債權者《テイキヽンサイケンシヤ》モ定期金債務者モ互ニ義務《ギム》ヲ負《オ》フモノデアルカラ此場合《コノバアヒ》ニハ必ラズ雙務契約ニ就テ規定《キテイ》シタル第五百三十三條ノ規定《キジイ》ニ準ハナケレバナラヌト定メタノデアル其《ソ》ノ第五百三十三條ヲ前條ノ場合《バアヒ》ニ當テヽ謂ヘバ定期金債權者ニ於テ定期金債務者《サイムシヤ》ヨリ元本ヲ提供《テイキヨウ》スルマデハ既ニ給付シタル定期金ハ返還《ヘンクワン》シナイト拒《コバ》ムコトガ出來ル又定期金債務者ノ上ヨリ謂《イ》ヘバ定期金ノ殘額《ザンガク》ヲ定期金債權者ヨリ提供スルマデハ元本ハ返還《ヘンクワン》シナイト拒《コバ》ムコトガ出來ルト定メタノデアリマス

第六百九十三條 死亡《シバフ》カ定期金債務者ノ責《セメ》ニ歸《キ》スヘキ事由《ジイウ》ニ因リテ生シタルトキハ裁判所ハ債權者《サイケンシヤ》又ハ其ノ相續人ノ請求《セイキウ》ニ因リ相當ノ期間債權ノ存續《ソンゾク》スルコトヲ宣告《センコク》スルコトヲ得

前項ノ期定《キテイ》ハ第六百九十一條ニ定メタル權利《ケンリ》ノ行使《カウシ》ヲ妨ケス

〔參看〕 舊民法財產取得編第百七十七條第二項、第三項

〔註釋〕本條ハ死亡《シバフ》ガ定期金債務者ノ責《セメ》ニ歸《キ》スベキ原因デアル場合《バアヒ》ニ關スル規定《キテイ》デアッテ其

意義ハ元來終身定期金契約ハ定期金債權者《サイケンシヤ》又ハ第三者ノ死亡ガ定期金債務者ノ義務《ギム》ヲ免ガル丶一大原因《ダイゲンイン》デアルカラ或ハ定期金債務者ノ欲望《ヨクバウ》ヨリ其ノ死亡ヲ速《スミヤ》カナラシメム爲メ種々ノ惡計《アクケイ》ヲ以テ死ニ至ラシムル塲合《バアヒ》ナシトモ限ラヌ故ニ例バ甲者ガ乙者ニ對《タイ》シ元本トシテ金千圓ヲ渡《ワタ》シ甲者ノ母丙者ノ死《シ》ニ至《イタ》ルマデ年々金五十圓宛ノ定期金給付ヲ契約《ケイヤク》シタルニ乙者ハ自己ノ義務《ギム》ヲ速カニ免レント丙者ヲ或《ア》ル手段《シユダン》ニテ殺害《セツガイ》シタル時ハ裁判所ハ定期金債權者タル甲者ノ請求《セイキウ》ニ因リテ丙者ノ天然上《テンゼンジヤウ》死亡スルニ相當《サウタウ》ナル期間ヲ定メ其ノ年限間乙者ヨリ舊《モト》ノ如《ゴト》ク甲者ニ對シ既定ノ定期金ヲ給付スベキコトヲ言渡《イヒワタ》スコトガ出來ル又乙者ガ甲者ヨリ元本トシテ田地《デンチ》五反歩《タンブ》ヲ受ケ甲者ガ終身間年々米三石宛ヲ給付スベキ契約ヲ爲《ナ》シタルニ乙者ガ前例《ゼンレイ》ノ如ク甲者ヲ殺害《セツガイ》シタル時ハ裁判所ハ甲者ガ相續人《サウゾクニン》ノ請求ニ因リテ甲者ノ天然上死亡スルニ相當《サウタウ》ナル期間ヲ定メ其年限間乙者ヨリ甲者ガ相續人ニ對シテ舊《モト》ノ如《ゴト》ク既定ノ定期金ヲ給付スベキコトヲ宣告《センコク》スルコトガ出來ル(第一項)而《ソウ》シテ此塲合ニ於テモ第六百九十一條ノ規定《キテイ》ノ權利ヲ行フニ妨ゲハナイ故《ユヱ》ニ定期金債權者ニ於テモ又相續人ニ於テモ該條《ガイデウ》ノ權利ヲ行《オコナ》フコトガ出來ルト定メタノデアリマス

第六百九十四條　本節ノ規定《キテイ》ハ終身定期金ノ遺贈《ヰゾウ》ニ之ヲ準用ス

〔註釋〕本條ハ第六百八十九條以下《イカ》第六百九十四條ニ至《イタ》ルマデノ各條項ノ規定《キテイ》ハ終身定期金ヲ遺贈スル場合ニハ必ラズ準用《ジユンヨウ》スベキモノデアルト規定《キテイ》シタル條項デアル而《ソウ》シテ此ノ遺贈ニ關スル規定ハ將來制定《シヤウライセイテイ》セラルベキ相續編ニ屬《ゾク》スルモノデアルカラ今玆ニ説明《セツメイ》スルコトハ出來ヌ故ニ其説明ハ之ヲ省キマス

第十四節　和解

〔註釋〕本節ハ和解《ワカイ》ニ關シテ規定シタル條項ヲ網羅《マウラ》シタルモノデアツテ而《ソウ》シテ和解トハ契約者雙互ノ間ニ爭論《ソウロン》ヲ爲シ是非《ノ》曲直《キヨクチヨク》ヲ法廷ニ爭ヒ既往《キワウ》ノ親交乍《タチマ》チ破《ヤブ》レ互ヒニ怨《ウラミ》ヲ含《フク》ムベキヤウノ結果《ケツクワ》ナキヤウ豫メ互ニ讓歩《ジヤウホ》シ又ハ出捐シ以テ平素《ヘイソ》ノ親交《シンカウ》ヲ破ラヌコトヲ豫メ契約シ置クモノデアリマス

第六百九十五條　和解《ワカイ》ハ當事者カ互ニ讓歩《ジヤウホ》ヲ爲シテ其ノ間ニ存スル爭ヲ止《トド》ムルコトヲ約《ヤク》スルニ因リテ其ノ効力ヲ生ス

▲參看　舊民法財產取得編第百十條第一項

〔註釋〕本條ハ和解ノ定義《テイギ》ヲ規定シタル條項デアッテ其ノ意義ハ和解《ワリイ》ハ雙互《サウゴ》ノ間ニ爭ヒヲ止ムルヲ目的トシテ雙方互ニ讓步《ジヤウホ》スルコトヲ契約スレバソレデ和解契約《ワカイケイヤク》ノ效力ハ生ズルモノデアル故ニ和解《ワカイ》ハ第一當事者ガ互ヒニ讓步スル、コト第二當事者《タウジシヤ》ノ間ニ存スル爭ヒヲ止ムルコトノ二要件ハ缺《カ》クベカラザルモノデアル故ニ若シ此ノ二要件《エウケン》ノ何レニ反《ハン》スルモ和解ハ成立《ナリタ》ツモノデハナイ例バ甲者ガ乙者ニ書籍《シヨセキ》ヲ貸シタリト言ヒ乙者ハ之ヲ借《カ》ラズト言フ然ルニ甲者ハ此爭ヲ止《ト》メント思《オモ》フ故一步ヲ乙者ニ讓リ書籍代價半額《ハンガク》ヲ提供シ乙者モ其爭ヒノ無益ナルコトヲ覺《サト》リ書籍代價ノ半額ヲ提供《テイキヤウ》スレバ和解ノ效力ヲ生ズルモ若《モ》シ乙者ノ提供シタル半額ノ代價《ダイカ》ヲ甲者ニ於テ乙者ガ賠償シタルモノト思《オモ》ヘバ爭《アラソ》ヒヲ止ムルノ目的ニ反スレバ和解ハ成立ヌモノデアリマス

第六百九十六條　當事者《ノ》ノ一方カ和解《ワカイ》ニ依リテ爭ノ目的《モクテキ》タル權利ヲ有スルモノト認《ミト》メラレ又ハ相手方カ之ヲ有《イウ》セサルモノト認《ミト》メラレタル場合ニ於テ其ノ者カ從來《シユウライ》此權利ヲ有セサリシ確證《クワクシヨウ》又《マタ》ハ相手方カ之ヲ有セシ確證出タルトキハ其ノ權利《ケンリ》ハ和解ニ因リテ其ノ者ニ移轉《ヰテン》シ又

ハ消滅《セウメツ》シタルモノトス

▲参看　舊民法財産取得編第百十四條第一項

〔註釋〕本條ハ和解《ワカイ》ノ效力ヲ規定シタル條項《デウコウ》デアッテ其ノ意義ハ例《タトヘ》バ甲者ヨリ乙者ニ金十圓ヲ貸與ヘタリト言《イ》フニ乙者ハ更ニ借《カ》リタル覺《オボヘ》ヘナシト言フ時ハ甲者ヨリ見《ミ》レバ乙者ハ權利ヲ有スルモノデハナイ又乙者ヨリ見《ミ》レバ甲者ハ權利ヲ有《イウ》スルモノデバナイケレドモ此ノ塲合ニ於テ甲乙兩者ガ爭ヒノ不利益《フリエキ》ナルコトヲ覺《サト》リ互ニ讓歩シテ乙者ヨリ代價《ダイカ》四圓ノ時計《トケイ》一個ヲ甲者ニ渡シ甲者ハ之ヲ十圓ヨリ差引《サシヒ》ケバ六圓ノ損アルモ先《マ》ヅ夫レデ和解《ワカイ》ヲ爲シ終リタリトスレバ此ノ塲合《バアヒ》ニ於テ之ヲ甲者ヨリ見レバ乙者ハ債務《サイム》ノナイヤウナモノヽ讓歩スル所ヨリ考ヘレバ強《アナガ》チ無シトモ言ヘヌ又乙者ヨリ見レバ甲者ハ債權《サイケン》アリト言ヒシモ讓歩スル所ヨリ考ヘレバ強チ債權《サイケン》アリトモ言ヘヌト双方《サウハウ》ニ疑《ウタガ》ヒヲ存スルモノデアル而シテ後甲者ガ十圓ノ債權《サイケン》ヲ有シ居ラナカッタト謂フ確證ガ乙者ノ手《テ》ニ出《イ》ヅルトモ既ニ和解ノ成立《ナリタ》チシ後デアルカラ和解ノ効力ニ因《ヨ》ッテ權利ヲ有シ居リタルモノト成《ナ》ルカラ甲者ガ權利ナキ受授《ジユジユ》モ有効トナルモノデアル又之《コ》レニ反《ハン》シ甲者ガ從來乙者ニ十圓ノ貸金《カシキン》アリタルニ相違《サウヰ》ナキ確證ガ出ヅレバトテ之ヲ和解ノ効力《カウリヨク》ニ因リテ消滅スルモノデアルト定メ

タノデアリマス

第三章　事務管理

〔註釋〕本章ハ事務《ジム》管理《クワンリ》ニ關シテ規定シタル條項ヲ網羅《マウラ》シタルモノデアッテ而《ソウ》シテ事務管理ト謂フハ何人ヨリモ命《メイ》セラレ又ハ依賴《イライ》セラレタルニアラズ自己ガ意思《イシ》ヲ以テ好誼上《カウギシヤウ》他人ノ事務ヲ處理《シヨリ》スルヲ謂フノデアリマス

第六百九十七條　義務《ギム》ナクシテ他人ノ爲メニ事務《ジム》ノ管理《クワンリ》ヲ始メタル者ハ其ノ事務ノ性質《セイシツ》ニ從ヒ最モ本人ノ利益《リエキ》ニ適スヘキ方法《ハウハフ》ニ依リテ其ノ管理《クワンリ》ヲ爲スコトヲ要ス

管理者カ本人《ホンニン》ノ意思ヲ知リタルトキ又ハ之ヲ推知《スヰチ》スルコトヲ得ヘキトキハ其ノ意思《イシ》ニ從ヒテ管理《クワンリ》スルコトヲ要ス

〔註釋〕本條ハ事務《ジム》管理《クワンリ》ノ方法ヲ規定シタル條項デアッテ其意義《ソノイギ》ハ例バ甲者ハ敢テ乙者ニ報

ユベキ義務《ギム》ハナケレドモ乙者ハ商用ノ爲メ遠《トホ》ク海外《カイグワイ》ニ旅行《リヨカウ》シ不在ナルニ其ノ債權者タル丙者ガ債權ノ辨濟《ベンサイ》ヲ得ヌ爲メニ乙者ノ家屋《カオク》ヲ差押ヘ將ニ競賣《キヤウバイ》ニ附スベクシタルニ依リ甲者ハ好誼上打捨《ウチス》テ置クニ忍《シノ》ビズ丙者ニ對シテ之レガ債權《サイケン》ノ辨濟ヲ爲シ其家屋ヲ管理《クワンリ》スル場合ニ於テハ甲者ハ此ノ家屋ヲ他人《タコン》ニ貸與シ家賃金《ヤチンキン》ヲ利殖《リシヨク》スル如キ最モ乙者ノ利益《リエキ》ニ適スベキ方法ニ依リテ管理《クワンリ》セヌケレバナラヌ（第一項）然《シカ》シ前ニモ畧述セル如ク元來事務管理ハ本人ハ勿論《モチロン》其ノ他何人ヨリモ依賴《イライ》ヲ受ケズ唯好誼上《カウギジヤウ》ヨリ爲スベキ行爲デアルカラ實際知人間ノ事務《ジム》ヲ管理スルガ多イモノデアル故ニ若シ甲者ニ於テ乙者ガ常《ツネ》ニ潔癖《ケツペキ》アリテ自已ノ家屋ヲ他人《タニン》ニ貸ス等ハ最モ嫌《キラ》フ所デアルカ又ハ其屋敷内《ヤシキナイ》ニ傾倒《テンタウ》セル建物アルモ乙者ハ其建物ハ當《カツ》テ取拂フノ考ヘアリシコトヲ甲者ニ於テ知《シ》レバ之レガ修繕《シウゼン》ヲ爲ス等ノコトハセズトモヨイノデアル（第二項）要《エウ》スルニ事務管理ハ事務《ジム》ノ性質ニ從ヒ本人《ホンニン》タル乙者ノ意思《イシ》ニ反セズシテ利益トナルベキヤウノ方法ニ依ツテ管理シナケレバナラヌノデアリマス

第六百九十八條　管理者カ本人《ホンニン》ノ身體、名譽《メイヨ》又ハ財產ニ對スル急迫《キフハク》ノ危害ヲ免《マヌガ》レシムル爲メニ其ノ事務《ジム》ノ管理ヲ爲シタルトキハ惡意《アクイ》又ハ

重大ナル過失《クワシツ》アルニ非サレハ之ニ因リテ生《シヤウ》シタル損害ヲ賠償スル責ニ任セス

▲參看　舊民法財産取得編第三百六十二條第三項

〔註釋〕本條ハ管理者《クワンリシヤ》ガ責任限度ヲ規定シタル條項《デウコウ》デアツテ其ノ意義ハ例バ甲者ガ乙者ノ傳染病ニ罹《カヽ》リ死ニ瀕《ヒン》セムトスル場合カ又ハ乙者ガ穩事《インジ》ヲ他人ガ發露《ハツロ》セヌトスルニ因リ甲者ガ乙者ノ名譽《メイヨ》ヲ損セザラシメヌ爲ニ之ヲ豫防《ヨバウ》シタル場合カ又ハ乙者ノ家屋《カオク》カ傾倒セムトスルヲ防《フセ》ギタル場合等總テ甲者ガ乙者ニ報告《ハウコク》シ又ハ承諾セシムルノ餘暇《ヨカ》ナキ乙者ガ急迫ノ危害《キガイ》ヲ免ガレシメムコトヲ管理《クワンリ》シタル事務ノ爲ニ生ジタル乙者ノ損害《ソンガイ》ハ甲者ノ惡意《アクイ》又ハ重大ノ過失アル場合《バアヒ》デナケレバ甲者ニ於テ賠償《バイシヤウ》スル責ハナイモノデアルト定メタノデアリマス

第六百九十九條　管理者ハ其ノ管理《クワンリ》ヲ始メタルコトヲ遲滯《チタイ》ナク本人ニ通知スルコトヲ要《エウ》ス但本人カ既《スデ》ニ之ヲ知《シ》レルトキハ此限《コノカギリ》ニ在ラス

〔註釋〕本條ハ管理者《クワンリシヤ》ガ通知ノ義務アルコトヲ規定シタル條項《デウコウ》デアツテ其ノ意義ハ他人ノ事務ヲ好誼上依頼ヲ受《ウ》ケズシテ管理シタル者ハ其事務管理ニ着手《チヤクシユ》スレバ遲滯《チタイ》ナク早速其ノ事ヲ本人ヘ通知《ツウチ》シナケレバナラヌ、ケレドモ其ノ本人《ホンニン》ガ自己ノ事務ヲ依頼《イライ》セザル某ガ管理シ居ルト謂フコトヲ知リ居ル時ハ別《ベツ》ニ通知セザルモ差支《サシツカ》ヘハナイ最モ本人ガ其《ソ》ノ事ヲ知ルト知ラザルトニ拘《カヽ》ハラズ管理者ガ其ノ本人ノ居住所《キヨヂウシヨ》ヲ知ラザル時ハ通知《ツウチ》スルニ術《スベ》ナキモノデアルカラ是又通知セザルモ敢《アヘ》テ差支ヘナキモノデアリマス、

第七百條　管理者ハ本人、其ノ相續人《サウゾクニン》又ハ法定代理人カ管理《クワンリ》ヲ爲スコトヲ得ルニ至ルマデ其ノ管理ヲ繼續《ケイゾク》スルコトヲ要ス但其管理ノ繼續カ本人ノ意思《イシ》ニ反シ又ハ本人ノ爲メニ不利《フリ》ナルコト明カナルトキハ此限ニ在ラス

▲參看　舊民法財產編第三百六十二條第二項

〔註釋〕本條ハ管理繼續ニ關《クワン》シテ規定シタル條項デアツテ、其ノ意義ハ元來事務《グワンライジム》管理《クワンリ》ハ前ニ

モ逃ベシ如ク好訟《カウギシヤウ》上本人自ラ事務ヲ管理《クワンリ》スル能ハズシテ不利益ヲ蒙《カフ》ムルヲ傍觀《バウクワン》スルニ忍ビストシテ爲ニ依賴モナキニ進《スヽ》ミテ爲ス行爲デアルカラ本人《ホンニン》ガ自ラ事務ヲ管理スルコトノ出來ル場合デアレバ直《タヾ》チニ其ノ事務ヲ本人ニ引繼《ヒキツ》グハ至當《シタウ》デアッテ又管理者ノ希望《キバウ》スル所デアル、ケレドモ例バ旅行中《リヨカウチウ》ノ本人ガ歸國シ又ハ死跡相續《シセキサウゾク》ノ人ガ確定シ又ハ破產若クハ禁治產ノ宣告《センコク》ヲ受ケタル本人ノ法定代理人等ガ定《サダ》マルモ未ダ其ノ事務ヲ管理《クワンリ》スル迄ビニ至ラザル時ハ其ノ管理《クワンリ》ヲ爲シ得ルニ至ル時マデ繼續《ケイゾク》シ居ラナケレバナラヌ（本條前段）ケレドモ其ノ管理ノ繼續ガ本人ノ意思《イシ》ニ反シ又ハ本人ノ爲ニ不利益《フリエキ》ナルコトガ明カナル場合ニハ繼續《ケイゾク》セナクトモヨイ（本條但書）ト定メタノデアリマス

第七百一條　第六百四十五條乃至第六百四十七條ノ規定ハ事務管理ニ之ヲ準用ス

▲參看　舊民法財產編第三百六十二條第一項

〔註釋〕本條ハ他ノ規定ヲ應用《オウヨウ》スベキコトヲ規定シタル條項《デウコウ》デアッテ其ノ意義ハ元來事務管理ハ他人《タニン》ノ爲スベキコトヲ代ッテ爲《ナ》スモノデアルカラ其ノ性質敢テ代理《ダイリ》ト異ナラザルモ

ノデアル故ニ事務《ジム》管理《クワンリ》ニ就テハ第六百四十五條ヨリ以下《イカ》第六百四十七條ノ間ニ規定シタル委任《ヰニン》ニ關スル各條項ヲ準用《ジユンヨウ》スルコト、定メタノデアリマス

第七百二條　管理者カ本人《ホンニン》ノ爲メニ有益ナル費用《ヒヨウ》ヲ出シタルトキハ本人ニ對シテ其ノ償還《シヤウクワン》ヲ請求スルコトヲ得

管理者カ本人ノ爲メニ有益《イウエキ》ナル債務ヲ負擔《フタン》シタルトキハ第六百五十條第二項ノ規程《キテイ》ヲ準用ス

管理者カ本人ノ意思《イシ》ニ反シ管理《クワンリ》ヲ爲シタルトキハ本人カ現ニ利益ヲ受クル限度《ゲンド》ニ於テノミ前二項ノ規定ヲ適用《テキヨウ》ス

▲參看　舊民法財產編第三百六十三條

〔註釋〕本條ハ費用償還ノ方法《ハウハフ》ヲ規程《キテイ》シタル條項デアッテ其意義ハ例《タトヘ》バ甲者ガ乙者ノ家屋《カオク》ヲ管理スルニ付乙者ノ爲メニ利殖《リシヨク》ヲ計ラントシテ一戸ヲ二戸ニ間仕切《マジキリ》テ爲シ二戸ノ住居《スマヰ》ニ堪ヘラルヽヤウ改繕《カイゼン》シタルガ如キ有益ナル費用《ヒヨウ》ハ其ノ本人タル乙者ニ對シテ甲者ハ償還

ノ請求ヲ爲スコトガ出來ル(第一項)又甲者ガ乙者ノ家屋《カオク》ヲ前例《ゼンレイ》ノ如ク改繕シタル建築費用ニ付債務ヲ負擔《フタン》シタル時ハ甲者ニ於テ過失《クワシツ》ナキ時ニ限リ乙者ニ對シテ費用償還《ヒヨウシヤウクワン》ノ請求ヲ爲《ナ》スコトガ出來ル(第二項)ケレドモ甲者ノ爲シタル家屋改繕ガ乙者ノ意思《イシ》ニ反《ハン》スルトキハ乙者ガ現《リ》ニ受《ウ》クル利益ノ限度《ゲンド》則チ甲者カ千圓ヲ費シタルモ乙者ニ於テ現《ゲン》ニ三百圓ノ利益ヨリ受ケヌトキ其ノ三百圓ノ賠償《バイシヤウ》ヲ受クルダケデアツテ其乙者ガ受ケザル七百圓ニ就テハ賠償ノ權利《ケンリ》ナケレバ結果《ケツクワ》甲者ノ損失トナルモノデアル(第三項)是レ甲者ガ乙者ノ意思ニ反シタル過失《クワシツ》ニ因ル自業自得《ジゴフジトク》ノ結果ト謂ハナケレバナラヌノデアリマス

第四章　不當利得

〔註釋〕本章ハ不當利得《フタウリトク》ニ關シテ規定シタル條項ヲ網維《マウラ》シタルモノデアツテ不當利得《フタウリトク》トハ利得ヲ受クベキ原因ナキニ受《ウ》クル利得ト云フコトデアル故ニ彼《カ》ノ不法利得ト混《コン》ジテハナラヌ故ニ不當利得ハ不正《フセイ》ニ得ル利得デナイコトヲ記憶《キオク》セナケレバナラヌ不正《フセイ》ニ得ル利得ハ之レヲ後章ニ規定《キテイ》シタレバ其ノ逕庭《チカヒ》ノ点ニ注意《チウイ》セラルベシ

第七百三條　法律上ノ原因《ゲンイン》ナクシテ他人《タニン》ノ財産又ハ勞務《ラウム》ニ因リ利益ヲ

受ケ之レカ爲メニ他人《タニン》ニ損失ヲ及ホシタル者ハ其ノ利益《リエキ》ノ存スル限度ニ於テ之ヲ返還《ヘンクワン》スル義務ヲ負フ

▲參看　舊民法財產編第三百六十一條

〔註釋〕本條ハ不當利得《フタウリトク》ヨリ生ズル義務ヲ規定《キテイ》シタル條項デアッテ其意義ハ例バ甲者ガ乙者ニ對シテ債權《サイケン》ヲ有シ既ニ乙者ヨリ其債務ノ辨濟《ベンサイ》ヲ終リタル後チ甲者ハ乙者ガ死亡《シバウ》シタリト聞キ再ビ乙者相續人タル丙者ヨリ辨濟ヲ受タル塲合《バアヒ》ノ如ク甲者ガ曩キニ乙者ニ對シテ請求シタル時ハ甲乙間ニ金錢貸借ノ權利義務《ケンリギム》ガ存シ居リタレバ法律上ノ原因《ゲンイン》アリシモ乙者ガ既ニ其債務ヲ辨濟シタル後ハ其ノ乙者ノ義務モ甲者ノ權利《ケンリ》モ既ニ消滅《セウメツ》シタルモノデアルカラ甲者ガ再《フタヽ》ビ丙者ニ對シテ請求シ其ノ辨濟ヲ受《ウ》ケタル如キハ則《スナハ》チ法律上ノ原因ナキ不當《フタウ》ノ利得デアルカラ甲者ハ丙者ニ對シテ再《フタヽ》ビ受ケタル辨濟金ヲ返還シナケレバナラヌ義務ヲ負フモノデアルト定メタノデアリマス

第七百四條　惡意ノ受益者《ジユエキシヤ》ハ其受ケタル利益《エキ》ニ利息ヲ附シテ之ヲ返還スルコトヲ要ス尚《ナ》ホ損害《ソンガイ》アリタルトキハ其ノ賠償ノ責《セメ》ニ任《ニン》ス

▲參看　舊民法財產編第三百六十四條、第三百六十八條第一號、第三號

〔註釋〕本條ハ惡意《アクイ》ヲ以テ不當利得ノ所爲《シヨイ》アリタル者ニ關スル規定デアッテ其《ソ》ノ意義《イギ》ハ例バ前例ノ如ク甲者ガ乙者ヨリ旣《ステ》ニ債權ノ辨濟ヲ受ケナガラ乙者ノ死亡《シバウ》シテ相續人タル丙者ガ其ノ事由《シイウ》ヲ知ラザル虛《キヨ》ニ乘《ジヨウ》ジ不當ニ利得ヲ僥倖《ギヤウカウ》セントシ丙者請求シテ再ビ其ノ債權ノ辨濟ヲ受ケタル甲者則チ有益者ハ不當《フタウ》ニ得タル再度ノ辨濟金ニ利息《リソク》ヲ附シテ之ヲ丙者ニ返還スルト共ニ丙者ガ爲《タ》メニ蒙《カフム》リタル損害アレバ其損害ヲモ併《アハ》セテ賠償スルノ責ヲ負擔シナケレバナラヌト定メタノデアリマス

第七百五條　債務ノ辨濟《ベンサイ》トシテ給付ヲ爲シタルモノカ其當時《ソノタウジ》債務ノ存在セサルコトヲ知《シ》リタルトキハ其給付《ソノキウフ》シタルモノヽ返還ヲ請求スルコトヲ得ス

▲參看　舊民法財產編第三百六十五條第一項

〔註釋〕本條ハ二重辨濟ノ場合ニ關《クワン》スル條項デアッテ其《ソ》ノ意義《イギ》ハ第四百七十四條ニ規定スル

如ク債務ノ辨濟《ベンサイ》ハ必ラズ債務者ガ爲《ナ》スベキニ限《カギ》リタルモノデハナイ第三者ガ債務者《サイムシヤ》ニ代リテ辨濟スルモ差支ナイモノデアル故ニ例《タトヘ》バ其第三者タル甲者ガ債務者タル乙者ノ爲メニ債權者タル丙者ニ乙者ノ債務《サイム》ヲ辨濟スル場合ニ於テ乙者ノ債務《サイム》甲者ニ對シテ存在《ソンザイ》セヌコトヲ知リテ辨濟スル時ハ甲者ハ丙者ニ對《タイ》シテ之レカ返還ヲ請求《セイキウ》スルコトハ出來ヌ是レ自巳ガ自業《ジゴフ》ノ過失《アヤマチ》デアルカラ詮術《センスベ》ナキモノデアリマス

第七百六條　債務者カ辨濟期《ベンサイキ》ニ在ラサル債務ノ辨濟トシテ給付《キウフ》ヲ爲シタルトキハ其ノ給付シタルモノヽ返還《ヘンクワン》ヲ請求スルコトヲ得ス但債務者カ錯誤《サクゴ》ニ因リテ其給付ヲ爲《ナ》シタルトキハ債權者《サイケンシヤ》ハ之ニ因リテ得タル利益ヲ返還《ヘンクワン》スルコトヲ要ス

參看　舊民法財產編第三百六十六條第二項

〔註釋〕本條ハ債務者ガ錯誤《サクゴ》ノ辨濟ニ就テ規定シタル條項デアッテ其ノ意義《イギ》ハ例バ甲者ガ乙者ニ明治二十九年八月三十日ヲ辨濟期限《ベンサイキゲン》トシテ金百圓ヲ借入《カリイ》レ居リシ場合ニ於テ甲者ガ

其ノ辨濟期限前デアル七月十日ニ金百圓ヲ乙者ニ手渡《テワタシ》シタル時ハ是レ甲者ハ自己《オノレ》ガ得タル期限ノ利益ヲ拋棄《ハウキ》シタルモノデアルカラ之カ返還ヲ請求《セイキウ》スルコトハ出來ヌ（本條前段）ケレドモ若シ甲者ニ於テ其給付ガ全《マツタ》ク錯誤《サクゴ》デアツタト謂フ證據立テ爲ス時ハ乙者ハ之レニ因リテ得タル利益《リエキ》ヲ甲者ニ返還シナケレバナラヌ（本條但書）ト定メタノデアリマス

第七百七條　債務者《サイムシヤ》ニ非サル者カ錯誤《サクゴ》ニ因リテ債務《サイム》ノ辨濟ヲ爲シタル場合ニ於テ債權者カ善意《ゼンイ》ニテ證書ヲ毀滅《キメツ》シ、擔保ヲ拋棄《ハウキ》シ又ハ時効ニ因リテ其ノ債權《サイケン》ヲ失ヒタルトキハ辨濟者ハ返還《ヘンクワン》ノ請求ヲ爲スコトヲ得ス

前項ノ規定ハ辨濟者《ベンサイシヤ》ヨリ債務者ニ對スル求償權《キウシヤウケン》ノ行使ヲ妨ケス

▲參看　舊民法財産編第三百六十五條第二項、第三項

〔註釋〕本條ハ辨償金ノ返還《ヘンクワン》ヲ求ムル能ハザル塲合ヲ規定《キテイ》シタル條項デアツテ其ノ意義《イギ》ハ例バ乙者ガ甲者ト丁者ニ債務ヲ負擔《フタン》シ居リシニ債務者ニ非ラザル丙者ガ乙者ノ債權者《サイケンシヤ》タル

丁者ニ辨濟スヘキヲ全ク甲者ト錯誤《アヤマ》リ乙者ノ債務ヲ丁債權者ニ辨濟《ベンサイ》セズシテ甲債權者ニ辨濟シタルニ甲者ハ全ク自己《オノレ》ノ辨濟ヲ受ケタルモノト信シタルニ因リ證書ヲ破毀《ハキ》シ又ハ擔保ヲ抛棄《ハウキ》シ又ハ時效ニ因リ其ノ債權《サイケン》ヲ失ヒタル場合ニ於テ甲者ノ善意《ゼンイ》ナル時ニ限リテハ辨濟者タル丙者ハ甲者ニ對シ假令《タトヘ》錯誤ニ原因スル辨濟デアルモ返還ヲ請求《セイキウ》スルコトガ出來ヌ（第一項）ケレドモ之《コ》レガ爲《タ》メ丙者ガ乙者ニ對スル求償權《キウシヤウケン》ヲ妨ゲルモノデハナイカラ丙者ハ乙者ニ對シ辨濟金《ベンサイキン》ノ返償ヲ請求《セイキウ》スルコトガ出來ル（第二項）ト定タノデアリマス

第七百八條　不法ノ原因《ゲンイン》ノ爲メ給付ヲ爲シタル者ハ其ノ給付《キウフ》　爲シタルモノヽ返還ヲ請求《セイキウ》スルコトヲ得ス但不法《フハフ》ノ原因カ受益者ニ付テノミ存《ソン》シタルトキハ此限ニ在ラス

▲參看　舊民法財産編第三百六十七條第二項

〔註釋〕本條ハ不法原因《フハウゲンイン》ノ給付ニ就テ規定シタル條項《デウコウ》デアッテ其ノ意義ハ例バ甲者ガ乙者ニ對シ丙者ヲ毆打《アウダ》セヨ創傷《サウシヤウ》一ケ所ニ付金十圓ヲ與フベシト約シ其ノ證據金《シヨウコキン》トシテ金五十圓ヲ與ヘタル時ハ其原因不法《ゲンインフハフ》ナルモ甲者ハ乙者ニ對シ之レガ返還《ヘンクワン》ヲ請求スルコトハ出來ヌ

(本條前段)ケレドモ不法《フハフ》ノ原因ガ受益者タル乙者ニ在《ア》ル時《トキ》ハ甲者ニ於テ取戻《トリモド》シ得ラルヽモノデアル(本條但書)ト定メタノデアリマス

第五章　不法行爲

(註釋)本章ハ不法行爲ニ關《クワン》シテ規定シタル條項ヲ網羅《マウラ》シタルモノデアツテ而《ジカ》シテ不法行爲トハ自已ニ爲《ナ》スベキ權利ナキ行爲《カウヰ》ヲ爲スモノ則チ法律ニ背《ソム》キ道理《ダウリ》ニ犯《ハン》スルノ所爲ヲ以テ他人ニ害《ガイ》ヲ與フルヲ謂フモノデアル舊民法ノ准犯罪《ジユンハンザイ》ト稱シタルモノデアリマス

第七百九條　故意《コイ》又ハ過失ニ因リテ他人《タニン》ノ權利ヲ侵害《シンガイ》シタルモノハ之ニ因リテ生シタル損害《ソンガイ》ヲ賠償スル責ニ任ス

▲參看　舊民法財産編第三百七十條第一項

(註釋)本條ハ不法行爲者ノ責任《セキニン》ヲ規定《キテイ》シタル條項デアツテ其ノ意義《イギ》ハ例ハ甲者ガ乙者ニ債權ヲ有シ其債權ノ辨濟ヲ得ヌ爲メ乙者ニ對シ權利《クンリ》執行《シツカウ》ニ着手セントスル場合ニ於テ丙者ガ仲裁《チウサイ》ヲ爲シ言語ヲ巧《タクミ》ニシテ延期ヲ請ヒ五日三日ト遷延《センエン》シツヽアル中竟《ツヒ》ニ乙者ハ遁走《トンソウ》ス

ルニ至リ甲者ノ權利執行ヲ侵害《シンガイ》シタル時ハ丙者ノ行爲ガ故意《コイ》デアルト過失《クワシツ》デアルトヲ問ハズ爲ニ甲者ニ損害《ソンガイ》ヲ蒙ラシメタル時ハ之ガ賠償《バイシヤウ》ノ責ヲ負擔セナケレバナラヌト定メタノデアリマス

第七百十條　他人ノ身體《シンタイ》、自由又ハ名譽《メイヨ》ヲ害シタル場合ト財産權ヲ害シタル場合トヲ問ハス前條《ゼンデウ》ノ規定ニ依リテ損害賠償ノ責《セメ》ニ任《ニン》スル者ハ財産以外ノ損害ニ對《タイ》シテモ其ノ賠償《バイシヤウ》ヲ爲スコトヲ要ス

〔註釋〕本條ハ財産以外《ザイサンイグワイ》ノ損害ニ關スル規定デアッテ其意義《ソノイギ》ハ例バ他人ヲ毆打《アウダ》シテ身體ニ創傷ヲ負《オ》ハセ又ハ他人ヲ監禁《カンキン》シテ自由ヲ害《ガイ》シ又ハ他人ヲ侮辱《ブヂヨク》シテ名譽ヲ害スル等ノ如キ場合ト他人ヲ欺罔《ギマウ》シテ財産ヲ奪フ等ノ如キ場合トヲ問《ト》ハズ又其ノ所爲ガ故意《コイ》デアルト過失デアルトヲ問ハズ前條ノ規定《キテイ》ニ因リテ損害賠償ノ責ニ任ズル者ハ財産《ザイサン》ニ對シテノ損害ヲ賠償スルニ止ルモノデハナイ毆打創傷《アウダサウシヤウ》ニ就テハ醫藥料、名譽侵害《メイヨシンガイ》ニ就テハ名譽回復ノ爲メニ要スベキ費用《ヒヨウ》等ノ賠償ヲモ爲サナケレバナラヌノデアルト定メタノデアリマス

第七百十一條　他人ノ生命《セイメイ》ヲ害シタルモノハ被害者《ヒガイシヤ》ノ父母、配偶者《ハイグウシヤ》及ヒ子ニ對シテハ其ノ財産權ヲ害《ガイ》セラレサリシ場合《バアヒ》ニ於テモ損害ノ賠償ヲ為スコトヲ要ス

〔註釋〕本條ハ生命《セイメイ》ヲ害シタル場合ニ就テノ損害賠償ニ關シ規定《テイ》シタル條項デアッテ其ノ意義ハ他人《タニン》ノ生命ヲ害シタル者則チ人ヲ死《シ》ニ至《イタ》ラシメタルモノハ其ノ方法ノ如何《イカン》ヲ問ハズ死者ノ給養《キフヤウ》ヲ受ク可キ遺族即チ死者ノ父母《フボ》若クハ妻子又ハ妻ヲ害《ガイ》シタル時ハ其夫ニ對シ假令其財産ヲ害《ガイ》セザル時デアッテモ損害《ソンガイ》ヲ賠償《バイシヤウ》シナケレバナラヌト定メタノデアリマス

第七百十二條　未成年者《ミセイネンシヤ》カ他人ニ損害ヲ加ヘタル場合《バアヒ》ニ於テ其ノ行為ノ責任ヲ辨識《ベンシキ》スルニ足ルヘキ知能《チノウ》ヲ具ヘサリシトキハ其ノ行為《カウヰ》ニ付キ賠償ノ責ニ任セズ

▲參看　舊民法財産編第三百七十二條第一項

〔註釋〕本條ハ他人《タニン》ヲ害スルモ損害賠償ノ責任ヲ負《オ》ハザル場合ヲ規定《キテイ》シタル條項デアッテ其ノ意義ハ未成年者則チ未《イマ》ダ成年《セイネン》ニ至ラザル二十歳未滿《ミマン》ノモノガ他人ニ損害《ソンガイ》ヲ加ヘタル場合ニ於テ其ノ自己ガ行爲ノ惡《ア》シキコトデアルカ斯《コ》ノ行爲ハ他人ノ損失《ソンシツ》トナルベキモノデアルカト謂フ道理《ダウリ》ヲ辨《ワキマ》ヘ識《シ》ルノ知能ヲ具備《ソナ》ヘナイ者デアレバ其ノ行爲ニ付キ賠償ノ責任ハナイト定メタノデアルケレドモ實際《ジッサイ》ニ於テ自已《オノレ》ノ所爲ガ是レハ惡《ワル》シ是レハ善《ヨ》キト謂フコトヲ判別《ハンベツ》スルノ知識能力ヲ有セザルモノハ白痴《ハクチ》風癲者《フウテンシヤ》デナケレバ先ヅ十歳以下ノ者デアル十歳以上ノ者デアレバ大概《タイガイ》ハ其ノ位ノ知能ハ具備《ソナ》ヘ居ルモノデアルカラ果《ハタ》シテ其知能ヲ具備《ソナヘ》居ル以上ハ假令未成年デアッテモ賠償ノ責《セメ》ハ免《マヌガ》ルヽモノデハナイ故ニ果シテ未成年者デアッテ責任ノ辨識《ベンシキ》ヲ爲スベキ知能アリヤ否《イナ》ヤハ事實裁判官ノ判定《ハンケツ》ヲ以テ其ノ有無ヲ定メナケレバナラヌモノデアリマス

第七百十三條　心神喪失《シンシンソウシツ》ノ間ニ他人ニ損害《ソンガイ》ヲ加ヘタル者ハ賠償ノ責ニ任セス但故意又ハ過失《クワシツ》ニ因リテ一時ノ心神喪失ヲ招《マネ》キタルトキハ此限ニ在ラス

▲参看　舊民法財産編第三百七十二條第三項

〔註釋〕本條モ亦タ損害賠償ノ責任《セキニン》ナキモノヲ示定《シテイ》シタル條項デアッテ其意義ハ例バ瘋癲《フウテン》者ノ如ク心神ノ喪失《ソウシツ》シタル者ガ其病中《ビヤウチウ》ニ於テ他人ニ損害ヲ蒙《カフム》ラセタル時ハ其瘋癲者ハ損害賠償ノ責ハ負ハザルモノデアル（本條前段）ケレドモ瘋癲者《フウテンシヤ》ガ病中デモナキ装《ヨソホ》ヒ又ハ故ラニ暴飲《バウイン》シテ他人ヲ害シ損害ヲ蒙《カフム》ラセタル時ハ損害賠償ノ責ヲ負擔《フタン》シナケレバナラヌ（本條但書）ト定メタノデアリマス

第七百十四條　前二條ノ規定《キテイ》ニ依リ無能力者ニ責任《セキニン》ナキ場合ニ於テ之レヲ監督《カントク》スヘキ法定ノ義務《ギム》アル者ハ其ノ無能力者カ第三者ニ加《クハ》ヘタル損害ヲ賠償《バイシヤウ》スル責ニ任ス但監督義務者カ其ノ義務《ギム》ヲ怠ラサリシトキハ此限ニ在ラス

監督義務者ニ代《カ》ハリテ無能力者ヲ監督《カントク》スル者モ亦前項ノ責ニ任ス

▲参看　舊民法財産編第三百七十一條、第三百七十二條

〔註釋〕本條ハ第七百十二條及ビ第七百十三條ノ場合《バアヒ》ニ於テ監督者ノ責任《セキニン》ヲ規定シタル條項デアッテ其ノ意義ハ自己《オノレ》ガ行爲上ノ責任ヲ辨識《ベンシキ》スル智能ナキ未成年者又ハ心神喪失《シン〱ソウシツ》シタル瘋癲者等ハ前二條ノ規定《キテイ》ニ依リテ假令他人ヲ害《ガイ》スルモ之ガ損害ヲ賠償《バイシヤウ》スル責ハナイモノデアル、ケレドモ元來不能力者ニ就テハ管理人《クワンリニン》等必ズ之ヲ監督《カントク》スベキ者ガアル故ニ若シ是等ノ監督者ガ注意《チウイ》ヲ怠ラナケレバ他人ヲ害スル等ノ事ハ起《オコ》ラザルモ其ノ不注意ヨリ惡行爲ヲ爲スニ至リタル場合《バアヒ》ニ於テハ其監督者ハ被害者ノ損害《ソンガイ》ヲ賠償セナケレバナラヌ責任ノモノデアル（第一項前段）ケレドモ其ノ監督者《カントクシヤ》ガ監督ノ任務《ニンム》ヲ怠ラザル證據立ヲ爲スニ於テハ損害賠償ノ責《セメ》ハナイ（第一項但書）又此ノ損害負擔《ソンガイフタン》ノ責任ハ監督者バカリデナイ假令《タトヘ》一時ニテモ監督者ニ代《カハ》リテ監督ノ任務ヲ爲シ居ルモノモ前項ノ場合ニ於テハ監督者ト等シク損害賠償ノ責《セメ》ハ負擔《フタン》セナケレバナラヌ（第二項）モノデアルト定メタノデアリマス

第七百十五條　或事業ノ爲メニ他人《タニン》ヲ使用スル者ハ被用者《ヒヨウシヤ》カ其ノ事業ノ執行《シツカウ》ニ付キ第三者ニ加《クハ》ヘタル損害ヲ賠償《バイシヤウ》スル責ニ任ス但使用者カ

被使用者ノ選任《センニン》及ヒ其ノ事業ノ監督《カントク》ニ付キ相當ノ注意《チウイ》ヲ爲シタルトキ又ハ相當ノ注意ヲ爲スモ損害《ソンガイ》カ生スヘカリシ片ハ此限《コノカギリ》ニ在ラス

使用者ニ代《カ》ハリテ事業ヲ監督《カントク》スル者モ亦前項ノ責《セメ》ニ任《ニン》ス

前二項ノ規定ハ使用者《シヨウシヤ》又ハ監督者ヨリ被用者ニ對《タイ》スル求償權ノ行使ヲ妨ケス

▲參看　舊民法財産編第三百七十三條

〔註釋〕本條ハ使用者ガ被用者《ヒヨウシヤ》ノ行爲ニ就キ責ヲ負フベキ場合《バアヒ》ヲ規定シタル條項デアッテ其ノ意義ハ例バ甲者ノ雇車夫《ヤトヒシヤフ》タル乙者ガ甲者ヲ乘《ノ》セテ馳行中《チカウチウ》丙者ニ負傷セシメタル場合カ又ハ電氣《デンキ》鐵道《テツダウ》會社ノ車掌タル乙者ガ運轉中《ウンテンチウ》ニ丙者ヲ負傷セシメタル等ノ場合ニ於テハ使用者タル甲者若クハ電氣鐵道會社ハ被用者タル乙者ノ行爲《カウヰ》ニ因リテ負傷シタル第三者タル丙者ニ對シ損害《ソンガイ》ヲ賠償シナケレバナラヌ（第一項前段）ケレドモ甲者若《モシ》クハ電氣鐵道會社ガ乙者ヲ雇入ルヽ際乙者ノ老練《ラウレン》決シテ他人ヲ害スベキ虞《オソレ》ナシト信シテ撰任《センヨン》シタルカ又ハ甲者若クハ會社ガ乙者ヲ監督《カントク》スルニ相當ノ注意ヲ爲シタルカ又ハ乙者ガ丙者ニ負傷《フシヤウ》セ

シムル際甲者若クハ會社ガ相當《サウタウ》ノ注意ヲシタカラト謂ツテ丙者ノ負傷ハ免《マヌ》カレヌト謂フ如キ場合デアレバ甲者若クハ會社《クワイシヤ》ハ丙者ニ對スル損害賠償ノ責《セメ》ハ免《マヌ》ガルヽモノデアル（第一項但書）而《ソウ》シテ第一項前段規定ノ使用者タル甲者若クハ會社ノ責任《セキニン》ハ其ノ甲者若クハ會社ニ代リテ一時乙者ヲ監督シタル者モ其監督中ニ乙者ノ行為アリタル時ハ矢張リ損害賠償ノ責ヲ負擔《フタン》セナケレバナラヌ（第二項）又若シ甲者若《モシ》クハ會社又ハ其代理者ガ乙者ノ為メニ丙者ニ其損害《ソノソンガイ》ヲ賠償スルモ其ノ賠償金額ヲ乙者ニ對シテ求償《キウシヤウ》スル權利ヲ妨《サマタ》ゲルモノデハナイ（第三項）故ニ甲者若《モシ》クハ會社又ハ代理者ガ乙者ノ為《タ》メニ丙者ノ損害《ソンガイ》ヲ賠償シタル時ハ乙者ニ對シ其ノ賠償金額《バイシヤウキンガク》ヲ求償スルコトガ出來ルト定メタノデアリマス

第七百十六條　注文者ハ請負人《ウケオヒニン》カ其ノ仕事ニ付キ第三者ニ加《クハ》ヘタル損害ヲ賠償《バイシヤウ》スル責ニ任セス但注文又ハ指圖《サシヅ》ニ付キ注文者ニ過失《クワシツ》アリタルトキハ此限ニ在ラス

〔註釋〕本條ハ注文者《チウモンシヤ》ノ責任ニ關シテ規定シタル條項《デウコウ》デアツテ其ノ意義ハ例《タト》ヘバ注文者タル甲

者ガ自已ノ庭園《テイヱン》ニ据《ス》ヘ附《ツケ》タル大石ノ運搬ヲ請負《ウケオ》ハシメタル場合ニ於テ乙者ガ大石運搬中丙者ニ負傷《フシヤウ》セシムルコトアルモ注文者タル甲者ハ之カ損害《ソンガイ》ヲ賠償スル責ハナイモノデアル（本條前段）ケレドモ若シ甲者ガ其《ソ》ノ大石《ダイセキ》ノ運搬方法ヲ斯《カ》クセヨト指圖《サシヅ》シタル爲メ丙者ヲ害シタル場合ニ於テハ是レ甲者ノ過失《アヤマチ》デアルカラ甲者ハ乙者ノ爲メニ丙者ノ損害《ソンガイ》ヲ賠償スル責アルモノ（本條但書）ト定メタノデアリマス

第七百十七條　土地ノ工作物《コウサクブツ》ノ設置又ハ保存ニ瑕疵《カシ》アルニ因リテ他人ニ損害《ソンガイ》ヲ生シタルトキハ其ノ工作物ノ占有者《センイウシヤ》ハ被害者ニ對シテ損害賠償ノ責ニ任ス但占有者カ損害《ソンガイ》ノ發生ヲ防止《バウシ》スルニ必要ナル注意ヲ爲シタルトキハ其ノ損害ハ所有者之ヲ賠償《バイシヤウ》スルコトヲ要ス

前項ノ規定《キテイ》ハ竹木ノ栽植《サイシヨク》又ハ支持ニ瑕疵《カシ》アル場合ニ之ヲ準用ス

前二項ノ場合ニ於テ他《タ》ニ損害ノ原因《ゲンイン》ニ付キ其ノ責《セメ》ニ任《ニン》スヘキ者アルトキハ占有者《センイウシヤ》又ハ所有者ハ之ニ對シテ求償權ヲ行使《カウシ》スルコトヲ得

△参看　舊民法財産編第三百七十五條

〔註釋〕本條ハ工作物《コウサクブツ》ニ關スル塲合ヲ規定《キテイ》シタル條項デアッテ其ノ意義ハ例バ甲者ガ乙者所有ノ家屋ヲ賃借シテ住居《スマヰ》ヲ爲シ居リタルニ其ノ家屋ノ外障タル土塀《ドベイ》ノ建設カ堅牢《ケンロウ》デナイカ又ハ其ノ土塀カ崩《クヅ》レントスルヲ打捨《ウチス》テ置キタル爲メ即チ保存ニ瑕疵《カシ》アルニ因リ其ノ土塀ガ崩壞《ホウクワイ》シ爲メニ丙者ヲ負傷セシメタル如キ塲合《バアヒ》ニハ家屋ノ占有者《センイウシヤ》タル甲者ハ被害者タル丙者ニ對シテ損害ヲ賠償《メイシヤウ》セナケレバナラヌ(第一項前段)ケレドモ甲者ハ其ノ土塀《ドベイ》ノ崩レ落《オツ》ルコトハ屢々之レヲ繕《ツクロ》ヒ又ハ腐朽《フキウ》ノ柱《ハシラ》等ヲ取代フル如キ損害ノ發生ヲ防止《バウシ》スルニ必要ノ注意《チウイ》ヲナシタルコトアルモ土塀大體ノ腐朽等《フキウトウ》ノ爲メニ崩壞シテ丙者ヲ害《ガイ》シタル時ハ占有者タル甲者ハ丙者ニ對シテ賠償《バイシヤウ》シタル金額ヲ其ノ所有者タル乙者ニ賠償《メイシヤウ》セシムルコトガ出來ル(第一項但書)又前項ノ規定ハ土地《トチ》ノ工作物ニ關シタダケデハナイ他人《タニン》ノ土地上ニ竹木ノ栽植ヲ爲シタル者ガ其ノ竹木ノ支持《シヂ》ヲ怠リ爲ニ其ノ竹木ガ傾倒《テンタウ》シテ他人ニ害ヲ及ボシタル塲合ニモ準用《ジユンヨウ》スベキモノデアル(第二項)ケレドモ前二項ノ塲合《バアヒ》ガ占有者タル甲者若クハ所有者タル乙者ガ爲《ナ》シタル過失《アヤマチ》デナクシテ其ノ原因ガ他ノ者ノ爲《ナ》シタル所爲ヨリ起《オコ》リタル塲合ニハ占有者タル甲者若クハ所有者《シヨイウシヤ》タル乙者ガ丙者ニ賠償シタル金額ヲ其ノ者ニ對シテ求償スル權利《ケンリ》ヲ行フコトガ出來ル(第三項)ト定メタノデアリマス

第七百十八條　動物ノ占有者《センイウシヤ》ハ其ノ動物カ他人ニ加《クハ》ヘタル損害ヲ賠償スル責ニ任ス但動物ノ種類《シユルヰ》及ヒ性質ニ從ヒ相當ノ注意《チウイ》ヲ以テ其ノ保管ヲ爲シタルトキハ此限ニ在ラス

占有者ニ代《カ》ハリテ動物ヲ保管《ホクワン》スルモノモ亦前項ノ責ニ任ス

▲參看　舊民法財產編第三百七十四條

（註釋）本條ハ動物保管者ノ責任《セキニン》ヲ規定シタル條項デアッテ其ノ意義《イギ》ハ例バ飼犬《カヒイヌ》若クハ飼猫《カヒネコ》ガ他人ヲ害スル時ハ其ノ飼主ハ爲ニ他人《タニン》ノ蒙《カフム》リタル損害ヲ賠償セヌケレバナラヌ（本條前段）ケレドモ例バ狂犬《キヤウケン》デアルカラ之ヲ飼主ガ鎖縛《サバク》シ又ハ熊《クマ》若クハ虎《トラ》ノ如キ猛獸《マウジユウ》デアルカラ鐵檻《テツカン》ニ繫置《ケイチ》シタルニ占有者タル飼主《カヒヌシ》ノ知ラザル間ニ鐵檻ヲ破リ遁走《トンソウ》シテ他人ニ害ヲ加ヘタル時ハ飼主ハ怠《オコタ》リタルモノデハナイカラ其ノ損害《ソンガイ》ノ賠償ハ爲スニ及バサルモノデアル又占有者ニ代ハリテ其ノ猛獸《マウジユウ》ヲ保管スル者例バ熊《クマ》ニ諸藝《シヨゲイ》ヲ敎ヘテ興行《コウギヤウ》スル甲者ニ代リ其ノ熊ヲ使《ツカ》ヒ居ル興行被雇人モ矢張《ヤハ》リ占有者タル甲者ト等シキ怠リアル時ハ又等《ヒト》シキ責ヲ負フモノデアルト定メタノデアリマス

第七百十九條　數人《スウニン》カ共同ノ不法行爲ニ因《ヨ》リテ他人ニ損害ヲ加ヘタルトキハ各自連帶《レンタイ》ニテ其ノ賠償ノ責ニ任ス共同行爲者中《キヨウドウカウヰシヤチウ》ノ孰レカ其ノ損害ヲ加ヘタルヲ《カ》知ルコト能ハサルトキ亦同シ
敎唆者《ケウサシヤ》及ヒ幇助者ハ之ヲ共同行爲者ト看做《ミナ》ス

參看　舊民法財産編第三百七十八條

〔註釋〕本條ハ共同ノ不法行爲《フハフカウヰ》ニ關スル規定デアッテ其ノ意義ハ例《タトヘ》バ甲乙丙ノ三名ガ共謀ヲ爲シ相共ニ連立《ツレダ》チテ丁者ノ家宅《カタク》ニ侵入シテ暴行ヲ爲シ丁者ノ財産ヲ破壞《ハクワイ》シ又ハ丁者ヲ傷ケタル時ハ其ノ損害《ソンガイ》ノ賠償ハ甲乙丙ノ三名ガ各自連帶《レンタイ》シテ負擔《フタン》セナケレバナラヌ又例バ茲ニ子丑寅《ネウシトラ》ノ三名アリ卯《ウ》ナル者ヲ毆打《アウダ》シテ負傷セシメタルモ其ノ負傷《フシヤウ》セシメタル者ハ果シテ子デアルカ丑《ウシ》デアルカ寅デアルカ判然《ハンゼン》シナイ場合ニ於テモ卯ニ對スル損害《ソンガイ》ノ賠償ハ子丑寅三名ガ各自《カクジ》連帶《レンタイ》シテ賠償セナケレバナラヌ又此ノ場合《バアヒ》ニ於テ敎唆者則チ甲乙丙若クハ子丑寅等ニ對シテ丁者若クハ卯《ウ》ナル者ニ暴行《バウカウ》ヲ加ヘヨト敎《オシ》ヘ唆《ソソノ》カシタルモノ又ハ暴行者ニ及物等《ハモノトウ》ヲ貸シ與ヘ等シク暴行ヲ容易《ヨウイ》ナラシメタル幇助者《ホウジヨシヤ》等モ矢張リ暴行者ト連帶

シテ損害ノ賠償ノ責《セメ》ヲ負《オ》ハナケレバナラヌノデアルト定メタノデアリマス

第七百二十條　他人ノ不法行爲ニ對シ自己《ジコ》又ハ第三者ノ權利《ケンリ》ヲ防衛《ボウヱイ》スル爲メ已《ヤ》ムコトヲ得スシテ加害行爲《カガイカウヰ》ヲ爲シタル者ハ損害賠償ノ責ニ任セス但被害者ヨリ不法行爲ヲ爲シタル者ニ對スル損害賠償ノ請求ヲ妨ケス

前項ノ規定《キテイ》ハ他人ノ物ヨリ生《シヤウ》シタル急迫《キフハク》ノ危難ヲ避《サ》クル爲メ其ノ物ヲ毀損《キソン》シタル場合ニ之ヲ準用《ジユンヨウ》ス

〔註釋〕本條ハ正當《セイタウ》ノ不法行爲ニ關シ規定《キテイ》シタル條項デアッテ其ノ意義《イギ》ハ例バ甲者ガ自己ノ家屋ニ放火《ハウクワ》セヌトスル乙者アルヲ認《ミト》メ甲者ヲ捕ヘヌト爲シタルニ乙者ハ反《カヘツ》テ甲者ニ對抗シ及《ヘ》物《モノ》ヲ以テ切付ケ來ルヨリ甲者ハ止《ヤ》ムヲ得《エ》ズ乙者ニ負傷《フシヤウ》セシメタル如キ場合デアルカ又ハ乙者ガ丙者ヲ切殺《キリコロ》サントスル爲シ居ルヲ甲者ガ認《ミト》メ丙者ヲ救《スク》ハントシテ止ヲ得ズ乙者ニ負傷セシメタル如キ場合《バアヒ》ニ於テハ甲者ハ乙者ニ對シ損害ヲ賠償《バイシヤウ》スル責ハナキモノデアル

（第一項前段）而《ソウ》シテ此ノ甲者ノ所爲ハ被害者《ヒガイシヤ》タル丙者ガ乙者ニ對シ損害《ソンガイ》ノ賠償ヲ求ムル權利ヲ妨《サマタ》ゲルモノデハナイ故ニ甲者ガ假令《タトヘ》乙者ニ損害ヲ蒙ラセルモ丙者ハ自己《オノレ》ノ損害ヲ乙者ニ對シテ請求《セイキウ》スルコトガ出來ル（第一項但書）又本條第一項ノ規定《キテイ》ハ例バ甲者ガ失火シタルニ因リ乙者ハ他ニ延燒《エンシヤウ》スルノ急迫ノ危難《キナン》ヲ避《サ》クル爲メ將《マサ》ニ燃《モ》ヘントスル甲者ガ家屋ヲ引崩《ヒキクヅ》シ又ハ將ニ燃ヘントスル戶《ト》障子等《シヤウジナド》ヲ毀損シタル場合ニモ準用《ジユンヨウ》スルモノデアル故ニ是等ノ行爲《カウヰ》ハ乙者ニアリテ甲者ニ損害ヲ蒙《カフム》ラセルモ甲者ハ爲メニ乙者ニ對シテ損害ノ賠償ヲ請求スルコトハ出來ヌ（第二項）ト定メタノデアリマス

第七百二十一條　胎兒《タイジ》ハ損害賠償ノ請求權《セイキウケン》ニ付テハ既ニ生シタルモノト看做ス

▲參看　舊民法人事編第二條

〔註釋〕本條ハ胎兒ノ權利《ケンリ》ヲ規定シタル條項デアツテ元來胎兒ガ私權《シケン》ノ享有《キヤウイウ》ハ出生ニ始マルコトハ本法第一條ニ規定シタル原則《ゲンソク》デアル、ケレドモ不法行爲ニ關スル損害賠償ニ就テハ胎兒ノ利益ヲ保護《ホゴ》スル爲メ生前《セイゼン》ニ權利ヲ有セシムルコトノ例外《レイグワイ》ヲ規定シタルモノデア

リマス

第七百二十二條　第四百十七條ノ規定ハ不法行爲ニ因ル損害ノ賠償ニ之ヲ準用《ジユンヨウ》ス

被害者ニ過失《クワシツ》アリタルトキハ裁判所ハ損害《ソンガイ》賠償《バイシヤウ》ノ額ヲ定ムルニ付キ之ヲ斟酌《シンシヤク》スルコトヲ得

（註釋）本條ハ他ノ規定《キテイ》ヲ準用スベキコトヲ規定シタル條項《デウコウ》デアッテ其ノ意義ハ損害賠償ハ第四百十七條ノ規定ニ基《モト》ヅキ別段ノ意思《イシ》表示《ヘウジ》ナキトキハ金錢ヲ以テ賠償スルコトヽ定メタノデアル（第一項）而《ソウ》シテ若シ被害者ニ過失《クワシツ》アリタル爲メ損害ヲ蒙リタル時ハ敢《アヘ》テ加害者ノミニ全然《ゼン〳〵》損害《ソンガイ》ヲ賠償セシムルノ道理《ダウリ》ナキモノデアルカラ此ノ場合ニ於テハ裁判官ハ被害者ノ過失ノ程度《テイド》ヲ定メ加害者ヨリ賠償スルノ額ヲ斟酌《シンシヤク》スルコトカ出來ル（第二項）ト定メタノデアリマス

第七百二十三條　他人ノ名譽《メイヨ》ヲ毀損シタル者ニ對シテハ裁判所《サイバンシヨ》ハ被害

者ノ請求ニ因《ヨ》リ損害賠償ニ代ヘ又ハ損害賠償ト共ニ名譽《メイヨ》ヲ回復《クワイフク》スルニ適當《テキタウ》ナル處分ヲ命《メイ》スルコトヲ得

（註釋）本條ハ名譽毀損《メイヨキソン》ノ場合ニ關スル規定《キテイ》デアッテ、其ノ意義ハ例《タト》ヘバ甲者ガ公然《コウゼン》ノ演說若クハ其ノ他ノ方法ニ依リ自己ノ利益《リエキ》ヲ得ントシテ乙者ヲ侮辱《ブジヨク》シ又ハ乙者ノ穩事ヲ發《アバ》キテ之ヲ世間ニ流布《ルフ》シタルガ為メ甲者ノ名譽地ニ墜《オ》チ今日マデ社會ニ重《オモ》ムセラレ居リシ者ガ爾來《ジライ》為メニ信用ヲ失ヒシ如キ場合ニハ甲者ハ乙者ニ對《タイ》シ為メニ蒙《カウム》ラセタル損害ヲ賠償セナケレバナラヌ而《ソウ》シテ此ノ場合ニ於テ被害者タル乙者ガ之レヲ裁判所ニ訴ヘ出ヅル時ハ裁判所ハ甲者ニ對シ損害賠償ニ代《カ》ヘテ例ヘバ甲者ガ名譽回復《メイヨクワイフク》ノ為メ謝罪狀ヲ新聞紙ニ廣告セシムル等適當《テキタウ》ノ處分ヲ為スベキコトヲ命ジ又ハ損害ヲ賠償スルト共ニ此ノ方法ニ因リ乙者ノ名譽ヲ回復スベキコトヲ乙者ニ命《メイ》ズルコトガ出來ルト定メタノデアリマス

第七百二十四條　不法行為ニ因ル損害賠償《ソンガイバイシヤウ》ノ請求權ハ被害者又ハ其ノ法定代理人《タイリニン》カ損害及ヒ加害者ヲ知リタル時ヨリ三年間之ヲ行《オコナ》ハサル

トキハ時効《シカウ》ニ因リテ消滅ス不法行為ノ時ヨリ二十年　ヲ經過《ケイクワ》シタルトキ亦同シ

△參看　舊民法財產編第三百七十九條

〔註釋〕本條ハ不法行為ヨリ生《シヤウ》シタル損害賠償ニ對スル請求權《セイキウケン》ノ時效ヲ規定シタル條項デアツテ、其ノ意義ハ不法行為《フハフカウヰ》ヨリ生シタル損害賠償ヲ請求スルノ權利《ケンリ》ハ例バ甲者若クハ甲者ノ幼者《エウシヤ》ナル時ハ其ノ後見人若クハ甲者ノ妻《ツマ》ナル時ハ其ノ夫《ヲツト》等總テ甲者ノ法定代理人等ガ自己ニ害《ガイ》ヲ加ヘタル者ガ誰《タレ》某デアルト謂フコトヲ知リタル時ヨリ三年間ノ中ニ損害賠償ノ請求ヲ為《ナ》サズケレバナラヌ、故ニ其ノ加害者《カガイシヤ》ヲ知リテ後三年ヲ經過《ケイクワ》スレバ其ノ請求權ハ消滅《セウメツ》シテ無效ト成ルモノデアル、ケレドモ其ノ加害者ガ知《シ》レナイ時ハ不法行為アリタル時ヨリ二十年內ニ其ノ加害者《カガイシヤ》ヲ發見《ハツケン》スレバ請求スルコトガ出來ル、故ニ若シ二十年ヲ經過《ケイクワ》シテ尚ホ加害者ノ知《シ》レナイ時ハ其ノ請求權《セイキウケン》ハ全ク無效《ムカウ》ト成テ消滅《セウメツ》スルモノデアルト規定シタノデアリマス

改正新民法註釈　債権編　　日本立法資料全集　別巻 1154

平成29年５月20日　　復刻版第１刷発行

著　者　川　原　閑　舟
　　　　池　田　撝　卿

発行者　今　井　　　貴
　　　　渡　辺　左　近

発行所　信　山　社　出　版

〒113-0033　東京都文京区本郷６－２－９－102
モンテベルデ第２東大正門前
電　話　03（3818）1019
ＦＡＸ　03（3818）0344
郵便振替　00140-2-367777（信山社販売）

Printed in Japan.

制作／(株)信山社，印刷・製本／松澤印刷・日進堂

ISBN 978-4-7972-7264-2 C3332

別巻　巻数順一覧【950 ～ 981 巻】

巻数	書　名	編・著者	ISBN	本体価格
950	実地応用町村制質疑録	野田藤吉郎、國吉拓郎	ISBN978-4-7972-6656-6	22,000 円
951	市町村議員必携	川瀬周次、田中迪三	ISBN978-4-7972-6657-3	40,000 円
952	増補 町村制執務備考 全	増澤鐵、飯島篤雄	ISBN978-4-7972-6658-0	46,000 円
953	郡区町村編制法 府県会規則 地方税規則 三法綱論	小笠原美治	ISBN978-4-7972-6659-7	28,000 円
954	郡区町村編制 府県会規則 地方税規則 新法例纂 追加地方諸要則	柳澤武運三	ISBN978-4-7972-6660-3	21,000 円
955	地方革新講話	西内天行	ISBN978-4-7972-6921-5	40,000 円
956	市町村名辞典	杉野耕三郎	ISBN978-4-7972-6922-2	38,000 円
957	市町村吏員提要〔第三版〕	田邊好一	ISBN978-4-7972-6923-9	60,000 円
958	帝国市町村便覧	大西林五郎	ISBN978-4-7972-6924-6	57,000 円
959	最近検定 市町村名鑑 附 官国幣社 及 諸学校所在地一覧	藤澤衛彦、伊東順彦、増田穆、関惣右衛門	ISBN978-4-7972-6925-3	64,000 円
960	鼇頭対照 市町村制解釈 附 理由書 及 参考諸布達	伊藤寿	ISBN978-4-7972-6926-0	40,000 円
961	市町村制釈義 完　附 市町村制理由	水越成章	ISBN978-4-7972-6927-7	36,000 円
962	府県郡市町村 模範治績　附 耕地整理法 産業組合法 附属法令	荻野千之助	ISBN978-4-7972-6928-4	74,000 円
963	市町村大字読方名彙〔大正十四年度版〕	小川琢治	ISBN978-4-7972-6929-1	60,000 円
964	町村会議員選挙要覧	津田東璋	ISBN978-4-7972-6930-7	34,000 円
965	市制町村制 及 府県制　附 普通選挙法	法律研究会	ISBN978-4-7972-6931-4	30,000 円
966	市制町村制註釈 完　附 市制町村制理由〔明治21年初版〕	角田真平、山田正賢	ISBN978-4-7972-6932-1	46,000 円
967	市町村制詳解 全　附 市町村制理由	元田肇、加藤政之助、日鼻豊作	ISBN978-4-7972-6933-8	47,000 円
968	区町村会議要覧 全	阪田辨之助	ISBN978-4-7972-6934-5	28,000 円
969	実用 町村制市制事務提要	河邨貞山、島村文耕	ISBN978-4-7972-6935-2	46,000 円
970	新旧対照 市制町村制正文〔第三版〕	自治館編輯局	ISBN978-4-7972-6936-9	28,000 円
971	細密調査 市町村便覧(三府 四十三県 北海道 樺太 台湾 朝鮮 関東州)　附 分類官公衙公私学校銀行所在地一覧表	白山榮一郎、森田公美	ISBN978-4-7972-6937-6	88,000 円
972	正文 市制町村制 並 附属法規	法曹閣	ISBN978-4-7972-6938-3	21,000 円
973	台湾朝鮮関東州 全国市町村便覧 各学校所在地〔第一分冊〕	長谷川好太郎	ISBN978-4-7972-6939-0	58,000 円
974	台湾朝鮮関東州 全国市町村便覧 各学校所在地〔第二分冊〕	長谷川好太郎	ISBN978-4-7972-6940-6	58,000 円
975	合巻 佛蘭西邑法・和蘭邑法・皇国郡区町村編成法	箕作麟祥、大井憲太郎、神田孝平	ISBN978-4-7972-6941-3	28,000 円
976	自治之模範	江木翼	ISBN978-4-7972-6942-0	60,000 円
977	地方制度実例総覧〔明治36年初版〕	金田謙	ISBN978-4-7972-6943-7	48,000 円
978	市町村民 自治読本	武藤榮治郎	ISBN978-4-7972-6944-4	22,000 円
979	町村制詳解　附 市制及町村制理由	相澤富蔵	ISBN978-4-7972-6945-1	28,000 円
980	改正 市町村制 並 附属法規	楠綾雄	ISBN978-4-7972-6946-8	28,000 円
981	改正 市制 及 町村制〔訂正10版〕	山野金蔵	ISBN978-4-7972-6947-5	28,000 円

巻数	書　名	編・著者	ISBN	本体価格
915	改正 新旧対照市町村一覧	鍾美堂	ISBN978-4-7972-6621-4	78,000円
916	東京市会先例彙輯	後藤新平、桐島像一、八田五三	ISBN978-4-7972-6622-1	65,000円
917	改正 地方制度解説〔第六版〕	狭間茂	ISBN978-4-7972-6623-8	67,000円
918	改正 地方制度通義	荒川五郎	ISBN978-4-7972-6624-5	75,000円
919	町村制市制全書 完	中嶋廣蔵	ISBN978-4-7972-6625-2	80,000円
920	自治新制 市町村会法要談 全	田中重策	ISBN978-4-7972-6626-9	22,000円
921	郡市町村吏員 収税実務要書	荻野千之助	ISBN978-4-7972-6627-6	21,000円
922	町村至宝	桂虎次郎	ISBN978-4-7972-6628-3	36,000円
923	地方制度通 全	上山満之進	ISBN978-4-7972-6629-0	60,000円
924	帝国議会府県会郡会市町村会議員必携 附関係法規 第1分冊	太田峯三郎、林田亀太郎、小原新三	ISBN978-4-7972-6630-6	46,000円
925	帝国議会府県会郡会市町村会議員必携 附関係法規 第2分冊	太田峯三郎、林田亀太郎、小原新三	ISBN978-4-7972-6631-3	62,000円
926	市町村是	野田千太郎	ISBN978-4-7972-6632-0	21,000円
927	市町村執務要覧 全 第1分冊	大成館編輯局	ISBN978-4-7972-6633-7	60,000円
928	市町村執務要覧 全 第2分冊	大成館編輯局	ISBN978-4-7972-6634-4	58,000円
929	府県会規則大全　附 裁定録	朝倉達三、若林友之	ISBN978-4-7972-6635-1	28,000円
930	地方自治の手引	前田宇治郎	ISBN978-4-7972-6636-8	28,000円
931	改正 市制町村制と衆議院議員選挙法	服部喜太郎	ISBN978-4-7972-6637-5	28,000円
932	市町村国税事務取扱手続	広島財務研究会	ISBN978-4-7972-6638-2	34,000円
933	地方自治制要義 全	末松偕一郎	ISBN978-4-7972-6639-9	57,000円
934	市町村特別税之栞	三邊長治、水谷平吉	ISBN978-4-7972-6640-5	24,000円
935	英国地方制度 及 税法	良保両氏、水野遵	ISBN978-4-7972-6641-2	34,000円
936	英国地方制度 及 税法	髙橋達	ISBN978-4-7972-6642-9	20,000円
937	日本法典全書 第一編 府県制郡制註釈	上條慎蔵、坪谷善四郎	ISBN978-4-7972-6643-6	58,000円
938	判例挿入 自治法規全集 全	池田繁太郎	ISBN978-4-7972-6644-3	82,000円
939	比較研究 自治之精髄	水野錬太郎	ISBN978-4-7972-6645-0	22,000円
940	傍訓註釈 市制町村制 並ニ 理由書〔第三版〕	筒井時治	ISBN978-4-7972-6646-7	46,000円
941	以呂波引町村便覧	田山宗堯	ISBN978-4-7972-6647-4	37,000円
942	町村制執務要録 全	鷹巣清二郎	ISBN978-4-7972-6648-1	46,000円
943	地方自治 及 振興策	床次竹二郎	ISBN978-4-7972-6649-8	30,000円
944	地方自治講話	田中四郎左衛門	ISBN978-4-7972-6650-4	36,000円
945	地方施設改良 訓諭演説集〔第六版〕	鹽川玉江	ISBN978-4-7972-6651-1	40,000円
946	帝国地方自治団体発達史〔第三版〕	佐藤亀齢	ISBN978-4-7972-6652-8	48,000円
947	農村自治	小橋一太	ISBN978-4-7972-6653-5	34,000円
948	国税 地方税 市町村税 滞納処分法問答	竹尾高堅	ISBN978-4-7972-6654-2	28,000円
949	市町村役場実用 完	福井淳	ISBN978-4-7972-6655-9	40,000円

別巻　巻数順一覧【878 ～ 914 巻】

巻数	書　名	編・著者	ISBN	本体価格
878	明治史第六編 政黨史	博文館編輯局	ISBN978-4-7972-7180-5	42,000 円
879	日本政黨發達史 全〔第一分冊〕	上野熊藏	ISBN978-4-7972-7181-2	50,000 円
880	日本政黨發達史 全〔第二分冊〕	上野熊藏	ISBN978-4-7972-7182-9	50,000 円
881	政党論	梶原保人	ISBN978-4-7972-7184-3	30,000 円
882	獨逸新民法商法正文	古川五郎、山口弘一	ISBN978-4-7972-7185-0	90,000 円
883	日本民法鼇頭對比獨逸民法	荒波正隆	ISBN978-4-7972-7186-7	40,000 円
884	泰西立憲國政治攬要	荒井泰治	ISBN978-4-7972-7187-4	30,000 円
885	改正衆議院議員選擧法釋義 全	福岡伯、横田左仲	ISBN978-4-7972-7188-1	42,000 円
886	改正衆議院議員選擧法釋義 附 改正貴族院令,治安維持法	犀川長作、犀川久平	ISBN978-4-7972-7189-8	33,000 円
887	公民必携 選擧法規ト判決例	大浦兼武、平沼騏一郎、木下友三郎、清水澄、三浦數平	ISBN978-4-7972-7190-4	96,000 円
888	衆議院議員選擧法輯覽	司法省刑事局	ISBN978-4-7972-7191-1	53,000 円
889	行政司法選擧判例總覽—行政救濟と其手續—	澤田竹治郎・川崎秀男	ISBN978-4-7972-7192-8	72,000 円
890	日本親族相續法義解 全	髙橋捨六・堀田馬三	ISBN978-4-7972-7193-5	45,000 円
891	普通選擧文書集成	山中秀男・岩本溫良	ISBN978-4-7972-7194-2	85,000 円
892	普選の勝者 代議士月旦	大石末吉	ISBN978-4-7972-7195-9	60,000 円
893	刑法註釋 卷一～卷四(上卷)	村田保	ISBN978-4-7972-7196-6	58,000 円
894	刑法註釋 卷五～卷八(下卷)	村田保	ISBN978-4-7972-7197-3	50,000 円
895	治罪法註釋 卷一～卷四(上卷)	村田保	ISBN978-4-7972-7198-0	50,000 円
896	治罪法註釋 卷五～卷八(下卷)	村田保	ISBN978-4-7972-7198-0	50,000 円
897	議會選擧法	カール・ブラウニアス、國政研究科會	ISBN978-4-7972-7201-7	42,000 円
901	鼇頭註釈 町村制　附 理由 全	八乙女盛次、片野続	ISBN978-4-7972-6607-8	28,000 円
902	改正 市制町村制　附 改正要義	田山宗堯	ISBN978-4-7972-6608-5	28,000 円
903	増補訂正 町村制詳解〔第十五版〕	長峰安三郎、三浦通太、野田千太郎	ISBN978-4-7972-6609-2	52,000 円
904	市制町村制 並 理由書　附 直接間接税類別及実施手続	高崎修助	ISBN978-4-7972-6610-8	20,000 円
905	町村制要義	河野正義	ISBN978-4-7972-6611-5	28,000 円
906	改正 市制町村制義解〔帝國地方行政学会〕	川村芳次	ISBN978-4-7972-6612-2	60,000 円
907	市制町村制 及 関係法令〔第三版〕	野田千太郎	ISBN978-4-7972-6613-9	35,000 円
908	市町村新旧対照一覧	中村芳松	ISBN978-4-7972-6614-6	38,000 円
909	改正 府県郡制問答講義	木内英雄	ISBN978-4-7972-6615-3	28,000 円
910	地方自治提要 全　附 諸届願書式 日用規則抄録	木村時義、吉武則久	ISBN978-4-7972-6616-0	56,000 円
911	訂正増補 市町村制問答詳解　附 理由及追輯	福井淳	ISBN978-4-7972-6617-7	70,000 円
912	改正 府県制郡制註釈〔第三版〕	福井淳	ISBN978-4-7972-6618-4	34,000 円
913	地方制度実例総覧〔第七版〕	自治館編輯局	ISBN978-4-7972-6619-1	78,000 円
914	英国地方政治論	ジョージ・チャールズ・ブロドリック、久米金彌	ISBN978-4-7972-6620-7	30,000 円

巻数	書　名	編・著者	ISBN	本体価格
843	法律汎論	熊谷直太	ISBN978-4-7972-7141-6	40,000円
844	英國國會選擧訴願判決例 全	オマリー、ハードカッスル、サンタース	ISBN978-4-7972-7142-3	80,000円
845	衆議院議員選擧法改正理由書 完	内務省	ISBN978-4-7972-7143-0	40,000円
846	戆齋法律論文集	森作太郎	ISBN978-4-7972-7144-7	45,000円
847	雨山遺稾	渡邉輝之助	ISBN978-4-7972-7145-4	70,000円
848	法曹紙屑籠	鷺城逸史	ISBN978-4-7972-7146-1	54,000円
849	法例彙纂 民法之部 第一篇	史官	ISBN978-4-7972-7147-8	66,000円
850	法例彙纂 民法之部 第二篇〔第一分冊〕	史官	ISBN978-4-7972-7148-5	55,000円
851	法例彙纂 民法之部 第二篇〔第二分冊〕	史官	ISBN978-4-7972-7149-2	75,000円
852	法例彙纂 商法之部〔第一分冊〕	史官	ISBN978-4-7972-7150-8	70,000円
853	法例彙纂 商法之部〔第二分冊〕	史官	ISBN978-4-7972-7151-5	75,000円
854	法例彙纂 訴訟法之部〔第一分冊〕	史官	ISBN978-4-7972-7152-2	60,000円
855	法例彙纂 訴訟法之部〔第二分冊〕	史官	ISBN978-4-7972-7153-9	48,000円
856	法例彙纂 懲罰則之部	史官	ISBN978-4-7972-7154-6	58,000円
857	法例彙纂 第二版 民法之部〔第一分冊〕	史官	ISBN978-4-7972-7155-3	70,000円
858	法例彙纂 第二版 民法之部〔第二分冊〕	史官	ISBN978-4-7972-7156-0	70,000円
859	法例彙纂 第二版 商法之部・訴訟法之部〔第一分冊〕	太政官記録掛	ISBN978-4-7972-7157-7	72,000円
860	法例彙纂 第二版 商法之部・訴訟法之部〔第二分冊〕	太政官記録掛	ISBN978-4-7972-7158-4	40,000円
861	法令彙纂 第三版 民法之部〔第一分冊〕	太政官記録掛	ISBN978-4-7972-7159-1	54,000円
862	法令彙纂 第三版 民法之部〔第ニ分冊〕	太政官記録掛	ISBN978-4-7972-7160-7	54,000円
863	現行法律規則全書（上）	小笠原美治、井田鐘次郎	ISBN978-4-7972-7162-1	50,000円
864	現行法律規則全書（下）	小笠原美治、井田鐘次郎	ISBN978-4-7972-7163-8	53,000円
865	國民法制通論 上卷・下卷	仁保龜松	ISBN978-4-7972-7165-2	56,000円
866	刑法註釋	磯部四郎、小笠原美治	ISBN978-4-7972-7166-9	85,000円
867	治罪法註釋	磯部四郎、小笠原美治	ISBN978-4-7972-7167-6	70,000円
868	政法哲學 前編	ハーバート・スペンサー、濱野定四郎、渡邊治	ISBN978-4-7972-7168-3	45,000円
869	政法哲學 後編	ハーバート・スペンサー、濱野定四郎、渡邊治	ISBN978-4-7972-7169-0	45,000円
870	佛國商法復説 第壹篇自第壹卷至第七卷	リウヒエール、商法編纂局	ISBN978-4-7972-7171-3	75,000円
871	佛國商法復説 第壹篇第八卷	リウヒエール、商法編纂局	ISBN978-4-7972-7172-0	45,000円
872	佛國商法復説 自第二篇至第四篇	リウヒエール、商法編纂局	ISBN978-4-7972-7173-7	70,000円
873	佛國商法復説 書式之部	リウヒエール、商法編纂局	ISBN978-4-7972-7174-4	40,000円
874	代言試験問題擬判録 全 附録明治法律學校民刑問題及答案	熊野敏三、宮城浩蔵 河野和三郎、岡義男	ISBN978-4-7972-7176-8	35,000円
875	各國官吏試驗法類集 上・下	内閣	ISBN978-4-7972-7177-5	54,000円
876	商業規篇	矢野亨	ISBN978-4-7972-7178-2	53,000円
877	民法実用法典 全	福田一覺	ISBN978-4-7972-7179-9	45,000円

別巻　巻数順一覧【810～842巻】

巻数	書　名	編・著者	ISBN	本体価格
810	訓點法國律例 民律 上卷	鄭永寧	ISBN978-4-7972-7105-8	50,000円
811	訓點法國律例 民律 中卷	鄭永寧	ISBN978-4-7972-7106-5	50,000円
812	訓點法國律例 民律 下卷	鄭永寧	ISBN978-4-7972-7107-2	60,000円
813	訓點法國律例 民律指掌	鄭永寧	ISBN978-4-7972-7108-9	58,000円
814	訓點法國律例 貿易定律・園林則律	鄭永寧	ISBN978-4-7972-7109-6	60,000円
815	民事訴訟法 完	本多康直	ISBN978-4-7972-7111-9	65,000円
816	物権法(第一部)完	西川一男	ISBN978-4-7972-7112-6	45,000円
817	物権法(第二部)完	馬場愿治	ISBN978-4-7972-7113-3	35,000円
818	商法五十課 全	アーサー・B・クラーク、本多孫四郎	ISBN978-4-7972-7115-7	38,000円
819	英米商法律原論 契約之部及流通劵之部	岡山兼吉、淺井勝	ISBN978-4-7972-7116-4	38,000円
820	英國組合法 完	サー・フレデリック・ポロック、榊原幾久若	ISBN978-4-7972-7117-1	30,000円
821	自治論 一名人民ノ自由 卷之上・卷之下	リーバー、林董	ISBN978-4-7972-7118-8	55,000円
822	自治論纂 全一册	獨逸學協會	ISBN978-4-7972-7119-5	50,000円
823	憲法彙纂	古屋宗作、鹿島秀麿	ISBN978-4-7972-7120-1	35,000円
824	國會汎論	ブルンチュリー、石津可輔、讃井逸三	ISBN978-4-7972-7121-8	30,000円
825	威氏法學通論	エスクバック、渡邊輝之助、神山亨太郎	ISBN978-4-7972-7122-5	35,000円
826	萬國憲法 全	高田早苗、坪谷善四郎	ISBN978-4-7972-7123-2	50,000円
827	綱目代議政體	J・S・ミル、上田充	ISBN978-4-7972-7124-9	40,000円
828	法學通論	山田喜之助	ISBN978-4-7972-7125-6	30,000円
829	法學通論 完	島田俊雄、溝上與三郎	ISBN978-4-7972-7126-3	35,000円
830	自由之權利 一名自由之理 全	J・S・ミル、高橋正次郎	ISBN978-4-7972-7127-0	38,000円
831	歐洲代議政體起原史 第一册・第二冊／代議政體原論 完	ギゾー、漆間眞學、藤田四郎、アンドリー、山口松五郎	ISBN978-4-7972-7128-7	100,000円
832	代議政體 全	J・S・ミル、前橋孝義	ISBN978-4-7972-7129-4	55,000円
833	民約論	J・J・ルソー、田中弘義、服部徳	ISBN978-4-7972-7130-0	40,000円
834	歐米政黨沿革史總論	藤田四郎	ISBN978-4-7972-7131-7	30,000円
835	内外政黨事情・日本政黨事情 完	中村義三、大久保常吉	ISBN978-4-7972-7132-4	35,000円
836	議會及政黨論	菊池學而	ISBN978-4-7972-7133-1	35,000円
837	各國之政黨 全〔第1分冊〕	外務省政務局	ISBN978-4-7972-7134-8	70,000円
838	各國之政黨 全〔第2分冊〕	外務省政務局	ISBN978-4-7972-7135-5	60,000円
839	大日本政黨史 全	若林淸、尾崎行雄、箕浦勝人、加藤恒忠	ISBN978-4-7972-7137-9	63,000円
840	民約論	ルソー、藤田浪人	ISBN978-4-7972-7138-6	30,000円
841	人權宣告辯妄・政治眞論一名主權辯妄	ベンサム、草野宣隆、藤田四郎	ISBN978-4-7972-7139-3	40,000円
842	法制講義 全	赤司鷹一郎	ISBN978-4-7972-7140-9	30,000円

別巻　巻数順一覧【776～809巻】

巻数	書　名	編・著者	ISBN	本体価格
776	改正 府県制郡制釈義〔第三版〕	坪谷善四郎	ISBN978-4-7972-6602-3	35,000円
777	新旧対照 市制町村制 及 理由〔第九版〕	荒川五郎	ISBN978-4-7972-6603-0	28,000円
778	改正 市町村制講義	法典研究会	ISBN978-4-7972-6604-7	38,000円
779	改正 市制町村制講義 附 施行諸規則 及 市町村事務摘要	樋山廣業	ISBN978-4-7972-6605-4	58,000円
780	改正 市制町村制義解	行政法研究会、藤田謙堂	ISBN978-4-7972-6606-1	60,000円
781	今時獨逸帝國要典 前篇	C・モレイン、今村有隣	ISBN978-4-7972-6425-8	45,000円
782	各國上院紀要	元老院	ISBN978-4-7972-6426-5	35,000円
783	泰西國法論	シモン・ヒッセリング、津田真一郎	ISBN978-4-7972-6427-2	40,000円
784	律例權衡便覽 自第一冊至第五冊	村田保	ISBN978-4-7972-6428-9	100,000円
785	檢察事務要件彙纂	平松照忠	ISBN978-4-7972-6429-6	45,000円
786	治罪法比鑑 完	福鎌芳隆	ISBN978-4-7972-6430-2	65,000円
787	治罪法註解	立野胤政	ISBN978-4-7972-6431-9	56,000円
788	佛國民法契約篇講義 全	玉乃世履、磯部四郎	ISBN978-4-7972-6432-6	40,000円
789	民法疏義 物權之部	鶴丈一郎、手塚太郎	ISBN978-4-7972-6433-3	90,000円
790	民法疏義 人權之部	鶴丈一郎	ISBN978-4-7972-6434-0	100,000円
791	民法疏義 取得篇	鶴丈一郎	ISBN978-4-7972-6435-7	80,000円
792	民法疏義 擔保篇	鶴丈一郎	ISBN978-4-7972-6436-4	90,000円
793	民法疏義 證據篇	鶴丈一郎	ISBN978-4-7972-6437-1	50,000円
794	法學通論	奥田義人	ISBN978-4-7972-6439-5	100,000円
795	法律ト宗教トノ關係	名尾玄乘	ISBN978-4-7972-6440-1	55,000円
796	英國國會政治	アルフユース・トッド、スペンサー・ヲルポール、林田龜太郎、岸清一	ISBN978-4-7972-6441-8	65,000円
797	比較國會論	齊藤隆夫	ISBN978-4-7972-6442-5	30,000円
798	改正衆議院議員選擧法論	島田俊雄	ISBN978-4-7972-6443-2	30,000円
799	改正衆議院議員選擧法釋義	林田龜太郎	ISBN978-4-7972-6444-9	50,000円
800	改正衆議院議員選擧法正解	武田貞之助、井上密	ISBN978-4-7972-6445-6	30,000円
801	佛國法律提要 全	箕作麟祥、大井憲太郎	ISBN978-4-7972-6446-3	100,000円
802	佛國政典	ドラクルチー、大井憲太郎、箕作麟祥	ISBN978-4-7972-6447-0	120,000円
803	社會行政法論 全	H・リョースレル、江木衷	ISBN978-4-7972-6448-7	100,000円
804	英國財産法講義	三宅恒徳	ISBN978-4-7972-6449-4	60,000円
805	國家論 全	ブルンチュリー、平田東助、平塚定二郎	ISBN978-4-7972-7100-3	50,000円
806	日本議會現法 完	増尾種時	ISBN978-4-7972-7101-0	45,000円
807	法學通論 一名法學初歩 全	P・ナミュール、河地金代、河村善益、薩埵正邦	ISBN978-4-7972-7102-7	53,000円
808	訓點法國律例 刑名定範 卷一卷二 完	鄭永寧	ISBN978-4-7972-7103-4	40,000円
809	訓點法國律例 刑律從卷 一至卷四 完	鄭永寧	ISBN978-4-7972-7104-1	30,000円

別巻　巻数順一覧【741 ～ 775 巻】

巻数	書　名	編・著者	ISBN	本体価格
741	改正 市町村制詳解	相馬昌三、菊池武夫	ISBN978-4-7972-6491-3	38,000 円
742	註釈の市制と町村制　附 普通選挙法	法律研究会	ISBN978-4-7972-6492-0	60,000 円
743	新旧対照 市制町村制 並 附属法規〔改訂二十七版〕	良書普及会	ISBN978-4-7972-6493-7	36,000 円
744	改訂増補 市制町村制実例総覧 第１分冊	田中廣太郎、良書普及会	ISBN978-4-7972-6494-4	60,000 円
745	改訂増補 市制町村制実例総覧 第２分冊	田中廣太郎、良書普及会	ISBN978-4-7972-6495-1	68,000 円
746	実例判例 市制町村制釈義〔昭和十年改正版〕	梶康郎	ISBN978-4-7972-6496-8	57,000 円
747	市制町村制義解　附 理由〔第五版〕	櫻井一久	ISBN978-4-7972-6497-5	47,000 円
748	実地応用町村制問答〔第二版〕	市町村雑誌社	ISBN978-4-7972-6498-2	46,000 円
749	傍訓註釈 日本市制町村制 及 理由書	柳澤武運三	ISBN978-4-7972-6575-0	28,000 円
750	鼇頭註釈 市町村制俗解　附 理由書〔増補第五版〕	清水亮三	ISBN978-4-7972-6576-7	28,000 円
751	市町村制質問録	片貝正晉	ISBN978-4-7972-6577-4	28,000 円
752	実用詳解町村制 全	夏目洗藏	ISBN978-4-7972-6578-1	28,000 円
753	新旧対照 改正 市制町村制新釈　附 施行細則及執務條規	佐藤貞雄	ISBN978-4-7972-6579-8	42,000 円
754	市制町村制講義	樋山廣業	ISBN978-4-7972-6580-4	46,000 円
755	改正 市制町村制講義〔第十版〕	秋野沆	ISBN978-4-7972-6581-1	42,000 円
756	註釈の市制と町村制 市制町村制施行令他関連法収録〔昭和4年4月版〕	法律研究会	ISBN978-4-7972-6582-8	58,000 円
757	実例判例 市制町村制釈義〔第四版〕	梶康郎	ISBN978-4-7972-6583-5	48,000 円
758	改正 市制町村制解説	狭間茂、土谷覺太郎	ISBN978-4-7972-6584-2	59,000 円
759	市町村制註解 完	若林市太郎	ISBN978-4-7972-6585-9	22,000 円
760	町村制実用 完	新田貞橘、鶴田嘉内	ISBN978-4-7972-6586-6	56,000 円
761	町村制精解 完　附 理由 及 問答録	中目孝太郎、磯谷郡爾、高田早苗、両角彦六、高木守三郎	ISBN978-4-7972-6587-3	35,000 円
762	改正 町村制詳解〔第十三版〕	長峰安三郎、三浦通太、野田千太郎	ISBN978-4-7972-6588-0	54,000 円
763	加除自在 参照条文　附 市制町村制　附 関係法規	矢島和三郎	ISBN978-4-7972-6589-7	60,000 円
764	改正版 市制町村制並ニ府県制及ビ重要関係法令	法制堂出版	ISBN978-4-7972-6590-3	39,000 円
765	改正版 註釈の市制と町村制 最近の改正を含む	法制堂出版	ISBN978-4-7972-6591-0	58,000 円
766	鼇頭註釈 市町村制俗解　附 理由書〔第二版〕	清水亮三	ISBN978-4-7972-6592-7	25,000 円
767	理由挿入 市町村制俗解〔第三版増補訂正〕	上村秀昇	ISBN978-4-7972-6593-4	28,000 円
768	府県制郡制註釈	田島彦四郎	ISBN978-4-7972-6594-1	40,000 円
769	市制町村制傍訓 完　附 市制町村制理由〔第四版〕	内山正如	ISBN978-4-7972-6595-8	18,000 円
770	市制町村制釈義	壁谷可六、上野太一郎	ISBN978-4-7972-6596-5	38,000 円
771	市制町村制詳解 全　附 理由書	杉谷庸	ISBN978-4-7972-6597-2	21,000 円
772	鼇頭傍訓 市制町村制註釈 及 理由書	山内正利	ISBN978-4-7972-6598-9	28,000 円
773	町村制要覧 全	浅井元、古谷省三郎	ISBN978-4-7972-6599-6	38,000 円
774	府県制郡制釈義 全〔第三版〕	栗本勇之助、森惣之祐	ISBN978-4-7972-6600-9	35,000 円
775	市制町村制釈義	坪谷善四郎	ISBN978-4-7972-6601-6	39,000 円